Franz von Holtzendorff

Das Verbrechen des Mordes und die Todesstrafe

Kriminalpolitische und psychologische Untersuchungen

Franz von Holtzendorff

Das Verbrechen des Mordes und die Todesstrafe
Kriminalpolitische und psychologische Untersuchungen

ISBN/EAN: 9783743332560

Hergestellt in Europa, USA, Kanada, Australien, Japan

Cover: Foto ©ninafisch / pixelio.de

Manufactured and distributed by brebook publishing software
(www.brebook.com)

Franz von Holtzendorff

Das Verbrechen des Mordes und die Todesstrafe

Das Verbrechen des Mordes

und

die Todesstrafe.

Criminalpolitische und psychologische Untersuchungen.

Herausgegeben auf Grundlage

öffentlicher in Berlin und München gehaltener Universitätsvorträge

von

Franz von Holtzendorff.

Berlin, 1875.

C. G. Lüderitz'sche Verlagsbuchhandlung.

Carl Habel.

Den parlamentarischen Vorkämpfern

gegen die Todesstrafe

Eduard Lasker
in Berlin

und

P. St. Mancini
in Rom

Inhaltsverzeichniß.

Seite.

Erstes Kapitel. Einleitung............................... 1— 14

Zweites Kapitel. Der Abschreckungszweck im Verhältniß zur Todesstrafe I.............................. 15— 24

Drittes Kapitel. Der Abschreckungszweck II............... 25— 32

Viertes Kapitel. Der Abschreckungszweck III.............. 33— 41

Fünftes Kapitel. Der Abschreckungszweck IV.............. 42— 56

Sechstes Kapitel. Der Abschreckungszweck V.............. 57— 68

Siebentes Kapitel. Der Abschreckungszweck im Verhältniß zu den verbrecherischen Motiven VI................... 69— 76

Achtes Kapitel. Abschreckung und Todesstrafe VII gegenüber den Motiven politischer Verbrecher.................. 77— 88

Neuntes Kapitel. Die Abschreckung VIII gegenüber den Beweggründen gemeiner Mörder................... 89—102

Zehntes Kapitel. Der abschreckende Einfluß öffentlicher Hinrichtungen IX....................... 103—114

Elftes Kapitel. Die Abschreckung durch Intramuranhinrichtung . 115—121

Zwölftes Kapitel. Hinrichtungen als Anreiz zu Mordthaten.... 122—134

Dreizehntes Kapitel. Culturgeschichtliche Wirkungen allmähliger Beseitigung der Todesstrafe XII .... 135—145

Vierzehntes Kapitel. Todesstrafe und Sicherungszweck...... 146—158

Fünfzehntes Kapitel. Todesstrafe und Sicherungszweck II.... 159—172

Sechszehntes Kapitel. Todesstrafe und Besserungszweck . . . 173—185

Siebenzehntes Kapitel. Die Todesstrafe im Verhältniß zur Gerechtigkeit...................... 186—196

Achtzehntes Kapitel. Die Todesstrafe auf Grundlage der christlichen Rechtslehre............................ 197—215

Neunzehntes Kapitel. Die Todesstrafe im Verhältniß zur vergeltenden Gerechtigkeit.................... 216—233

VI   Inhaltsverzeichniß.

Zwanzigstes Kapitel. Gleichheit und Ungleichheit von Mord und
    Todtschlag .... 234—241
Einundzwanzigstes Kapitel. Die proportionale Gerechtigkeit in
    Beziehung auf Mord und Todtschlag .... 242—255
Zweiundzwanzigstes Kapitel. Das Kriterium des Mordes in der
    Wissenschaft und der Strafrechtspflege .... 256—265
Dreiundzwanzigstes Kapitel. Mord und Todtschlag in der Schwur-
    gerichtspflege .... 266—277
Vierundzwanzigstes Kapitel. Die Gerechtigkeit der Todesstrafe vom
    Standpunkte der Genugthuung und Sühne .... 278—295
Fünfundzwanzigstes Kapitel. Die Todesstrafe und der Justizmord 296—313
Sechsundzwanzigstes Kapitel. Die Todesstrafe und das Be-
    gnadigungsrechts .... 313—332
Anmerkungen und Belege .... 333—368

Erstes Kapitel.

Einleitung.

Die Untersuchungen über die Todesstrafe sind noch nicht abgeschlossen. — Fehlerhafte Taktik in den Angriffen gegen die Todesstrafe. — Bisherige und gegenwärtige Stellung der Parteien. — Die Todesstrafe darf nicht allein nach einzelnen Straftheorien gemessen werden. — Nothwendigkeit, das Verbrechen des Mordes genau zu untersuchen. — Bedingter Werth strafstatistischer Vergleichungen. — Wissenschaftliche Aufgabe der Gegenwart gegenüber der Todesstrafe. — Abschaffung der Todesstrafe in den Kleinstaaten. Sachsen, die Niederlande, die Schweiz. — Die Todesstrafe und die politischen Parteien. — Veranlassung und Plan einer nochmaligen Untersuchung.

Wer es gegenwärtig unternimmt, über die Todesstrafe zu schreiben, muß darauf gefaßt sein, daß ihm aus dem Kreise der Lesenden gleichsam der Schlußruf derjenigen entgegentönt, welche meinen, es lasse sich zur Sache nichts Neues mehr anführen. Die Aussichten, irgend ein unbekannt gebliebenes Argument aus der Verborgenheit auszugraben, sind in der That gering. Jedermann meint, die Untersuchung des Gegenstandes sei soweit vorgeschritten, daß auf Grund des vorhandenen Materials das Urtheil „nach innerster Ueberzeugung" gefällt werden könne. Angesichts einer seit hundert Jahren in das Unermeßliche und Unübersehbare angewachsenen Literatur fühlt Mancher sich versucht, zu meinen, daß einem Gegenstande ein Uebermaß von schriftstellerischen Arbeitsleistungen gewidmet worden sei.

v. Holtzendorff, Todesstrafe. 1

Nichts ist indessen gefährlicher, als in Mitten geistiger Be=
wegungen sich vorzeitig der Siegerfreude hinzugeben und sich selbst
der ersehnten Ruhe zu überlassen, indem man gegnerische Ueber=
zeugungen geringschätzig zu den „überwundenen Standpunkten"
wirft. Solange die Todesstrafe überhaupt in der Mehrzahl der
großen Gesetzgebungsgebiete besteht, ist sie durch ihr bloßes Be=
stehen eine thatsächlich herrschende Großmacht, deren Einfluß
die gesammten strafrechtlichen Grundanschauungen im Volke mit=
bestimmt. Tiefer, als auf vielen Seiten geglaubt wird, ist das
durch Jahrtausende überlieferte Dogma der Todesstrafe mit der
Gedankenwelt und der Empfindungsweise solcher verwachsen, die
aus dem Hergebrachten kurzweg eine nahezu unerschütterliche
Präsumtion für die innere Berechtigung und Nothwendigkeit der
Dinge entnehmen. Noch ist der Glaube an die Unentbehrlichkeit
der Todesstrafe sogar in den höher gebildeten Kreisen der am
weitesten vorgeschrittenen Völker weit verbreitet und tief eingewurzelt;
es ist unmöglich, ihn dadurch an sich selbst irre zu machen, daß
man seine Bekenner kurzweg der „Barbarei" bezüchtigt. Ganz im
Gegentheil wird durch jenes vornehme Absprechen, welches früheren
Geschlechtern, ohne Angabe hinreichender Beweisgründe, die absolute
Rechtswidrigkeit der Todesstrafe vorwirft, die Neigung zum hart=
näckigen Widerspruch nur gesteigert.

Es muß sogar zugegeben werden, daß die Anhänger der
Todesstrafe in heutiger Zeit einen bessern Stand haben, als ehe=
mals. Denn jene zahlreichen Mißbräuche, welche den alten Straf=
gesetzgebungen entstammten, sind nach und nach erheblich vermindert
worden, seitdem die Todesstrafe auf die schwersten Fälle des Hoch=
verrathes und den Mord beschränkt worden ist. Manches, was
gegen die Todesstrafe eingewendet wurde, verliert damit seine
Bedeutung. Die Art des Kampfes ist gegen ehemals wesentlich
verändert. Jeder begreift, daß es nicht sowohl auf die Zahl, als

auf das Gewicht der Gründe und die Methode der Beweisführung ankommt, und unleugbar läßt sich in der auf die Todesstrafe bezüglichen Literatur ein wissenschaftlicher Fortschritt daran erkennen, daß unhaltbar gewordene Theorien, nachdem sie vollständig ausgenutzt worden sind, verschwanden. Daher selbst, wenn die Todesstrafe aus den Gesetzgebungen beseitigt ist, die Geschichte des wider sie ausgefochtenen Kampfes für die Betrachtung der strafrechtlichen Systeme von dauerndem Werthe bleiben wird.

Es zeigt sich, daß die Stellungen der kämpfenden Parteien nach und nach völlig verschoben worden sind. Im Beginn des Streites beriefen die Gegner der Todesstrafe sich auf allgemeine, theils doctrinäre, theils philosophische Principien, um einen auf alte Ueberlieferungen begründeten Festungsbau über den Haufen zu stürzen; überall stießen sie auf die zu allen Zeiten große Widerstandskraft der geschichtlichen Erfahrung. In neuerer Zeit sind es umgekehrt die Anhänger der Todesstrafe, welche sich auf die vermeintlich unveräußerlichen Erbgüter eines bestimmten strafrechtlichen, ethischen oder religiösen Grundprincips berufen und die Angriffe abzuwehren haben, welche sich auf geschichtliche Analogie und statistische Erfahrung stützen.

Aus der Geschichte der letzten hundert Jahre wird der aufmerksamere Beobachter erkennen, daß die Todesstrafe fernerhin in entscheidender Weise vom Standpunkte einer bestimmten strafrechtlichen Theorie nicht angegriffen werden kann, wenn diese Theorie die alleinige Grundlage der Beweisführungen sein soll. Jeder Stoß, der mit solchen Waffen geführt wird, ruft seinen Gegenstoß hervor. Welche Theorie immer der Strafgesetzgebung zu Grunde gelegt werden mag, immer ist es bisher gelungen, im weiteren Verlaufe und Gange ihrer Entwickelung bezüglich der Todesstrafe zu entgegengesetzten Ergebnissen zu gelangen. Insbesondere ist vom Standpunkte der Gerechtigkeitstheorie aus die Todesstrafe

ebenso häufig angegriffen wie vertheidigt worden, ohne daß die
Berufung auf eine vermeintlich bessere Logik einer der kriegführenden
Parteien von erheblichem Nutzen gewesen wäre. Ohnehin ist es
vergeblich, von der Annahme einer ausschließlichen Strafrechtstheorie
für Gesetzgebungszwecke einen entscheidenden Erfolg zu erwarten,
so lange thatsächlich im öffentlichen Leben verschiedene Theorien
neben einander sich den Platz streitig machen, und so lange die
Rechtslehre außer Stande ist, einer einheitlichen Grundanschauung
über das Wesen der Strafe zum Siege zu verhelfen und die
Gesetzgebung, unbekümmert um den Streit der Schulen, es ver=
meidet, sich darüber auszusprechen, welches unter den verschiedenen
Strafprincipien die Grundnorm für ihre einzelnen Satzungen bilden
soll. In diesem Zustande der Ungewißheit in Beziehung auf die
Anwendbarkeit eines einheitlichen Strafprincips befindet sich sowohl
die Gesetzgebung, wie die Rechtslehre sämmtlicher Europäischer
Staaten, und sie werden nothwendiger Weise darin verbleiben, so
lange unter derselben Ueberschrift und demselben Namen sehr un=
gleiche und mannigfach verschiedene Dinge von der Theorie abge=
handelt werden. Vom Standpunkte der Praxis aus sind die so=
genannten Strafrechtstheorien nichts anderes, als Vorstellungsweisen,
welche in verschiedener Ausdehnung und unter gelegentlich hervor=
tretendem Uebergewicht der einen über die andern, neben einander
im Volke hergehen, oder wissenschaftliche Hypothesen, welche die
Doctrin zum Zwecke einheitlicher und systematischer Abschließung
ihrer Lehrsätze erschaffen hat. Deswegen ist es nöthig, das Verhältniß
der Todesstrafe zu den verschiedenen Strafrechtstheorien gleichzeitig
zu erörtern, wobei sich möglicherweise ergeben könnte, daß sie einer
von diesen Theorien entspräche, einer anderen aber zuwiderliefe.
Da ferner in der Gegenwart über die Todesstrafe in ihrer All=
gemeinheit wenig gestritten, sondern meistentheils die besondere
Beziehung zum Verbrechen des Mordes von ihren Vertheidigern

festgehalten wird, so kann eine Klärung der Ansichten nur dann gehofft werden, wenn, gründlicher als bisher, die eigenthümliche Natur des Mordes sowohl im Verhältniß zu den übrigen Verbrechensarten, als auch im Vergleich zu den darauf gesetzten Strafmitteln erforscht wird. Unter den hierbei zu brauchenden Beweismitteln spielt die Strafstatistik eine hervorragende Rolle. Auf allen Seiten wird ihre Bedeutung begriffen. Während Mittermaier in seiner Schrift gegen die Todesstrafe, die in den vier bedeutendsten Europäischen Sprachen herausgegeben worden ist[1]), die reichhaltigsten Materialien gegen die Todesstrafe aus den strafstatistischen Publicationen entnahm, ist neuerdings von Oettingen[2]) zum Theil auf Grund gleichartiger Beweisstücke die entgegengesetzte Schlußfolgerung gezogen worden. Die Zahlen der Statistik gleichen den consonantischen Buchstaben der semitischen Sprachen, zu denen der Lesende die Vocale zu ergänzen hat. Nimmt man jedes vereinzelte Wort und jede einzelne Ziffer für sich, so kann nach dem Standpunkte des Erklärenden ein ganz verschiedener Sinn in den Text hineingelegt werden. Erst, wenn der Zusammenhang, in dem das Einzelne erscheint, richtig erklärt wird, läßt sich aus den strafstatistischen Zahlenreihen eine bestimmte Schlußfolgerung mit annähernder Sicherheit gewinnen, im entgegengesetzten Falle wird es geschehen, daß den sich widersprechenden Strafrechtstheorien auch noch sich widersprechende Zahlenreihen und Tabellen zur Seite treten. Wie wenig mit den nackten Ziffern für die Zwecke der Vergleichung strafstatistischer Erfahrungen zu gewinnen ist, zeigt sich am deutlichsten dann, wenn man die Begriffe gegenüberstellt, welche nach dem Stande der einzelnen Europäischen Strafgesetzgebungen an die einzelnen Abarten der Tödtungsverbrechen, zumal an den Mord, geknüpft werden.

Ein gründliches Studium der Strafstatistik verschiedener Rechtsgebiete führt zu der Ueberzeugung, daß wir es im sittlichen

Leben der Völker nicht mit einer durchweg gleichartigen Boden-
formation zu thun haben, und daß diese sich nicht etwa als Hoch-
und Tiefebne bezeichnen lassen, sondern mit mannigfach geglie-
derten Erhebungen oder Senkungen, deren Profil ein sehr schnell
und häufig wechselndes ist: eine Erfahrung, die uns warnt, daß
die Untersuchung über den Werth der Strafmittel, zumal
der Todesstrafe, unter gebührender Unterscheidung zeitlicher und
räumlicher Verhältnisse, nicht aber nach einem abstracten Schema
zu führen ist.

Unleugbar ist in der zunehmenden Erkenntniß thatsächlich
bestehender, die Rechtsgeschichte der einzelnen Länder bedingender Verschiedenheiten einer der erheblichsten wissenschaftlichen Fortschritte zu erkennen. Andrerseits erweckt gegen die wissenschaftliche
Haltbarkeit und die geschichtliche Fortdauer der Todesstrafe gerade
der Umstand das stärkste und gerechteste Mißtrauen, daß, ohne jede
Rücksicht auf Zeit und Raum, von ihren Anhängern die absolute
Nothwendigkeit und Ewigkeit betont wird, obwohl von der entgegengesetzten Seite die Zahl derjenigen in entschiedener Abnahme
ist, welche versichern, daß die Todesstrafe zu den an der Menschheit gegen das Sittengesetz verübten Missethaten gerechnet werden muß. Der Gegenwart gereicht es zur Ehre, daß sie sich
gegen die Annahme eines solchen Dogmas sträubt, gleichviel ob es
in positiver oder negativer Fassung auftritt. Wir wissen, daß
das heutige Zeitalter weder eine Sklavin der Vergangenheit, noch
auch eine tyrannische Herrin der nach uns in der Zukunft auftretenden Geschlechter sein darf. Andererseits besitzt die fortschreitende Wissenschaft in der Gegenwart auch die Bescheidenheit, der
Vorzeit ihr eigenthümliches Recht zu belassen, ohne ihr eine Verantwortlichkeit nach unserem für uns selbst geltenden Maßstabe
auferlegen zu wollen

Bei einer derartigen Betrachtungsweise dürfte sich sehr wohl herausstellen, daß die Todesstrafe für gewisse Zeiten und gewisse Entwickelungsstufen einzelner Völker gerechtfertigt werden kann, während sie unter entgegengesetzten Voraussetzungen verworfen werden müßte. Jedes Volk hätte sich selbst zu prüfen, die Stelle zu messen, an welcher es auf seiner geschichtlichen Bahn angelangt ist, nachdem die Wissenschaft ihrerseits auf dem Wege der Vergleichung festgestellt hat, unter welchen Bedingungen die Todesstrafe einen Platz in der Reihe der Strafmittel beanspruchen darf. **Die Rechtmäßigkeit und die Unrechtmäßigkeit der Todesstrafe gleichzeitig auf geschichtlicher Grundlage zu bestimmen, das Verhältniß von Ausnahme und Regel festzustellen, die Strafen aus den wirklich gegebenen Zuständen des völkerpsychologischen Bewußtseins zu begründen und nach den thatsächlichen Wirkungen ihrer Anwendung zu beurtheilen, ist die Aufgabe, welche die neuere Wissenschaft sich zu stellen hat, indem sie sich von jeder rechtsdogmatischen Formel älterer Systeme einfach lossagt.**

In der Geschichte der Völker wie im Leben der Einzelnen ist das Beispiel eine Macht. Der neue Culturproceß der Menschheit hat das Eigenthümliche, daß Fehler und Mängel, Rückschritt und Fortschritt, Vervollkommnung und Verfall viel schneller und leichter über die nationalen Gränzen hinaustreten und unter verwandten Völkern alsbald zum Gemeinguten oder Gemeinschädlichen sich umgestalten. Die beispielgebende Macht derjenigen Staaten, welche die Todesstrafe abschaffen, ist in der Gegenwart aus diesem Grunde eine größere, als ehemals. Der zeitgeschichtliche Vorgang der Abschaffung der Todesstrafe in einzelnen Ländern wiegt darum in seinen Folgen schwerer, als die literarische Arbeit früherer Jahrzehnte. Allein diese folgenschwere Wirkung ist nur dann möglich, wenn die Wissenschaft das Verständniß für den inneren Werth hiſtoriſcher Ereigniſſe geklärt und jenen Fernblick geſchärft hat, welcher die uns umgebenden Dinge nach der großen Perſpective der Dauerhaftigkeit oder Vergänglichkeit unterſcheidet.

Bis vor verhältnißmäßig kurzer Zeit waren es die Klein= ſtaaten, welche in Europa und Amerika zuerſt nach dem un= vergeßlichen Vorgange Toscana's die Todesſtrafe abſchafften. San Marino, einzelne Schweizer Kantone, die Donaufürſten= thümer und mehrere amerikaniſche Staaten folgten dem im vori= gen Jahrhundert gegebenen Beiſpiele des mittelitalieniſchen Staates. Ebenſo waren es einige deutſche Kleinſtaaten, welche nach Auf= hebung der deutſchen Grundrechte an der 1848 beſchloſſenen Auf= hebung der Todesſtrafe ſo lange feſthielten, bis die politiſchen Ereigniſſe des Jahres 1866 ihrem Daſein, oder das deutſche Strafgeſetzbuch von 1870 ihren ſtrafrechtlichen Beſonderheiten ein Ende machten.   Nachdem die Kleinſtaaten, deren geſchichtliche Lebenskraft ſo häufig bezweifelt worden iſt, den Ungläubigen den Beweis geliefert hatten, daß des Staates und der Geſellſchaft Untergang durch den Verzicht auf die Todesſtrafe nicht herbei= geführt wird, ergriff das von ihnen ausgehende Beiſpiel eine Reihe von mittelgroßen Staaten, unter denen Portugal[3]) und Sachſen[4]) hervorzuheben ſind.

Endlich verzeichnet die neueſte Zeit zwei Ereigniſſe, welche nicht ohne nachhaltige Wirkungen bleiben können. Das König= reich der Niederlande beſeitigte (1870) die Todesſtrafe beinahe in demſelben Augenblicke, in welchem ſie gegen die urſprüngliche Willensmeinung des norddeutſchen Reichstages zu einem unerläß= lichen Beſtandtheil des deutſchen Reichsſtrafgeſetzbuchs erklärt ward. Zuletzt endlich hat die Schweiz, nachdem ſie bereits früher die Todesſtrafe für politiſche Verbrechen in der Bundesverfaſſung von 1848 beſeitigt hatte, in der Bundesreviſion am 19. April 1874 ſich zu dem entſcheidenden Schritte entſchloſſen, die Todesſtrafe

aus den Mitteln der Rechtspflege auszustreichen. Es liegt auf
der Hand, daß die Erfahrungen der Niederlande und der Schweiz,
zweier in der Mitte Europa's gelegener, weit vorgeschrittener und
dicht bevölkerter Culturstaaten, von großer Beweiskraft für sämmt=
liche Mittel= und Großstaaten werden muß; möglicherweise
sogar von zu großer! Denn wenn auf längere Dauer die Rechts=
zustände der Schweiz und der Niederlande troß der Abschaffung
der Todesstrafe solche bleiben, daß die öffentliche Meinung sich
bei dem Geschehenen beruhigt, so läßt sich voraussehen, daß die
Furcht derer überall schwinden wird, welche von dem Wegfall der
Todesstrafe die schrecklichsten Folgen für die öffentliche Ordnung
befürchten. Es könnte freilich auch geschehen, daß im Gegentheil
unmittelbar oder bald nach der Aufhebung der Todesstrafe in
den davon berührten Ländern einige Störungen hervorträten,
welche die öffentliche Meinung des Auslandes nicht versäumen
würde, einer des Leichtsinns beschuldigten Gesetzgebung zuzuschrei=
ben, obwohl nichts anderes bewiesen werden könnte, als daß, zeit=
lich betrachtet, nach erfolgter Aufhebung der Todesstrafe eine
Vermehrung ehemals todeswürdiger Verbrechensfälle zur Erschei=
nung kam. Es ist die Aufgabe der Wissenschaft, Angesichts dieser
Möglichkeiten vor voreiligen Schlußfolgerungen zu warnen, indem
sie es unternimmt, die Ursachen zu erforschen, von denen die
größere Häufigkeit oder Seltenheit der Verbrechen abhängt, und
zu ermitteln, welche specifische Bedeutung den einzelnen Straf=
arten im Verhältniß zur Bethätigung oder Unterdrückung ver=
brecherischer Entschließungen zukommt.

Wenn die unleugbare große Wichtigkeit, welche der Abschaf=
fung der Todesstrafe in den Niederlanden und der Schweiz zu=
kommt, eine noch größere wäre, als sie ist, so wäre doch wegen
der Möglichkeit falscher Auslegung dieser neu entstandenen That=
sachen gerade gegenwärtig der Wissenschaft die bedeutsame Auf=

gabe gestellt, zu verhüten, daß der wahre Werth des Geschehenen
nach irgend einer Seite hin verdunkelt werde. Vom politischen
Standpunkte aus ist zu wünschen, daß die Todesstrafe nicht nur
irgendwo abgeschafft werde, sondern vielmehr auch überall abgeschafft bleibe. Die Interessen, die dabei ins Spiel kommen,
sind zu wichtig, als daß sie nach Art eines Tarifsatzes behandelt
werden dürfen, welcher nach Ablauf eines Handelsvertrages erhöht oder herabgesetzt werden kann. Für die Gesammtheit aller
dabei in Betracht kommenden Angelegenheiten erscheint es am
besten, daß die Gesetzgebung nicht nach augenblicklich herrschenden
Strömungen des Tages, sondern auf der Grundlage starker und
unerschütterlicher Ueberzeugungen sich entschließe. Damit dies geschehen könne, hat die Wissenschaft die Führung und Leitung der
öffentlichen Meinung zu behaupten. Ueberall, wo die Abschaffung
der Todesstrafe nur ein Werk revolutionärer Bewegungen war,
mußte ihre Wiedereinführung auch zu einer Sache der Reactionen
werden. Glücklicherweise sind wir in neuerer Zeit wiederum zu
jenem Ausgangspunkte der strafrechtlichen Reformen zurückgekehrt,
den die Namen Leopold's von Toscana und Joseph's II. von
Oesterreich bezeichnen. Es sind wiederum die Regierenden selbst
und die an der Staatsgesetzgebung mitwirkenden Organe, welche
ernsthaft an die Verbesserung der Strafrechtspflege denken, ohne
dabei von einer ängstlichen und mißtrauischen Rücksichtnahme auf
ihre Machtfülle geleitet zu sein. Jene Leidenschaftlichkeit, welche
die Streitenden vor Jahrzehnten beseelte, hat allmählig einer
ruhigeren Stimmung Platz gemacht.

Als ein Glück muß es betrachtet werden, wenn die Beibehaltung oder Abschaffung der Todesstrafe aufhört, als eine bloße
Parteiangelegenheit nach den Schlagworten des politischen Liberalis-
mus oder der conservativen Ueberlieferungen behandelt zu werden.
Gegenwärtig zählt die Todesstrafe unter den Gemäßigten aller

Parteien neben zahlreichen Gegnern immer noch einige namhafte
Anhänger, während die äußersten Flügelstellungen in den Schlacht=
reihen der heute fechtenden Kämpfer ihr vorwiegend günstig gestimmt scheinen und im Voraus berechnen, welchen Nutzen aus
der Vernichtung politischer Gegner die jeweilig zur Macht Gelan=
genden zu ziehen vermögen. Es verdient wohl beachtet zu werden, daß eine so radicale Natur wie John Stuart Mill die
gesammte Gesellschaftsordnung in Frage stellen konnte, indem er
den fundamentalen Unterschied der Geschlechter leugnete und das
Stimmrecht als einen rechtmäßigen Anspruch der Frauen bezeich=
nete, während er gleichzeitig auf der andern Seite der Noth=
wendigkeit der Todesstrafe als ein Bekenner des Abschreckungs=
zweckes das Wort redete. Unter den in religiösen Dingen Radi=
calen vertheidigte David Strauß die Todesstrafe, obwohl
seine in den letzten Lebensjahren eingeschlagene Richtung geschichtswidrig genannt werden darf und bei ihm die Vererbung
der strafrechtlichen Institutionen sicher keine Rolle spielte. Von
solchen Männern, wie Mill und Strauß, ist freilich mit Gewißheit anzunehmen, daß sie zu einer andern Meinung wahrscheinlich
gelangt wären, wenn sie nicht bei den unmittelbaren Aeußerungen
ihres individuellen Rechtsgefühls sich beruhigt, sondern mit der=
selben Gewissenhaftigkeit den thatsächlichen Vorgängen der Straf=
rechtspflege nachgeforscht hätten, mit welcher sie an die Lösung
schwierigster Aufgaben regelmäßig heranzutreten pflegten. Die
außerordentliche Schwäche der Gründe, mit denen Mill und Strauß
die Todesstrafe aufrecht erhalten wollen, läßt es begreiflich er=
scheinen, wenn andere, die mit weit geringeren Geistesgaben aus=
gerüstet waren, sich ohne ein gründliches Studium, lediglich
nach persönlichen Eindrücken, nach kurzem Besinnen, sich für
oder wider die Todesstrafe erklärten. Sie genügten damit
der lange Zeit geltenden Forderung, daß Jeder sich ohne

Weiteres befähigt halte, über ein wichtiges Problem mit Ja! oder Nein! abzustimmen.

Wenn man wahrnimmt, daß so ungewöhnlich hervorragende Männer, wie Mill und Strauß, ohne von den neueren Arbeiten der Strafrechtswissenschaft auch nur im geringsten Kenntniß genommen zu haben, dabei beharrten, einem philosophischen System oder einem Götzenbilde des Abschreckungszweckes zu Liebe eine immer mehr veraltende Grundanschauung vom Wesen der Strafe festzuhalten, ist man versucht, zu glauben, daß die Rechtswissenschaft an sich auf den Entwickelungsproceß der öffentlichen Meinung nur einen geringen Einfluß auszuüben vermöge. Dennoch wird die Macht einer stetig fortschreitenden, im Wechsel der Dinge ruhig forschenden Wissenschaft in zuverlässiger Weise dadurch erwiesen, daß in den beiden Ländern, in welchen die Theorie des Strafrechts und die Criminalpolitik mit größtem Erfolge in der Literatur und an den Hochschulen thätig waren, die Gegnerschaft gegen die Todesstrafe in einem ununterbrochenen Wachsthum blieb. Es sind dies Deutschland und Italien. Andererseits erklärt der Mangel einer durchgearbeiteten Strafrechtswissenschaft, weswegen man in England und Nordamerika fortfährt, die schwierigsten strafrechtlichen Aufgaben nach individuellen Empfindungen oder auf Grund persönlicher Erfahrungen entscheiden zu wollen, wobei es nicht ausbleiben kann, daß jeder Einzelne in seiner Weise verschieden empfindet und mit seinen Augen verschieden beobachtet.

Freilich ist nicht zu vergessen, daß gerade das Strafrecht mit dem Ganzen des Volkslebens enger verwachsen ist, als irgend ein anderer Theil des Rechtes. Es wird niemals möglich sein, alle dabei mitwirkenden Vorgänge aus dem Seelenleben des Volkes in scharfer Begränzung wissenschaftlich zu formuliren. Immer muß man sich gegenwärtig erhalten, was in unübertrefflicher Sprache Jhering sagt:

„Das Strafrecht ist der Knotenpunkt, wo die feinsten und zartesten Nerven und Abern zusammenlaufen, und wo jeder Eindruck, jede Empfindung sich fühlbar macht und äußerlich sichtbar wird: das Antlitz des Rechtes, auf dem die gesammte Individualität des Volkes, sein Denken und Fühlen, sein Gemüth und seine Leidenschaft, seine Gesittung und seine Rohheit, sich kund giebt; kurz auf dem seine Seele sich wiederspiegelt."

Es liegt außerhalb der Möglichkeit für die Strafrechtswissenschaft und ebenso sehr auch außerhalb ihrer Macht, ohne Bundesgenossen jene Leidenschaften zu bekämpfen, welche „das Antlitz des Rechtes" in den Strafmitteln entstellen. Sie hat in aller Bescheidenheit anzuerkennen, daß außer ihr noch andere berufen sind, an der Verbesserung der strafrechtlichen Zustände mitzuarbeiten. In welchem Umfange dies bisher geschehen ist, hat insbesondere Prediger Hetzel in seiner culturgeschichtlichen Darstellung der Todesstrafe erwiesen.[5]) Jeder, welcher auf die Empfindungsweise des Volkes in weiterem Umfange veredelnd einwirkt, wird im Verlaufe der Zeit auch den strafrechtlichen Reformen vorarbeiten. Unsere schöne Literatur und unsere Dichter haben daher einen vollen Antheil daran, daß unsere Gesetze milder geworden sind. Schiller und Göthe ergriffen einzelne strafrechtliche Probleme. Unter den neueren Dichtern war es namentlich Auerbach, welcher in erfolgreicher Weise und mit größtem Nachdruck die Todesstrafe in seinem Volkskalender angefochten hat.

Zu einer nochmaligen Untersuchung des Gegenstandes bestimmen mich die Erfahrungen, welche ich als Lehrer sammelte, als ich zweimal in Berlin und einmal in München in einer Reihe von öffentlichen Vorlesungen die Todesstrafe besprach. Aus der Anwesenheit von über Tausend Zuhörern durfte ich schließen, daß die Jugend auf unseren Hochschulen die Wichtigkeit der Frage, um die es sich handelt, mit lebhafter Theilnahme begreift.

Der von mir innezuhaltende Plan entspricht in der Hauptsache jenen Vorträgen, die ich in Berlin und München gehalten
habe. Ich gedenke daher, unter fortgehender Anlehnung an das
Verbrechen des Mordes die Todesstrafe vom Standpunkte der
hauptsächlichsten Strafrechtstheorien der Abschreckung, der Sicherung,
der Besserung und der Gerechtigkeit zu untersuchen, die Gefahr
irriger Todesurtheile näher zu bestimmen und am Schlusse das
Verhältniß der Begnadigung zur Todesstrafe zu erörtern.

Zweites Kapitel.

Der Abschreckungszweck im Verhältniß zur Todesstrafe I. — Die Todesstrafe als das schwerste aller Strafübel. — Es ist irrig, der lebenswierigen Freiheitstrafe eine größere Härte beizumessen. — Der Tod als natürliches Uebel. Die Abschreckung kann nicht allgemein, sondern nur individuell wirken. — Die Theorie der Abschreckung muß psychologisch auf Abschreckungsfähigkeit begründet werden. Bedingungen der Abschreckungsfähigkeit verschieden nach Nationalität, Cultur, gesellschaftlicher Stellung und der besonderen (wirklichen oder eingebildeten) Beziehung bestimmter Personen zu einer ihnen drohenden Gefahr. —

Obwohl die Mehrzahl der Strafrechtslehrer und die neuere Wissenschaft von dem Abschreckungszwecke der Strafe nichts mehr wissen will und ihn zu den „überwundenen Standpunkten" zählt, lehrt die Erfahrung, daß sowohl die Gesetzgebung, als die breite Masse des Volkes den Werth der Strafe zunächst überall nach dem darin vermutheten Grade der Abschreckung bemißt. Von vornherein bleibt die Menge geneigt, den Schluß zu ziehen: Je größer das Strafübel, desto stärker und desto allgemeiner die Furcht davor. Die Wissenschaft wird niemals im Stande sein, diesen Glauben an die Macht der Abschreckung völlig auszurotten. Wenn der Gesetzgeber irrthümlich irgend eine Behandlung als ein Uebel ansähe und dieses vermeintliche Uebel deswegen als Strafe androhte, eben diese Behandlung indessen, der Meinung des Gesetzgebers entgegen, innerhalb der bürgerlichen Gesellschaft als völlig gleichgültig und nicht benachtheiligend angesehen würde, so hätte der Gesetzgeber sich nachträglich zu überzeugen, daß seine Androhung wirkungslos bleiben würde, und den Zweck der Abschreckung ver= fehlen müßte.

Furcht ist ein allgemein menschliches Motiv, das in zahlrei= chen Handlungen und noch zahlreicheren Unterlassungen hervor= tritt. Es ist an sich durchaus richtig, diesen Beweggrund in der Strafgesetzgebung zu verwerthen. Die Eigenschaft, abschreckend zu sein, darf den Staatsgesetzen nicht fehlen. Ebenso wenig ist der Satz zu bestreiten, daß schwere Uebel überall mehr gefürchtet werden, als minder bedeutende und daß nach der all= gemein herrschenden Meinung der Tod das denkbar größte Uebel für den Menschen darstellt.

Die Todesstrafe ist also mit Recht als die schwerste Strafe zu bezeichnen.

Es wäre vergeblich, dies bestreiten zu wollen. Freilich giebt es Viele, welche es versucht haben und noch heute versuchen, uns dies auszureden, indem sie behaupten, lebenslängliche Freiheits= entziehung und ein elendes, qualvolles Leben im Zuchthause sei ein härteres Leiden als ein schnell und verhältnißmäßig schmerz= los eintretender Tod. Solange diese Betrachtung auf dem Gebiete der theoretischen Vergleichung bleibt, wird sie von vielen mit Beifall aufgenommen werden. Der Philosoph wird den Lehrsatz ohne Schwierigkeit vertheidigen und dem Dichterworte zustimmen, nach welchem das Leben der Güter höchstes nicht ist. Aber in der Wirklichkeit erscheinen den zunächst betheiligten Menschen die Dinge Angesichts des bevorstehenden Todes ganz anders. Auch der Schwerkranke hängt am Leben; die ungeheure Mehr= zahl altersschwacher Greise wünscht ihr Dasein verlängert zu sehen. Ehe der Tod ernstlich begehrt wird, muß das Leben unerträglich und hoffnungslos geworden sein.

Am allerwenigsten ist zu bezweifeln, daß nach der Würdigung des Verbrechers, von seltenen Ausnahmen abgesehen, der Tod als schwerste Strafe angesehen wird.[6]) Mögen ihn auf dem Richtplatze Philosophen und Geistliche zu überzeugen suchen, daß lebenslängliche Freiheitsberaubung nach ihrer Ansicht das schrecklichste Leiden bedeute, seine Meinung wird fast immer die sein, daß er die Begnadigung zu lebenslänglicher Zuchthausstrafe vorzieht. In dem Augenblick, da er sterben soll, erscheint ihm das Leben an sich den Vorrang zu haben. Und dieses Leben, das er sich zu erhalten wünscht, ist nicht einmal hoffnungslos in seinen Augen. Aus der lebenslänglichen Haft vermag eine nochmalige Begnadigung ihn der Freiheit wiederzugeben. Wer die Todesstrafe damit zu bekämpfen glaubt, daß er versichert, lebenslängliche Freiheitsentziehung sei ein schwereres Strafübel und werde mehr gefürchtet werden, als Lebensverlust, darf nicht darauf zählen, für seine Ansicht eine größere Anzahl von Anhängern zu gewinnen. Die Delinquenten auf dem Richtplatz und in den Gefängnissen widerlegen ihn. Die Scheu vor dem Tode, dem nächsten Selbsterhaltungstriebe entstammend, ist eine natürliche, menschliche und darum unwiderlegliche Thatsache, welche der Gesetzgeber unbedingt als feststehend anzunehmen hat.

Dennoch wäre es verkehrt, die Bedeutung dieser Thatsache zu übertreiben und die Strafgesetzgebung lediglich auf den Erfolg der Abschreckung begründen zu wollen.

Die Liebe zum Leben und die Furcht vor dem Tode, so allgemein sie in der Menschheit hervortreten, sind nicht immer und nicht zu allen Zeiten die stärksten Triebfedern menschlichen Handelns. Die höchsten sittlichen Beweggründe der Frömmigkeit, der Vaterlandsliebe, des Ehrgefühls treffen mit den stärksten verbrecherischen Trieben darin überein, daß sie sich über Todesgefahr und Todesfurcht hinwegzusetzen vermögen. Der That

sache weit verbreiteter Todesfurcht steht die sittliche Forderung
der Todesverachtung in entscheidenden Augenblicken siegreich
entgegen.

Für den Gesetzgeber ist also die Frage nicht so zu stellen:
ob Todesfurcht überhaupt ein abschreckendes Motiv darbietet?
Sondern vielmehr so: ob sie in den besonderen Verhältnissen
der Strafrechtspflege, mit denen er es zu thun hat, innerhalb
derjenigen Klasse von Verbrechern, welche er im Auge hat und
mit seiner Drohung treffen will, die ihr im Allgemeinen nicht zu
bestreitende Wirkung bewähren werde?

Von vornherein ist hier an eine Eigenthümlichkeit zu er=
innern, welche die Todesstrafe vor allen andern Strafmitteln,
und zwar zu ihrem Nachtheile auszeichnet, nämlich diese: Das
Gesetz des Staates droht ein Uebel, welches nach dem
unabänderlichen Gesetze der Natur für jeden Menschen
ohne jede Rücksicht auf guten oder bösen Lebenswandel
nothwendig eintreten muß und in jedem Augenblick
unerwartet eintreten kann.

Während Freiheitsentziehung und Gefängniß, Ehrenstrafen
und Geldbußen durchaus abhängig erscheinen von der rechtlich
geordneten Macht des Staates und nur durch den Staat verhängt
werden können, wird in der Androhung der Todesstrafe nur der
frühere und vorzeitige Eintritt eines unvermeidlichen Naturereig=
nisses angekündigt. Schon hierin liegt eine gewisse Abschwächung der
der Strafdrohung einwohnenden specifischen Abschreckung. Das
Gesetz kann seiner Natur nach in der Todesstrafe nicht den selb=
ständigen Verlust eines sonst an sich gesicherten Gutes androhen,
sondern nur den früheren und schnelleren Verlust eines ver=
gänglichen Gutes.

Niemand weiß im Voraus, wann er nach dem Laufe der
Natur sterben wird. Aber jedermann trägt in seinem Vorstellungs=

kreise ein ungefähres, in undeutlichen Umrissen gezeichnetes Bild seiner wahrscheinlichen Lebensdauer. An dieser, jedes objectiven Maßstabes entbehrenden, Wahrscheinlichkeitsrechnung ist dann die Drohung der Lebensverkürzung, welche der Strafgesetzgeber ausspricht, zu messen.

Hieraus ergiebt sich die Schlußfolgerung, daß die abschreckende Kraft der Todesbrohung eine unendlich verschiebene sein muß und zwar:

erstens nach der Wahrscheinlichkeit, welche ihrer Verwirklichung in Gemäßheit der Denkweise der einzelnen Individuen beizulegen ist,

zweitens nach der voraussichtlichen Dauer der zu ihrer Verwirklichung erforderlichen Zeit und

drittens nach dem Verhältnisse, in welchem die Wahrscheinlichkeit der Todesstrafe zu der eingebildeten Wahrscheinlichkeit der eigenen Lebensdauer bei den einzelnen Individuen steht.

Ich nehme zunächst an, die Todesstrafe werde in den vom Gesetz bezeichneten Fällen wahrscheinlich zur Ausführung gelangen. Immerhin ist das Wahrscheinliche ein Nicht-Gewisses; und es bleibt unvermeidlich die Thatsache bestehen: Das Strafgesetz droht ein (im bestimmten Maße) ungewisses Uebel, während die Natur mit ihrem völlig unabwendbaren Gesetze dasselbe Uebel bereits als ein gewisses in das menschliche Bewußtsein eingepflanzt hat.

Wer die allgemein abschreckende Kraft der gesetzlichen Todesdrohung behauptet, muß daher vor allen andern Dingen darthun können, daß die Macht der Natur soweit gienge, alle Menschen dahin zu bringen, daß sie Alles zu ihrer Lebensverlängerung Dienliche stets zu thun sich bestreben, oder umgekehrt, daß sie das

2*

Naturwidrige meiden, wenn dies erweislich zur Verkürzung ihres irdischen Daseins führen würde[7]).

Wenn die Natur nun, wie die tägliche Erfahrung lehrt, bei den allerwenigsten Menschen bewirkt, daß diese von einem ihr zuwiderlaufenden Verhalten um der wahrscheinlichen Lebensver= kürzung willen abstehen, wie soll das Gesetz mit seiner geringeren Macht, mit seiner größeren Ungewißheit in der Durchführung, er= reichen können, was der Majestät einer weltbeherrschenden Macht versagt ist?

Es ist für eine richtige Entscheidung der die Todesstrafe be= treffenden Streitfrage, sogar für die gesammte Criminalpolitik, von großer Wichtigkeit, einen durchschnittlichen Maßstab zu finden, an welchem die abschreckende Kraft der Gesetze gemessen werden kann, den Grad und die Ausdehnung der Furcht kennen zu lernen, welchen der Gesetzgeber entweder vorfindet oder seinerseits hervor= zurufen im Stande ist.

Daß der bloße Wille des Gesetzgebers, Furcht hervorzurufen, nicht entscheidend ist und an sich noch wenig bedeutet, liegt auf der Hand. Es ist ein geschichtlich feststehendes Erfahrungsgesetz, daß keine staatliche Institution lediglich durch Furcht und Schrecken auf die Dauer aufrecht erhalten werden kann.

Andrerseits ist ebenso gewiß, daß das Element der Furcht in der Erziehung der Menschen und in der Leitung der Staaten niemals völlig entbehrt werden kann. Nach unseren sittlichen Grundbegriffen veredelt sich die Empfindung der Furcht in der Anpreisung der „Gottesfurcht" und der „Ehrfurcht" vor dem Erhabenen. Jedenfalls ist es eine gesellschaftliche, von der Gesetzgebung nicht zu übersehende Thatsache, daß im Allge= meinen der Glaube an die präventive Macht der Furcht und des Schreckens im Volke viel weiter verbreitet ist, als unter den Regierenden selbst.

Bei der Bestimmung des Abschreckungszweckes kommt daher Alles auf die richtige Begränzung des psychischen und socialen Phänomens der Furchtempfindung an.

Ganz feste und überall zutreffende Ergebnisse werden hier freilich nicht erwartet werden dürfen. Der gesammte Cultur-proceß der Völker greift auch bei dieser Untersuchung mitbestim= mend ein. Gewisse Völker fürchten Dinge und Handlungen, welche in den Vorstellungen anderer gleichgültig sind. Religiöser oder natürlicher Aberglaube sind Quellen der Furchtsamkeit. Der Fatalismus gewisser Religionslehren andererseits zerstört ganze Reihen von Befürchtungen. Ein und dasselbe Volk, welches auf früheren Stufen seiner geschichtlichen Entwickelung furchtsam war, kann sich zu höheren Aeußerungen der Tapferkeit emporheben, oder andrerseits, wenn es im Proceß des Verfalls begriffen ist, kindischer Angst zugänglich werden. Man hat darauf aufmerksam gemacht, daß gerade der Barbar im Zustande seiner natürlichen Wildheit der furchtsamste unter den Menschen ist.[8]) Und in Wirklichkeit gehört es zu den Anzeichen der Cultur, daß ein Volk immer tiefer von den Grundgedanken der Gesetzmäßigkeit in Natur und Staat erfaßt wird, immer unabhängiger von den Ueberlieferungen des Aberglaubens wird, immer freier von der Furcht vor nur körperlichen Leiden handelt, immer fähiger wird, augenblicklichen Eindrücken des Schreckens zu widerstehen. Im Zustande des Verfalles gedacht, wäre kein Volk verächtlicher, als ein feiges.

Auf die Geschichte des Strafrechts angewendet, würde dies ergeben, daß der Tod, als physisches Uebel betrachtet, überall am meisten von den minder entwickelten und außerdem von den bereits verfallenden Völkern gefürchtet wird; von den minder entwickelten zumal dann, wenn sich irgend welche abergläubische Vorstellungen daran heften. Für die Todesstrafe ist dies insofern

von Bedeutung, als sie bei gewissen Völkern und in gewissen
Zeitaltern eine thatsächlich größere Wirkung haben kann, als bei
anderen Völkern und zu anderen Zeiten.

Die Zeugnisse über das Maß der durch die Todesstrafe
hervorgerufenen Schreckenswirkung sind daher überall sorgfältig zu
prüfen, ehe ihnen eine andere, als örtlich und zeitlich beschränkte
Glaubwürdigkeit beigemessen wird. Eine gewissenhafte Vergleichung muß lehren, in wie weit sie anwendbar sind oder nicht.

Innerhalb eines bestimmten Volkes selbst sind sicherlich bestimmte Schichten mit Rücksicht auf größere oder geringere Em-
pfänglichkeit für die Eindrücke der Furcht zu unterscheiden. Der
Lebensberuf und die Gewohnheit, Erziehung und Körperbildung
üben hier ihren sehr weitgehenden Einfluß. Wer sich in Beziehung
auf Tüchtigkeit, Furchtlosigkeit und Willenskraft den Lebensberuf
eines Kriegers, Jägers, Hirten, Landbauers, Seeschiffers und
andrerseits kleinstädtischen Krämers oder eines großen Banquiers
vergegenwärtigt, wird auf erhebliche Unterschiede stoßen. Für
die Criminalpsychologie wäre es also sicherlich geboten zu untersuchen: wie sich diejenigen Gesellschaftsklassen, aus
denen erfahrungsgemäß die größte Anzahl von schweren
Verbrechern nach den Ausweisen der Statistik hervorgeht, zu der socialen Abschreckungsfähigkeit dem Grade
nach verhalten.

Hätte man die Mittel, dies mit einiger Annäherung an die
Wahrheit abzuschätzen, so bliebe freilich immer noch daran zu erinnern, daß innerhalb jeder Gesellschaftsklasse zahlreiche Individuen
vorhanden sind, die dem Durchschnittsbilde nicht genau entsprechen.

Obwohl es große Schwierigkeiten hat, allgemeine Regeln
Angesichts der individuellen Mannigfaltigkeit des wirklichen Lebens
aufzustellen, wird eine wirkliche Theorie der Abschreckung auf

gewisse Grundregeln der psychologischen Erfahrung zurückgehen müssen:

Der Grad der Furcht und folgeweise auch der möglichen Abschreckung scheint vorzugsweise von folgenden Punkten abhängig zu sein:

1. Von der Größe des in Aussicht stehenden Uebels.
2. Von der Wahrscheinlichkeit und Gewißheit seines Eintretens.
3. Von der zeitlichen Nähe der Gefahr.
4. Von der eingebildeten oder wirklichen Möglich= keit einer rechtzeitigen Gegenwehr.
5. Von den zu bestimmten Handlungen leitenden Beweggründen der einzelnen Personen, die von gewissen Uebeln bedroht sind, wobei in besonderer Hin= sicht auf die vorliegende Frage zu prüfen ist: ob die Motive der Todesfurcht oder der Todesverachtung die individuell stärker wirkenden zu sein pflegen.

Aus dieser Aufzählung ergiebt sich, daß die abschreckende Wir= kung der Strafdrohungen, soweit die Abschreckung in Betracht kommt, theils in objectiven Merkmalen der Strafart, theils in subjectiven und persönlichen Momenten des Verbrechers zu begrün= den ist.

Weiterhin ist aber bei eingehender Prüfung der der Todes= strafe zukommenden Abschreckungswirkungen zu unterscheiden:

Welche Wirkungen die Androhung der Todesstrafe auf die dem Gesetze unterworfene Bevölkerung habe?

Welchen Einfluß die Verhängung der Todesstrafe auf den bereits verurtheilten Verbrecher ausübt?

Und endlich, welches der Eindruck ist, den die Vollstreckung der Todesstrafe auf die bei der Hinrichtung anwesen= den Zeugen hervorbringt?

Diese drei Fragen sind durchaus auseinander zu halten, weil
es zum Beispiel völlig unzulässig sein würde, den Eindruck, den
die bevorstehende Todesstrafe auf den verurtheilten Delinquenten
hervorbringt, mit derjenigen weit schwächeren Wirkung zu ver=
wechseln, den die im Gesetzbuch angedrohte Todesstrafe auf solche
hervorbringt, die im Begriffe stehen, einen Mord zu verüben.

Drittes Kapitel.

~~~~~

Der Abschreckungszweck II. — Die Todesstrafe als schwerstes aller Strafübel. — Die Hinrichtung ein härteres Leiden, als der natürliche Tod, ohne Rücksicht auf Schmerzhaftigkeit. — Nicht nur physisches, sondern auch seelisches Leiden bewirkt die Todesstrafe. — Die Vorstellung des seelischen Leidens als Abschreckungsmittel. — Graf Batthyani und Blind. — Das Element des Glaubens an die Prophezelung der Strafe durch die Gesetzgebung. — Die moderne Drohung der Todesstrafe im Vergleich zu der altjüdischen Prophezeiung des Todes in der Bibel.

Nach ihrer Größe gewürdigt, steht die Todesstrafe als Uebel, wie bereits auseinandergesetzt worden ist, in der Reihe der staatlich verfügbaren Strafmittel obenan. Eine weite, fast unermeßliche Kluft ist es, die sie von lebenslänglicher Zuchthausstrafe oder Deportation, den an Schwere nächst anliegenden Strafübeln, trennt. Die schwerste Freiheitstrafe und die einfache Todesstrafe verhalten sich zu einander wie die gegenüberliegenden Küsten zweier Continente, zwischen denen ein Ocean fluthet.

Die lebenslängliche Freiheitstrafe, welche der Gesetzgeber für eine Reihe sehr schwerer Verbrechen androht, braucht, wenn vom Richter angewendet, in Wirklichkeit noch nicht ein ganzes Menschenleben hindurch zu dauern. Sie kann verkürzt werden durch spätere Gnade, gemildert sein durch rücksichtsvolle Behandlung. Und würde die Freiheisberaubung hinterher wirklich ein unerträgliches Leiden, hätte es der Mensch nicht in seiner Hand, sich selbst durch freiwilligen Tod aus dem Kerker zu erlösen? Keine Obsorge und Wachsamkeit vermag auf die Dauer einem Gefangenen die denkbaren Mittel des Selbstmordes völlig zu entziehen. Dem lebenslänglich Verurtheilten bleibt immer noch jene letzte Freiheit, zu sterben, wenn er dazu entschlossen ist.

Aber der ewig unwiderrufliche Tod mit jenem dunklen Geheimniß, das hinter ihm liegt, und, wenn auch noch so entschieden geleugnet, niemals aus der menschlichen Phantasie völlig ausgetilgt werden kann, ist etwas unvergleichbar anderes, als lebenslängliche Freiheitsberaubung. Jedem dünkt es besser einen Freund lebend in entlegensten Zonen zu wissen, aus denen er wahrscheinlich niemals heimkehren wird, als hinter der nahe gelegenen Mauer des Friedhofs.

Wer mit völliger Klarheit, mit geistiger Ruhe, mit lebhafter Einbildungskraft sich die letzten Augenblicke eines vom Henker bereits ergriffenen Delinquenten denkt, wird nothwendig von Grauen erfaßt werden. — Wenn eben demselben Menschen, nachdem er seine Gedanken mit diesen Bildern des Entsetzens erfüllt hat, darauf der Wunsch käme, späterhin, nach Ablauf einer längeren Zeit ein todeswürdiges Verbrechen zu begehen und er dann nochmals in völliger Klarheit und ununterbrochener Geistesruhe alle Möglichkeiten der Ausführung überlegte, so würde der erdachte verbrecherische Plan wahrscheinlich auf sich beruhen bleiben. Ueber den entfernten, nicht drängenden Wunsch würde das gleichfalls entfernte Schreckbild des gewaltsamen Todes wahrscheinlich überwiegen.

Damit dies geschehen könne, muß man freilich das Uebel, das das Gesetz androht, in seiner wirklichen Größe sehen können. Zwar ist dies Uebel nur der Tod und nicht mehr, der Tod, die Forderung der Natur, ebenso schnell und vermuthlich nicht schmerzvoller, als ein blitzartig niederschmetternder Schlagfluß. Aber dennoch ist es ein Anderes, getödtet zu werden; ein Anderes einfach zu sterben. Wenn einem noch lebenslustigen Kranken der Arzt oder der Geistliche das Herannahen der letzten Lebensstunde verkündigt — ist es dasselbe wie wenn einem Verbrecher im Kerker angezeigt wird, daß er am andern Morgen um 6 Uhr hingerichtet werden soll? Schwerlich!

Im Vergleich zu dem einfachen Lebensverlust ist in der Hinrichtung ein Mehr von Leiden enthalten. Es kommt darauf an, wie die Menschen sterben. Hätte die Vorsehung es jedem Menschen in die Hand gegeben, an einer beliebigen Krankheit nach seiner Wahl zu einer ihm unbekannten Zeit dereinst sterben zu dürfen, so darf man mit einiger Wahrscheinlichkeit vermuthen, daß an sich schmerzhaftere Todesarten als Köpfen und Hängen von den Wählenden bevorzugt werden würden. Für die ruhige Betrachtung knüpft sich an die Vorstellung eines zum Schaffot geschleppten Delinquenten die Reihe entsetzlicher Schattenbilder: die Peinigung eines schuldbeladenen Gewissens, welchem keine hinreichende Zeit gelassen ist, sich mit sich selbst zu versöhnen, völlige Hülflosigkeit vor den Menschen, die dahinströmenden, schnell entrinnenden und haftig gezählten Minuten bis zu dem entscheidenden Schlage der Uhr, die Abwesenheit und Verachtung aller im Leben Nahestehender, die Vergeblichkeit und Frevelhaftigkeit des Unternehmens, wofür das Dasein eingesetzt wurde! Geschäftsmäßig, pünktlich abgerufen, begleitet oder geschleppt, der Verdammniß überliefert, ergriffen und niedergeworfen auf den Block — stückweise zusammengepackt und eingesargt — und vor dem wirklichen Tode bereits lebendig begraben in der eigenen Phantasie! —

Das ist nicht der einfache natürliche Tod, den wir an dem Sterbebette eines Freundes beobachten und beweinen! Es ist auch nicht der gewaltsame und schmerzvolle Tod, den ein auf dem Schlachtfelde zerschmetterter Leib des Kriegers erleidet. Es ist ein qualvollerer Tod, ein größeres Uebel als Lebensverlust schlechthin. Der Tod, den das Gesetz androht, ist schreckensvoller, als ein anderes Lebensende, und zwar durch die begleitenden Umstände. Eben deswegen kann die Todesstrafe nicht lebiglich als ein rein physisches Uebel angesehen werden; sie ist außerdem auch ein entsetzliches seelisches Leiden.

Früheren Zeitaltern entging dies offenbar. Man bemühte sich daher, auf alle nur denkbare Weise Schmerzen und Foltern zu ersinnen, durch welche das physische Uebel des einfachen Lebensverlustes gesteigert und geschärft werden möchte: Brennen, Rädern, Viertheilen, Ausbärmen, Zangenreißen.[9]) Man erfand die „gleitende Scala" der geschärften und einfachen, schimpflichen und anständigen Todesarten. Die vergangenen Geschlechter fühlten die Todesstrafe, wie man heute — ohne Mitthätigkeit unserer Phantasie — chirurgische Operationen leichteren oder schwereren Grades mitempfindet, indem man körperliche Leiden anderer Menschen sich vergegenwärtigt.

Die neuere Gesetzgebung verzichtet auf eine Steigerung der physischen Leiden. Nachdem die verstümmelnden Leibesstrafen und sogar die körperlichen Züchtigungen verschwunden sind, hätte es keinen Sinn mehr, schmerzhafte Todesstrafen bestehen zu lassen. Unter den möglichen Mitteln der Tödtung wählt die Strafgesetzgebung der neueren Zeit grundsätzlich dasjenige, welches am sichersten, schnell und schmerzlos zu tödten geeignet ist.[10]) Im Vergleich zum natürlichen Tode wird also zu behaupten sein: daß diejenigen, welche unter der Hand des Henkers enden, durchschnittlich weniger körperliche Leiden zu ertragen haben als die Mehrzahl solcher, die an einer längeren Krankheit zu Grunde gehen. Andererseits wäre der Gesetzgeber auch gar nicht im Stande, die Foltern zu überbieten, mit denen manche Krankheiten den von ihnen Befallnen langsam zu Tode martern.

Das Strafübel der Todesstrafe setzt sich also aus zwei Elementen zusammen: erstens, dem einfachen, verhältnißmäßig schnellen Naturvorgang des Sterbens, insoweit derselbe früher eintritt, als er nach dem Laufe der Natur voraussichtlich ein= getreten sein würde, und zweitens, dem ethisch=rechtlichen Moment der gewaltsamen Tödtung von Staatswegen, dessen Wirkung ein tiefgehendes Seelenleiden sein kann.

Daß die natürliche Furcht zu sterben in der Bevölkerung eine möglichst große sei, kann der Staat unmöglich wünschen. Religion und Sittenlehre trachten darnach, den Menschen von der Todesfurcht zu befreien und die Feigheit, die überall für das Leben zittert, wird mit Recht gebrandmarkt. Für die berechtigte Abschreckungstendenz der Strafgesetzgebung bleibt somit nur die voraussichtliche Qual jenes Seelenleidens, welches sich an die Ausführung der Todesstrafe anknüpfen soll. Allenfalls mag sie auch noch darauf rechnen, daß die trotz der Religions= und Sittenlehre übermäßig starke und weit verbreitete Todesfurcht ihren Absichten zu Hülfe kommen werde.

Wenn nun der Schwerpunkt der Abschreckung nicht in dem Gedanken an den Tod, sondern in der Vorstellung des Seelen= leidens, das die Vollstreckung begleitet, zu liegen scheint, so würde sich fragen: ob im Allgemeinen diejenige Klasse von Menschen, welche dem Andrange verbrecherischer Motive am leichtesten er= liegt, jene Einbildungskraft besitze, welche sie die Schauer der Hinrichtung, wie ein ihnen zeitlich nahe gerücktes Ereigniß, voraus= empfinden läßt? Und ob ihr das Uebel eines schimpflichen Todes als eine Möglichkeit durch die Phantasie hinreichend nahe gerückt wird, um in seiner wirklichen Größe erkannt zu werden?

Sicher ist, daß tapfere Männer, die dem Tod auf Schlacht= feldern und in schweren Gefahren ohne Augenblinzeln entgegen= schauten, vor dem schimpflichen Tode zurückschreckten, und

öfters sogar den physischen Tod beschleunigten, indem sie durch
Selbstmord ihr Ende herbeiführten, bevor sie dem Henker anheim=
fielen. Wer denkt nicht an die edle Gattin Batthyani's, welche
dem gefangenen Grafen das Federmesser im Gefängniß reichte,
mit welchem er sich die Schlagadern des Halses öffnete, um der
Hinrichtung zu entgehen? Handelte nicht Blind, nachdem sein
Angriff auf Bismarck mißlungen war, in gleicher Weise, ob=
wohl er wegen mißlungenen Mordversuchs gewiß nicht zum Tode
verurtheilt worden wäre?

Das ethische Moment der Todesstrafe wirkt erfahrungs=
mäßig abschreckend nur auf solche Naturen, die eine höheres Maß
moralischer Kraft besitzen und dazu auch mit starker Einbildungs=
kraft begabt sind. Grade für solche ist aber, wie das Beispiel
Blind's lehrt, der Tod an sich durchaus untergeordnet. Jede
andere schwere und schimpfliche Strafe würde denselben ab=
schreckenden Einfluß auf sie ausgeübt haben, wenn sie überhaupt
abschreckungsfähig gewesen wären, was weder bei Batthyani noch
bei Blind glaublich ist. Von der großen Masse der Menschen
ist bei den heutigen Zuständen der Europäischen Gesellschaft an=
zunehmen, daß in demselben Maße, als die wirthschaftliche und
intellectuelle Bildung durch das Schulwesen gefördert worden ist,
die natürliche Einbildungskraft sich vermindert hat. Wo der
Einzelne sich in Beziehung zu seiner eigenen Zukunft setzt, ge=
schieht dies entschieden vorwiegend vermöge einer Reihe von
Vorausberechnungen, in der Abwägung von Möglichkeiten
und Wahrscheinlichkeiten. Unsere Phantasie ist nicht mehr in dem
Grade eindrucksfähig, wie diejenige unserer Voreltern: eine völker=
psychologische Thatsache, die, neben anderen Momenten, auch den
sinkenden Einfluß des Dramas erklärt und zum Ergebniß hat,
daß Prophezeiungen, die in der Geschichte aller Religions=
stiftungen eine so große Rolle spielen, verhältnißmäßig noch viel

weniger geglaubt werden, als die aus der Vergangenheit berichte=
ten Wunderthaten der Religionsstifter.

Jedes Strafgesetzbuch enthält eine Reihe von Prophe=
zeiungen. Es verkündet, daß Tod, Zuchthaus, Freiheitsberau=
bung eintreten soll, wenn gewisse andere Bedingungen vorhanden
sind. Unleugbar beruht die ideelle Wirkung der Strafgesetze in
ihrem Zusammenhange mit dem Volksleben zum Theil auf der
Stärke und folgeweise auch auf der Schwäche der Einbildungs=
kraft, welche Voraussagen und Prophezeiungen zu glauben geneigt
ist, so daß überall die Wirkung eines strafrechtlichen Verbotes am
tiefsten eingreifen mußte, wo es in der Umhüllung einer reli=
giösen Satzung in Volksgewissen und Volksglauben eingedrungen
war. Die Prophezeiungen der heutigen Strafgesetz=
gebungen wenden sich nicht mehr an den Volksglauben,
sondern an den Verstand des Einzelnen. Sie sagen nicht,
daß ein gefürchtetes Uebel eintreten werde, sondern eintreten
könne, wenn gewisse Thatsachen vorliegen, über deren Existenz
der Richter, nach dem Maße der ihm innewohnenden Einsicht,
bejahend oder verneinend, entscheiden muß. Das Uebel der
Todesstrafe, mit welchem der Gesetzgeber abzuschrecken sucht, unter=
liegt also in der heutigen Welt der Auslegung im Wege eines
calculatorischen Processes, wobei sich herausstellt,

daß die Androhung eines objectiv sehr großen Uebels,
welches durch eine lebhafte Einbildungskraft über seinen
wirklichen Umfang hinaus vergrößert werden könnte, heut
zu Tage um so mehr in ihrem Werthe herabgesetzt wird,
als nach dem Charakter und der Bildungsstufe eines be=
stimmten Volkes die Berechnung thatsächlicher Vorgänge
über den blinden Glauben überwiegend geworden ist.

Wer den ungeheuren Abstand zwischen einer auf die Einbil=
bungskraft des Volkes wirkenden Todesdrohung und der modernen

Abschreckung messen will, vergleiche die nüchterne Sprache unseres Strafgesetzbuchs mit einer Satzung des Mosaischen Rechtes.

Für Deutschland verordnet § 211 unseres Strafgesetzbuchs:
„Wer vorsätzlich einen Menschen tödtet, wird, wenn er die Tödtung mit Ueberlegung ausgeführt hat, wegen Mordes mit dem Tode bestraft."

Im 20. Kapitel des 3. Buches Mosis lautet der Eingang:
„Und der Herr redete mit Mose und sprach:
Sage den Kindern Israel: Welcher unter den Kindern Israel, oder ein Frembling, der in Israel wohnt, seines Samens dem Molech giebt, der soll des Todes sterben, das Volk im Lande soll ihn steinigen. Und Ich will mein Antlitz setzen wider solchen Menschen und will ihn aus seinem Volke rotten! — Und wo das Volk im Lande durch die Finger sehen würde dem Men=schen — daß es ihn nicht tödtet: so will Ich mein Antlitz wider denselben Menschen setzen und wider sein Geschlecht und will ihn — aus ihrem Volke rotten."

In der Gegenüberstellung dieser altjüdischen und jener moder=nen Satzung liegen die polaren Contraste der auf den Volksglau=ben und andererseits der auf die Reflexion bezogenen Todes=drohung. Bei dem hebräischen Kerith, das die Ausrottung aus dem Volke verhieß, wenn der Richter seine Schuldigkeit nicht thun sollte, ist Jehovah in den Hintergrund aller Strafjustiz ge=stellt. Dem gläubigen Israeliten war jeder Gedanke eines Ent=rinnens abgeschnitten, der Fluch für seine Missethat auf das nachfolgende Geschlecht vererbt, und wenn er von seinem Volke verschont blieb, beständige Todesfurcht vor Augen gesetzt.

Der Verschiedenheit dieser uralten und jener modernen Todes=drohung entspricht auch der Unterschied in dem Grade der Furcht, den sie zu erregen im Stande sind.

Viertes Kapitel.

~~~~~

Der Abschreckungszweck III. — Gewißheit und Wahrscheinlichkeit des Strafübels als Grundlage der Abschreckung. — Die Verwirklichung der Todesstrafe
ist für den Mörder unwahrscheinlich. — Sechs Bedingungen bis zur Vollstreckung rechtskräftig erkannter Strafen. — 1. Entdeckung oder Nichtentdeckung
des Verbrechens; die Nichtentdeckung der Tödtungsverbrechen ist Ausnahme. —
2. Entdeckung und Nichtentdeckung des Thäters. — 3. Voruntersuchungserfolge.

Nächst der Größe des Uebels kommt für den Abschreckungszweck die Gewißheit und Wahrscheinlichkeit seines Eintretens in Betracht. In der physischen wie in der geistigen
Welt gilt dasselbe Gesetz der Optik: die entfernte Möglichkeit läßt
die Dinge kleiner erscheinen, als in der Nähe. Zwischen der
Gewißheit eines in der Zukunft eintretenden Ereignisses und der
Gewißheit seines Nichteintretens liegt eine lange Reihe von all-
mäligen Uebergängen größerer oder geringerer Wahrscheinlichkeit,
mehr oder minder entfernter Möglichkeiten.

Für den strengen Glauben an das unmittelbare Eingreifen
der göttlichen Gerechtigkeit mag die Gewißheit der Ausrottung
für die Kinder Israel vorhanden gewesen sein, für die moderne
Rechnungskunst besteht bei der Androhung der Todesstrafe zunächst
die Ungewißheit und der Zweifel, ob die Prophezeiung eines
Strafgesetzparagraphen eintreffen werde?

In demselben Maße, als die Ungewißheit und der Zweifel dem Grade nach steigen, fällt die Abschreckung, so daß hier eine umgekehrte Proportion vorliegt. Je stärker der Zweifel an dem wirklichen Eintreten der Todesstrafe, desto geringer die Furcht. Die Furcht wird allmälig dem Nullpunkt gleich kommen, wenn sich zeigt, daß die Gefahr, in Folge eines todeswürdigen Ver= brechens das Leben zu verlieren, der Gefahr des natürlichen Ab= lebens ziemlich nahe kommt, oder mit anderen Worten, daß zwischen beiden Gefahren kein großer und augenfälliger Unterschied mehr bestehen bleibt.

Die Unwahrscheinlichkeit, daß ein todeswürdiges Ver= brechen wirklich die Vollstreckung eines Todesurtheils nach sich ziehe, ist nun freilich überall eine sehr verschiedene. Nicht nur nach Ländern und Zeitperioden, sondern auch innerhalb eines und desselben Staates kommen erhebliche Schwankungen vor in der Ziffer der Todesurtheile. Gewisse Bezirke und gewisse Jahre haben deren mehr, andere weniger im Durchschnitt aufzuweisen. Immerhin aber bleibt selbst für die Staaten, deren Criminalpolizei und Gerichte gut eingerichtet sind, die Erfahrungsthatsache be= stehen, daß die an den Mörder gerichtete Prophezeiung der Todesstrafe wahrscheinlich nicht eintreffen werde. Nur das Eine kommt in Frage, ob die bloße Möglichkeit des Eintretens eine minder entfernte oder sehr entfernte ist.

Mit Leichtigkeit läßt sich darthun, daß die Ferne dieser Möglichkeit des Strafübels für den Mörder eine größere ist, als für viele andere Verbrecher.

Die Frage ist also: Wie sich die Aussicht auf Straflosigkeit des Verbrechers zu der Prophezeiung des Strafgesetzbuchs ver= hält? Und weiterhin, welche besonderen Umstände die Möglich= keit der Todesstrafe in noch größere Entfernung rücken, als das Eintreten anderer Strafübel?

Zwischen der Begehung jedes Verbrechens und der endlichen Vollstreckung der darauf gesetzten Strafe liegt eine Reihe von Voraussetzungen und Bedingungen; in der Hauptsache nämlich diese:

Erstens, daß das Vorhandensein eines Verbrechens überhaupt, nachdem es begangen worden ist, bekannt werde und zur gerichtlichen Anzeige gelange;

zweitens, daß der Thäter des zur Anzeige gelangten Verbrechens sich soweit verdächtig gemacht hat, daß er von der Polizei und Staatsanwaltschaft zur gerichtlichen Voruntersuchung gebracht werden kann;

drittens, daß die richterliche Voruntersuchung zur förmlichen Anklage hinreichendes Material ergiebt;

viertens, daß das Hauptverfahren mit einer Verurtheilung endigt;

fünftens, daß in einer höheren Instanz die Verurtheilung einfach bestätigt wird, und

sechstens, daß eine Bestätigung des rechtskräftig gewordenen Urtheils auch in der Begnadigungsinstanz erfolgt ist.

Diese sechs Bedingungen für die Anwendung jedes Strafgesetzes sind in den Augen des Verbrechers ebenso viele Aussichten auf Nichtanwendung desselben. Die negativen Bedingungen die ihm zu Statten kommen sind: **Nichtentdeckung der That, Nichtermittelung der Thäterschaft, Einstellung des strafrechtlichen Verfahrens wegen unzureichenden Verdachtes, Freisprechung im Hauptverfahren, erfolgreiche Einwendung eines Rechtsmittels — Begnadigung!**

Daß an sich jeder Verbrecher eine gewisse Aussicht hat, der Bestrafung zu entgehen, steht für ihn von vornherein fest. Wie weit diese Aussicht reiche, ist zwar nicht genau zu ermitteln, aber

man darf annehmen, daß sie dem Verbrecher selbst weitaus
größer erscheint, als sie in Wirklichkeit sein mag, größer jeden=
falls, als einem Nichtbetheiligten. Denn der Verbrecher selbst
glaubt oder weiß, daß er durch sein eigenes Verhalten die Aus=
sichten auf Straflosigkeit theilweis mitbestimmt. Es kommt dar=
auf an, welche Veranstaltungen er treffen wird, um die Anwen=
dung des Gesetzes ihm gegenüber zu beeinträchtigen.

Untersuchen wir die einzelnen Punkte in der Reihe der Straf=
barkeitsbedingungen oder Straflosigkeitschancen.

Erstens: Entdeckung oder Nichtentdeckung des Ver=
brechens. Wie sich die Zahl der entdeckten Verbrechen zu derjeni=
gen der unentdeckten verhält, läßt sich nicht einmal annähernd fest=
stellen. Gewisse Verbrechen sind leichter zu entdecken, als andere.
Einzelne werden sogar im Verhältniß zur Häufigkeit ihres Vorkom=
mens fast niemals entdeckt, z. B. Ehebruch. Holzfrevel in weit aus=
gedehnten Waldungen, kleine Entwendungen an Feldfrüchten bleiben
unter günstigen Bedingungen ebenso oft unbemerkt, wie sie ent=
deckt werden. Was die Tödtungen im Besonderen anbelangt,
so kann das gewaltsame Ableben eines Menschen nur dann un=
bemerkt bleiben, wenn der Mörder den Leichnam verschwinden ließe
und damit der Zweifel entstände, ob der Vermißte sich am Leben
befinde oder nicht. In der ungeheuren Mehrzahl der Fälle wird
die Tödtung bald bemerkt und nach der Natur der Umstände in
den nächst betheiligten Kreisen Aufregung hervorgerufen werden.
Ein Unterschied besteht nur insoweit, als gewaltsame Tödtungen
durch Verwundung und äußere Verletzung verschieden sind von
Vergiftungen, die sich unter dem Scheine natürlichen Ablebens
verbergen können. Die Wirkung mancher Gifte ist in der That
so beschaffen, daß sie mit gewissen Krankheitsprocessen von Unge=
übteren verwechselt werden kann, und auch dem Arzte nicht
einmal erkennbar wird. Colchicum, Digitalin, Kurare verhalten

sich hinsichtlich der Erkennbarkeit ihrer Wirkungen ganz anders, als Arsenik oder Blausäure. Daß manch' Einer eingescharrt wird, ohne daß Vergiftungserscheinungen vor dem Tode beobachtet wur= den, beweist die Thatsache nachträglicher Ausgrabungen der Leiche zum Zwecke gerichtsärztlicher Untersuchung. Sicher ist, daß eine nicht näher zu ermittelnde Anzahl von Vergiftungsfällen mit der Leiche auf immer in Vergessenheit begraben wird; wie viele? das hängt von dem Beerbigungswesen, von der Tüchtigkeit des ärztlichen Standes, von der Einrichtung des Apothekerwesens und zahlreichen anderen Punkten ab, die in verschiedenen Ländern verschiedenartig eingreifen. Für Deutschland muß glücklicherweise zugegeben werden, daß auch bei Vergiftungen die Wahrscheinlichkeit der Ent= deckung als eine sehr hohe angenommen werden darf und jeden= falls eine höhere ist, als bei dem alterthümlichen und wenig zweck= entsprechenden Verfahren der englischen Todtenbeschauer, denen die nothwendigsten technischen Kenntnisse fehlen.[12])

Unser Ergebniß ist: Tödtungsverbrechen bleiben in der Regel nicht unbemerkt. Der Verbrecher hat sich zu sagen, daß seine That aller Wahrscheinlichkeit nach zur Kenntniß der Behörden gelangt. Die erste Bedingung, die wir gesetzt haben, schlägt zu Ungunsten des Verbrechers aus und wird im Sinne des Abschreckungszweckes erfüllt.

Wesentlich anders verhält es sich mit der zweiten und dritten Bedingung.

Wird der Thäter ermittelt werden, wenn das Vorhanden= sein eines Tödtungsverbrechens objectiv angenommen worden ist? Und, wenn er ermittelt wird, ist es in allen Fällen möglich, des vermuthlichen Thäters habhaft zu werden? Diese Fragen sind im Allgemeinen schwer zu beantworten. Jedenfalls werden sie aber von einem richterlichen Beamten oder von einem Polizei= agenten anders beantwortet werden, als von dem Verbrecher selbst.

Ihn leitet der Gedanke, daß er höchst wahrscheinlich nicht entdeckt wer=
den wird, seiner Eigenliebe schmeichelt es, sich als den Schlaueren
zu betrachten, der den Verfolgungen der Justiz entrinnen wird.
Kein Verbrecher glaubt dem Volkssprüchworte, wonach auch die
feinsten Gespinnste der menschlichen Bosheit nothwendig einmal
an das Sonnenlicht kommen sollen. Im Gegentheil weiß in der
verbrecherischen Klasse Jedermann, daß eine ihm aus seinem Er=
fahrungskreise bekannte Reihe von Missethaten unbestraft und un=
entdeckt geblieben ist. Je stärker in großen Städten der gesellige
Verkehr innerhalb der Klasse gewohnheitsmäßiger Verbrecher ist,
desto nachhaltiger wirken die Beispiele straflos gebliebener Ver=
brechen. Es dürfte nach der Natur der verbrecherischen Klassen
nicht zuviel gesagt sein, wenn behauptet wird: ein besonders deut=
lich hervortretender Fall der Straflosigkeit paralysire die Wirkung
von zehn Bestrafungen. Dem allgemeinen Sicherheitsinteresse
würde es dienlicher sein, ein Verbrechen nicht zu entdecken, als
des entdeckten Verbrechens Thäterschaft hinterher eingestandener=
maßen öffentlich als unerforschbar bekennen zu müssen. Je größer
die Anstrengungen der Polizei gewesen sind, je mannigfaltiger die
Mittel der Verfolgung waren, je aufgeregter das Publicum sich
zeigte, desto schlimmer ist der Eindruck, den die Thatsache nicht
entdeckter Thäterschaft in der verbrecherischen Welt hinterläßt.

Aus neuerer Zeit sind aus einer größeren Anzahl von Fällen
zwei Vorgänge in Erinnerung zu bringen: die Ermordung des
Gerichtspräsidenten Poinsot während einer Eisenbahnfahrt und die
mit den schrecklichsten Umständen ausgeführte Tödtung des Kna=
ben Corny in den Straßen von Berlin. Im ersten Fall ward
der dringend verdächtige Inculpat Namens Jud auf Grund reich=
lich versandter Lichtbilder von den fähigsten Polizeiagenten sämmt=
licher europäischer Staaten gesucht, ohne daß ein anderes Resultat
erreicht wurde, als die Verhaftung einer größeren Anzahl von

Individuen, welche eine gewisse Aehnlichkeit mit Jub zu haben
schienen, hinterher aber als nicht identisch entlassen wurden. Auch
der Corny'sche Fall führte zu mehreren Verhaftungen; das Ge=
heimniß blieb indessen unaufgeklärt, obwohl die Theilnahme des
Publicums eine ganz ungewöhnliche war.

Man bedenke, welche außerordentliche Oeffentlichkeit ein
Aufsehen erregender Vorgang durch die heutige Presse gewinnt,
wie zumal die kleinere Localpresse, den Geschmack ihres Leser=
kreises kennend, fort und fort darauf zurückkommt, wie lange Zeit
hindurch das Interesse des Publicums in Spannung erhalten wird.
Schließlich trägt die Presse, ohne es zu beabsichtigen, zur Ver=
breitung des falschen Eindrucks bei, als ob die Polizei ihrerseits
die Schuld der Nichtentdeckung zu verantworten habe. Innerhalb
der heutigen Welt der Zeitungsleser bestehen neben einander zwei
gleich falsche Meinungen mit gleich weiter Verbreitung. Einmal
der Anspruch des Geschäftsmannes, daß die Polizei jedes Ver=
brechen zu entdecken verpflichtet und befähigt sei, und andererseits
die Meinung der Verbrecherklasse, daß die Polizei Niemand
entdecke, der sich nicht durch Ungeschick oder Plumpheit selbst ver=
rathen habe.

Der Aberglaube verwerthet eine einmalige schlechte und
ungenaue Beobachtung, um auf schwacher Grundlage seine Dog=
men zu construiren. Er glaubt an Träume, Weissagungen, Geister=
erscheinungen, Tischklopfereien, geheime Schutzmittel. Solcher
Aberglaube ist in den Kreisen des berufsmäßigen Verbrecherthums
häufig zu finden und der Fatalismus an der Seite frecher Ueber=
schätzung der eigenen Kräfte. Sehr viele Verbrecher glauben, sich
durch gewisse Gebräuche schützen, und die Entdeckung abwenden
zu können; sie denken sich, jene einzelnen Fälle der Nichtentdeckung
schwerer Verbrechen in ihrer Sinnesweise vervielfältigend, in ihrer
Schlauheit unüberwindlich und glauben nicht, von der Polizei

überliftet zu werden. Wenn dennoch, ihrer Erwartung entgegen, täglich Verbrecher beftraft werden, fo fchieben fie diefe Thatfache auf Ungefchicklichkeit oder ein ausnahmsweife auch den Verbrecher treffendes Unglück. Jenes in der Verbrecherwelt weit verbreitete Sicherheitsgefühl, welches befonders dann wächft, wenn die erften polizeilichen Schritte kein pofitives Ergebniß gehabt haben, ift es, wodurch der Strafverfolgung ihre Aufgabe fo wefentlich erleichtert wird. Der Wahn, fich der Entdeckung entziehen zu können, fteigert fich naturgemäß bei folchen, denen es in eigener Perfon bereits wiederholentlich gelungen ift, verbrecherifche Handlungen unentdeckt zu verüben.

Die Thatfache, daß Mörder weitaus feltener die Flucht ergreifen, als etwa Kaufleute, welche ficher wiffen, daß eine von ihnen in der Kaffenführung verübte Unterfchlagung oder ein von ihnen gefälfchter Wechfel mit zwingender Nothwendigkeit auf ihre Perfon hinweift, zeigt deutlich, daß jene Nichtentdeckung als Regel für fich in Anfpruch nehmen und überdies auch darauf rechnen, bei etwa drohender Gefahr, die fie rechtzeitig zu erkennen glauben, äußerften Falles noch die Flucht ergreifen zu können.

In befonderer Beziehung zur neueren Zeit, kann es zweifelhaft erfcheinen, ob im Vergleich zu älteren Zeiten die Sicherheit in der Entdeckung fchwerer Verbrecher in der Zunahme oder in der Abnahme fich befindet. Wer die riefige Ausdehnung des modernen Verkehrs, das kaum zu überfehende Wachsthum der größern Städte, und den völlig ungehinderten Gebrauch der Freizügigkeit beobachtet, kann nicht anders, als darüber erftaunen, daß heut zu Tage noch fo viele, unter dunklen Verhältniffen begangene, Mordfälle der Entdeckung anheimfallen. Im Großen und Ganzen ift aber nicht zu leugnen, daß die Schwierigkeiten der Ermittelung mehr und mehr anwachfen, je leichter das Verbrecherthum in der Brandung des großftädtifchen

Verkehrs untertauchen kann. Daher denn eine Klasse von Mord=
thaten besonders häufig der Entdeckung entgeht: es sind diejenigen,
in denen, ohne Vorhandensein persönlicher, auf das Motiv des
Mordes zurückführender Beziehungen, ein Verbrecher völlig unbe=
kannte Personen überfällt. Geschieht dies zum Zwecke geschlecht=
lichen Mißbrauchs gegen Kinder, so fehlen selbst diejenigen Ueber=
führungsstücke, die der Raubmord überall in den entwendeten
Werthobjecten zurückläßt. Eben diese Fälle scheinen sich zu meh=
ren und dem Corny'schen Fall ist inzwischen in Berlin ein
anderer gefolgt, in welchem derjenige unentdeckt blieb, welcher ein
Kind aus den Berliner Vorstadtstraßen weggelockt, auf die nahe=
gelegenen Felder geführt und nach geschlechtlichem Mißbrauch er=
mordet hatte. Mit welchen besonderen Schwierigkeiten die Ent=
deckung des Thäters in dem Zastrow'schen Proceß verknüpft war
und wie verwickelt sich die Beweisführung gestaltete, erweist die
große Zahl derer, denen die Verurtheilung unerwartet kam.

Wie stark die Rechnung auf Nichtentdeckung, selbst unter der
Voraussetzung gewisser für den Verbrecher ungünstiger Umstände
ist, lehrt auch die Häufigkeit des Kindesmordes. Selbst solche
Frauenzimmer, welche sich völlig darüber klar sind, daß ihre
Schwangerschaft von den mit ihnen verkehrenden Personen be=
merkt worden ist, glauben immer noch, durch eine heimlich veran=
staltete Niederkunft den geschehenen Kindesmord erfolgreich ver=
decken zu können. Dieser Glaube ist auch in England völlig
gerechtfertigt, insofern dort die Mutterschaft schwer zu erweisen
ist, weil keine Person verpflichtet ist, sich zu einer körperlichen
Untersuchung herzugeben.[13])

Fünftes Kapitel.

~~~~~~

Der Abschreckungszweck IV. — Proceſſualiſche Bedingungen der Abſchreckung: 4. Verurtheilung oder Freiſprechung. — Gerichtliche Unterſuchung
liegt meiſtens jenſeits der Vorausſicht der Mörder. — Vorbereitung des Ent-
laſtungsbeweiſes durch Mörder eine Ausnahme. — Mittel des Mörders, den
Richter zu täuſchen, um eine Freiſprechung herbeizuführen. — Das Vertrauen
des Verbrechers auf die Macht der Lüge. — Nachwirkungen der alten Beweistheorie unter den Verbrechern. — Einfluß der Todesſtrafe auf die Schwur-
gerichtsverdikte. — Freiſprechungen und mildernde Umſtände. — 5. Reformi-
rung oder Beſtätigung der Todesurtheile in den höheren Inſtanzen. — 6. Begnadigung oder Nichtbegnadigung. — Das Vorhandenſein der Todesſtrafe bringt
ein ſpecifiſches Moment der Unſicherheit in die Strafrechtspflege, von deren
Wirkſamkeit die Abſchreckung mehr abhängig iſt, als von der Art der
Strafmittel.

Verſchieden von der Ermittelung des verdächtigen Thäters
und deſſen hinreichender Belaſtung durch die wider ihn geführte
richterliche Vorunterſuchung iſt die gerichtliche Ueberführung
und Verurtheilung. Es handelt ſich alſo nunmehr um die
vierte Bedingung der Strafbarkeit und die auf der andern Seite
gegebene Wahrſcheinlichkeit der Freiſprechung.

Der Verbrecher, welcher ſeine Gedanken ſoweit in die ihn
erwartende Zukunft vorſchob, daß er den Fall ſeiner Ergreifung
vorgeſehen hat, kann immer noch darauf rechnen, daß er trotz aller
vorhandenen Verdachtsgründe freigeſprochen werden wird. Weitaus die Mehrzahl der Mörder denkt indeſſen nicht ſo

weit. Sie hielten bereits ihre Ergreifung für so außerordentlich
unwahrscheinlich, daß ihre Ueberlegung nicht im Voraus auf das
von ihnen später vor Gericht zu beobachtende Verhalten gerichtet
war. Sie dachten einfach, daß der Fall einer gerichtlichen Untersuchung nicht eintreten werde. Wie sehr dies der Fall ist, wird
jeder erfahrene Polizeibeamte bestätigen. Es ergiebt sich dies
außerdem daraus, daß bei der Vornahme der Verhaftung wegen
Mordverdachtes sich die meisten Beschuldigten durch ihr Benehmen, ihre Verlegenheit, ihre unzweckmäßigen Antworten und voreiligen Entschuldigungen selbst verdächtigen. Die Mehrzahl ist
also unvorbereitet, wenn die Thatsache der Untersuchung an
sie herantritt; eine criminalpolitische Wahrnehmung, die nicht ohne
Werth ist und an sich dazu mahnt, daß der verhaftende Polizeibeamte mit besonderer Aufmerksamkeit und unter Anspannung
seiner psychologischen Beobachtungsgabe den entscheidenden Augenblick der Verhaftung für seine Aufgabe ausnutze.[14])

Minder groß, aber der Rechtsordnung um so gefährlicher,
ist diejenige Klasse von Mördern, welche ihre Ergreifung und
Processirung im voraus bedenkend, bedächtig und wohl berechnend
ihren Plan entworfen haben, um eine Verurtheilung zu vereiteln:
den Plan entweder der sorgfältig vorbereiteten Flucht, den sie unmittelbar nach geschehener That ausführen, oder den Plan der
Vereitelung des Belastungsbeweises. Was zunächst das Gelingen
der Flucht anbelangt, so ist freilich das Vertrauen des Verbrechers
auf den davon zu hoffenden Gewinn sehr viel größer, als der
wirkliche Nutzen, der durch die Schnelligkeit der Nacheile, durch
geschickte Benutzung der Telegraphie und durch die Vervollkommnung der Auslieferungspraxis sehr bedeutend vermindert worden
ist. Auf diese Thatsache kommt indessen für die Bemessung
des Abschreckungszweckes weniger an, als auf den Glauben an
die Möglichkeit der Flucht, welcher wiederum fortlaufend seine

Nahrung dadurch erhält, daß die Zeitungen täglich von entkom=
menden Betrügern und Fälschern melden, deren Flucht, im un=
mittelbaren zeitlichen Zusammenhang mit einem begangenen Ver=
brechen, viel mehr vom Verbrecher beachtet wird, als die später
gemeldete Auslieferung oder Ergreifung, deren Grund in unsrer
schnell lebenden Zeit der Erinnerung schnell entfällt und in weit=
aus matteren Farben dargestellt wird, als die erste Sensations=
nachricht eines interessanten Verbrechensfalles.

Als Mittel zur Vereitelung gerichtlicher Ueberführung wer=
den von besonders gefährlichen Mördern mit bestimmter Erwar=
tung eines sie schützenden Erfolges zur Anwendung gebracht:

1. Vernichtung, Verstümmelung und Unkenntlichmachung der
   Leiche des Ermordeten zur Verhinderung seiner Identi=
   ficirung, ein Mittel, das zumal in London neuerdings
   besonders häufig angewendet wurde und auch bei der
   Ermordung des Prof. Gregy durch Grothe und Con=
   sorten in Berlin eine Rolle spielte.

2. Anwendung solcher Tödtungsmittel, welche die Unter=
   scheidung von Mord, Selbstmord und Unglücksfall im
   hohen Maße erschweren (Herabstürzen aus den Fenstern,
   oder von der Treppe, Ertränken bei Nachtzeit). [15])

3. Vorbereitung eines auf Meineid begründeten Alibi=
   beweises, der in Mordprocessen bekanntlich vergleichungs=
   weise häufig unternommen wird.

4. Künstliche Ableitung des Verdachtes auf einen Unschuldigen,
   wobei am häufigsten eine dritten Personen gehörige Sache
   am Orte der That zurückgelassen wird.

5. Unkenntlichmachung der eignen Person durch Veränderung
   der Gesichtszüge, der Kleidung zur Zeit der That, wo=
   mit die Wiedererkennung im Voraus vereitelt wer=
   den soll.

6. Die Simulation von solchen Verhältnissen, welche die
Strafbarkeit ausschließen: Geistesstörung, Nothwehr u. f. w.
Der Erfolg derartiger, hinterlistiger Veranstaltungen mag kein
so großer sein, wenn diese im Beweisverfahren vor dem Richter
ihren Zweikampf mit einer an Wissen, Scharfsinn und Kraft
überlegenen Staatsanwaltschaft auszufechten haben. Allein es
bleibt zu überlegen, daß der Verbrecher in dem Augenblick, wo
er sein Rechenexempel aufstellt, den unsichtbaren Gegner nicht
wahrnimmt, der seiner harrt, daß er die Fehler nicht erkennt, die
der überlegene Verstand des Rechnungsrevisors dereinst auffinden
wird. Unter allen Umständen vertraut die große Masse der Ver=
brecher auf die Macht der Lüge schon deswegen, weil es sich ihre
Spießgesellen nicht immer merken lassen, wenn sie von ihnen be=
logen worden sind. Die schlausten Verbrecher wissen selten, wie
schwer es ist, erfolgreich zu lügen, wenn in einer Untersuchung
von vielen Monaten jedes irgendwie bedeutsame Wort zu den
Acten genommen worden ist. Somit belügen sie sich selbst
in Beziehung auf den Glauben, den andere ihren Lügen
schenken sollen. In der täglichen Gewohnheit der Lüge ver=
lernt der gewohnheitsmäßige Verbrecher auch seinerseits die Merk=
zeichen der Wahrheit. Was gegen ihn an Belastungsbeweisen
vorgebracht wird, erscheint ihm in einem ganz anderen Lichte, als
den Unbetheiligten. Es ist eine bemerkenswerthe Thatsache, daß
die Nachwirkungen der alten gemeinrechtlichen deutschen Beweis=
theorie, welche zur Ueberführung und Verurtheilung eines Ver=
brechers entweder das Vorhandensein eines Geständnisses oder
ein übereinstimmendes Zeugniß mehrerer Personen
verlangte, trotz der längern Gerichtspraxis seit 1848 aus den
Vorstellungen der Verbrecher noch nicht völlig verschwunden sind.
Noch immer bilden sich diese ein, daß ein von ihnen bestellter
Zeuge einen wider sie geführten Indicienbeweis entkräften

müsse. Von der Kraft der Indicien in ihrem Zusammenwirken
hat der aus der unteren Volksklasse hervorgegangene Verbrecher
bei seinem wenig geübten Urtheil keine deutliche Vorstellung.
„Beweis" heißt für ihn immer noch d i r e k t e r Zeugenbeweis oder
Geständniß. Auch weiß ich von völlig glaubwürdiger Seite, daß
nicht wenige Verbrecher, der alten Tradition eines längst ver=
schwundenen Rechtszustandes folgend, dabei beharren, daß ein
nicht geständiger, bis zum letzten Augenblick leugnender, Delin=
quent nicht hingerichtet werden könne. Unter allen Umständen
und unbestreitbar hat von allen Verbrechern der Mörder, pro=
cessualisch betrachtet, die b e s t e n Aussichten, n i c h t in Gemäßheit
der wider ihn erhobenen Anklage zum Tode verurtheilt zu werden.
Gemeinsam mit allen andern Angeklagten hat er die statistische
Durchschnittsziffer sämmtlicher Freisprechungen für sich, freilich
eine starke Minderheit gegenüber der regelmäßigen Mehrzahl der
Verurtheilungen. [16]) Es tritt aber doch, einem vortheilhaften
Preisaufschlage vergleichbar, die Thatsache hinzu, daß erfahrungs=
gemäß in allen Ländern mit Schwurgerichtspflege die Zahl der
Freisprechungen bei Angriffen auf Leib und Leben eine viel
größere ist, als bei Angriffen auf das Eigenthum. In F r a n k =
r e i c h gewinnt der eines todeswürdigen Verbrechens Angeklagte
für den Fall der Verurtheilung die weitere Beruhigung, daß in
weitaus den meisten Fällen (ungefähr 76 pCt. der Verurthei=
lungen) durch Annahme mildernder Umstände die Anwendung der
Todesstrafe ausgeschlossen wird. Und er weiß außerdem, daß
wiederum in Kapitalsachen mildernde Umstände noch häufiger zu=
gelassen werden, als bei Eigenthumsverbrechen.

Wie es sich in Frankreich mit den Freisprechungen und den
mildernden Umständen verhält, ergiebt die erstaunliche Thatsache,
daß im Jahre 1871 n u r 16 Todesurtheile gefällt worden sind.
Die Bedeutung dieser Ziffer ist erst dann richtig zu würdigen,

wenn man bedenkt, daß das französische Strafgesetzbuch nicht blos den Mord, sondern eine ganze Reihe anderer Verbrechen, insbesondere auch den Kindesmord mit dem Tode bedroht.

Zwar gestattet das deutsche Strafgesetzbuch, in Verleugnung der allgemeinen Rechtsgrundsätze einer überall relativen Strafbarkeit, die Annahme mildernder Umstände bei den Verbrechen des Mordes nicht. Die wahrscheinliche Folge davon ist aber die, daß an Stelle des todeswürdigen Mordes, dessen Vorhandensein die Geschworenen verneinen, auf Grund eventueller Fragestellung nur der Thatbestand des nicht todeswürdigen Todtschlages oder gar der vorsätzlichen, tödtlichen Körperverletzung in Gemäßheit entweder des § 213 oder des § 226 als gegeben erklärt wird. In allen solchen Fällen besteht also das negative Resultat einer der Anklage nicht entsprechenden Entscheidung, sei es nun in Gestalt völliger Freisprechung oder einer Verurtheilung zu einer geringeren Strafe, als derjenigen des Mordes.

Somit entsteht für den angeklagten Mörder folgende Reihe von Proceßvortheilen: Wegen eines geringen Beweismangels, der bei dem Diebe nicht beachtet wird, erfolgt die Freisprechung eines Mörders, weil vom Richter zum Nachweise seiner Schuld ein stärkerer Beweis verlangt zu werden pflegt. Häufiger werden dem Mörder, als dem Diebe mildernde Umstände (in Frankreich) bewilligt. Während für den Dieb im Strafprocesse nur die Wahl besteht zwischen richterlicher Verurtheilung und richterlicher Freisprechung, giebt es zwischen einer Verurtheilung wegen Mordes und einer völligen Freisprechung bei klar erwiesener Tödtung noch zwei mittlere Specialfälle des Todtschlags und der tödtlichen Körperverletzung, auf welche erfahrungsgemäß die Geschworenen in solchen Fällen einzugehen pflegen, in denen noch ein Schimmer eines Zweifels besteht oder die Todesstrafe vor dem Gewissen der Geschworenen besonders hart erscheint.

Ob man diese Erscheinungen der modernen Strafrechtspflege
tadelt oder billigt, ist für das Ergebniß deswegen gleichgültig,
weil man auch dann, wenn man entschiedene Mißbilligung äußert,
immer noch außer Stande bleibt, sie abzuändern. Für Deutsch=
land bleibt wenigstens die eine Genugthuung, daß im Vergleich
zu den meisten andern Ländern, insbesondere zu Frankreich,
Belgien, Italien und Nordamerika, die Geschworenen ver=
hältnißmäßig am wenigsten durch die Rücksichtnahme auf die
Todesstrafe in ihrer Urtheilsfällung beeinflußt werden. Und
wenn man es den Geschworenen verwehren will, die Todesstrafe
überhaupt in den Kreis ihrer Betrachtungen hineinzuziehen, darf
man es ihnen verargen, daß sie im Hinblick auf die eigenthüm=
liche Natur dieser Strafart, ein stärkeres Maß des Beweises ver=
langen, und einem verhältnißmäßig geringeren Zweifel an der
Schuld Gehör geben, die schwankende Gränze der Zurechnungs=
fähigkeit zu Gunsten des Angeklagten weiter zurückverlegen, das
Vorhandensein der für die Todesstrafe und den Mord erforder=
lichen „Ueberlegung" in der Ausführung der töbtenden Handlung
leichter verneinen?

Sicherlich erfüllen die Geschworenen und die Richter nur
eine in der menschlichen Natur begründete Pflicht, wenn sie sich
mit ihrem Urtheilsvermögen und ihrem Gemüth zu einer Kapital=
sache völlig anders stellen, als zu einem geringfügigen Vergehen
und wenn sie sich sagen, daß sie durch unterlassene Würdigung
geringerer Zweifel sich zu Mitschuldigen am Tode eines unschuldi=
gen Menschen machen können. Es ist mit der Prüfung solcher
Anklagen eben nicht anders, als mit der Skala der im Strafgesetz
geordneten Verbrechensfälle. Wo es sich um geringere Güter und
deren Beschädigung handelt, bestraft das Gesetz nur vorsätzliche
Verletzungen, nicht aber auch die bloße Fahrlässigkeit; wo bedeu=
tende Güter, wie Leben und Gesundheit in Betracht kommen, zieht

bereits Fahrlässigkeit Strafe nach sich. Diese verstärkte Ver=
antwortlichkeit fühlt auch der Geschworene bei der Beurtheilung
von Kapitalsachen. Sein Gewissen erzittert bei dem Gedanken
an die hier bestehende Verantwortlichkeit. Vergeblich wäre es, die
Geschworenen daran zu mahnen, daß sie sich um die Folgen ihres
Verdictes nicht zu kümmern hätten. Im Gegentheil, jeder der=
artige Versuch würde wahrscheinlich das Gewissen der Geschwore=
nen noch empfindlicher machen. Das Verhalten der anwesenden
Zuhörer, der Anblick des ihnen gegenübersitzenden Angeklagten,
die feierliche Sprache des Staatsanwalts und des Vertheidigers —
Alles erinnert sie daran, daß es sich bei dem Schuldspruch in
einer Kapitalsache um eine ungewöhnlich große, im Falle des
Irrthums nahezu unsühnbare Verantwortlichkeit handelt. Je leb=
hafter im Verlaufe der Zeit der Widerspruch gegen die Ange=
messenheit, Nothwendigkeit und Gerechtigkeit der Todesstrafe sich
äußert, je gewichtiger die Stimmen, die gegen sie auftreten, je
zahlreicher auch innerhalb des gelehrten Juristenstandes die Be=
denken sich vernehmen lassen, desto peinlicher wird auch die Ent=
scheidung des einzelnen Falles für den Geschworenen werden. —
Wo die Ueberzeugung weit um sich gegriffen hat, daß das Gesetz
eine ungerechte Strafe in grausamer Weise verhängt, werden aller
Wahrscheinlichkeit nach die Geschworenen das Unrecht, das sie
gegen ein als hart erachtetes Gesetz durch Freisprechung verüben,
überall geringer wiegend erachten, als das Unrecht, das sie gegen
ihr eigenes Gewissen verüben, wenn sie mitwirken zur Anwen=
dung eines ihrer Ansicht nach verwerflichen Gesetzes.[17]) Aus dieser
Wahrnehmung erklärt es sich, daß die englischen Geschworenen fast
niemals bewogen werden können, auf eine Anklage wegen Kindes=
mordes mit Schuldig zu antworten, weil nach der allgemein herrschen=
den, von der Gesetzgebung bisher mißachteten Volksüberzeugung, die
Todesstrafe für den Kindesmord eine durchaus unpassende Strafe ist.

Mit der vierten Bedingung eng zusammenhängend ist die fünfte Bedingung der wirklichen Strafvollstreckung: die Aufrechterhaltung eines Todesurtheils in der höheren Instanz. An sich werden freilich verhältnißmäßig sehr wenige Todesurtheile in der Nichtigkeitsbeschwerde materiell reformirt. Das Verbrechen des Mordes zumal ist so beschaffen, daß die Thatfrage, die Entscheidung darüber, ob Ueberlegung vorhanden war, alle anderen Erwägungen in den Hintergrund drängt. Dennoch ist es nicht ganz gleichgültig, wenn den Todesurtheilen der Schwurgerichtshöfe die unmittelbare Wirkung dadurch benommen wird, daß in fast allen Fällen die Nichtigkeitsbeschwerde eingelegt und zuweilen auch mit dem Erfolge durchgeführt wird, daß aus formalen Gründen fehlerhafter Fragestellung (zumal in Fällen einer von der Vertheidigung behaupteten Nothwehr) oder wegen erheblicher Vorstöße gegen die Proceßvorschriften die Kapitalsache zur nochmaligen Verhandlung vor ein anderes Schwurgericht verwiesen wird. Im Hinblick darauf erklärt es sich, daß nach dem älteren englischen Strafproceß, der kein regelrechtes Strafmittelverfahren kannte, die feierliche Verkündung eines Todesurtheils einen viel tiefern Eindruck zu hinterlassen pflegte, als in den continentalen Ländern. In Bayern und anderen Deutschen Staaten findet sogar eine höchstgerichtliche Offizialprüfung der an den Schwurgerichten gefällten Todesurtheile statt, was in Anbetracht der besonderen Umstände und der eigenthümlichen Natur der Strafe zwar durchaus zu billigen ist, dennoch aber dazu beiträgt, die Endgültigkeit selbst solcher Urtheile in Frage zu stellen, die auf einen vollkommen klaren, oder doch scheinbar klaren Thatbestand begründet sind, und die Verkündung eines Todesurtheils abzuschwächen.[18])

Als letzte Bedingung bleibt endlich die Nichtbegnadigung zu würdigen. Jeder Verurtheilte hat es in seiner Hand, die Gnade des Monarchen oder der höchsten Regierungsbehörde anzurufen. Aber nicht nur dies. Unabhängig von einem Antrage des Verurtheilten, wird in Deutschland die Vorlegung der Todes= urtheile zur allerhöchsten Bestätigung von Amtswegen bewirkt, so daß selbst derjenige begnadigt werden kann, welcher seinerseits auf Gnade verzichten würde. Naturgemäß ist die Begnadigungs= praxis in den einzelnen Europäischen Staaten eine sehr verschiedene. Es giebt Schwankungen zwischen einem Mehr einem Weniger. Als Durchschnittsregel gilt aber die Thatsache: daß Begnadi= gungen als der weitaus häufigere, Vollstreckungen als der entschieden seltenere Fall vorkommen. Es ist unter unsern gegenwärtigen Verhältnissen ein allgemein auffallendes Vorkommniß, wenn Begnadigungen verweigert werden. Die Hin= richtung ist somit zur Ausnahme geworden und der Verbrecher hat seinerseits völlig Recht, wenn er selbst nach seiner Verurthei= lung noch mit Bestimmtheit darauf zählt, daß die volle Strenge des Gesetzes auf ihn keine Anwendung finden werde.

Ueberblickt man noch einmal die Reihe der Eventualitäten, wie sie objectiv in Wirklichkeit bestehen und außerdem in der Be= trachtungsweise eines berechnenden Kopfes sich abspiegeln werden, so findet man:

Ungewißheit der Entdeckung des Verbrechens und der Thäter= schaft, Ungewißheit der Ergreifung, Ungewißheit der Ueberführung auf Grund ausreichenden Beweises, Ungewißheit einer rechts= kräftigen Verurtheilung und äußerste Unwahrscheinlichkeit der Vollstreckung! Und allen diesen Ungewißheiten und Unwahrschein= lichkeiten gegenüber die eingebildete Selbstgewißheit des Verbrechers, daß ihm seine That gelingen müsse und sein ferneres Schicksal lediglich von ihm selbst abhänge.

Wie man Angesichts dieser Thatsachen noch glauben kann, daß die sehr weit entfernte Möglichkeit der Todesstrafe den Ver= brecher zu schrecken vermag, ist schwer zu begreifen. Weitaus die

Mehrzahl derer, die überhaupt überlegen: ob sie ein Verbrechen ausführen oder unterlassen sollen, denkt in Wirklichkeit über die ihnen
dargebotene e r ste Chance der Nichtermittelung ihrer Person gar nicht
hinaus; sie beruhigen sich, wie bereits bemerkt worden ist, bei
dieser Aussicht. Wer aber alle Stadien zwischen der Begehung
eines Verbrechens und endlicher Vollstreckung der gesetzlichen Strafe
genau erwägt und sorgfältig überschaut, ist vollkommen berechtigt,
unter dem Vorbehalt eines überall möglichen Irrthums, dem
Mörder zu prophezeien, daß er dereinst eines natürlichen Todes
in der Freiheit oder schlimmstenfalls in der Strafanstalt sterben
werde.

Die allernächste Aufgabe für die praktische Ausnutzung der
im Menschen wirkenden Motive der Furcht wäre also, von Rechtswegen dafür Sorge zu tragen, daß an Stelle der möglichst großen
Ungewißheit eines Uebels, die möglichst große Gewißheit entweder
desselben, oder doch eines andern Strafübels gesetzt werde. Alle
namhaften Criminalpolitiker haben darauf aufmerksam gemacht,
daß die abschreckende Wirkung der Strafgesetze vorwiegend nicht
in der materiellen Art der Strafmittel, sondern in der formalen
Gewißheit der Ueberführung zu suchen sei. Es ist auch nach aller
psychologischen Erfahrung unbestreitbar, daß ein schweres Uebel,
wenn es gewiß oder höchst wahrscheinlich erscheint, dem Bedrohten
sehr viel abschreckender erscheint, als ein noch schwereres Uebel,
wenn es ihm ungewiß oder unwahrscheinlich erscheint. Somit
würde die in der Anwendung wahrscheinlichere Zuchthausstrafe
sicherlich abschreckender sein, als die erheblich unwahrscheinlichere
Todesstrafe.

Kann nun der Gesetzgeber, wenn er diese einfachen Schlußfolgerungen annimmt, dafür sorgen, daß die nachweislich höchst
unwahrscheinliche Todesstrafe mit größerer Gewißheit, als bisher
in den schwersten Verbrechensfällen verwirklicht werde? Sicherlich

liegt dies unter gewöhnlichen Verhältnissen außer seiner Macht. Der Gesetzgeber hat kein Recht und keine Möglichkeit, über die Fälle der Begnadigung oder Nichtbegnadigung im Voraus zu bestimmen, oder die Ausübung des Begnadigungsrechts mit hemmenden Schranken zu umgeben. Das Verhältniß der Begnadigung zur Strafrechtspflege nöthigt somit zu dem Anerkenntniß:

daß, soweit die Todesstrafe in Betracht kommt und eine eigenthümliche, von den gewöhnlichen Regeln des Rechtslebens abweichende Handhabung der Begnadigungspraxis Statt findet, das Strafgesetz es überhaupt nicht mehr vermag, seine eigenen Wirkungen im Voraus zu berechnen oder zu bestimmen, weil diese völlig abhängig sind von einem außerhalb des Gesetzes liegenden Vorgang.

Unser Mordgesetz ist in dem eigenthümlichen Sinne ein Ausnahmegesetz, daß es gewöhnlich in den Fällen seiner Anwendbarkeit dennoch nicht angewendet wird. Unter allen Ausnahmegesetzen ist es das am meisten abnorme; denn alle anderen Ausnahmegesetze beanspruchen in Wirklichkeit für ungewöhnliche Vorkommnisse strikte angewendet zu werden. Das Gesetz, welches den Mord bedroht, hat umgekehrt zum Erfolge, daß seine Anwendung eine ganz ungewöhnliche wird, wo eine im Verlauf der Dinge gewöhnlich vorkommende Anzahl schwerster Verbrechen durch ein ständiges und regelmäßiges Gesetz im Voraus bedroht ist. Aber auch nach anderen Richtungen hin vermag der Staat nicht, die abschreckende Kraft seiner Strafgesetze durch erhöhte Gewißheit ihrer Anwendung zu steigern. Er könnte freilich die Zahl der Sicherheitsbeamten vermehren, für deren bessere Besoldung, eifrigere Dienstführung und tüchtigere Ausbildung Sorge tragen, kurz ungewöhnliche Mittel aufbieten, um die Ziffer der unentdeckt bleibenden Verbrechen zu vermindern. Er könnte hohe Geldbelohnungen auf die Entdeckung und Ergreifung gefährlicher

Verbrecher anbieten, was von jeher in Ländern mit besonders be=
drohter Sicherheit gegen gefährliche Räuberbanden geschehen ist
und in der Rechtspflege ungefähr dasselbe ist, was in der Finanz=
wirthschaft der Uebergang zu einer Papierwährung mit Zwangs=
cours bedeutet. Eine ungewöhnlich zahlreiche Polizei und ein
System bezahlter Kundschafter haben, troh der Todesstrafe und
ihrer häufigen Anwendung, im ehemaligen Königreich Neapel
und im Kirchenstaat die öffentliche Sicherheit nicht über das nie=
drigste Niveau emporzuheben vermocht. Denn entscheidend ist
für die Abschreckung durch das Gesetz überall die sittliche Mit=
wirkung der Bevölkerung zur Bethätigung der öffentlichen Ordnung.

Wenn in der Bevölkerung Angesichts der Todesstrafe das
Mitleid mit der Person des Verbrechers stärker geworden ist
als das Mitleid mit einer verletzten Gesetzesordnung, so werden
die polizeilichen Nachforschungen auf jene schlimmste Art des
passiven Widerstandes stoßen, die in der Parteinahme für den
Verfolgten sich kund giebt. Und endlich ist in den Ländern mit
Schwurgerichtspflege durch keine Macht des Gesetzes zu bewirken,
daß die Geschworenen zu einer größeren Strenge bekehrt werden.
Mit den Thatsachen, welche sich in der Strafrechtspflege kund
geben, hat die Gesetzgebung zu rechnen. Dieselben Organe, die
dem verletzten Gesetz Genugthuung verschaffen sollen, werden mög=
licherweise zum Asyl für Mörder. Es ist eine zu häufig beob=
achtete und darum nicht zu bestreitende Neigung italienischer Ge=
schworener, daß sie in augenscheinlichen, gar nicht zweifelhaften,
Kapitalsachen lediglich um der Todesstrafe willen freisprechen
und das Volk dann hinterher einen Freigesprochenen feiert, weil
er aus der Todesgefahr errettet wurde.

Unser Schlußergebniß ist: die moderne Gesetzgebung ist außer
Stande, der Todesstrafe praktisch diejenige Gewißheit der An=
wendung zu verschaffen, ohne welche von Abschreckung nicht zu

sprechen ist. Und umgekehrt: Die Abschaffung der Todesstrafe wird, wenn an ihre Stelle lebenslängliches Zuchthaus gesetzt wird, die processualische Gewißheit der Bestrafung und folglich auch die Abschreckung erhöhen, insofern die Zahl ungerechter Nichtschuld= sprüche der Geschworenen oder zu gelinder Bestrafungen um die Differenz vermindert wird, welche gegenwärtig in Kapitalsachen durch die Strafrechtspflege fast aller Europäischen Staaten nach= gewiesen wird.

Die objective Wahrscheinlichkeit der Nichtanwendung der Todesstrafe, welche in der subjectiven Auffassung des Verbrechers noch vergrößert wird, stellt sich in dem Musterlande des Ge= schwornengerichts, wie folgt. Nach den amtlichen Tabellen der Strafrechtspflege für England und Wales sind in dem zweijährigen Zeitraum 1867—1868 von der Todtenbeschauer=Jury im Ganzen 516 Verdikte auf Mord gefällt worden. Schon hierbei ist zu erinnern, daß nach den glaubwürdigsten Berichten sachverständiger Beobachter diese Ziffer der Wirklichkeit deswegen wenig entspricht, weil die Todtenbeschauer=Jury jeden irgendwie vorhandenen Aus= weg benutzt, um an Stelle des Mordes, in ihrem Ausspruch einen Todtschlag (manslaughter) anzunehmen. Bei der Prüfung der vorhandenen Beweismittel durch die Anklagegeschworenen ergiebt sich eine weitere Sichtung klarer und zweifelhafter Mord= fälle. Von den 516 ersten Anschuldigungen werden nur 165 zum Hauptverfahren vor die Urtheilsgeschworenen verwiesen. Nach dem Durchschnitt der Freisprechungen in allen übrigen Criminalfällen würden drei Viertel der gesetzlichen Strafe ver= fallen, was für die auf Mord gerichteten Anklagen ungefähr 120 Todesurtheile ergeben müßte. In Wahrheit wird aber nur ein Drittel der Angeklagten verurtheilt. Nur 48 sind zum Tode verurtheilt, die verbleibende Mehrheit von zwei Dritteln von der Beschuldigung des Mordes losgesprochen. Endlich entging von diesen Verurtheilten wiederum mehr als die Hälfte der Hinrichtung. Zwei und zwanzig sind gehängt worden. Auf dem Wege von der Todtenbeschauer-Jury bis zum Galgen ist die Ziffer 516 bis zu 22 zusammengeschrumpft. Dabei hat man sich gegenwärtig zu erhalten, daß Englische Geschworene anders beschaffen sind, als continentale, insbesondere, daß der Glaube an den Abschreckungs- zweck nirgends so weit unter Rechtsgelehrten und Laien verbreitet ist, und die orthodoxe Geistlichkeit nirgends so erfolgreich die ver- meintliche göttliche Verordnung der Todesstrafe predigt, wie in England. Die Wahrscheinlichkeit, daß ein englischer Soldat auf dem Schlachtfelde oder in einer westafrikanischen Garnison am Fieber zu Grunde geht, ist also weit größer als die Anwendung der Todesstrafe auf die nach der Absicht des Gesetzes darunter fallenden Thatbestände.

Sechstes Kapitel.

~~~~~

Der Abschreckungszweck V. — Einfluß von Entfernung und Nähe der Todesgefahr auf die davon Bedrohten. — Panischer Schrecken und Terrorismus. — Proceßualische Entfernung der Todesstrafe von der Mordthat. — Mörder fürchten den Widerstand ihres Opfers mehr, als die entfernte Strafdrohung. — Proceßuale Zwischenacte zwischen der Begehung des Verbrechens und der Vollstreckung der Strafe. — Die Abschreckung durch Todesstrafe richtet sich mehr gegen die Rechtspflege, als gegen den Verbrecher. — Die Voruntersuchung in Kapitalsachen. — Englisches und Deutsches Strafproceßverfahren in Kapitalsachen vergleichungsweise verschieden wirkend. — Mit geringen Mitteln wirkt die Abschreckung in der militärischen Disciplinargewalt wegen des Mangels an Förmlichkeiten. — Verhältniß der alten und neueren Militärstrafen zum Abschreckungszweck.

Angenommen: der Mörder begebe sich wegen der gesetzlich angedrohten Todesstrafe in eine Lebensgefahr, so ist, um den Grad der Abschreckung zu ermessen, auch daran zu erinnern, daß jede Gefahr durch ihre Nähe vergrößert und durch ihre Entfernung verringert wird. Man kann dies auch so ausdrücken: eine wahrscheinliche Todesgefahr in großer zeitlicher Entfernung wirke auf die Vorstellungen der Menschen viel weniger einschüchternd, als eine minder wahrscheinliche Gefahr in großer zeitlicher Nähe. Die denkbar stärkste Abschreckung, welche überhaupt möglich ist, besteht daher in einer unmittelbar bevorstehenden Todesgefahr, wenn dieselbe plötzlich an einen davon Ueberraschten herantritt.

Unmittelbar zusammenhängend mit dieser Thatsache und zu ihrer Erklärung dienend, ist der Hinweis darauf, daß der plötzlichen Ueberraschung gegenüber, die Ueberlegung der zur Abwehr einer Gefahr dienlichen Mittel nicht zur vollen Entfaltung kommt. In dem Wesen der höchstmöglichen Abschreckung liegt daher nothwendig ein Element des plötzlichen Schreckens, ein unwillkürlich Ueberraschendes. Auch der tapferste Mann, der auf zahlreichen Schlachtfeldern gefochten hat und im Kanonendonner ergraute, kann erschreckt werden, wenn ungesehen ein Freund, in mitten friedlicher Beschäftigung, einen Schuß hinter seinen Ohren aus nächster Nähe knallen läßt.

Auf dem Unvermutheten, Unberechenbaren, Plötzlichen und Ueberraschenden beruht die Wirkung des panischen Schreckens, der in der Kriegsgeschichte auf den Schlachtfeldern, in der Volkswirthschaft und ihren Handelskrisen gelegentlich die unerschrockensten Männer zeitweise den Kopf verlieren läßt.[19]) Daß ein solcher plötzlicher Schreck Verstand und Glieder lähmen konnte, erscheint den davon Befallenen hinterher selbst unglaublich. Wie verschieden die Fälle immer scheinen, in der langen Reihe von Vorgängen, seitdem Pyrrhus durch seine Elephanten römische Veteranen in wilde Flucht trieb bis zur Flucht Friedrichs des Großen bei Mollwitz und dem Zusammensturz der alten Kaisergarde bei Belle-Alliance sind es doch einfach dieselben psychischen Eindrücke, welche vorübergehend auch die stärkste moralische Kraft über den Haufen werfen.

Alle Beobachter stimmen darin überein, daß an erschreckender Macht nichts mit den großen südamerikanischen Erdbeben verglichen werden könne. Ohne daß warnende Zeichen vorbereitend eingetreten wären, bricht zuweilen, in die Zeitspanne weniger Minuten zusammengedrängt, widerstandslos die Alles über den Haufen stürzende Vernichtung über diejenigen nieder, welche ruhig ihren Geschäften nachgingen, in den Kirchen beteten, oder aus tiefem Schlummer plötzlich durch einen Erdstoß emporgeschleudert werden. Ein solches Naturereigniß, das wie mit einem Zauber=schlage Paläste umstürzt und Stätten des Wohllebens augenblicklich zu einem Grabmonumente für deren Insassen umwandelt, bewirkt, daß die stärksten Männer die Selbstbeherrschung verlieren, gleich Kindern, welche sich verirrt haben, von einer Stelle zur andern planlos herumtappen und in die Erdspalte hineinrennen, die sich eben vor ihnen aufgethan hat. In schwächerem Maße wird man gleiche Wahrnehmungen bei plötzlich hereinbrechender Feuers= und Wassersnoth machen können. Sobald der erste Schrecken vorüber=gegangen und verständige Rettungsversuche unternommen worden sind, kehrt bei den Anfangs Besinnungslosen die Ueberlegung zurück.

Daß die Gesetzgebung nimmer diese stärksten Eindrücke der Furcht und des Entsetzens hervorrufen kann, liegt auf der Hand. Kein Tyrann der Welt ist dazu im Stande. Das Aeußerste, was nach dieser Seite hin überhaupt unternommen werden kann, ist die Aufrichtung einer Schreckensherrschaft, wobei nicht zu bestreiten ist, daß ein System des Terrorismus vorübergehend einen bedeutenden Eindruck auf die unmittelbar von Willkür Bedrohten hervorbringen kann. Die Schreckenstribunale der fran=zösischen Revolution und das in ihrem Gefolge wandernde Fall=beil erfüllten eine Zeit lang Frankreich mit Entsetzen. Wo die bloße Gesinnung des Menschen ausreicht, um auf die Anzeige eines geheimen Feindes, für jedermann Todesgefahr herbeizuführen, konnte der Terrorismus nicht ohne tief eingreifende Folgen bleiben.²⁰) Allein es liegt in der Natur der Dinge, daß der Schrecken niemals ein dauernder Zustand im gesellschaftlichen Leben werden kann. Selbst die Hasen gewöhnen sich an das Gerassel eines vorüberrasenden Schnellzuges. Je länger er an=dauert, desto mehr verliert der Terrorismus von seiner Schreckens=

kraft. Er findet sein natürlich und von selbst eintretendes Gegen=
gewicht entweder an stumpfer Ergebung und fatalistischer Gleich=
gültigkeit des Bedrohten oder sogar am Gespötte der Menschen.

Von hohem psychologischen Interesse ist das Studium der
Erscheinungen, welche die Schreckensherrschaft zur Zeit des Con=
ventes während der französischen Revolutionsepoche begleiteten.
Es ist für das Verständniß der Abschreckungsmittel wichtig, die
Berichte über die damaligen Hinrichtungen aufmerksam zu studiren,
und darauf hinzuweisen, welche Zerrüttung in Frankreich dadurch
geschaffen ward. Aus der Guillotine schuf man ein Spielzeug für
Kinder.²¹)

Ein Gewalthaber, der im Kriege oder zur Unterdrückung
eines Aufruhrs den Terrorismus zu Hülfe ruft, hat daher darauf
zu achten, daß die Wirksamkeit seiner Abschreckungsmittel vorzugs=
weise abhängt von der summarischen Procedur in ihrer Anwen=
dung, von der Schnelligkeit in der Durchführung verhängter Todes=
strafen und der nicht allzulangen Fortdauer außerordentlicher Macht=
vollkommenheiten. Jede unnöthige Verlängerung des Belagerungs=
zustandes beschädigt deswegen nicht blos die Rechte der Staats=
bürger, sondern auch den Machtvorrath der Regierungen.

Es ist klar, daß die Todesstrafe, welche in den Strafgesetz=
gebungen für gewisse Verbrechen ein für allemal angedroht ist,
niemals diesen **höchsten** Grad der Abschreckung erreichen kann.
Denn es fehlt ihr in der Vorstellungsweise der **Men=
schen der Character der Unvermeidlichkeit und der
zeitlichen Nähe.** Wenn das zu erwartende Strafübel in weiter
zeitlicher Entfernung liegt, erweckt es, sich selbst abschwächend, die
Reaction der zu ihrer Abwendung dienlichen Gegenmittel. Und
selbst wenn die Vollstreckung einer Todesstrafe an sich zehnmal
gewisser wäre, als sie in Wirklichkeit ist, so würde sie bei unseren
Strafprozeßeinrichtungen immer noch in größerer zeitlicher Ent=

fernung von der That liegen und auch dadurch einen weiteren Bestandtheil ihrer Abschreckung einbüßen.

Um dies ermessen zu können, ist an diejenigen lebensgefähr=lichen Erwerbszweige zu erinnern, welche entweder häufige Un=glücksfälle im Gefolge haben oder, auf Grund statistischer Beob=achtungen, die gewisse Voraussage erlauben, daß die Gesundheit der Arbeiter in kürzeren Zeiträumen zerstört werden wird. Ein=zelne Beschäftigungen sind so gefährlich, daß sie mit Sicherheit, gleich einer langsamen Vergiftung, die Lebensdauer verkürzen. Dennoch fehlt es solchen Erwerbszweigen nimmer an Arbeitern: eine Wahrnehmung, die beispielsweise in den Stahlschleifereien zu Sheffield seit langer Zeit gemacht worden ist und statistisch mit unwiderleglicher Gewißheit dargethan werden kann. Troß der Statistik glaubt der Arbeiter, der dem sicheren Tode entgegengeht, daß das in der Zukunft herannahende Uebel in Beziehung auf ihn eine Ausnahme machen werde oder daß er bis dahin auch eines natürlichen Todes sterben könnte. Viele der in solchen Be=rufszweigen thätigen Arbeiter sind sogar so gleichgültig, daß sie die von der Erfahrung an die Hand gegebenen Schußmittel einfach außer Acht lassen und darauf verzichten, ihr Leben um einige Jahre zu verlängern.

Von unmittelbar bevorstehender und naher Todesgefahr des Mörders ist keine Rede. Was ihn bei seiner Unternehmung am meisten beschäftigt, ist das Gelingen und die erfolgreiche Aus=führung seines Planes. Die erste Besorgniß, welche er aus=zuschließen bemüht ist, besteht in dem möglichen Widerstand, den ihm sein Opfer leisten könnte. Er wird gewiß nicht außer Betracht lassen, ob der von ihm Anzugreifende bewaffnet ist, oder nicht, und demgemäß seinen Augenblick möglichst gut auswählen. Die Geschichte zahlreicher Verbrecher zeigt, daß der Mörder gleichfalls die entferntere Gefahr der Bestrafung, obwohl sie eine geringe

Wahrscheinlichkeit an sich trägt, viel weniger fürchtet, als den un=
vermutheten und plötzlichen Widerstand von Seiten desjenigen, den
er zu tödten gedachte. Es ist selten, daß ein Mörder, unter
unmittelbarer Preisgebung seines Lebens, einen wohl
bewaffneten Gegner angreift.[22]) Nur in der Geschichte
politischer Mordthaten, in denen der äußerste Grad des Fanatismus,
um jeden Preis zum Ziele gelangen will, kommen solche Fälle
vor. Obwohl sonach der Mörder, der Regel nach, keineswegs
blind ist gegen nahe Gefahren, läßt er sich dennoch durch die ent=
fernte Todesdrohung nicht schrecken. Ohne genau zu wissen,
wie er sich Angesichts der möglichen Fälle verhalten will, hat er
doch das unbestimmte Zutrauen, daß ihm hinreichend Zeit bleibe,
seinerseits die gesetzlichen Straffolgen der That von sich abzu=
wenden.

Zwischen der Begehung einer Mordthat und der (überdies
nur selten eintretenden) Hinrichtung liegt ein längerer Zwischen=
raum in der Mitte. Wie viel Zeit vergeht, läßt sich natürlich
nur in einer sehr wenig bedeutenden Durchschnittsrechnung er=
mitteln. Soviel aber kann für alle Fälle gesagt werden: der
unmittelbare zeitliche und ursächliche Zusammenhang
zwischen der Vollbringung der That und der schließ=
lichen Vollstreckung der Strafe erscheint bei unseren
Proceßzuständen überall durch lange Pausen unter=
brochen. Man kann nirgends behaupten, daß sich die Verurthei=
lung eines Verbrechers als eine nothwendige Folge seiner That
im öffentlichen Bewußtsein einpräge. Im Gegentheil! Es zeigt
sich, daß auf das endliche Schicksal des Verbrechers manche Zu=
fälligkeiten der Zwischenzeit Einfluß haben, z. B. dessen Verhalten
in der Untersuchung, seine Vertheidigung und Anderes mehr.

In den einzelnen Ländern Europas bestehen nicht unerheb=
liche Verschiedenheiten. Sehen wir von den völlig unberechenbaren

Zufälligkeiten der Entdeckung eines Verbrechens ab — und wer vermöchte zu leugnen, daß in der Ermittelung des verbrecherischen Thatbestandes und der Thäterschaft durch die Polizei der Zufall eine merkwürdige Rolle spielt — so bleibt überall als nothwendige Reihe wesentlicher Proceßacte bestehen: die gerichtliche Voruntersuchung, die Anklageprüfung, das Hauptverfahren, die Rechtsmittelinstanz der Nachprüfung und schließlich die Endentscheidung der Begnadigung. Während die in der Mitte liegenden Rechtsacte: Anklageprüfung, Hauptverfahren und Rechtsmittelinstanz in den Staaten Europas, soweit sie ein auf Mündlichkeit beruhendes Strafproceßverfahren angenommen haben, annähernd gleichgeartet sind, und in ziemlich gleichen Zeitfristen ihrer Natur nach verlaufen, zeigt sich, daß Anfang und Ende in der processualischen Verhandlung der Kapitalsachen von der Rücksicht auf die Todesstrafe in eigenthümlicher Weise beeinflußt werden. Als Richter, Geschworne, Ankläger und Vertheidiger fürchten wir die irrthümliche und ungerechte Verhängung der Todesstrafe in der Rechtspflege unendlich viel mehr, als der Verbrecher seinerseits die mögliche Anwendung auf seine Person scheut. Die Abschreckung des Gesetzgebers richtet sich somit gerade in diesem Falle stärker an die Organe der Rechtspflege, als an die verbrecherischen Klassen.

Dies zeigt sich zuvörderst in der erfahrungsmäßig längeren Dauer, welche eine Voruntersuchung in Kapitalsachen nach deutschem Herkommen beansprucht. Alle irgendwie zu verwerthenden Beweisstücke werden geprüft, die Vorkommnisse aus dem früheren Leben des Delinquenten untersucht, die Zweifel an seiner Zurechnungsfähigkeit geflissentlich beachtet, alle Umstände für und wider erwogen. Ein solches Verfahren, mit größter Gründlichkeit gehandhabt, erfordert Monate. Weil die Todesstrafe in Aussicht

steht, wird die Voruntersuchung über das sonst übliche Maß hin=
aus verlängert. Es gilt das selbst für solche Sachen, die von
vornherein klar zu liegen scheinen.

Ebenso verhält es sich bei uns mit der Bestätigung der
Todesurtheile. Nicht selten vergehen wiederum Monate, zuweilen
sogar Viertel= und halbe Jahre, bevor die Entscheidung des Mon=
archen über Begnadigung oder Nichtbegnadigung an die Gerichte
gelangt. Ehe sie erfolgt, werden neue Ermittelungen angestellt,
Berichterstattungen aus den Gerichtscollegien und den Ministerien
eingefordert. Gerade die gewissenhaftesten Monarchen werden sich
am längsten Zeit lassen, ehe sie eine unwiderrufliche Thatsache
eintreten lassen, die nur zu sehr geeignet ist, ihr Gewissen zu be=
lasten.

An sich sind diese Zögerungen bei der Behandlung von Kapital=
sachen gewiß nicht zu tadeln. Es widerstrebt dem einfachsten und
natürlichsten Menschlichkeitsgefühl, eine Kapitalsache genau in den=
selben geschäftlichen Formen abzuthun, wie die große Masse
der übrigen Kriminalprocesse. Aber verkennen läßt sich nicht,
daß diese peinliche Sorgfalt in der Verschiebung des endlichen
Ausganges dazu beiträgt, die an sich bereits vorhandenen Elemente
der Ungewißheit wiederum zum Schaden eines intensiveren Ab=
schreckungszweckes noch mehr zu verstärken. Denn nun entsteht
der Eindruck, als ob neben der streng rechtlichen Consequenz der
Verbrechensthat zahlreiche auf dem moralischen Gebiet liegende Er=
wägungen sich zwischen den Verbrecher und seine Bestrafung ein=
drängen.

Wenn es daher hauptsächlich um Abschreckung zu thun ist,
dem wäre allen Ernstes die Frage nahe zu legen, ob unser
Strafproceßverfahren in Kapitalsachen nicht erheblich zu verkürzen
wäre? —

In Wirklichkeit gehört es zu den Eigenthümlichkeiten des

englischen Rechts, daß auf eine Voruntersuchung, die schon deswegen, weil Entlastungszeugen zu Gunsten des Angeschuldigten
regelmäßig nicht vernommen werden, nach unseren deutschen Begriffen eine ganz summarische genannt werden muß, ein Hauptverfahren folgt, in welchem wiederum Vertagungen zum Zwecke
der Beweisvervollständigung schwer zu erlangen sind und daß
endlich auch unter Abschneidung mancher bei uns zulässiger Rechtsmittel, die Hinrichtung nach der Verkündung des Todesurtheils
binnen kürzester Zeit durch den Richter anberaumt wird. Bis
zum Jahre 1836 war in England sogar gesetzlich vorgeschrieben,
daß Mörder binnen 48 Stunden nach der Urtheilsverkündigung
hingerichtet werden sollten. Auch das Verhältniß der Begnadigung zur Vollstreckung der Todesurtheile ist in England ein völlig
anderes, als in der Mehrzahl der continentalen Staaten. Die
richterliche Behandlung erscheint dort so sehr als das Entscheidende,
daß der vom Richter bereits im voraus binnen kürzester Frist
anberaumte Tag der Hinrichtung, durch die Begnadigungsinstanz,
wenn sie Zeit zur Ueberlegung der Sache gewinnen will, durch
einen förmlich anbefohlenen Aufschub (reprieve) der Hinrichtung
aufgehoben werden muß. Auf der anderen Seite gilt in Deutschland thatsächlich der Proceßgang in Kapitalsachen als ein In-
formativerfahren zur allseitigen, vollständigen und gründlicheren
Prüfung der Endentscheidung durch den Landesherrn. Ein englisches
Todesurtheil hört sich auch aus diesem Grunde anders an, als
ein deutsches. In den allerschwersten Fällen weist der den Assisen
präsidirende Richter, indem er sein Haupt bedeckt, den zum Tode
Verurtheilten darauf hin, daß er binnen kürzester Zeit aus dem
Leben scheiden müsse und sich keine Hoffnung auf Gnade gestatten
solle; er bezeichnet nach seiner persönlichen Ansicht die Vollstreckung
als gewiß; ein Verfahren, welches bewirkt, daß in der allgemeinen
Rechtsanschauung der unmittelbare Zusammenhang zwischen Mord

und Todesstrafe lebendig erhalten wird. Nicht gering ist des=
wegen die Zahl solcher, welche als Zeugen und Richter in Kapital=
sachen diesen Augenblick der Urtheilsverkündung geradezu
als Maßstab für ihre persönlichen Auffassungen des Abschreckungs=
zweckes festhalten; wobei sie sich indessen in jenem bereits früher
hervorgehobenen Irrthum befinden: daß sie solchen, wahrscheinlich
erschütternden Augenblicken nach ihrer Empfindungsweise gleich=
sam rückwirkende Kraft geben, in Beziehung sowohl auf das
Stadium der vor der Begehung des Verbrechens obwaltenden
Prämeditation, als auch auf eine von der ihrigen völlig ver=
schiedene Individualität, die sich wiederum in dem Augenblicke,
da ihr ein Gerichtsurtheil verkündet werden soll, in einem völlig
ungewöhnlichen Zustande der Spannung und Aufregung befindet.

Wenn sich aber auch eine geringe Steigerung der an sich
bereits schwachen Abschreckung durch eine Annäherung an die eng=
lischen Proceßeinrichtungen erreichen ließe, so würden sicherlich
wenige sein, welche die Verantwortlichkeit bei uns übernehmen
möchten, die denkbar höchste Sicherheit in der processualischen
Gerechtigkeit und der Ermittelung der Wahrheit einem einseitigen
Abschreckungszweck zum Opfer zu bringen. Denn gerade das ein=
seitige Vorwiegen der Abschreckungstendenz im englischen Straf=
recht ist es, aus welchem das englische Verfahren in Kapitalsachen
erklärt werden muß, während in Deutschland selbst die Verehrer
der strafrechtlichen Abschreckung keinen Augenblick bestreiten, daß
das denkbar höchste Maß materieller Wahrheit in der Feststellung
des Thatbestandes die oberste Rücksicht geworden ist, welcher im
einzelnen Fall der Abschreckungszweck des Gesetzes überall unter=
geordnet werden muß.

Wie sehr die Abschreckung durch Gewißheit der Entdeckung
und Schnelligkeit der Strafanwendung gesteigert werden kann, lehrt
das Beispiel der militärischen Disciplinargewalt, welche mit ver=

hältnißmäßig geringen Strafen eine große Armee in Ordnung und Gehorsam zu erhalten vermag. Innerhalb des Dienstverhältnisses hat sich nämlich jeder Soldat zu vergegenwärtigen, daß bei der genauesten Eintheilung der Tageszeiten und dem beständigen Zu= sammensein mit anderen, dienstliche Verstöße nicht unbemerkt bleiben; ferner, daß der mit der Disciplinargewalt betraute Vorgesetzte nach persönlichem Ermessen entscheidet, ohne an Beweisaufnahme und Vertheidigung irgendwie gebunden zu sein. Nur darauf kommt es an, ob er persönlich die Ueberzeugung von dem Vorhandensein eines dienstwidrigen Verhaltens gewonnen hat. Wird alsdann eine Strafe wirklich ausgesprochen, so erfolgt ihre Vollstreckung, ungehemmt durch Berufungen, wofern ihre Verhängung überhaupt der Art nach, innerhalb der Competenz des Vorgesetzten lag. Die summarisch einschreitende und höchst energisch wirkende Disciplinar= gewalt ist daher für den Geist der Armeen von den Zeiten des Römischen Imperiums bis zur Gegenwart wichtiger gewesen, als die eigentliche Militärjustiz, welche für die förmliche und gerichtliche Aburtheilung dienstlicher oder gemeiner Verbrechen bestimmt ist.

An sich betrachtet, sind diese militärischen Disciplinarstrafen gegenwärtig nicht mehr übermäßig hart. Die körperliche Züchtigung, nach der Meinung älterer Heerführer vor 1848 in Deutschland unentbehrlich und für Seeleute selbst heute noch von manchen Seiten empfohlen, hat sich, nachdem sie abgeschafft worden ist, hinterher als völlig entbehrlich gezeigt. Es ist Niemand, der ihrer Wiedereinführung das Wort zu reden wagt. Im Gegentheil hat die Ueberzeugung Platz gegriffen, daß mit der allmähligen Milde= rung der Militärstrafen die Tüchtigkeit, Zuverlässigkeit und Ord= nungsliebe in den großen Heerkörpern gewachsen ist, wodurch auf das Unwiderleglichste dargethan ist, daß die specifische Schwere der Strafen an und für sich betrachtet niemals als das Ent= scheidende bei der Bemessung ihrer abschreckenden Wirkungen an=

5*

gesehen werden darf Auch für die alten Armeen, die mit Spieß=
ruthen und Stockprügeln tractirt wurden, galt nämlich die That=
sache, daß manche Strafe, um ihrer Härte willen, theils aus
menschlicher Rücksichtnahme der Befehlshaber, theils im Hinblick
auf die mögliche Unzufriedenheit der Truppen, unangewendet blieb,
wo in Wirklichkeit der Fall ihrer Anwendung vorhanden gewesen
wäre. Als die Strafmittel gemildert und ihrer grausamen Härte
entkleidet worden waren, sind die Fälle der Anwendung in viel
stärkerem Maße der wirklichen Ziffer der Dienstvergehen angenähert
und damit wiederum die Sicherheit und Gleichmäßigkeit des Ge=
brauchs der Disciplinargewalt erhöht worden. Es dürfte sogar
nicht selten vorkommen, daß in denjenigen Truppentheilen, in denen
einzelne Befehlshaber von ungewöhnlicher Härte in der Hand=
habung der Disciplin solche Strafen verhängen, welche über das
übliche Maß hinausgehen, geradezu das Gegentheil von dem er=
reicht wird, was beabsichtigt war, und der Geist der ihnen unter=
gebenen Truppen entschieden verschlechtert wird.

Wie sehr unsere neueren Volksheere von den alten Söldner=
truppen verschieden sind, zeigt auf das deutlichste die für den
Abschreckungszweck lehrreiche Entwickelung des Militärstrafrechts.
Nicht nur wie und womit man bestraft, ist, wie sich hierbei zeigt,
von großer Bedeutung, sondern auch wen man bestraft. Was
ehemals als nothwendig galt, wird heute in der Militärjustiz
nicht nur als überflüssig, sondern geradezu als schädlich angesehen.
Während der geworbene Soldat durch die Beweggründe der Ar=
beitsscheu und durch Vorliebe für Abenteuer bestimmt wurde,
seinen Beruf zu ergreifen, ist es heute das langsam durch Gene=
rationen herangewachsene Ehrgefühl, wodurch zumeist die Hand=
lungsweise des Soldaten bestimmt wird. Dies führt zu einer
Untersuchung der Verhältnisse zwischen gesetzlicher Strafandrohung
und den Motiven der menschlichen Handlungen.

Siebentes Kapitel.

Der Abschreckungszweck im Verhältniß zu den verbrecherischen Motiven VI. — Das mittlere Maß der Abschreckungsfähigkeit. — Beweggründe für die Unterlassung der Verbrechen. — Die Furcht als relativ unbedeutendstes Motiv der Unterlassung schwerer Gesetzesübertretungen. — Tödtungen geschehen überhaupt nur aus besonders stark eindringenden Motiven. — Todesfurcht als Motiv der Unterlassung beseitigt durch stärkere Motive zur Vornahme einer Handlung. — Unwirksamkeit der Todesfurcht gegenüber dem Ehrgefühl. — Beweis: die alte Duellgesetzgebung. — Tödtungen aus Rechtswahn kann das Gesetz nicht hindern. — Blutrache in Corsika. — Motive politischer Verbrechen.

Die bisherigen Untersuchungen richteten sich auf die allgemeinen Merkmale und den objectiven Maßstab der der Todesstrafe zukommenden Abschreckung. Es wird nunmehr näher in Betracht kommen, welches die subjectiven Voraussetzungen der Abschreckung sind. Wie die Zurechnung zur Zurechnungsfähigkeit, so verhält sich begriffsmäßig Abschreckung zur Abschreckungsfähigkeit der einzelnen Personen. Zwischen dem höchsten Grade jener Furchtsamkeit, welche bereits vor eingebildeten Uebeln zittert und dem höchsten Grade derjenigen Unerschrockenheit, welche sich über augenscheinliche Gefahren hinwegsetzt, besteht eine Stufenleiter der Abschreckungsfähigkeit, auf welcher der Gesetzgeber für seine Zwecke gleichsam ein mittleres Maß sucht. Er wird seine Strafgesetze weder den furchtsamsten Wesen, noch auch den unerschrockensten Characteren anpassen.

Ein Uebel, welches alle Menschen gleich stark fürchten, giebt
es nicht. Weil das der Fall ist, weiß der Gesetzgeber im Voraus,
daß seine Strafdrohung mit Rücksicht auf die Größe des Uebels
von einer gewissen Anzahl von Menschen nicht gefürchtet werden
wird. Er kann also nur darnach trachten, daß das von ihm
gesetzte mittlere Maß von möglichst vielen gefürchtet werden
möchte.

Denken wir uns die möglichen Gründe, aus denen Verbrechen
nicht begangen, also unterlassen werden, so finden wir eine lange
Reihe von solchen Gründen: aus Mangel an besonderen Anreizen
und verbrecherischer Leidenschaft, aus sittlicher Gesinnung, aus
Ehrgefühl und Rechtlichkeit, aus fehlender Gelegenheit, möglicherweise auch aus Furcht vor Strafe. Schätzt man diese Ursachen der Unterlassung nach ihrer wahrscheinlichen Häufigkeit ab,
so wird sich herausstellen, daß unter ihnen die Furcht vor Strafe
vergleichungsweise das am wenigsten wirksame Motiv ist. Straflos-
erklärung einer verächtlichen Handlung würde unmittelbar deren
Begehung nicht allzusehr vermehren, sondern nur indirekt und
langsam auf eine Reihe anderer Motive einwirken und dadurch
von Bedeutung werden, daß in der positiven Vorstellung der Erlaubt-
heit einer früher verboten gewesenen Handlung auch Ehrgefühl und
Rechtssinn nach und nach in Beziehung auf eben dieselbe Handlung aus dem Gefühl der Menschen ausgetilgt werden würden.
Je tiefer und allgemeiner daher eine Handlung als unsittlich und
verwerflich empfunden wird, desto weniger bedeutet das Motiv
der Furcht, desto seltener würde die für straflos erklärte Missethat
verübt werden. Und umgekehrt, je geringer die Strafbarkeit an
sich erscheint, desto mehr bedeutet für die positive Rechtsordnung die
Strafdrohung an sich. Eine sehr große Anzahl von Uebertretungen
wird lediglich deswegen unterlassen, weil sie mit Strafe bedroht
sind und dadurch die Vorstellung des Rechtswidrigen, die von

selbst nicht bestehen würde, gleichsam erst künstlich erzeugt wurde. Die Rechtsordnung des Staates besteht somit in erster Linie durch die Stärke und Allgemeinheit der sittlichen Motive, welche zunächst Quelle, in viel geringerem Maße sodann auch Ergebniß der Straf= gesetzgebung sind, ferner zweitens thatsächlich durch die Ab= wesenheit solcher Anreizungen, welche in ihren Wirkungen sich stärker erweisen könnten, als das Durchschnittsmaß sittlicher Kräfte, und zuletzt drittens durch die Furcht, eine vom Gesetz bestimmt angedrohte, gesetzliche Strafe erleiden zu müssen.

Wie groß nun in Anbetracht dieser Verhältnisse ungefähr die Ziffer derjenigen wäre, welche einen Mord begehen würden, wenn diesem jede Strafbarkeit im Gesetz fehlte, läßt sich in Er= mangelung irgend welcher Anhaltpunkte oder bei der Unmöglichkeit eines Experimentes nicht einmal vermuthen. Jedenfalls aber wäre die Vorstellung für unsere Verhältnisse durchaus unzulässig, als ob in einem solchen Falle ein allgemeines Morden und Todt= schlagen beginnen würde. Daß an sich die Achtung vor dem menschlichen Leben in Deutschland eine sehr hohe ist, läßt sich durch den Hinweis auf die deutsche Kriegführung in den Jahren 1866 und 1870 darthun. Im Vergleich zu früher ist die Zahl der willkürlichen Tödtungen eines bereits wehrlosen Feindes auf dem Schlachtfelde entschieden vermindert, obwohl unnöthige Nieder= metzelungen noch gelegentlich vorkommen. Die Genfer Convention zum Schutze verwundeter Krieger ist, obwohl deren Verletzung im einzelnen Fall zu strafrechtlicher Ahndung nicht zu führen pflegt, durch die deutschen Truppen dennoch als eine Gewissens= sache angesehen worden. Das Gebot: „Du sollst nicht tödten"! würde immer als eine der stärksten sittlichen Pflichten angesehen werden, auch wenn das Strafgesetz ihm keinen Nachdruck verliehe. Es zeigt sich dies sogar darin, daß solche, die in früheren Zeiten einfach für rechtlos erklärt waren und als Elende oder Vertriebene

herumirrten, dennoch nur in seltenen Fällen von irgend einem
Beliebigen getödtet worden sind. Ohne ein starkes Motiv
würde auch die straflose und erlaubte Tödtung nicht
verübt werden. Zahlreich sind die Beispiele der in modernen
Kriegen dem bewaffneten Feinde erzeigten Gutmüthigkeit.

In erster Linie kommt es also bei allen schweren Verbrechen,
vorzugsweise aber bei dem Morde auf die Natur und die Stärke
der Motive an, durch welche die gegenwärtig im Allgemeinen bestehende Achtung vor dem menschlichen Leben zurückgedrängt wird.
Alsdann wäre zu erwägen, ob die erfahrungsmäßig am häufigsten
im Morde hervortretenden Beweggründe durch die Aussicht auf
die möglicherweise bei uns (in Ausnahmefällen) eintretende Todesstrafe gelähmt werden können? Und endlich: ob der specifische
Unterschied zwischen Todesstrafe und lebenslänglicher Zuchthausstrafe gegenüber jenen Motiven von entscheidender Bedeutung sein
würde? Zur Beantwortung dieses letzteren Punktes verfügen wir
über eine werthvolle Analogie: die grausamen Todesstrafen der
alten Zeit, als Rädern, Brennen, Viertheilen haben sich für den
Schutz des menschlichen Lebens durchaus nicht wirksamer gezeigt,
als die einfache Todesstrafe, die nach deren Beseitigung überall
angenommen worden ist.

Die Todesstrafe ist bereits oben in zwei Bestandtheile zerlegt
worden Sie setzt sich zusammen aus dem natürlich physischen
Vorgange des Sterbens und sodann dem ethischen Moment eines
durch den Rechtsakt der Hinrichtung hervorgerufenen Seelenleidens.
Nach diesen beiden Richtungen hin sind die Motive des Mörders
zu untersuchen.

Zahlreich sind die edlen Triebfedern, welche den Menschen
über die Todesfurcht in seinen Handlungen hinausschreiten lassen.
Ehrliebe, Pflichtgefühl, Begeisterung, religiöse Ueberzeugung, widerstehen, wo sie eine gewisse Stärke erreicht haben, der Todesgefahr.

in welcher Gestalt sie immer ·sich zeigen möge. Wo die Pflicht
der Hingebung und Aufopferung besteht, erscheint die Scheu vor dem
Tode als Feigheit und verachtungswürdige Schwäche. Der Staat
erhebt selbst die sittliche Forderung, überall, wo die höchsten Güter
des menschlichen Lebens vertheidigt werden sollen, dem Tod als
einem verdienstvollen Schicksal entgegenzugehen. In gleicher
Weise lehrt die Kirche die Verdienstlichkeit des Leidens für den
Glauben. Kein vernünftiges Gesetz kann daher schlechthin sagen:
„Ihr sollt den Tod fürchten"! Es würde damit die Macht
des Ehrgefühls und der Berufspflicht selbst verleugnen. Der
Staat hat es auch nicht in seiner Hand, seinerseits unbedingt und ausschließlich die Reihe derjenigen Güter
zu bezeichnen, für welche das Leben eingesetzt werden
soll. Er kann in seiner Gesetzgebung collidiren mit Irrthümern
und Verkehrtheiten, die sich ihm gleichsam grundsätzlich entgegen-
stellen.

Die Geschichte der religiösen Verfolgungen lehrt abwechselnd
die Erfolglosigkeit staatlicher Gewaltacte zur Unterdrückung der
Gewissensfreiheit und wiederum die Möglichkeit der gewaltsamen
Hemmung religiöser Bewegungen. Während der antike Staat die
christliche Urkirche durch Martyrium kräftigte, gelang es in entgegengesetzter Richtung der Inquisition und den härtesten Be-
drückungen, in Spanien, Italien, Oesterreich, Böhmen die refor-
matorische Bewegung im XVI. Jahrhundert zu unterdrücken. Die
Verschiedenheit des Ausganges in der Geschichte der Religions-
verfolgungen ist bedingt durch den verschiedenen Grad der Stärke,
welchen religiöse Motive erlangt haben. Es kommt darauf an,
ob die instinctive Furcht vor dem Tode durch die Furcht vor einem
noch größeren Uebel überwunden werden kann. Gottesfurcht ist
oft stärker gewesen, als Menschenfurcht, die Furcht vor Schande
und Verachtung überwiegt im Soldaten über die Furcht vor dem

Lebensverlust. Die Abschreckungsfähigkeit wird daher noth=
wendig durch stärkere sittliche Motive für längere oder kürzere
Dauer aufgehoben.

Wie wenig der Staat vermag, seinen Gesetzen, ohne Rück=
sicht auf die den menschlichen Handlungen zu Grunde liegenden
Beweggründe eine abschreckende Kraft beizulegen, lehrt die Ge=
schichte der Duellgesetzgebung seit dem XVII. Jahrhundert. Es
war völlig vergebens, den Zweikampf mit der Todesstrafe zu be=
drohen, Güterconfiscation zu verhängen oder gar noch die Be=
schimpfung der Duellanten durch symbolische Ehrenstrafen an=
zubefehlen. Es hatte keinen Erfolg, wenn das Wappen abliger
Duellanten durch den Henker zerbrochen, oder deren Namen an
den Galgen geheftet wurden. Die absolute Monarchie, welche sich
in Frankreich und Deutschland Alles zutraute, und den Adel als
Stand seiner politischen Privilegien beraubt hatte, war ohnmächtig,
als sie in ihren Duellgesetzen versuchte, die Ehrbegriffe und das Ehr=
gefühl des Adels nach ihren Interessen in bestimmte Schranken
zu bannen. Wer sich zum Zweikampf entschloß, gab um der Ehre
willen sein Leben dem Gegner preis. Es war also ein hoher
Grad von Widersinn und Verkehrtheit in der alten Gesetzgebung,
an die Abschreckungsfähigkeit derer zu appelliren, welche durch
ihre Handlungsweise beweisen wollten, daß sie durch unmittelbare
Todesgefahr vom Zweikampf nicht abgeschreckt werden konnten
und überdies entschlossen waren, staatlichen Dekreten einen eigenen,
überlieferten und selbständigen Ehrbegriff entgegenzusetzen.[24]) Wie
der Staat, so hat auch die Kirche mit der Androhung eines un=
christlichen Begräbnisses erfolglos gegen das Duell angekämpft.

Ueberall, wo gewissen Klassen von Verbrechen der Wahn einer
eingebildeten Pflicht oder einer Berechtigung zu Grunde liegt, wird
die Androhung der Todesstrafe nahezu unwirksam sein. Der Zwei=
kampf gehört zu dieser Gattung von Verbrechen. Außerdem giebt

es aber noch manche andere; beispielsweise die **Blutrache auf
Corsika** und in gewissen anderen, in ihrer Rechtsentwickelung
zurückgebliebenen Ländern.²⁵) Noch heute wird der Zweikampf, weil
er aus dem Uebermaß von Ehrgefühl hervorgeht, obwohl seine
Strafbarkeit allgemeiner, als früher begriffen wird, sicherlich niemals aus bloßer Furcht vor der gesetzlichen Strafe unterlassen.
Von einer Abschreckung kann hier nicht die Rede sein; die Bedeutung einer gesetzlichen Strafdrohung liegt hier lediglich darin,
daß nach und nach, in langsamen Uebergängen aus einem ver-
kehrten **Sonderrechtsbewußtsein** einzelner Gesellschaftsklassen
mit Hülfe der Gesetzgebung ein **allgemeines Unrechtsbewußt-
sein** im Volke groß gezogen wird, vor welchem zuletzt alle Vor-
urtheile verschwinden müssen.²⁶) Mit Rücksicht auf die Stärke
der Motive ist in erregten Zeiten die Todesstrafe völlig ungeeignet,
politische Verbrechen zu verhindern oder einen gewaltsamen
Aufruhr zu unterdrücken. In Bürgerkriegen denken die bewaffneten
Haufen überall nur an die physische Stärke ihrer Gegner und die
natürliche Ueberlegenheit ihres Feindes auf dem Kampfplatz. Je
nachdem sie sich stärker oder schwächer **glauben**, richten sie ihre
Taktik ein. Wenn sie aber in jedem Augenblick bereit sein müssen,
von der Kugel eines Feindes ereilt zu werden, hat für sie die
gleichsam theoretisch im Hintergrund wartende Todesstrafe deswegen keine Macht mehr, weil sie den Sieg hoffen. Das Angebot
von **Amnestien**, durch welche den Nachgiebigen für die Nieder-
legung der Waffen im Voraus Straflosigkeit für ihr bisheriges
Verhalten angekündigt wird, gilt daher zu Zeiten eines **aus-
brechenden Aufruhrs** meistentheils als ein Zeichen der Schwäche
und pflegt nur dann die endliche Entscheidung zu beschleunigen,
wenn der Gegner, dem Amnestie verheißen wird, bereits ins
Wanken gerathen ist und seiner eigenen Befürchtung nach wahrscheinlich unterliegen wird. Leider lehrt aber die Geschichte der

politischen Bewegungen, daß in diesem späteren Stadium, in welchem die Verheißung einer Amnestie nützlich sein würde, das Rachegefühl einer siegreich vorgehenden Macht die Ueberhand über die Rathschläge der Mäßigung zu gewinnen pflegt.

Den politischen Bewegungen nahe verwandt sind die socialen Kämpfe einzelner Gesellschaftsklassen gegen einander. Wenn die Begriffe von Recht und Unrecht sich in dem Gegensatz bestimmter wirthschaftlicher Interessen zersplittern, pflegt der Haß derjenigen, die sich gesellschaftlich unterdrückt glauben, gelegentlich in Mordthaten zu explodiren. Derartig war das Verhältniß der irischen Grundbesitzer und ihrer Verpächter gegenüber der ländlichen Bevölkerung Irlands. Die sog. Landbauverbrechen (agrarian crimes) konnten durch die Strenge des Gesetzes und durch die Anwendung der Todesstrafe niemals erfolgreich bekämpft werden. Neben den Motiven der Rache nnd des Hasses derer, die, hinter der Hecke oder im Graben liegend, nächtlicher Weile dem vermeintlichen Unterdrücker auflauern, griff freilich bei den irischen Landbauverbrechen die außerordentliche Schwierigkeit der Entdeckung, die Verbrecher ermuthigend, ein. Jeder dieser Uebelthäter wußte, daß er in seiner Nachbarschaft Verbündete habe und Zeugen gegen ihn nicht leicht zu beschaffen sein würden. Für die Lehre vom Abschreckungszweck ist die in Irland gesammelte Erfahrung deswegen von besonderem Werthe, weil sich mit Bestimmtheit nachweisen läßt, daß die größere oder geringere Häufigkeit der Landbauverbrechen nicht von der Anwendung der Todesstrafe oder der Anzahl der Verurtheilungen, sondern vielmehr von dem gelegentlichen Hervortreten besonderer landwirthschaftlicher Mißstände und socialer Agitationen beeinflußt ward.[27])

Achtes Kapitel.

～～～～

Abschreckung und Todesstrafe VII. gegenüber den Motiven politischer Verbrechen. — Die Todesstrafe bei politischen Verbrechen gefährdet Recht und Sittlichkeit. — Verwirrung in der neuern französischen Geschichte. — Die Abschaffung der Todesstrafe durch die provisorische Regierung 1848 nur nominell. — Einfluß der französischen Ausnahmejustiz auf die Kriegführungsweise der Franzosen. — Der politische Mordversuch nach §. 80 des Deutschen Strafgesetzbuchs. — Vom Standpunkte der Abschreckung ist die Todesstrafe in §. 80 nicht gerechtfertigt. — Geringe Gefahr für das Leben der deutschen Bundesfürsten. Mißlingen der politischen Attentate. — Béranger's Urtheil über den politischen Mord. — Politischer Mord häufiger in Republiken, selten in erblichen Monarchien, am wenigsten in monarchischen Conföderationen wie Deutschland zu erwarten. — Psychologie der politischen Mörder.

Was vom Zweikampf, der Blutrache und den irischen Landbauverbrechen, sowie von den im Bürgerkriege gegen einander kämpfenden Parteien gesagt wurde, gilt von allen politischen Verbrechen schlechthin. Die alten absoluten Monarchien hatten sich hinter dem Wahn verschanzt, daß sie durch die härtesten Strafgesetze sich gegen Umsturzbewegungen sichern könnten. Die Geschichte hat aber auf das Deutlichste gelehrt, daß sie zu der Zeit, als nur wenige Menschen an freie Staatsverfassungen dachten, auch bei milderen Strafgesetzen unangefochten bestanden haben würden, in einer späteren Epoche indessen daran scheitern, daß einzelne Gegner durch das Bewußtsein eines mächtigen Rückhaltes in der Volksmasse trotz aller Abschreckung dennoch zum

Angriffe gegen vermeintlich oder wirklich unhaltbar gewordene
Staatseinrichtungen angetrieben werden. Gegenüber der großen
Mehrzahl der politischen Verbrecher ist daher die durch die Todes=
strafe zu erreichende Wirkung eine außerordentlich geringe. An=
gedroht, wird sie nicht gefürchtet, weil sich leidenschaftlich erregte
Gemüther und verblendete Köpfe darüber hinwegsetzen und diesen
die Androhung selbst nur als ein Act der Tyrannei, nicht aber
als ein Postulat des Rechts erscheint und deswegen nach ihrer
Ansicht um so größeren Haß verdient. Vollstreckt, wird sie nicht
zur Befestigung der öffentlichen Ordnung, sondern im Gegentheil
zur moralischen Schwächung derjenigen beitragen, denen man die
Beweggründe des Rachegefühls unterschiebt. Die Todesstrafe
gegen einen bereits unterlegenen politischen Gegner anwenden,
heißt niemals das Rechtsgefühl stärken und die Furcht vor Ge=
setzesverletzungen mehren, sondern die Erwägung hervorrufen, daß
es in vielen Fällen nur der Zufall ist, welcher über den Ausgang
politischer Kämpfe entscheidet und damit den Maßstab der Ver=
dienstlichkeit oder Verwerflichkeit eines und desselben Thuns be=
stimmt.

   Es war daher ein vollkommen berechtigter Standpunkt, auf
die Abschaffung der Todesstrafe zunächst für politische Verbrechen
zu bringen, weil gerade hier die Gefahr ihres Mißbrauchs zu
allen Zeiten die größte und auch ihr Nutzen für den Staat der
geringste gewesen ist. Die Oesterreichischen Staatsmänner haben
es sicherlich oft bereut, 1849 den Eingebungen des Rachegefühls
gegen die Ungarischen Heerführer gefolgt zu sein.

   Im Vergleich zum ehemaligen Preußischen Strafgesetzbuch
zeigt das Strafgesetzbuch für das Deutsche Reich einen unleugbar
großen Fortschritt in der gesetzgeberischen Behandlung des Hoch=
und Landesverraths. Die Beweggründe, welche in diesen schwer=
sten Staatsverbrechen sich äußern, sind in billiger und menschlich

gerechter Weise gewürdigt. Nicht nur die ehemals in Preußen reichlich angedrohte Todesstrafe ist beseitigt. An Stelle der ehemaligen Zuchthausstrafe kann beim Vorhandensein milderner Umstände auf Festungshaft erkannt werden. In der Mehrzahl der Staaten, welche die Todesstrafe bisher beibehielten, gilt Hochverrath als ein todeswürdiges Verbrechen, sogar in England und Nordamerika. Freilich ist daran zu erinnern, daß mit der gesetzlichen Abschaffung der Todesstrafe allein nicht alles gethan ist. Es wird sich immer fragen, ob die einander bekämpfenden politischen Parteien auch menschlich genug gesonnen sind, in entscheidenden Augénblicken, an dem Grundsatz der Schonung festzuhalten. In Frankreich hat die Abschaffung der Todesstrafe für politische Verbrechen, welche der provisorischen Regierung im Jahre 1848 zur Ehre gereicht, in Wirklichkeit nichts dazu beigetragen, die Gräuel des Bürgerkrieges zu mildern oder dem unterliegenden Theil eine bessere Behandlung zu sichern. Der Juniaufstand im Jahre 1848, der Staatsstreich im Jahre 1851 und die Erhebung der Pariser Commune 1871 lassen erkennen, wie wenig die Absichten Guizot's und Lamartine's oder seiner republikanischen Collegen vom Jahre 1848 mit den Sitten des französischen Volkes übereinstimmen. Unter dem wechselnden Titel der Sicherheitsdekrete, des Belagerungszustandes, der Standgerichte, der außerordentlichen Specialgerichte, der Transportationen in ein mörderisches Klima, der Füsilirungen ist ein schlimmerer Erfolg herbeigeführt worden, als eine gerichtliche Verurtheilung zum Tode nach den Bestimmungen des älteren Französischen Rechts unter Innehaltung der regelmäßigen Proceßvorschriften gehabt haben würde. So entstand denn in Frankreich ein Zustand, welchen man am Besten so beschreiben kann: Das Gesetz hat seit 1848 die Todesstrafe für politische Verbrechen abgeschafft, aber die im Bürgerkriege siegreichen Parteien erklären die

Gegner hinterher außer dem Gesetze, um sie besto sicherer, bequemer und einfacher abthun zu können.[20])

In allen Bürgerkriegen besteht somit die traurige Alternative: Wird während des Kampfes selbst die Todesstrafe, unter dem Titel des Hochverraths, auf gefangene Gegner angewendet, so erfolgt eine Erwiderung solcher Tödtungen unter dem Titel der Repressalie. Spart man den gefangenen Aufrührer bis zu dem Augenblicke auf, wo auch seine Genossen unschäblich gemacht sein werden, so entsteht jene Erbitterung, welche die Rache an einem Wehrlosen hinterläßt, auch wenn sie unter dem Titel des Gesetzes geübt wird. Wiederholen sich derartige Vorgänge in gewissen Zwischenräumen, so würde die Achtung vor dem menschlichen Leben soweit vermindert, daß sich die Gränzen zwischen Mord und legitimer Tödtung im Kriege völlig verwischen, was in moralischer Hinsicht eins der bedenklichsten Zeichen ist. Dieselben Merkmale der Verwirrung sittlicher Grundbegriffe, welche zu Zeiten der römischen Proscriptionen hervortraten und in Rom die äußerste Unsicherheit für das menschliche Leben im Gefolge hatten, sind auch aus Anlaß der Pariser Commune im Jahre 1871 zum Vorschein gekommen, und wiederholen sich in der neuesten Geschichte Spaniens in kurzen Zwischenräumen. Was nach dem Sinne des Strafgesetzes Mord war, erscheint in den Augen der Pariser Aufrührer als nothwendige und erlaubte Repressalie gegen die Widersacher und wird hinterher noch als „Energie" verherrlicht unter dem Vorbehalt, für spätere Zeiten einen noch ausgiebigeren Gebrauch von solchen Mordscenen zu machen. Für den Psychologen kann es nicht zweifelhaft sein, daß die eigenthümlichen Auffassungen der Franzosen vom Kriegsrecht, denen zu Folge es patriotisch ist, als einfacher Bürger mit dem Privilegium der Unverantwortlichkeit und Straflosigkeit auf feindliche Soldaten aus dem

Hinterhalt zu feuern, auf dem Boden der inneren französischen Bürgerkriege aufgewachsen und großgezogen sind.

Angesichts der auch in Deutschland hervortretenden Anzeichen zukünftiger, uns vorbehaltener schwerer Kämpfe gegen sociale Verirrungen oder kirchlichen Fanatismus ist es durchaus an der Zeit, davor zu warnen, daß man den äußeren Machtmitteln der Strafgesetzgebung nicht zu stark vertraue und vor allen Dingen darauf Bedacht nehme, nicht allein gegen die Aeußerungen staatsgefährlicher Gesinnungen das Gesetz anzuwenden, sondern auch durch geistige Ueberlegenheit und Verstärkung unserer Culturmittel gegen die Quellen selbst zu wirken, aus denen gefährliche Irrthümer und hinterdrein Gesetzesverletzungen entspringen.

Mit Rücksicht auf die eigenthümliche Natur der politischen Verbrechen, bleibt der §. 80 des Deutschen Reichsstrafgesetzbuchs zu bedauern.

Derselbe lautet:

„Der Mord und der Versuch des Mordes, welche an dem Kaiser, an dem eigenen Landesherrn oder während des Aufenthaltes in einem Bundesstaate an dem Landesherrn dieses Staates verübt worden sind, werden als Hochverrath mit dem Tode bestraft."

Es wird jedermann zugeben, daß Mord und Mordversuch gegen das Staatsoberhaupt eine schwerere Schuld einschließen, als Mord und Mordversuch gegen eine Privatperson. Diejenigen, welche in diesem Falle die Todesstrafe bekämpfen, haben eine schwierige Stellung, weil es scheinen könnte, als ob die eigenthümliche Würdenstellung und die staatsrechtliche Auszeichnung des Staatsoberhauptes nicht hinreichend von ihnen beachtet werden.

Wie sich die Bestrafung eines gegen das Staatsoberhaupt verübten Mordversuchs aus dem Gesichtspunkte der Gerechtigkeit

zu der Bestrafung des vollendeten Mordes einfacher Staatsbürger
verhält, kann hier dahin gestellt bleiben, obwohl mancher die Gerechtigkeit der Gleichstellung von Mordversuch und Mord zum
Zwecke gleichmäßiger Anwendung der Todesstrafe bezweifeln möchte.
Nach den bei der Berathung des Reichsstrafgesetzbuchs gegebenen
Erläuterungen des gegenwärtigen Reichskanzlers kam es darauf
an, das Leben der Bundesfürsten mit einem sichernden Schutze zu
umgeben und deswegen einen höheren Grad der Abschreckung zu
üben. Man glaubte, wie die damaligen Verhandlungen ergeben,
daß der Fanatiker, der allenfalls sein Leben daran wagt, einen
politischen Mord zu begehen, wenn dessen Gelingen gehofft wird,
bei dem Gedanken zurückschrecken würde, auch das mißlungene
Attentat mit seinem Leben bezahlen zu sollen.

Hierbei ist aber die eigenthümliche Natur der politischen Verbrechen gänzlich außer Augen gelassen worden. Der politische
Mörder will überhaupt nichts versuchen. Ihm vornehmlich sind
die Schwierigkeiten der Ausführung ganz besonders klar. Er wagt
die Ausführung nur dann, wenn er seinerseits vom Gelingen seiner
That so stark überzeugt ist, daß er die ihm denkbaren Möglichkeiten des Mißlingens völlig beseitigt zu haben glaubt. Der
Gedanke des Versuchs ist für ihn einfach nicht vorhanden.

Uebrigens ist, objectiv betrachtet, die Gefahr eines politischen
Mordes für die deutschen Bundesfürsten im Allgemeinen eine außerordentlich geringe, so daß es einer besonderen gesteigerten Abschreckung nicht bedarf. Das Leben eines Monarchen ist
gegen Mordversuche mehr gesichert, als dasjenige jedes
anderen Menschen.

Zunächst nämlich würden persönliche Gegner des Monarchen,
so lange sie überhaupt noch die Kraft der Ueberlegung haben,
durch das erfahrungsgemäß fast immer eintretende Mißlingen

des Unternehmens am wirkſamſten gewarnt. Der Dolchſtoß, welcher das Leben Cäſars endete, wird durch die ehrerbietige Entfernung der neueren Etiquette abgehalten, und der Kugel kann in den Augenblicken flüchtiger Begegnung keine ſicher treffende Bahn angewieſen werden. Gift ſcheidet aus der Betrachtungsweiſe politiſcher Mörder aus, wenn dieſe nicht etwa zum täglichen Umgang des Monarchen gehören oder es einem Verräther gelänge, ſich in die Stellung des Hofmundkochs einzuſchleichen. Eine ernſthafte Gefahr könnte dem Fürſten nur aus den Perſonen ſeiner Umgebung drohen, was in Rußland ehemals der Fall war und bei orientaliſchen Palaſtintriguen vorkommen mag, bei uns jedoch außerhalb jeder Berechnung bleibt.

Der ehemalige Präſident am franzöſiſchen Caſſationshofe M. Bérenger ſagt:

> „Für die öffentliche Moral iſt es tröſtlich und für diejenigen, welche zu Verbrechen geneigt ſind, lehrreich, daß Verſchwörungen ſehr ſelten gelingen. Entweder wird das Geheimniß ſchlecht bewahrt, oder falſche Brüder miſchen ſich (wie Griſel bei der Verſchwörung des Baboeuf) in das Complot, um für eine Belohnung den Verräther zu ſpielen; oder der Plan, mag er noch ſo geſchickt entworfen ſein, ſcheitert in der Ausführung an zufälligen Umſtänden. Der Muth verläßt im entſcheidenden Augenblicke einen der Verſchworenen; bei einigen erwacht das Gewiſſen, bei anderen die Furcht, ihre Familie ins Verderben zu ſtürzen.“

Außerdem kommt in Betracht, daß die erbliche Monarchie außerordentlich wenig geeignet iſt, den politiſchen Mord zu provoziren. Die Geſchichte lehrt, daß in Republiken Angriffe viel häufiger gegen das Leben der Machthaber gerichtet wurden, zumal die Lehre von der Verdienſtlichkeit des Tyrannenmordes ihrerſeits

dazu dienen sollte, vor Usurpation znrückzuschrecken und auch in
Wirklichkeit bewirkt hat, daß jeder Tyrann in den antiken Republiken auf ein hohes Maß persönlicher Gesahr gefaßt sein mußte.
In neuerer Zeit sind es die Wahlfürsten, die Gründer neuer
Dynastien und hervorragende, ein bestimmtes politisches System
stützende Staatsmänner gewesen, welche vorzugsweise für politische
Mörder ein begehrenswerthes Ziel gewesen sind. Denn das Ver-
lockende liegt hier in dem Wahn, den Ereignissen durch Vernichtung einer allein entscheidenden Person eine andere Wendung geben
zu können. Aus dieser Rücksicht erklären sich die häufigen Attentate
gegen Napoleon I. und III., gegen die Bourbons und Louis
Philippe in Frankreich, sowie auf nicht gekrönte Staatsmänner, wie
Rossi, Lincoln, Prim und Bismarck.[29])

Wie die Erblichkeit, ebenso trägt die repräsentative Beschränkung der constitutionellen Fürsten dazu bei, ihr Leben gegen Angriffe gleichsam zu versichern. Die politischen Akte, welche
das größte Mißvergnügen und die weiteste Unzufriedenheit verbreiten, erscheinen gegenwärtig viel seltener
als persönliche Handlungen des Monarchen. Sie sind
den davon Betroffenen gegenüber Ausfluß eines unpersönlichen
Regierungssystems. Die Ministerverantwortlichkeit beschränkt nicht
nur den Monarchen, sie sichert ihn auch gegen den Ausbruch
persönlichen Zornes und racheburstiger Leidenschaft. Je weniger
ein Monarch seinen eigenen Willen in ostensibler Weise kundgiebt,
je seltener er reine Personalfragen des ihm untergebenen Beamten-
thums eigenmächtig entscheidet, desto seltener können Motive entstehen, ihn unmittelbar anzugreifen. Aus diesem Grunde sind in
neuerer Zeit absolute Monarchen wie Friedrich Wilhelm IV. und
Kaiser Alexander II. häufiger angegriffen worden, als constitutionelle
Fürsten.

Wer heute durch eine politische Mordthat in den Gang der

Zeitgeſchichte eingreifen will, wird weit eher an einen leitenden Miniſter oder einen bedeutenden Parteiführer, als an einen Fürſten denken, deſſen Tod zwar einen Thronwechſel, aber nicht nothwendig eine Aenderung des Regierungsſyſtems veranlaſſen würde. Schließ= lich iſt auch nicht zu vergeſſen, daß in den modernen Culturſtaaten das allgemeine Rechtsbewußtſein ſelbſt den Mord des Tyrannen nachdrücklich verwirft. Aus allen dieſen Gründen iſt zu ſchließen, daß das Leben der deutſchen Erbfürſten ſo ausreichend geſichert iſt, daß von der Anbrohung der Todesſtrafe ein irgendwie be= deutender Erfolg ſchwerlich irgendwie erwartet werden kann. Lebens= längliche Zuchthausſtrafe wäre ausreichend, um die Schwere des Verbrechens grundſätzlich zum Ausdruck zu bringen.

Jn gewiſſen Hinſichten kann die Anbrohung der Todesſtrafe auf den Mordverſuch eine ſtrafrechtliche Prärogative der kleinſten Fürſten genannt werden; denn daß für den Gang der nationalen Politik die Perſon des deutſchen Reichskanzlers wichtiger iſt, als das Leben eines kleinen Erbfürſten, wird ſchwerlich beſtritten werden können. Zur Sicherung des Lebens deutſcher Monarchen trägt endlich, abgeſehen von der conſtitutionellen Regierungsweiſe, auch die föderative Einrichtung des Deutſchen Reichs ein Erheb= liches bei. Die bedeutendſten ſtaatsrechtlichen Akte, welche geeignet ſind, Unzufriedenheit in weiteſten Kreiſen hervorzurufen, beruhen entweder auf einem Zuſammenwirken des Reichstags mit den Regierungen, oder auf der Entſcheidung eines Collegiums, des Bundesraths, oder auf dem ſichtbarer hervortretenden Einfluſſe perſönlich eingreifender Staatsmänner. Jn einer auf erblicher Monarchie begründeten, parlamentariſch regierten Conföderation wird deswegen die rein politiſche Gefahr für das Leben der Fürſten auf das denkbar geringſte Maß herabſinken, und in Deutſchland iſt man in der Lage, auch hier die mildeſten Strafgeſetze haben zu dürfen.

Man vergesse nur nicht, daß in früheren Jahrhunderten Kirche und Geistlichkeit gegen ihre Feinde politische Mörder gedungen oder mit der Verheißung ewiger Seligkeit zu ihren Unternehmungen angestachelt haben, heut zu Tage aber directe Einwirkungen, wie diejenigen, die zur Ermordung Heinrichs III., Wilhelms von Oranien und Heinrichs IV. geführt haben, deswegen nicht leicht wiederkehren werden, weil die Lehren der Geschichte deutlich zeigten, daß selbst die gelungene Ermordung eines Königs der Sache, die man damit zu fördern gedachte, den größten Nachtheil zuzufügen pflegte. Es fehlt freilich auch gegenwärtig noch nicht jene moralische Anstiftung, die unter dem Titel der kirchlichen Verdienstlichkeit oder des politischen Vortheils in früheren Jahrhunderten bestand, und gegen die Thaten des Fanatismus schützt uns kein Fortschritt unserer politischen und historischen Einsicht. Aber es ist ein bedeutender Gewinn, daß der politische Mord aufgehört hat, eine Sache der berechneten Zweckmäßigkeit zu sein; und nur gegen diese würde die Androhung der Strafe möglicherweise wirken können. Gegen den Fanatismus giebt es keine Abschreckung.

Untersucht man die psychologische Seite des politischen Mordes, so ergiebt sich für die Gegenwart, daß zunächst das theoretische Fundament desselben durch die Entwickelung der Staatswissenschaften, der christlichen Ethik und der öffentlichen Meinung erschüttert worden ist. Die Mehrzahl aller Denkenden im XIX. Jahrhundert ist davon überzeugt, daß die Hinrichtung König Ludwig's XVI. und Karl's I. der Sache ihrer Gegner mehr geschadet als genützt hat. Kein Jesuit würde heut zu Tage öffentlich die Verdienstlichkeit des Ketzermordes lehren. Verschwörungen gegen das Leben der Machthaber, wie sie zumal in der mittelitaliänischen Geschichte häufig vorkommen, sind deswegen seltener geworden, weil bei Verschwörern im Laufe der Unterredung und Berathschlagung der

Zweifel an dem Enderfolg eines hochverrätheriſchen Unternehmens faſt immer zu Worte-kommen wird. Die Verſchwörung Orſini's gegen Napoleon III. ſteht in der neueſten Zeitgeſchichte als ein ungewöhnlich ſeltener Ausnahmefall da.

Sicherlich läßt ſich nicht beſtreiten, daß durch das Verſchwin= den größerer Verſchwörungen die Gefahr für die Machthaber ver= ringert worden iſt. Denn, wenn jede Verſchwörung auch die Beſorgniß des Verrathes von Seiten Mitſchuldiger in ſich trug, ſo bewirkte ſie durch allſeitige gründliche Erörterung des Mord= anſchlags doch eine objectiv größere Wahrſcheinlichkeit des Ge= lingens, weil alle Einzelheiten der Ausführung wohl erwogen worden waren.

Wenn die politiſchen Attentate der Neuzeit vorzugsweiſe der Einzelſchuld zugerechnet werden müſſen, mildert ſich die ihnen innewohnende Gefahr. Die verbrecheriſche Intelligenz des Ein= zelnen iſt niemals ſo ſcharfblickend, wie die Combinationsgabe einer Geſellſchaft, deren einzelne Mitglieder gleichmäßig ſich der größten Gefahr ausſetzen und ſich wechſelſeitig mißtrauen.

Mit Rückſicht auf die Motive, welche bei politiſchen Mord= thaten obwalten, muß man unterſcheiden: Erſtens, perſönliche Rache, welche an hohen Perſonen eine wirkliche oder vermeint= liche Beleidigung rächen will, in welchem Falle ſubjectiv ein ge= meines Verbrechen vorliegt; zweitens, Pflichtwahn: welcher von der Verdienſtlichkeit des eigenen Thuns in religiöſer, ethiſcher oder politiſcher Hinſicht feſt durchdrungen iſt und ſich dadurch bemerklich macht, daß der Thäter, ohne jeden Fluchtverſuch, mit voller Ueberlegung ſich ſelbſt dem Untergange weiht. Mörder dieſer Kategorie ſtellen ſich ſelbſt in ihrem Gewiſſen unter ein höheres Geſetz, während ſie ſich gegenüber der Strafe gar nicht vertheidigen. Unter allen Verbrechern ſind dies die im Grunde der Seele, trotz ihrer im einzelnen Fall ſchweren Schuld, edlen

Naturen, wie **Charlotte Corday**[30]), **Sand** und wahrscheinlich
auch **Blind**, der 1866 seinen Mordanschlag gegen einen damals
in Süddeutschland allgemein als tyrannisch und vaterlandsgefähr=
lich gehaßten Mann richtete; **drittens**, **Rechtswahn** beruhend
auf der Meinung, daß politisch gefährliche Gegner um der Idee
willen getödtet werden dürfen: eine Ansicht, die bei unklaren
Köpfen in den untersten Volksklassen vorkommt und der Ver=
worrenheit kirchlicher, politischer oder socialistischer Agitation zu=
zurechnen ist. Das Wesentliche bleibt immer, daß die Objecte
dieser Verkehrtheiten nicht mehr in dem Leben der Erbfürsten zu
suchen sind, so daß für die Todesstrafe im §. 80 des Deutschen
Reichsstrafgesetzbuchs kein hinreichender Grund vorhanden ist.

Neuntes Kapitel.

~~~~~~

Die Abſchreckung VIII gegenüber den Beweggründen gemeiner Mörder. — Mordthaten aus Ehrgefühl. — Die am häufigſten überall vorkommenden Motive des Mordes ſind öconomiſcher oder ſexueller Art. — Mord aus Gewinnſucht mit einem größeren Maß von Ueberlegung gepaart. — Sociale Stellung der Mörder vor Verübung der That. — Einfluß verbrecheriſcher Gewöhnung auf den Mörder. — Analogie militäriſcher Gewöhnung und Disciplin. — Mord zur Verhinderung drohender Entdeckung bei Eigenthumsverbrechen. — Combination ſexueller und öconomiſcher Motive bei gewiſſen Mordthaten. — Mord aus Rache. — Mord aus Verzweiflung. — Ueber die verſchiedene Art der Befriedigung, welche dem Mörder ſeine That gewährt.

Der Abſchreckungszweck, welcher in der Anbrohung der Todes-ſtrafe auf den politiſchen Mordverſuch in verſtärktem Maße hervortritt, beruht auf grundſätzlicher Verkennung der Stärke der im Verbrechen wirkenden Motive. Denn die nicht abzuweiſende Schlußfolgerung der Abſchreckungstendenz wird immer in dem Satze gipfeln: Je ſtärker die Anreize zur verbrecheriſchen That, deſto ſtrenger die deswegen zu drohende Strafe. Leidenſchaftlich erregte Menſchen müßten härter geſtraft werden, weil ſie ſchwerer einzuſchüchtern ſind.

Wenn der Geſetzgeber nicht leugnen kann, daß politiſche Ver=brechen vorwiegend aus heftigen Leidenſchaften hervorgehen und daß dieſe durch Anbrohung von Strafe ſchwieriger im Zaume zu halten sind, wenn er trotzdem den politischen Mordversuch mit dem Tode bedroht und hinwiederum bei anderen Tödtungen die Stärke leidenschaftlicher Erregung eine M i l d e r u n g der Strafe herbei= führen läßt, so tritt er offenbar mit sich selbst in Widerspruch.

Auf der einen Seite m i l d e r e Bestrafung der aus dem Motive des Ehrgefühls hervorgegangenen Tödtungen unehelicher neu= geborener Kinder, auf der anderen Seite härtere Bestrafung der aus politischem Fanatismus entspringenden Attentate! In der= jenigen Gruppe von Tödtungen, welche das deutsche Strafrecht als vorsätzlich, aber ohne U e b e r l e g u n g ausgeführte, als Todt= schlag bezeichnet, ist gleichfalls vom Gesetzgeber die besondere Be= schaffenheit des Willens gewürdigt worden, indem den Todtschläger die Todesstrafe nicht treffen soll.

Das deutsche Strafrecht entspricht somit in der Hauptsache einer vollkommen richtigen Wahrnehmung: Je stärker die Trieb= federn und natürlichen Anreize zum Verbrechen, desto u n w i r k= s a m e r ist der Abschreckungsversuch.

Wenn man sich nun die Missethat des M o r d e s, d. h. einer vorsätzlichen und mit U e b e r l e g u n g ausgeführten Tödtung, in dem negativen Bilde mangelnder Leidenschaften vorstellen wollte, würde man zu der Annahme berechtigt sein, daß die Androhung der Todesstrafe dem aufkeimenden Mordgedanken eines Verbrechens wirksamer entgegengesetzt werden könne, als der leidenschaftlichen Aufwallung des Todtschlägers.

Der Gesetzgeber ist indessen gezwungen, auch hier Aus= nahmen zuzulassen. Die Tödtung im Zweikampf wird nach vor= angegangener sorgfältiger Vereinbarung der Mittel, sehr häufig mit U e b e r l e g u n g an demjenigen Gegner ausgeführt, welcher nach den Duellregeln ruhig ohne Gegenwehr auf seinem Platze auszuharren hat, während auf ihn gezielt und geschossen wird. In soweit als jemand nicht sowohl im, als vielmehr w ä h r e n d

eines Zweikampfes, mit völliger Ueberlegung und ohne leiden=
schaftliche Aufwallung von seinem Gegner einfach über den Haufen
geschossen wird, müßte an sich, wie auch in England und Frank=
reich geschieht, Mord angenommen werden. Weil aber in Deutsch=
land der Gesetzgeber sich von der Unhaltbarkeit seiner eigenen Ab=
schreckungsversuche überzeugen mußte, hielt er es für angemessener,
eine eigenartige Behandlung der im Duell verübten Tödtungen
eintreten zu lassen und die Tödtung sogar als ein durchaus
nebensächliches, lediglich strafschärfendes Moment im Zweikampf
zu behandeln. Das Reichsstrafgesetz bedroht daher im §. 206 die
Tödtung im Duell mit Festungshaft nicht unter zwei Jahren,
und mit einem Minimum von drei Jahren, wenn der Zweikampf
ein solcher war, welcher den Tod eines Combattanten herbei=
führen sollte.

Völlig irrig wäre es, zu meinen, daß Duellanten die einzige
Kategorie von Verbrechern wären, welche mit Ueberlegung, aber
aus einem vorhandenen Rechtswahn tödten. Der einzige aller=
dings hier hervortretende Unterschied ist, daß dabei der Rechts=
wahn vornehmer Leute in Betracht kommt und einer historischen
Ueberlieferung der Selbsthülfe entstammt. Dem Fanatismus
des Ehrgefühls ist aber eine ganze Reihe anderer Erscheinungen
analog. Es giebt nicht wenige Mordthaten, in denen der Handelnde
sich gläubig ein Recht einbildet und sich ausnahmsweise zu seiner
Handlung befugt hält. An die Empfindungsweise des Duellanten
gränzt das tief gekränkte Ehrgefühl eines unter dem Versprechen
der Ehe verführten Mädchens, welches ihren treulosen Geliebten,
nachdem sie alles versucht hat, ihn festzuhalten, schließlich nach
vorangegangener Drohung tödtet.[31]) Ingleichen gehören hierher
die von den Dramatikern oft benutzten Fälle der Tödtung zur
Rettung der Tochter vor ihr drohenden geschlechtlichen Schande.
Und ebenso sind es die Kindesmörderinnen, die häufiger, als man

glaubt, mit Ueberlegung handeln, obwohl sie durch den Beweg=
grund zu spät erwachender Scham und lebhafte Regungen des Ehr=
gefühls getrieben werden, und welche zuweilen auch in dem Wahne
stehen, es sei kein Unrecht, ein Kind, ehe es völlig geboren ist, abzu=
tödten.[32]) In allen diesen Verbrechensfällen fehlt, durch die Stärke
der Gegenmotive aufgehoben, der Abschreckung zu ihrer Wirkung
jenes sittliche Moment der Furcht, welches durch die Androhung
eines physischen Uebels nicht ersetzt werden kann. Wo ein Duellant
oder eine Kindesmörderin glaubt, innerhalb ihrer gesellschaftlichen
Umgebung bei Unterlassung des Verbrechens mit Bestimmt=
heit entehrt zu werden, kann die Rücksicht auf den im Augen=
blick der That noch ungewissen Nachtheil der Strafe nicht ab=
schreckend wirken.

Nach der Analogie solcher dem Ehrgefühl entspringenden
Missethaten wären nun die übrigen Mordfälle darauf zu unter=
suchen, ob die Motive der Urheber so beschaffen sind, um der
Verwirklichung des Abschreckungszweckes erfolgreich Widerstand
leisten zu können. Freilich wäre es unmöglich, sämmtliche
Mordfälle nach stehenden psychologischen Merkmalen in genau be=
bestimmte Abtheilungen einzureihen. Je künstlicher der Bau der
modernen Gesellschaft, desto zahlreicher werden von Jahr zu Jahr
diejenigen Fälle, welche als merkwürdige bezeichnet werden
können. Ohnehin ist daran zu erinnern, daß auch das Naturell
der Nationen bei den Beweggründen des Mordes von Einfluß
ist, so daß bei einigen Völkern Erscheinungen vorkommen, die bei
anderen hinwiederum fehlen oder doch zu den seltensten Ausnahmen
gehören.[33])

Trotz aller Mannigfaltigkeit hat es aber zu allen Zeiten ge=
wisse Beweggründe gegeben, die in der Aburtheilung der Kapital=
sachen regelmäßig wiederkehren, und die französische Criminalstatistik
hat mit großem Geschick den Versuch gemacht, die Motive, die

zum Morde führen, nach der relativen Häufigkeit ihrer Wiederkehr zu zählen.[84])

Die beiden Grundverhältnisse, welche die Bewegungen der menschlichen Gesellschaft und die Gedankenwelt der Einzelnen am meisten bestimmen, sind Besitz auf der einen Seite und geschlecht=liche Beziehungen auf der anderen, oder in der dichterischen Sprache Schiller's: Hunger und Liebe. Weitaus die meisten Mord=thaten, welche als gemeine im Unterschied von den politischen bezeichnet werden, sind daher in einer theils längeren, theils kürzeren Verkettung von Ursachen auf öconomische oder sexuelle Trieb=federn zurückzuführen.

Der zuletzt genannten Gruppe der sexuellen Triefedern ist eigenthümlich, daß sie aus einem dunklen Hintergrunde schwer erkennbarer Reizungen und tief liegender Leidenschaften im Augen=blicke der That gleichsam überraschend hervortreten. Die am häufigsten vorkommenden Fälle sind unter diesen Motiven: ver=schmähte Liebe, Eifersucht, Wollust, deren psychologische Verwandt=schaft zur Grausamkeit so oft bemerkt worden ist, Haß gegen einen untreuen Liebhaber, das Verlangen, den einer anderweitigen Ge=schlechtsverbindung entgegenstehenden Ehegatten zu beseitigen, der Wunsch, mit der Geliebten, die man nicht heirathen kann, gemein=schaftlich zu sterben, wirkliche oder vermeintliche Untreue des ge=tödteten Ehegatten, geschlechtlicher Ueberdruß in Beziehung auf den Getödteten.

Bei einer nicht geringen Anzahl der zu dieser Klasse gehörigen Mordthaten, zumal bei den aus Eifersucht oder verschmähter Liebe hervorgegangenen, besteht das processualische Merkmal, daß die Thäter nichts thun, um ihre sofortige Entdeckung zu verhindern. Durchschnittlich betrachtet kann bei solchen Personen das Ver=brechen, auf das ihre Natur bald gewaltsamer, bald allmähliger hingedrängt wird, durch keinerlei Strafe oder Abmahnung gehindert

werden. Sie würden auf die Warnung eines sie persönlich an=
redenden Gesetzgebers ebenso wenig hören, wie auf die Stimme
ihres besten Freundes. Wer am jäh abfallenden Rande eines
solchen Vorhabens von seiner That wirklich noch abgehalten wird,
verdankt seine Rettung vom unmittelbar bevorstehenden Sturze
meistentheils einer plötzlich eintretenden Wendung in den thatsäch=
lichen Verhältnissen, die seinem Entschlusse zu Grunde lagen oder
der Unerreichbarkeit des auserseheuen Opfers, welches, vielleicht recht=
zeitig gewarnt, sich so lange zu verbergen weiß, bis eine innere
Umstimmung in dem zum Verbrechen neigenden Gemüth einge=
treten ist.[35])

　Als sociales Phänomen der aus sexuellen Motiven hervor=
gegangenen oder doch mitbestimmten Mordthaten ist hervorzuheben,
daß die Thäter sehr häufig völlig unbescholtene Leute sind, in keiner
Weise vorher mit der Rechtsordnung in Streit gewesen waren und
aus wohlgeordneten bürgerlichen Verhältnissen hervorgehend, ohne
jede Veranlassung plötzlich unter der Anklage eines todeswürdigen
Verbrechens auf der Anklagebank erscheinen. Von ihnen hört man
häufig die vollkommen glaubwürdige Entschuldigung, daß sie sich
selbst hinterher keine Rechenschaft darüber zu geben vermögen, wie
sie zur Begehung der That gekommen sind. Ein solcher Einwand
mag oftmals durch das Bedürfniß der Vertheidigung eingegeben
worden sein. Nicht selten erscheint er aber aus innerem Grunde
wahrscheinlich. Die eigene That ist ihrem Urheber hinterher un=
erklärlich und traumhaft geworden.

　Was die zweite Hauptgruppe der aus öconomischen Beweg=
gründen entspringenden Mordthaten anbelangt, so ist bei den
mitteleuropäischen Völkern auf ihrer gegenwärtigen Entwickelungs=
stufe Raubmord die weitaus häufigste unter den vorsätzlichen
Tödtungen, während der gleichfalls auf Seiten des Angestifteten
aus Gewinnsucht verübte Banditenmord, und das Vorkommen

um Lohn gebungener Mörber zu ben Eigenthümlichkeiten anberer
Länber gehört. Raubmorb im engeren Sinne würbe nur solche
Fälle bezeichnen, in benen ber Getöbtete unmittelbar bei ober nach
ber That seiner Habseligkeiten beraubt wirb; ber Ausbruck mag
inbessen ber Kürze wegen für sämmtliche Morbthaten angewenbet
werben, bie aus Habsucht ober zur Befriebigung ber Gelbgier
verübt worben sinb. [36])

Die mannigfachsten Schattirungen sinb hier möglich: Ermor-
bung im stehenden Zusammenhange mit bem planmäßig in einzelnen Gegenben Italiens, Griechenlanbs unb Ungarns betriebenen
Räubergewerbe; Morb bei einer bebingungsweise vom Thäter
vorausgesetzten Verhinberung eines schweren Diebstahls gegenüber solchen, welche ben Diebstahl erschweren ober vereiteln
könnten; Morb an einem Verwandten, ben ber Thäter zu beerben
gebenkt unb anbere ähnliche Vorkommnisse; Morb gegen einen
brängenben Gläubiger. Im Vergleich zu ben sexuell gefärbten
Motiven gehören bie ben Vermögensinteressen entspringenben Be-
weggründe- in viel stärkerem Maße ber verstänbigen Ueberlegung
an. Sie sinb eher zu zügeln unb zu lenken, als jene. An unb
für sich hat, bei ber Erwägung aller Grünbe für unb wiber bie
Ausführung bes beabsichtigten Verbrechens, bie Rücksicht auf bie
Strafbarkeit ein bebeutenbes Gewicht. Denn ber Thäter will nicht
nur unrechtmäßig erwerben unb besitzen, sonbern auch fernerhin
bas Erworbene genießen unb behalten. Der Raubmörber ist baher
auch unzweifelhaft mehr als berjenige, ber aus Eifersucht töbtet,
ber Abschreckung zugänglich. Es ist wahrscheinlich, baß er ben
letzten Ausgang seines Thuns längere Zeit überlegt. Wenn er
bennoch sein eigenes Leben einsetzt, so kann bies nicht sowohl aus
ber Stärke seiner Begierben, als wegen jener bereits früher be-
sprochenen Grünbe verminberter Abschreckung erklärt werben.
Seine Hoffnung auf Nichtentbeckung unb Nichtbestrafung wirb

ben Ausschlag geben, zumal wenn es ihm bereits gelungen ist, in eigener Person wegen früherer Diebstähle und Raubthaten der Anwendung des Gesetzes sich zu entziehen. Die Ermuthigung, welche ein Verbrecher aus einem einzigen gelungenen und straflos gebliebenen Verbrechen für seine ferneren Unternehmungen schöpft, kann durch zehn Strafgesetzparagraphen nicht wieder rückgängig gemacht werden. Als ein Phänomen, welches die aus Gewinn= sucht mordenden Missethäter begleitet, ist moralische Schwäche und Mangel an Selbstbeherrschung zu bezeichnen. In der Mehrzahl der Fälle sind sie langsam durch Verwahrlosung zur rohesten Genußsucht und Ausschweifung, durch Ausschweifung zur Erwerb= losigkeit und Arbeitsscheu, durch Müßiggang zum Eigenthums= verbrechen, und endlich vom Diebstahl zum Morde, anfangs lang= samer, dann schneller sinkend, herabgekommen. In der Natur solcher Schwächlinge liegt es, daß sehr entfernte Dinge sie selten bekümmern; um eines naheliegenden Vortheils, den die nächste Stunde bringt, geben sie die Sorgen des nächsten Tages dahin. Ihre Zukunft beschäftigt sie wenig, sie denken nicht daran, ob sie im Zuchthaus oder sonst irgendwo enden werden.

Es ist möglich, daß die aus der Klasse der Gewohnheits= verbrecher hervorgehenden Mörder Anfangs eingeschüchtert werden konnten und der Abschreckung Gehör gaben, so lange sie näm= lich im Anfange ihrer Laufbahn standen. Ihr erster Diebstahl hat ihnen vielleicht noch eine leichte Anstrengung gekostet. Als sie zum ersten Male die Leiter an die Mauer legten, um in ein fremdes Gehöft einzusteigen, zum ersten Male den Nachschlüssel anwandten, mag ihnen Herz und Hand gezittert haben und die Ermunterung von Seiten älterer Spießgesellen nothwendig gewesen sein. Allein der weitere Gang ihres inneren Verfalles ist klar zu durchschauen, wenn man die Personalacten unserer berufsmäßigen und gleichsam unkündbar wohnenden Zuchthausgefangenen ein=

gesehen hat. So dürfte denn in Wirklichkeit der anscheinend paradoxe Satz begründet sein: Diese feigen Schwächlinge, welche zu keiner Anstrengung mehr fähig sind, um sich dem Laster zu entreißen, sind zu abgestumpft und gleichgültig, als daß sie durch die Furcht vor der Todesstrafe im ent= scheidenden Augenblicke eines von ihnen auszuführen= den Mordplanes zurückgeschreckt werden. Häufig finden sich unter ihnen Individuen, deren Gleichgültigkeit gegen das eigene Leben nahezu eben so groß ist, wie gegen das Leben anderer, und welche deswegen aus bloßer Mordlust Menschen umbringen, ohne irgend welchen Vortheil aus ihrer That zu ziehen.[37])

Wenn man die innere Natur der Verbrecher genauer studirt, so wird man wahrnehmen, daß sie es ebenso gut, wie die besten Charactere in ihrer Macht haben, eine ursprünglich angeborene Furchtsamkeit durch langsame Gewöhnung zu überwinden. Jeder Mensch kann bis zu einem gewissen Maße dazu erzogen werden, Gefahren zu vergessen oder außer Acht zu lassen.

Der Rekrut, welcher in eine Armee eintritt, ist ein anderes Wesen in technischer und moralischer Hinsicht, als der Veteran. Wenn er unmittelbar vom häuslichen Heerde weggeführt würde und auf das Schlachtfeld käme, würde er sich wahrscheinlich trotz eines gewissen Maßes von Muth, weil dieser niemals eine ähnliche Probe bestanden hat, sehr schlecht bewähren. Ein weniger muthiger Mensch, der von Natur furchtsamer war, aber längere Zeit durch die Schule militärischer Zucht hindurchging, wird sich, im tacti= schen Verbande mit anderen, ausdauernder schlagen. Es ist mög= lich, daß Truppen, die sich unter der Macht der Disciplin und des von ihren Führern gegebenen Beispiels tapfer gegen den Feind schlagen, aus einer Mehrheit von Individuen zusammen= gesetzt sind, die im bürgerlichen Leben, wo sie selbstständig und auf eigene Verantwortlichkeit auftreten müssen, sich sehr muthlos und sogar feige zeigen. Das Element der Gewöhnung ist eben aus diesem Grunde für die Leistungsfähigkeit eines Heeres von allergrößter Bedeutung. Es ist bekannt, daß bei der Belagerung der Düppeler Schanzen die nicht dienstthuenden Truppen in den Laufgräben schliefen und sich durch die in ihrer Nähe platzenden Granaten durchaus nicht stören ließen, obwohl die Phantasie derjenigen, welche als Rekruten in jene Truppentheile eintraten, durch den bloßen Gedanken an eine Granate geängstigt werden mochte.

Nicht viel anders verhält es sich mit dem Ausbildungsprocesse der Kehrseite zum kriegerischen Muthe und den Tugenden der Tapferkeit, jener verbrecherischen Frechheit, die im Kampfe gegen das Gesetz, innerhalb des Verbrecherthums groß gezogen wird. Mit Nichtswürdigkeiten jeglicher Art täglich beschäftigt, gewöhnt sich das berufsmäßige Verbrecherthum mehr und mehr an die drohende Gefahr der Bestrafung. Sie zu verachten, ist seine eingebildete Stärke, gilt als Muth, der ihm die Achtung seiner Spießgesellen verdient. Wo in diesen Räuberbanden zaghafte Menschen sind, werden sie durch die Macht des Korpsgeistes, der auch den Verbrechern nicht fehlt, soweit beherrscht, daß sie mindestens versuchen, muthig zu scheinen. Der zitternde Rekrut des berufsmäßigen Verbrecherthums wird disciplinirt, indem er ausgelacht wird, und kommt schließlich dahin, die Lächerlichkeit in den Augen seiner Genossen mehr zu fürchten, als die Strafdrohungen des Gesetzes. Er wird sogar, wie die Erfahrung zeigt, gelegentlich bereit sein, Proben seines Muthes bei der Ausführung verbrecherischer Handlungen zu geben, wenn man seine Fähigkeit dazu in Zweifel ziehen sollte. Aus England berichteten sorgfältige Beobachter, daß die gefährlichsten Verbrecher gerade deswegen die öffentlichen Hinrichtungen zu besuchen pflegten, um den letzten Rest einer etwa vorhandenen Scheu vor dem Galgen gleichsam „durch Zuchtwahl und Anpassung" in die stärkere Potenz einer Vertrautheit mit der Procedur des Henkers umzuwandeln.

Selbst solche Gewohnheitsverbrecher, welche den Schreck des feierlich verkündeten Todesurtheils erfahren oder sogar die Todes= angst einer Hinrichtung ausgestanden haben, würden in späteren Fällen nicht abgeschreckt werden, wenn man sie im letzten Mo= ment begnadigte und dann hinterher freiließe. Gelänge es den bereits Hingerichteten wieder zu beleben, so würde sich die aus= gestandene Qual in seiner Erinnerung nach und nach verwischen. Der italiänische Historiker Cantù berichtet in seiner Biographie Beccaria's einen höchst merkwürdigen Fall: Ein im Jahre 1672 wegen Falschmünzerei zum Tode verurtheilter Dalmatier ward ge= hängt und von den Professoren der Medicin zu Pisa für die Anatomie in Anspruch genommen. Der Leib ward vom Galgen abgeliefert. Da der Delinquent indessen in Folge einer mangel= haften Procedur beim Hängen unter dem Secirmesser wieder zum Bewußtsein kam, behielt man ihn heimlich als Diener im Hospital. Nicht lange darnach beging er neue Verbrechen und ward dann definitiv in Modena zum zweitenmale gehängt.

Für das Bandenverhältniß ist dieses Element der Gewöh= nung nicht zu unterschätzen. Im Allgemeinen sind jedoch gewöhn= liche Diebe und solche, die Eigenthumsverletzungen als Lebensberuf betreiben, wenig geneigt, einen Mord zu begehen. Wo dies den= noch der Fall ist, liegt fast immer der Thatbestand so, daß bei einem Einbruch oder nächtlichen Diebstahl der in seiner Schlaf= stelle unvermuthet gefundene Eigenthümer getödtet wird, um den Diebstahl zu sichern. Kurz es sind diejenigen Fälle, bei denen, um die Entdeckung eines geringeren, nur mit Freiheitstrafe be= drohten Verbrechens zu vermeiden, ein viel schwereres und sogar todeswürdiges Verbrechen verübt wird. Diese Kategorie von Mordfällen ist an sich ohne tieferes psychologisches Interesse, aber sie ist wichtig für die Lehre vom Abschreckungszweck; denn sie zeigt, daß der Verbrecher die ungewisse und entfernte Todesstrafe weitaus weniger fürchtet, als die gewissere und nähere Freiheitsstrafe, die ihm der entdeckte Diebstahl zuziehen würde.

Um dem näheren und gewisseren Uebel zu entgehen, unterwirft er sich bereitwillig der Aussicht auf die Todesstrafe. Ganz ähnlich wird daher auch ein tief gesunkener, dem Gewohnheitsverbrechen verfallener Mensch handeln, wenn er in plötzliche Noth geräth und sich dieser durch Tödtung eines Menschen entziehen zu können glaubt. In den Augen solcher Naturen ist ein naher Gewinn, mag er noch so gering sein, immer mächtiger, als ein entfernter und zukünftiger Verlust, mag er auch noch so groß sein.

Die geschlechtlichen und öconomischen Motive, welche den Mordthaten so häufig zu Grunde liegen, können unter Umständen mit einander verbunden sein. Wo ein bestimmter Beweggrund zu schwach ist, um jemand zum Angriff auf fremdes Leben zu bestimmen, kann er nach und nach durch das Hinzutreten anderer Triebfedern verstärkt werden. Zuweilen erscheint es, als ob Mordpläne im Thäter eingeschlummert waren, bis sie durch Hinzutreten zufälliger Umstände oder anderer Reizungen wieder aufgeweckt und alsdann zur Ausführung gebracht werden.

An die Gruppe der aus öconomischen Gründen begangenen Mordthaten schließt sich, in vielen Stücken ähnlich, der Mord aus Rache, wenn der Thäter glaubt, von seinem Opfer vermögensrechtlich benachtheiligt zu sein, oder durch ihn in seinem Eigenthum schweren Schaden erlitten zu haben. Freilich ist damit das Gebiet der aus Rache begangenen Tödtungen keineswegs abgegränzt. Die mannigfachsten Kränkungen, wirkliche oder eingebildete Beleidigungen, rufen in gewissen reizbaren Naturen den Entschluß hervor, das schwerste aller Verbrechen zu verüben.

Eine in den Großstädten der neueren Zeit nicht selten vorkommende Verbrechenserscheinung, welche zu melancholischen Be=
trachtungen über das verhängnißvolle Unglück mancher Familien
stimmt, zeigt uns Familienväter, welche trotz aller Anstrengungen
nicht im Stande sind, ihre zahlreichen Angehörigen zu ernähren.
Sie haben ihrer Meinung nach alles versucht und scheiterten
überall. Sie haben ein lebhaftes Ehrgefühl und wollen sich weder
um Armenunterstützungen bewerben, noch auch Arbeiten verrichten,
die unter ihrer bisherigen gesellschaftlichen Stellung liegen oder,
wie sie fürchten, die Achtung vor ihnen vermindern könnten. Sie
sehen für ihre Kinder und ihre Frau nur eine Zukunft des Elends,
Kummers und Darbens, vielleicht der Schande. Endlich an der
Möglichkeit eines bessern Schicksals verzweifelnd, machen sie
ihrer Gattin und den Kindern den Vorschlag, lieber gemeinsam
zu sterben. Sie tödten die ihrigen der Reihe nach ab und werden
nun, entweder verwundet oder unmittelbar vor der Ausführung des
Selbstmordes ergriffen und zur Rechenschaft gezogen.[38]) Kann
in solchen Fällen von einer Abschreckung durch die Todesstrafe
gesprochen werden? Gewiß nicht.

Vom psychologischen Standpunkte ist auch das zeitliche Verhältniß der mit dem Morde verknüpften Zweckbestimmung zur
That nicht ganz außer Acht zu lassen. Mit Rücksicht hierauf er=
geben sich zwei in der Hauptsache wesentlich verschiedene Erschei=
nungen. Beweggrund und Zweck können ihren Abschluß in dem
Tode des Ermordeten finden, dergestalt, daß der Thäter, außer
seiner persönlichen Befriedigung keinen anderweitigen Vortheil er=
wartet, was bei allen lediglich aus Haß oder Rache, Feindschaft
oder ehelicher Eifersucht begangenen Tödtungen der Fall ist. Oder
die Tödtung eines Menschen erscheint in den Augen des Thäters
als die Beseitigung eines Hindernisses, durch dessen Wegräumung
er bestimmte äußere Vortheile zu erreichen gedenkt. In diesem

letzteren Falle liegt dem Verbrecher an dem Tode des Ermordeten
wenig; er würde ihn am Leben gelassen haben, wenn er einen
anderen Weg gesehen hätte, der ihn zum Ziele führen konnte.
Reizbarkeit ist im ersteren, kalt berechnender Egoismus im zweiten
Falle der Grundzug in dem Charakter des Handelnden. In beiden
Fällen scheitert die Androhung der Todesstrafe. Sie wird gleich=
mäßig vereitelt durch kurzsichtige, leidenschaftliche Verblendung und
durch fernblickenden Scharfsinn des Thäters.

Zehntes Kapitel.

Der abschreckende Einfluß öffentlicher Hinrichtungen. IX. Das alte Ceremoniell des inquisitorischen Processes im hochnothpeinlichen Halsgericht. — Moderne Oeffentlichkeit. — Nichtabschreckender Einfluß öffentlicher Hinrichtungen. — Demoralisation des Publicums. — Entscheidend ist das Verhalten des Delinquenten auf dem Richtplatz. — Psychologie des Verbrechertodes. — Das Publicum unter dem Galgen.

Die bisherigen Erörterungen hatten den Zweck, festzustellen, welcher Grad der Abschreckung der gesetzlichen Androhung der Todesstrafe zukomme. Nunmehr ist zu untersuchen, welchen Werth die Vollstreckung der Todesstrafe in der Hinrichtung hat.

Die gesammte ältere Strafrechtslehre aller Europäischen Länder hielt daran fest, daß der Abschreckungszweck die öffentliche Hin= richtung gebiete.[39]) Damit war also anerkannt:

> daß die bloße Androhung der Todesstrafe im Gesetzbuch durch ihr gleichsam nur theoretisches Dasein eine genügende Abschreckung nicht zu bieten vermöge!

Sichtbar sollte den Verbrechern das Uebel vor Augen geführt werden. „Allen zum Exempel" und „männiglich zur Warnung" führte man den Verbrecher zur Richtstatt des hochnothpeinlichen Halsgerichts. Der gesammte Strafproceß war in Deutschland und in Frankreich[40]) mit dem zunehmenden Verfall der alten

Schöffengerichte peinlich geworden. Aber daß die Hinrichtung nicht öffentlich geschehen solle, hätte einem alten Criminalrichter des 17. Jahrhunderts niemals eingeleuchtet. Im Gegentheil! Die Obrigkeit mußte nicht nur wünschen, daß das von ihr zu statuirende Exempel möglichst allgemein beachtet würde; sie sorgte auch selbst dafür, daß ein Halsgericht wie ein öffent= liches Schauspiel in angemessener Weise hergerichtet wurde. Der Henker mit seinem ganzen Gefolge hatte die Inten= danz dieser für das Volk zu gebenden Trauerspiele.⁶³) Es waren nicht die entlegensten Stellen, an denen der Galgen und der Lasterstein aufgeschlagen waren. Sie winkten dem Wanderer vor den Thoren der Städte, an den Landstraßen und auf schön gelegenen Aussichtspunkten. Um den Zusammenhang zwischen Ver= brechen und Strafe noch deutlicher zu machen, ward in den richter= lichen Urtheilen zuweilen angeordnet, daß der Delinquent an dem Orte der begangenen That hingerichtet werden solle. Für den Straßenraub ward dies in alten Gesetzen sogar mehrfach an= befohlen.

Mit größter Feierlichkeit wurden die alten Galgenprocessionen abgehalten. Von ihren Lehrern geleitet, marschirte die liebe Schul= jugend, Choräle singend, mit dem „armen Sünder" zum Richt= platz. In besonders wichtigen Fällen ward ein angesehener Geist= licher beordert, vor der versammelten Menge eine erbauliche Predigt vorzutragen, die dann hinterher auf Kosten der Obrigkeit gedruckt und weit verbreitet ward. Unsere älteren Bibliotheken sind reich an solchen Sermonen und „actenmäßigen Relationen", in denen des Verbrechers Ende zum „abscheulichen Exempel" mitgetheilt wird. Solcher Gestalt war die alte Abschreckung.

Allmählich führte das erstarkende Gefühl der Humanität, namentlich in der Aufklärungsperiode des vorigen Jahrhunderts, dahin, die letzten Seelenqualen des Verbrechers abzukürzen; die

amtlich verordnete Procession, die Galgenpredigt und das feierliche
Geleite zum Richtplatz kamen außer Uebung. Aber es schien dennoch
nothwendig, die öffentlichen Hinrichtungen als ein unentbehrliches
Stück der Criminaljustiz und ihres Abschreckungszweckes beizubehalten.
Grundsätzlich konnte man nur wünschen, daß Menschen zweifelhaften Characters sich um den Galgen versammeln möchten, um
über die möglichen Folgen verbrecherischer Unternehmen belehrt
zu werden. Die Preußische Criminal-Ordnung vom Jahre 1805
trug außerdem für eine weitere Publicität Sorge, indem sie vor-
schrieb, daß durch obrigkeitliche „Warnungsanzeige" die Vollstreckung des Todesurtheils zur weitesten Kenntniß des Publicums
gebracht werden solle. Jeder ältere Berliner erinnert sich, wenn
er an den Anschlagsäulen die Anzeigen über Theater, Concerte
und Wettrennen durchmusterte, gelegentlich auf einem blutrothen
Plakate vor den üblen Folgen des Mordes obrigkeitlich mittelst
der Hinrichtungsanzeige gewarnt worden zu sein.

Die öffentlichen Hinrichtungsscenen sind von Tagesschrift-
stellern, Romanschreibern und Novellisten, zumal von Dickens
so anschaulich beschrieben worden, daß es verlorene Mühe wäre,
mit ihnen an dieser Stelle wetteifern zu wollen. Es kommt nur
darauf an, festzustellen, daß alle neueren Zeugen darin übereinstimmen, den entsittlichenden Einfluß hervorzuheben, den der
letzte Rechtsact unter dem anwesenden Publicum hervorruft. Versammelt sind vor dem Schaffot oder dem Galgen die Freunde
und Spießgesellen des Delinquenten, der vornehme und der niedrige Pöbel, der sich an der Beobachtung leidender Menschen und
gequälter Thiere erfreut; die kleinen Speculanten, welche Brannt-
wein und Würste in gewinnbringender Weise zu verhandeln gedenken, die Taschendiebe, die auf Fang ausgehen, die Weiber mit
ihren kleineren Kindern an der Hand oder an der Brust, die un-
gezählte Schaar der einfach Neugierigen, welche überall zusammen-

laufen, wo es etwas zu sehen giebt. Wäre die alte Zeit etwas unternehmender und industrieller gewesen, so hätte man die Richtstätte sicherlich zu einem hohen Preise vermiethen können. Der Staat wäre im Stande gewesen, mittelst der daraus erzielten Einnahmen die hinterbliebene Familie der Hingerichteten trostreich zu versorgen und der Unternehmer hätte einen artigen Gewinn aus seinen Sperrsitzen und Stehplätzen gezogen. Selbst heute noch scheint es zweifellos, daß öffentliche Hinrichtungen ebenso wie Boxereien, Preiskämpfe, Hahnen- und Stiergefechte in den Großstädten auf ein zahlungsfähiges Publicum rechnen könnten. In London und Paris sind bis auf die Gegenwart die in der Nähe des Richtplatzes gelegenen Fenster an Schaulustige vermiethet worden.

Von einer Abschreckung durch die Vollstreckung der Todesstrafe und durch den Anblick eines plötzlich „verendenden" Delinquenten konnte bei den öffentlichen Hinrichtungen aus zwei Gründen keine Rede sein. Einmal steht das die Menge versammelnde Motiv der neugierigen Schaulust im Gegensatz zu den sittlichen Zwecken der Genugthuung, welche dem Gesetzgeber vorschwebten; denn jenes Motiv verwandelt, was nach der Absicht des Strafgesetzes eine erschütternde Tragödie der vergeltenden Gerechtigkeit sein sollte, in ein Lustspiel, dessen Helden der Henker und sein Opfer sind. Außer den Eigenschaften des zuschauenden Publicums steht der Abschreckung im Wege, daß der Eindruck jeder Execution wesentlich bedingt ist von dem Verhalten, welches der Delinquent in den letzten Augenblicken seines irdischen Daseins anzunehmen für gut findet.

Wie in den Motiven des Mordes gewisse Typen als herrschende hervortreten, so wiederholen sich auch bei den Hinrichtungen Angesichts des unmittelbar bevorstehenden Todes in den Delinquenten gewisse Erscheinungen des Seelenlebens, die unter den versammelten Zuschauern einen entsprechenden Wiederschein hervorbringen. Eine erste Gruppe von Todescandidaten kann man als die der völlig Abgestumpften und Gleichgültigen bezeichnen. Ohne irgend ein Zeichen innerlicher Erregung, schweigend und still, anscheinend theilnahmlos, lassen sie sich, nichts ahnenden Thieren gleich, zur Schlachtbank führen und von dem Henker abthun. Es ist möglich, daß diese Gleichgültigkeit eine für die letzten Augenblicke angenommene Maske war; häufiger indessen sind solche Delinquenten, die durch eine längere Gefangenschaft und durch ein in ihren Augen völlig entwerthetes Leben in Wirklichkeit stumpf und gleichgültig geworden sind. Angesichts solcher Naturen, die zur Aufregung keinen Anlaß geben, hat erfahrungsgemäß das bei der Hinrichtung anwesende Publicum diejenige Enttäuschung, welche Platz greift, wenn die Erwartung eines interessanten Vorganges unerfüllt bleibt.

Ebenso verhält es sich mit einer zweiten Kategorie, bestehend aus solchen, die von Todesangst erfaßt, außer Stande sind, über ihre Nerven und Muskelbewegungen zu verfügen, von den Gehülfen des Henkers an die Richtstätte geschleppt und endlich im bewußtlosen Zustande der Ohnmacht abgethan werden. Sie sind bereits leblos, ehe sie das Leben verlieren. Vornehmlich sind es Weiber, denen die Todesangst die letzten Kräfte raubt. [41])

Eine dritte Klasse von Verbrechern stirbt Angesichts der versammelten Menge in würdevoller Haltung, muthig und ergeben. Es sind entweder solche, die im Rechtswahn und in der Meinung der Unschuld für schwerste politische Verbrechen büßen, oder diejenigen, die nach begangenen Mordthaten von aufrichtiger Reue ergriffen worden sind und in ihrem Tode die Sühne erblicken, die ihr eigenes Gewissen gutheißt. Die Hinrichtung der aufrichtig Reumüthigen ruft in der Regel nach den besten Beobachtungen einen getheilten Eindruck hervor, entweder rohes Gespött

unter den völlig verderbten Zuschauern, oder eine bald verfliegende
Anwandlung religiöser Stimmung. Welcher von diesen Fällen
immer eintreten möge, unter allen Umständen ist durch das würde=
volle Verhalten eines standhaften Delinquenten der Gedanke eines
von ihm zu ertragenden großen Leidens und folgeweise der Ab=
schreckungserfolg verwischt worden. Was eine Strafe sein sollte,
nimmt hier den Character einer vom Verbrecher selbst begehrten
Sühne an. Wenn wir uns selbst darüber Rechenschaft ablegen,
wie denn eigentlich im Sinne der sittlichen Forderungen das Ver=
halten beschaffen sein müsse, welches einem Delinquenten in seinem
letzten Augenblicke gezieme, so würden wir sicherlich nicht anstehen,
zu verlangen, daß er mit Standhaftigkeit und in ergebener Reue
seine Missethat büße, sich also selbst durch die unmittelbar
bevorstehende Vollziehung des Todesurtheils nicht
mehr schrecken lasse. In dieser Gewissensforderung haben
wir unsererseits auf den unmittelbaren Abschreckungszweck Ver=
zicht geleistet. Der Verbrecher soll sich stärker zeigen als die
Todesfurcht. Umgekehrt muß die Abschreckungstendenz, welche
durch eine Hinrichtung Furcht hervorrufen will, den Eindruck eines
qualvollen, den Verbrecher peinigenden Leidens als das Normale
betrachten.

Eine vierte Klasse von Delinquenten stirbt unter öffentlichen
und feierlichen Betheuerungen ihrer Unschuld und be=
hauptet noch im letzten Augenblick ungerecht verurtheilt worden zu
sein. Mittelst eines solchen Verhaltens gelingt es ihnen, das An=
sehen des Gesetzes in gefährlicher Weise zu erschüttern. Der
Zweifel an der menschlichen Gerechtigkeit bleibt um so mehr be=
stehen, als jedermann weiß, daß wirklich Unschuldige hingerichtet
worden sind.

Weil es schwer ist, zu glauben, daß ein Mensch angesichts
der Ewigkeit und des ihn erwartenden Gerichts mit einer Lüge

aus dem Leben gehen sollte, besteht die natürliche Neigung, dem
sterbenden Verbrecher mehr zu glauben, als seinen Richtern.
Es ist mit Bestimmtheit anzunehmen, daß in der großen Mehr=
zahl der Fälle, in denen unmittelbar vor der Hinrichtung die Un=
schuld vom Delinquenten betheuert wird, die bewußte Absicht vor=
handen ist, eine letzte Möglichkeit der Begnadigung unter den
Händen des Henkers offen zu halten. Aber ebenso gewiß ist es,
daß trotzdem ein sehr bedenklicher Zweifel hervorgerufen wird.
Sehr stark wird solcher Zweifel dann, wenn diejenigen, die ihre
Unschuld bis zum letzten Augenblick versichern, gleichzeitig alle
Tröstungen der Religion annehmen und sogar versichern, daß sie
in völliger Ergebung zu leiden bereit seien. Wie nachtheilig solche
Vorgänge wirken, zeigt die Englische Praxis in Kapitalsachen, die
darauf berechnet ist, den höchst unglücklichen Eindruck zu ver=
mindern, den die Hinrichtung nicht geständiger Verbrecher in der
öffentlichen Meinung hinterläßt. Völlig verschieden von der deut=
schen Proceßpraxis, sieht die englische Voruntersuchung von der
Erlangung eines Geständnisses durchaus ab. Sobald dagegen der
Angeklagte im Proceß zum Tode verurtheilt worden ist, beginnt
der Gefängnißgeistliche seine Bemühungen, den fortgesetzt Leug=
nenden nicht nur zur Reue, sondern auch zum förmlichen Ein=
geständniß seines Verbrechens zu bewegen. Es geschieht dies
keineswegs, wie bei uns, aus dem Gesichtspunkte einer letzten
Beichte und der Entsündigung der Missethäters, sondern wegen
der Erkenntniß der criminalpolitischen Nothwendigkeit, die morali=
schen Erfolge der Strafrechtspflege in der Offentlichkeit möglichst
zu sichern.[43])

Schnurstracks entgegengesetzt der Klasse der reumüthigen und
ergebenen Delinquenten sind diejenigen, welche auf dem Wege zur
Richtstätte oder auf dem Schaffot selber, von äußerster Verzweif=
lung ergriffen werden und zuletzt einen zwar ungleichen, aber doch

schrecklichen Kampf mit dem Henker beginnen, um sich der Hinrichtung zu entziehen, oder noch einige Minuten irdischen Daseins
zu gewinnen. In der Todesangst gesteigert, sind ihre Kräfte zu=
weilen so ungewöhnlicher Art, daß sie die Hinrichtung erheblich
verzögern oder erschweren können. Selbst die in Voraussicht einer
solchen Möglichkeit angeordnete Fesselung vermag nicht immer,
die fürchterlich Tobenden, die sogar den Henker unsicher und zag=
haft machen können, völlig zu entwaffnen. Mittermaier hat
auf solche Fälle öfters hingewiesen und namentlich der 1851 in
Chalons erfolgten von Montcharmont gedacht. Ein Dienstmädchen,
Sarah Harriet Thomas, 1863 in Bristol hingerichtet, kämpfte bei
ihrer Abholung aus dem Gefängniß längere Zeit gegen sechs starke
Gefängnißwärter an und wiederholte, obgleich sie gefesselt war,
ihren Widerstand am Fuße des Galgens noch einmal, so daß sie
gewaltsam von zwei Männern die Leiter hinaufgetragen werden
mußte.   Die ordnungsmäßige Hinrichtung eines sich hartnäckig
Sträubenden bietet große Schwierigkeiten dar, weil es nicht dar=
auf ankommt, ihn beliebig auf irgend eine Weise ums Leben zu
bringen, sondern vielmehr „vorschriftsmäßig“ dabei verfahren werden
soll und es dann leicht geschehen kann, daß die Procedur des
Henkers mißlingt. Wie dem immer sein möge, gewiß ist, daß
durch solchen öffentlichen Kampf zwischen dem Henker und dem
Delinquenten, die Rechtsqualität eines von der Justiz angeordneten
Actes in der Vorstellung der Anwesenden völlig vernichtet wird.
Der Tod des im Kampfe regelmäßig unterliegenden Delinquenten
erscheint nicht anders, als ein Ringen mit ungleichen Kräften, in
welchem nur die physische Ueberlegenheit eine Entscheidung gab.
Solche Hinrichtungen sind es, die wegen der damit verbundenen
Aufregung, sich am längsten in der Erinnerung der Anwesenden
zu erhalten pflegen. Meistentheils ist das Mitleid auf Seiten
dessen, der „unvorbereitet in die Ewigkeit geschleudert worden ist“,

und häufig wird die Meinung geäußert, man hätte dem Delin=
quenten Zeit zur inneren Beruhigung und besseren Vorbereitung
lassen sollen.

Zuletzt ist jener freilich seltenen Beispiele zu gedenken, in
denen der Hinzurichtende auf dem Schaffot sich als frivoler Spaß=
macher und Witzbold beträgt und durch seine Scherze sogar den
Henker mit Entsetzen erfüllt. Aus meiner eigenen Erinnerung
kann ich auf die Berichte über die letzten Augenblicke des in Ham=
burg hingerichteten Mörders Timme verweisen. Mittermaier
gedenkt eines 1857 in München hingerichteten Verbrechers, Namens
Sachenbacher, welcher auf dem Schaffot einen Cancan tanzte
und den Scharfrichter, der dadurch verblüfft worden war, zärtlichst
umarmte. Der ungeheure Kontrast, der sich in solchen Fällen
zwischen der Strafjustiz und ihrem Opfer herausstellt, das riesige
Mißverhältniß zwischen einem Rechtsact, der an die feierlichsten
Empfindungen des Menschen sich zu wenden gedenkt, und dem
Spott derer, die den Tod öffentlich verhöhnen, ist kaum zu schil-
dern. Die verbrecherischen Elemente, welche Zeugen eines der=
artigen Vorganges sind, fühlen sich wie im Triumphe gehoben und
gedenken solcher ungewöhnlichen Frechheit wie einer seltenen und
nachahmungswürdigen Heldenthat.

In Nordamerika und England ergeben sich eigenthümliche
Verhältnisse und entstehen sonderbare Eindrücke unter dem den
Hinrichtungen anwohnenden Publicum, wenn die Delinquenten, von
einer ihm dort belassenen Redefreiheit Gebrauch machend, eine letzte
Ansprache an diejenigen halten, welche — wie die oft gebrauchte
Redewendung lautet — „sie (die Delinquenten nämlich) zum letzten
Male beehrt haben." In diesen Reden pflegen die Delinquenten
entweder die Gerechtigkeit, die ihnen widerfährt, anzuerkennen,
oder ihre Unschuld zu betheuern oder zum richtigen Glauben zu
ermahnen, außerdem auch noch andere nebensächliche Dinge vor

der versammelten Menge abzuhandeln. Sie betonen die Verdienste
ihrer eigenen Sekte oder Kirche, setzen auseinander, welcher poli=
tischen Partei ein nordamerikanischer Republikaner angehören,
welche Tagesblätter er mit besonderem Nutzen lesen könne. Ein
gewisser Kennard, welcher 1862 in Baltimore hingerichtet worden
ist, rief aus der versammelten Menge den anwesenden Vertheidiger
zu sich auf das Schaffot, belobte dankend seine Leistungen und
empfahl ihn, was gewiß eine wirksame Reclame sein kann, allen
solchen, welche sich in gleicher Lage wie er befänden; schließlich
übergab er feierlich seinen hinterbliebenen — Hund dem Verthei=
diger zur Verpflegung. Derartige Scenen wiederholen sich noch
gegenwärtig in gewissen nordamerikanischen Staaten, und sicherlich
gehört es zu den eigenthümlichsten Erscheinungen der älteren eng=
lischen Praxis, daß man dem Verurtheilten nicht nur vor Gericht,
sondern sogar auf dem Richtplatze noch das Recht des letzten
Wortes ließ und darauf nicht achtete, daß Protestationen solcher,
die unschuldig verurtheilt zu sein behaupteten, den allergrößten
Nachtheil zu stiften vermochten. Ganz anders verfuhren die Fran=
zosen, welche zwar die weitgehendsten Freiheiten in dem Revolutions=
zeitalter proclamirt hatten, aber dennoch die letzten Worte und
Seufzer der unter dem Fallbeil endenden Opfer durch einen mili=
tärischen Trommelwirbel zu ersticken pflegten.

Wer früher Gelegenheit fand, mit denjenigen, welche Hin=
richtungen beiwohnten, über den Hergang der Sache zu sprechen,
wird erfahren haben, daß die Anwesenden nirgends eine Ver=
gleichung zwischen der zu büßenden Verbrechensthat und der
Vollstreckung des Todesurtheils anstellen, noch auch bemüht sind,
über Schuld und Sühne tiefer nachzudenken. Die Hinrichtung
für sich selbst ist ein Schauspiel; der Mehrzahl unter den An=
wesenden sind die näheren Umstände der Verbrechenshandlung sogar
unbekannt. Das Hauptinteresse richtet sich auf die Aeußerlich=

keiten der Hinrichtung, auf die Geschicklichkeit, Schnelligkeit und Sicherheit des Henkers, andererseits auf das von mir in der Hauptsache geschilderte Verhalten des Delinquenten. Alle besseren Regungen des menschlichen Herzens, wie alle schlimmen Leiden=schaften und Rohheiten können neben oder auch nacheinander bei den Hinrichtungen unter der versammelten Menge zum Vorschein kommen.[44])

In früher Morgenstunde herbeigeströmt, um den möglichst besten Platz bei dem bevorstehenden Schauspiel zu erobern, fühlt die Menge sehr bald das Bedürfniß, sich die Langeweile durch Muthwillen, unzüchtige Unterhaltungen oder schlechte Scherze und Witzworte zu vertreiben. Wird die anberaumte Stunde der Hin=richtung überschritten, und läßt der Delinquent auf sich warten, so glaubt eben diese Menschenmasse ihr Recht auf Pünktlichkeit verletzt und beginnt zu murren, zu toben, zu schimpfen.[45]) End=lich erscheint der längst ersehnte Augenblick. Der Delinquent be=tritt in der üblichen Begleitung den Platz, auf welchem er den Tod finden soll. Je nach seinem Benehmen kann die Stimmung im Publicum wechseln. Angenommen, er folgte der Aufforderung des Geistlichen und spricht mit ihm ein letztes Gebet. In solchen Fällen pflegt ein nordamerikanisches Publicum auf die Knie zu sinken und mit dem Verbrecher gemeinschaftlich zu beten, ein französisches im besten Falle still zu bleiben, in schlimmeren Fällen zu zischen. Dasselbe Publicum, welches soeben in einer amerikani=schen Stadt betete, spendet dem Henker durch Bravorufen seinen Beifall, wenn er seine Aufgabe geschickt löste; es bedroht ihn mit Verwünschungen und Thätlichkeiten, wenn er den Widerstand des Delinquenten nicht sofort zu bewältigen vermag, oder ungebührlich zögert oder sonst irgendwie sein Ungeschick zeigt. Als bei einer im Jahre 1856 erfolgten Hinrichtung der Delinquent zu vier ver=schiedenen Malen mit seinen Füßen auf einer Leitersprosse während

des Hängens einen Stützpunkt mit dem Fuße krampfhaft ergriff
und gleichsam vier Mal von Neuem gehängt wurde, bezeichnete
das Geheul der Menge den Henker Calcraft als „Mörder".

Solche jähen Umschläge in· der Stimmung des Publicums
erweisen deutlich, daß von einem tieferen, nachhaltigen und wür=
digen Eindruck des letzten Rechtsactes in Kapitalsachen keine Rede
sein kann. Wer in dieser Hinsicht noch irgendwie zweifelte, würde
durch die Wahrnehmungen belehrt werden, welche nach geschehener
Hinrichtung in dem weiteren Verhalten des Publicums gemacht
werden können. Die große Masse pflegt sich auf dem Heimwege
in den näher gelegenen Wirthshäusern zu zerstreuen und in allerlei
Kurzweil zu erlustigen. Anfangs bildet das Erlebte einen Gegen=
stand des Gespräches und der oberflächlichen Bemerkungen; bald
darauf erfolgt der Uebergang zur Tagesordnung des gewöhnlichen
Treibens. Am sorglosesten ist die Stimmung derer, die den
meisten Grund hätten, aus dem Geschehenen eine Lehre für sich .
zu ziehen: die verbrecherische Klasse selbst. Einer der zuverlässigsten
Gefängnißgeistlichen, der zahlreiche Verbrecher zum Tode vor=
bereitete, bemerkt, daß von 167 Hingerichteten seiner persönlichen
Bekanntschaft 161 bei Hinrichtungen zugegen gewesen waren.

Eilftes Kapitel.

~~~~~

Die Abſchreckung durch Intramuranhinrichtung. — Verheimlichung der Hinrichtungszeit in Frankreich. — Die Intramuranhinrichtung eine Verbeſſerung der Strafrechtspflege nur in ſofern, als Scandalſcenen verhindert werden. — Die Publicität der Hinrichtungen durch die Preſſe. — Die erſte Berichterſtattung über einen Mordfall verglichen mit dem Hinrichtungsreferat. — Reflexionen des Leſers über die Hinrichtung. — Verderblicher Einfluß der Hinrichtungsberichte.

Die Wahrnehmung, daß öffentliche Hinrichtungen mit den ſchwerſten ſittlichen Nachtheilen verknüpft ſind und zur Verwilde=rung der Volksmaſſen beitragen, iſt zu häufig gemacht und zu lebhaft geſchildert worden, als daß ſie ſpurlos hätte vorübergehen können. Die Schlußfolgerungen, die man daraus zog, waren ver=ſchiedener Art. Entweder verlangte man, daß Angeſichts der That=ſache einer nicht zu erzwingenden Abſchreckung mit der Oeffentlich=keit der Hinrichtungen auch die Todesſtrafe ſelbſt abgeſchafft werden möchte.[45]) Oder man beſeitigte zahlreiche Todesurtheile durch Begnadigung, um der Menge nur in ſeltenſten Fällen das blutige Schauſpiel bieten zu müſſen. Oder man dachte daran, die For=malitäten des Herganges zu verändern. In Amerika verfiel man zuerſt auf die ſ. g. Intramuranhinrichtungen: Die Voll=ſtreckung der Todesurtheile ſollte hinter den Gefängnißmauern ge=ſchehen, den Blicken der Schauluſtigen· entzogen und nur von gewiſſen Urkundsperſonen amtlich feſtgeſtellt werden. Selbſtver=ſtändlich wurde gewiſſen einzelnen Perſonen, z. B. dem Geiſtlichen

8*

und dem Vertheidiger bis zum letzten Augenblicke der Verkehr mit
dem Verurtheilten, also auch die Gegenwart bei der Hinrichtung,
gestattet. Diese Praxis der Intramuranhinrichtungen, welche man
früher vielfach mit einer geheimen Hinrichtung verwechselte, hat
sich nach und nach auch in Europa, zumal in Deutschland ver=
breitet. Nach heftigem Widerstande ist sie seit 1868 in England
eingeführt worden, nachdem sie bereits vorher in manchen Colonien
bestanden hatte. Dagegen hielt man in Frankreich dafür, daß
die Oeffentlichkeit der Vollstreckung für Todesurtheile als ein
wesentliches Erforderniß der Strafjustiz festgehalten werden sollte.
Man hat sich bisher dort nicht entschließen können, mit der alten
Ueberlieferung zu brechen, sondern nur in wenig empfehlenswerther
Weise die Oeffentlichkeit gleichsam wie eine Unsitte unter milbern=
den Umständen bestehen zu lassen, indem man die bevorstehende
Hinrichtung eines Delinquenten geheim hält, die Stunde der Hin=
richtung nicht bekannt werden läßt, in aller Stille während der
Nacht das Schaffot herrichtet und den Delinquenten dann in
früher Morgenstunde dem Fallbeil überliefert: ein unglücklicher
Mittelweg zwischen Oeffentlichkeit und Intramuranhinrichtung.⁴⁶)
Ausschluß der Offentlichkeit bedeutet, wie man begriffen,
eine Verzichtleistung auf directe Abschreckung.

Es liegt auf der Hand, daß die Intramuranhinrichtung jenen
Anstoß beseitigt, der mit der Oeffentlichkeit unzertrennlich verbunden
ist, aber ebenso klar ist es, daß von unmittelbarer Abschreckung
nicht mehr die Rede sein kann, in Wirklichkeit also nur jene Vor=
stellung von einem gesetzlich angedrohten Uebel bestehen bleibt,
dessen gelegentliche Vollstreckung in einzelnen Fällen nicht mehr
angeschaut, sondern gleichsam zufällig in den Zeitungen gemeldet
wird. Für England lehrt die Statistik, daß Oeffentlichkeit oder Nichtöffentlichkeit der Hinrichtung auf
die Zahl der Verbrechen keinen Einfluß hat.⁴⁷)

In der Richtung auf das Publicum muß die Intramuran=
hinrichtung als eine Verbesserung der Strafrechtspflege angesehen
werden. Der Rohheit ist der Weg zu einer Schaustellung schreck=
lichster Art versperrt. Es ist möglich, daß der Verbrecher in seinem
letzten Augenblicke sich sammele; er darf nicht hoffen, durch freches
Benehmen das Beifallrufen seiner Spießgesellen hervorzurufen,
und hat auch nicht zu fürchten, daß er, plötzlich vor eine unab=
sehbare Menge gestellt, die mühsam errungene Fassung wieder
verlieren werde.

Welchen Eindruck die Intramuranhinrichtung auf die dabei
gegenwärtigen Zeugen hervorbringe, läßt sich nicht leicht ermitteln.
Das verschiedene Naturell der Einzelnen ist dabei maßgebend. Solche,
die berufsmäßig die Hinrichtungen zu leiten haben und häufiger
aus amtlicher Veranlassung zugegen sein müssen, gewöhnen sich
erfahrungsgemäß ziemlich schnell an den Hergang und glauben
dann, daß Alles in guter Ordnung sei. Wer zum erstenmale
als Zeuge gegenwärtig ist, steht meistentheils unter dem über=
wiegenden Eindruck des persönlichen Mitgefühls mit dem Sterben=
den, wodurch die sittliche Macht der Strafe erheblich abgeschwächt
wird. Ich habe Männer aus den besten Gesellschaftsklassen ge=
kannt, welche, ohne wissenschaftliche Studien zu beabsichtigen, sich
eifrig um Zulassung zu den Intramuranhinrichtungen bewarben
und keine Execution zu versäumen pflegten. Es handelte sich für
sie um ein interessantes Schauspiel. Nicht selten kann man übri=
gens auch unter den s. g. gebildeten Klassen Beispiele einer ent=
setzlichen Gefühllosigkeit und rücksichtsloser Härte erleben. Ich sah
bei einer Berliner Hinrichtung, wie die zu früher Morgenstunde
Versammelten auf dem Richtplatze in Gegenwart des Delinquenten
die Verlesung der königlichen Bestätigungsordre mit brennender
Cigarre anhörten und von dem anwesenden Polizeibeamten ersucht
wurden, während der letzten Augenblicke das Rauchen zu unter-

laſſen. Die Bewerbungen um eine Einlaßkarte zu den Hinrichtungs=
ſcenen pflegen überall ſehr zahlreich zu ſein, wo eine Hoffnung
auf Gewährung des Geſuchs beſteht, was darauf hindeutet, daß
der geheime Hang der menſchlichen Natur zum Grauenhaften weit
verbreitet iſt.

Wenngleich die Intramuranhinrichtungen würdiger verlaufen,
als die alten Executionen, ſo läßt ſich doch nicht läugnen, daß
zahlreiche und ſehr erhebliche Bedenken dagegen beſtehen bleiben.
Je weniger Incidentfälle unter der verſammelten Menge vor=
kommen, deſto mehr pflegt die gewandte, in bewußter und plan=
mäßiger Weiſe auf die Nervenreize des Leſerkreiſes zielende Feder
der Tagesſchriftſteller in der Preſſe die kleinſten Vorgänge bei
den Hinrichtungen zu ſchildern. Die letzten Scenen des Schluß=
actes werden in allen Aeußerlichkeiten ausgemalt. War früher,
als das öffentliche Leben minder entwickelt war, eine Execution
gleichſam ein locales Ereigniß, das um ſo weniger beſchrieben
ward, als es ſich häufiger zutrug, ſo wird heute durch die Ein=
richtungen der Preſſe die Urtheilsvollſtreckung dem geiſtigen Auge
von Millionen vorgeführt. Dieſe Gelegenheit dient dazu, die halb=
erloſchene Erinnerung an Mordthaten und deren Ausführungs=
weiſe von Neuem zu beleben und auszubreiten. Es iſt ſchwer,
den moraliſchen Schaden abzuſchätzen, der dadurch angerichtet wird,
aber nicht zu leugnen iſt, daß dadurch überhaupt Schaden an=
gerichtet worden iſt. Schlechte Schriftſteller, welche die Folgen
ihrer Worte wenig überlegen und lediglich darauf Bedacht nehmen,
einen anziehenden Artikel zum Vortheil ihrer Blätter zu Stande
zu bringen, haben es in ihrer Hand, durch prickelnde Darſtellung
die verbrecheriſche That mannigfach anders zu färben, als ſie in
Wirklichkeit war, und im Zuſammenhang mit ihr die Unvoll=
kommenheiten des Geſetzes und der Rechtspflege, die etwa vor=
handenen Zweifel an der Schuld des Thäters geltend zu machen.

Und selbst für die tüchtigsten Schriftsteller gäbe es keinen besseren
Anlaß, als eine eben stattgehabte Hinrichtung, um gegen die
Todesstrafe zu predigen, was an sich gewiß völlig berechtigt ist,
aber in den untersten Schichten des die Zeitungen lesenden Publicums leicht den gefährlichen Wahn hervorruft, als ob dem einzelnen Verbrecher Unrecht geschehen ist.

Die wiederholten Berichterstattungen über schwere Verbrechens-
thaten sind sicher, auf ein allgemein menschliches Interesse zu stoßen.
Wer vermag zu sagen, welche Regungen in der Welt der Gedanken
dadurch angefacht, welche Leidenschaften geweckt, welche Reizungen
der Phantasie aufgestachelt werden? Weitaus gefährlicher, als
die erste Nachricht von einer begangenen Mordthat, ist diese
zweite, im Zusammenhang mit der Hinrichtung zurückschauende
Berichterstattung, welche sicherlich die ihr regelmäßig in der Presse
gegebene Gestalt nicht erhalten würde, wenn der Delinquent zur
lebenslänglichen Zuchthausstrafe verurtheilt worden wäre; denn
dieser fehlt jener Zug des Romantischen, Heldenhaften, Patheti-
schen, Grauenvollen, welcher der Todesstrafe anhaftet.

Die erste Meldung einer ungewöhnlich schweren Missethat
prallt gleichsam an dem aufwallenden Zorn des tief beleidigten
sittlichen Gefühls zurück. Unwillkürlich steigen in uns die letzten
Schatten jenes natürlichen Rachegefühls empor, ein schwaches Erbe
jener längst dahingegangenen Geschlechter, die den ergriffenen
Thäter sofort niederschlugen. Die zweite Beschreibung, welche
dieselbe Missethat nach längerer Zeit aus Anlaß einer Hinrichtung
noch einmal in verfeinerter Weise und in sorgfältig ausgemalter
Gewandung des Geschehenen vorführt, findet die Gemüther bereits
im abgekühlten Zustande vor. Der Mord, der nunmehr erzählt
wird, ist für unsere Betrachtungsweise eine „vollendete Thatsache"
geworden. Der Getödtete ist nicht mehr der Gegenstand eines so
lebendigen Mitgefühls; auch sein Mörder wandelt nicht mehr

unter der Sonne. Abgeschlossen liegen die Thatsachen vor uns.
Des gleichsam geschichtlich gewordenen Stoffes bemächtigt sich nun
mehr die Reflexion denkender Menschen oder die erregbare Phantasie
solcher, welche mit Vorliebe die neuesten Criminalromane ergreifen.
Die betheiligten Personen, der Mörder und sein Opfer, werden
mit einander verglichen und es entsteht in dem Ueberblick über
das Geschehene die mit praktischer Tendenz aufgestellte Frage:
Wie sich der Ermordete allenfalls gegen seinen Ueberwältiger und
andererseits, wie sich der Mörder gegen die Verfolgungen der
Justiz hätte schützen können? Das menschliche Freiheitsgefühl
drängt mit seinem geheimnißvollen Zauber zu der Untersuchung,
ob der schließlich eingetretene Endausgang des blutigen Dramas
ein unausweichbarer, fatalistischer oder ein vermeidlicher, zufälliger
gewesen ist. Es lockt den Scharfsinn, zu entdecken, was der Verbrecher versäumt hat, um sich von der ihn verfolgenden Nemesis
zu retten, die Mittel theoretisch zu ersinnen, die er zur besseren
Vollbringung seiner That anwenden konnte. Es schmeichelt der
Eigenliebe vieler, sich am Schlusse einer solchen Betrachtung sagen
zu können, daß man selbst — wenn man dieselbe That ausgeführt
hätte — sie in sicherer und gleichsam fehlerloser Weise hätte vollbringen können, ohne von den Folgen betroffen zu werden, die
den Verbrecher ereilten.

Ist dieser Punkt erreicht, so wird die ungeheure Mehrzahl
der Lesenden den Verbrechensbericht bei Seite legen und als abgethan betrachten. Sie haben in dem Schachspiel, das sie in rein
theoretischer Stimmung mit der menschlichen Strafrechtspflege gespielt haben, ihre Partie gewonnen. Aber jener Punkt, der für
den einen Umkehr bedeutet, kann für manchen auch den Wende-
kreis zum Bösen, den Eintritt auf die Bahn zum Verbrechen
bedeuten.

Wie der Anblick strafloser Missethat und der dadurch er-

worbene Genuß schwache Menschen ohne sittlichen Halt zu Falle
bringt und diese eigenthümliche Macht des Beispiels zu keiner
Zeit bestritten worden ist, so giebt es auch ein unendlich viel
feineres, flüchtigeres, und darum unberechenbares Contagium, welches,
durch die Reizungen einer verdorbenen Phantasie auf die moralischen
Gesinnungen einwirkend, den verbrecherischen Nachahmungstrieb in
einigen Menschen anregt. Die Bilder, welche ein lebendig ge-
schriebener Verbrechensbericht ausmalte, werden allmählig zu ständigen Begleiterinnen im Vorstellungskreise dieser reizbaren Naturen
und dann häufiger hervorgeholt, um mit Vorliebe betrachtet zu
werden. In ihrer eigenen Redeweise sagen die Eigenthümer solcher
Verbrechensbilder von sich aus, daß sie von einem gewissen Augenblicke an diesen oder jenen Gedanken nicht wieder los werden
konnten. Langsam geht endlich, mit dämonischer Gewalt anwach-
send, der verbrecherische Anreiz aus dem luftigen Reich der Einbildung in greifbare Gestalt über; er nähert sich mehr und mehr
den wirklichen Dingen und gewinnt endlich sein Dasein in einem
Verbrechen, das gleichsam auf dem sich mannigfach windenden
Wege von der theoretischen Betrachtung eines verbrecherischen Vor-
gangs in die Phantasie emporstieg, von dieser wiederum in die
Praxis und das Handeln zurückkehrte, ohne daß die Beweggründe
dazu unmittelbar aus einer bestimmt erkennbaren Anreizung
hervorgegangen sein müßten.

Die Todesstrafe verleiht in höherem Maße dem
Morde die Macht der im Beispiel liegenden Anstiftung zu anderen Mordthaten.

Zwölftes Kapitel.

~~~~~~

Hinrichtungen als Anreiz zu Mordthaten. — Die Hinrichtung des Mörders ist Wiederbelebung seines Verbrechens. — Der verbrecherische Nachahmungstrieb durch die Todesstrafe in Mördern angeregt. — Einzelne Mordthaten hervorgegangen aus der Absicht, hingerichtet zu werden. — Die Sicherheit der menschlichen Lebens beruht auf der natürlichen Scheu vor der Lebensvernichtung. — Die Analogie officieller und nicht officieller Tödtungen von gewissen Mördern festgehalten. — Ohne Todesstrafe ist das Leben in Holland und der Schweiz sicherer, als trotz der Todesstrafe in Griechenland und Italien. — Die Abschreckung seit Abschaffung der qualificirten Todesstrafe den schwersten Verbrechen nicht mehr proportional.

Der im Guten wie im Bösen mächtige Nachahmungstrieb äußert sich auf die mannigfachste Weise. Er wird zum krankhaften Hang, wenn er sich eines bereits überreizten Nervensystems bemächtigt. Jedes Verbrechen, welches bekannt wird, wirkt beispielgebend, einmal für andere, die gleichfalls in Versuchung geführt werden; sodann für die Gesetzgebung, welche ihrerseits in der Strafe ein Beispiel des Guten geben will. Nun geschieht es aber in der Todesstrafe, daß diese weiterhin beispielgebend wird für neue Verbrechen der Tödtung.

Die Hinrichtung des Verbrechers ist Wiederbelebung seines bereits in der Erinnerung der Zeitgenossen absterbenden Verbrechens. Bemerkenswerth sind solche Fälle, in denen die nachahmende Anwendung gewisser eigenthümlicher Todesarten und Tödtungsprocesse hervortritt. Ihnen schließen sich diejenigen an,

die wegen ihrer Häufigkeit, in zeitlicher Beziehung unmittelbar nach
vorangegangenen Hinrichtungen auftretend, den aufmerksamen Beob=
achtern auffallen.

Die Nachahmung seltener und eigenthümlicher Tödtungsarten
nach ihrem ersten Auftreten ist besonders häufig im Selbstmorde
zu beobachten.[48]) Sobald die Tagesblätter von einem neu an=
gewandten Gifte Meldung thun, oder eine neue technische Erfin=
dung dem Zwecke der Tödtung besonders zu entsprechen scheint,
mehren sich die Fälle der Anwendung, bis endlich die zuerst auf=
fallenden Tödtungsarten den Reiz der Neuheit verlieren, wiederum
seltner werden und zuletzt verschwinden, um den gangbarsten Mitteln
des Selbstmordes, wie Erschießen, Erhängen und Ertränken
wiederum ihren Platz abzutreten, es sei denn, daß die besondere
Zweckdienlichkeit neuer Tödtungsmittel diesen eine dauernde Stelle
neben den älteren verschafft. Es kann nun weiter geschehen, daß
die eigenthümliche Weise eines Selbstmordes, wenn sie unter Auf=
sehen erregenden Umständen berichtet wird, nicht bloß in Selbst=
morden, sondern auch in verbrecherischen Tödtungen nachgeahmt
und umgekehrt eine auffallende Methode der Ermordung von
Selbstmördern angewendet wird. Solche Thatsachen müssen als
unabwendbare hingenommen werden und lassen sich nicht ändern·

Anders verhält es sich indessen mit solchen Fällen, in denen
der Mord, ohne eine vorhandene örtliche Beziehung unter den
Thätern, einen neuen völlig gleichartigen Mord hervorruft, dessen
Entstehung wahrscheinlich im Zusammenhang steht mit den
Prozeßverhandlungen und den die Hinrichtung betreffenden Be=
richten. Mit einer gewissen Berechtigung läßt sich versichern, daß
ohne die Aussicht auf Todesstrafe den Verhandlungen in Kapital=
sachen ein minder intensives Interesse innewohnen, auch ohne Hin=
richtung dem vorangegangenen Verbrechen nicht der hohe Grad
von aufregender Nachwirkung eingepflanzt werden

würde. Das Gesetz, welches mittelst der Todesstrafe abschrecken
will, kann also, seiner Absicht entgegen, den Lebensschutz that=
sächlich vermindern. Wie weit dies wirklich der Fall ist, läßt sich
in Anbetracht der ungewöhnlichen Schwierigkeit des Beweises,
eher vermuthen, als behaupten. Jedenfalls verdient der Gegen=
stand die sorgfältigste Beachtung schon deswegen, weil in Mitten
unserer vielfach gekünstelten und unnatürlichen Gesellschaftszustände
die Reizbarkeit des Nervenlebens im Wachsen ist, die Nerven=
krankheiten und Geistesstörungen nach der Ansicht der zuverlässigsten
ärztlichen Beobachter zunehmen und weil erweislich einige Fälle
vorgekommen sind, in denen der verbrecherische Nachahmungstrieb
durch die Verhängung der Todesstrafe angeregt wurde. Gegen=
über der völlig unerweislichen specifischen Abschreckungskraft der
Todesstrafe würde es von ganz besonderem Gewicht sein müssen,
wenn erwiesen werden kann, daß Hinrichtungen und Kapital=
processe die Begehung von Mordthaten veranlaßt haben.

Italiänische Aerzte haben darauf aufmerksam gemacht, daß
die Berichte über die Ermordung des Erzbischofs von Paris durch
Verger höchstwahrscheinlich im Zusammenhang standen mit einem
Mordversuch gegen den neapolitanischen Erzbischof von Matera, den
ein ihm untergebener Geistlicher bald nach jenem Pariser Attentat
unternahm.⁴⁹) Es ist zu bedauern, daß bei einem in der Berliner
Domkirche vorgekommenen Attentate gegen den Geistlichen nicht
darnach gefragt worden ist, ob der Thäter vielleicht mit dem Ver=
brechen Verger's bekannt war.

Großes Aufsehen erregte die 1825 in Paris begangene Mord=
that der Henriette Cornier, eines jungen Mädchens, welches
ohne jedes denkbare Motiv ein völlig fremdes Kind grausam
umbrachte. Durch die Zeitungsberichte ward das Geschehene in
weitesten Kreisen bekannt und besprochen. Im Zusammenhange
damit wiederholten sich an anderen Orten ähnliche Fälle. Von

einer unerklärlichen Leidenschaft ergriffen, schnitten einige Frauen
fremden Kindern den Hals ab. Die berühmtesten französischen
Irrenärzte wie Esquirol, S. Marc, Georget und Barbier haben
über diese Vorgänge damals sorgfältige Untersuchungen angestellt.
Der englische Criminalist Hill berichtete, daß die Hinrichtung des
bekannten Falschmünzers Fountleroy in einem andern, dabei
zugegen gewesenen Menschen den Gedanken erweckte, dasselbe Ver=
brechen unter sorgfältiger Vermeidung der von Fountleroy be=
gangenen Unvorsichtigkeiten zu verüben und daß dieser Plan auch
zur Ausführung gebracht wurde. Die Lektüre von Courvoisier's
Mord reizte eine Erzieherin dazu an, gleichfalls einen Mordver=
such zu unternehmen. In gleicher Weise fand eine literarische
Anleitung zum Morde einen leider sehr fruchtbaren Boden in
Miß Galloy, welche 1844 ihren Vater umbrachte, um ein ihrer
Verheirathung im Wege stehendes Hinderniß zu beseitigen. Kurz
nach Tropmanns Hinrichtung ereigneten sich in England mehrere
ähnliche „Familienabschlachtungen", unter anderen der siebenfache
Mord in Uxbridge. Drei Jahre früher (1867) geschah gleich
nach der Execution dreier Fenier in Manchester die von Feniern
bewirkte Explosion von Clerkenwell in London, welche mehreren
Personen das Leben kostete. In allerneuester Zeit ist man in
England auf die analoge Thatsache aufmerksam geworden, daß
zahlreiche Missethaten von jugendlichen Verbrechern durch das
Lesen von Criminalgeschichten erklärt werden und daß die letzten
Spuren in der Entstehung verbrecherischer Gedanken nicht selten
in den Bücherschränken einer mit schlechter Lectüre versorgten Leih=
bibliothek zu entdecken sind.

Abgesehen von den stärkeren Reizungen, die der verbrecherische
Nachahmungstrieb durch aufregende Berichterstattungen über Kapital=
sachen empfangen kann, darf die Todesstrafe in ihrer Existenz
gleichfalls verantwortlich gemacht werden für das gelegentliche

Vorkommen solcher Fälle, in denen Verbrecher, um hinge=
richtet zu werden und auf dem Schaffot zu sterben, irgend einen
beliebigen Menschen, z. B. den ersten, der ihnen begegnen würde,
umzubringen beschließen und ein solches Vorhaben wirklich aus=
führen.[50]) Daß diese Fälle überall vorgekommen sind, wird durch
die Thatsache erwiesen, daß sowohl die französische als die eng=
lische Jurisprudenz und Gesetzgebung sich damit ausdrücklich be=
schäftigten und auch Feuerbach die Frage aufwarf, ob derjenige
wirklich hingerichtet werden solle, welchem mit der Hinrichtung ein
Gefallen geschehen würde. Noch das belgische Strafgesetzbuch
vom Jahre 1867 wiederholt die ältere Definition des vorsätzlichen
Tödtungsverbrechens in Art. 392: ·

> Sont qualifiés volontaires, l'homicide commis et les
> lésions causées avec le dessein d'attenter à la personne
> d'un individu déterminé, ou de celui qui sera trouvé
> ou rencontré u. s. w.

Viel wichtiger als die Rücksicht auf die vorgekommenen Fälle
von Verbrechen, die zum Zwecke des verbrecherischen Ruhmes und
des auf dem Schaffot zu erleidenden Todes unternommen wurden,
ist der Hinweis darauf, daß Hinrichtungen an sich geeignet sind,
die Achtung vor dem menschlichen Leben zu vermindern
und eben damit eine Schranke einzureißen, welche unter den Schutz=
wällen, die das menschliche Leben vor Zerstörung sichern, als die
wirksamste gelten muß.

Die Abschreckung durch die Todesstrafe bedeutet somit nicht
eine Steigerung der bereits vor jeder schweren Strafe bestehenden
Scheu, was nach den bisher gegebenen Darlegungen erfahrungs=
gemäß durch die Ungewißheit ihres Eintretens verhindert wird,
sondern eine Verringerung jener im menschlichen Herzen
wohnenden Abneigung gegen die Tödtung. Kein Gebot
ist so tief in das menschliche Gewissen eingewurzelt wie dasjenige:

„Du sollst nicht tödten". Keines Gebotes Verletzung zeigt dem noch klarer sehenden Blicke den drohenden und warnenden Finger des eigenen Gewissens so deutlich. Kein Plan hat mit der Vor- empfindung der Reue so hartnäckig und so lange zu kämpfen, wie ein Mordanschlag. Diese nur dem schwersten Bösewicht und dem völlig abgestumpften Sinn fehlende natürliche Regung des Herzens zu stärken, heißt die denkbar nachhaltigste Abschreckung ausüben und in planmäßiger Weise gerade auf solche einwirken, die noch nicht völlig verdorben sind, oder doch zuviel Schwäche besitzen, als daß sie sich verbrecherischer Anwandlungen mit Sicher- heit zu erwehren vermöchten.

Die Geschichte des Strafrechtes lehrt uns diese Wechsel- wirkungen zwischen den Lebensstrafen und den Lebensgefährdungen nur zu deutlich verstehen und zeigt unwiderleglich, daß den grau- samsten Strafen eine ungewöhnlich große Ziffer schwerer Ver- brechen gegenüberstand.

Zwischen der sittlichen Natur der einzelnen Menschen und dem sittlichen Gehalt der Strafgesetzgebung walten ewige Wechsel- beziehungen. Gewiß hat der Staat Rechte, welche dem einzelnen Staatsbürger nicht zukommen; es kann der Gesammtheit erlaubt sein, was Einzelnen verwehrt wird. Aber nicht ohne erheblichen Nachtheil läßt sich ein Gegensatz in der Weise aufrecht erhalten, daß das absolut schwerste Verbrechen der Privatperson, die vor- sätzliche Tödtung eines Menschen, gleichzeitig eine löbliche Hand- lung sein soll, wenn sie vom Henker im Auftrage der Behörde an einem Wehrlosen vorgenommen wird, der gleich einem Thier ab- geschlachtet wird. Um bei Tödtungen den Unterschied zwischen berechtigter Volksgesammtheit und nicht berechter Einzelperson scharf auszuprägen und in das Rechtsbewußtsein einzupflanzen, war es daher ebenso richtig als nothwendig in den ältesten Straf- gesetzen vorzuschreiben, daß der todeswürdige Verbrecher entweder

von der Volksmenge gesteinigt werden solle oder als ein Recht=
loser von jedermann umgebracht werden könne. Wenn hingegen
ein Einzelner als Henker mit obrigkeitlicher Bewilligung eine Hin=
richtung.ausführt, so wird die sittliche Verworfenheit der Tödtung
abgeschwächt werden. Mancher wird sich sagen: es giebt Fälle
und Gründe, aus denen der Einzelne einen andern Menschen
tödten kann; das Leben ist nicht in dem Maße heilig und un=
verletzlich, wie dies die strenge Sittenlehre behauptet. Nach diesem
natürlichen Gesetze der Wechselwirkung zwischen den Grundsätzen
der öffentlichen Moral und der sittlichen Bethätigung des indivi=
duellen Willens !äßt es sich auch nicht bezweifeln, daß häufig
wiederkehrende Kriege, zumal wenn sie mit besonderer Grausam=
keit geführt worden sind, nach und nach in den dabei betheiligten
Völkern die Achtung vor dem Leben erheblich verringern. Ebenso
ist es Thatsache, daß die von Staat und Kirche wetteifernd be=
triebenen Hexenprocesse außer den Verurtheilten selbst, manchem
alten Weibe das Leben gekostet haben, insofern Hexen kurzer Hand
von abergläubischen Menschen, gleichsam im Wege der Selbsthülfe,
todt geschlagen wurden.[51]) Die Rechtsunsicherheit und das Auf=
kommen gefährlicher Räuberbanden, welche im Gefolge des dreißig=
jährigen Krieges erschienen, sind allgemein bekannt. Auf der an=
deren Seite ist anzuerkennen, daß die ernsthaften Versuche der
neueren Zeit, die Schrecken des Krieges zu mildern und ins=
besondere den Verwundeten bereits auf dem Schlachtfelde das Leben
gegen willkürliche Tödtung zu gewährleisten, keineswegs bloß die
internationalen Beziehungen der Völker berühren, sondern auch
der inneren Ordnung der kriegführenden Staaten zu Gute
kommen und die Achtung vor fremdem Leben allmählich erhöhen
werden.

Ich erinnere mich eines bemerkenswerthen, zum Nachdenken
anregenden Vorkommnisses: Ein im Jahre 1867 in der Nähe

von Wittenberge ergriffener Mörder führte zu seiner Entschuldi=
gung an: er habe als Soldat auf den Böhmischen Schlachtfeldern
1866 so viele Menschen sterben sehen, daß er vor Begehung seiner
That geglaubt habe, auf ein Menschenleben mehr oder weniger
könne nichts ankommen. Es kann vernünftiger Weise kein Zweifel
darüber bestehen, daß derjenige, der sich einer solchen Ausrede be=
dient, ihrer Unhaltbarkeit sich bewußt wird, wenn man ihn auf
das völlig Unzulässige derartiger Vergleichungen hinweist. Immer=
hin ist die Thatsache wichtig genug, daß gewisse Menschen mit
unklarem Kopfe und schwachem Gewissen sich selbst durch solche
Vorspiegelungen zeitweise beruhigen. Während im Kriege Töb=
tungen unvermeidlich sind, kann die Strafrechtspflege ohne die
Todesstrafe sehr wohl bestehen. Sie hat daher zu erwägen, mit
welchen Mitteln sie ihren Zweck, Verbrechen zu verhindern und
zu sühnen, am besten erreichen kann. Dabei hat sie sich Rechen=
schaft abzugeben, nicht blos von dem, was sie direct soll und will,
sondern auch von den Thatsachen des geistigen und sittlichen Volks=
lebens, die, gegen die Absicht des Gesetzgebers, im Zu=
sammenhange mit den von ihm gebrauchten Strafmitteln entstehen
können. Nicht nur dasjenige, was er als Strafgesetzgeber durch
seine Mängel verschuldet, hat der Staat zu verantworten, sondern
auch was er an vermeidlichen Uebeln nach' den Gesetzen
von Ursache und Wirkung überhaupt entstehen läßt. Wenn sich
also herausstellt, daß die Todesstrafe die Achtung vor dem
menschlichen Leben in einer gewissen Anzahl von Menschen ver=
ringert, und verminderte Scheu vor dem menschlichen Leben als
eine Ursache vorsätzlicher Töbtungen angesehen werden muß, so
wird der Staat gewissenhaft zu prüfen haben, ob er seinen Haupt=
zweck, das Leben der Unterthanen zu schützen, nicht am sichersten
erreicht, indem er zunächst mit allen denkbaren Mitteln die Heilig=
haltung des Lebens pflegt und nach Strafmitteln sucht, welche

diesem Ziele entsprechen. Durch die Verzichtleistung auf die Todesstrafe kann der Staat also möglicherweise weitaus größere Erfolge
erreichen, als durch ihre Anwendung. Daß dies unter unseren
Culturverhältnissen der Fall sein würde, ergiebt sich aus der
Selbstbeschauung jedes denkenden Menschen. Wer seine eigene
persönliche Sicherheit zum Gegenstande reiflicher Ueberlegung
macht, wird überall finden, daß er seinerseits ohne jede Rücksicht
auf die Todesstrafe, sich ungefährdet glaubt je nach der Art der
Menschen, in deren Mitte er lebt, und je nach den Gesinnungen,
die er bei ihnen voraussetzt; andererseits auch wiederum trotz des
härtesten Strafgesetzes sich bedroht glaubt in Gegenden, die von
Räuberbanden heimgesucht werden. Wer Deutschland, England,
die Schweiz und die Niederlande auf der einen Seite mit den süd-
lichen Staaten der Nordamerikanischen Union, mit Griechenland
und Italien vergleicht, wird die in der letzteren Gruppe häufiger
vorkommenden Angriffe auf fremdes Leben nicht sowohl aus den
Zuständen einer mangelhaften Gesetzgebung, als aus der nächst-
liegenden Thatsache einer durch mangelhafte Strafrechtspflege ver-
schuldeten Nichtachtung des menschlichen Lebens erklären. Jeder
Reisende wird sich nach der Abschaffung der Todesstrafe in der
Schweiz und in Holland sicherer fühlen, als in Athen, in New-
York oder in der nächsten Umgebung Neapels, obwohl das grie-
chische, italiänische oder amerikanische Gesetz ihm die Garantie der
Todesstrafe anbietet.

In der Verzichtleistung auf die Anwendung der Todesstrafe
verkündet der Staat also dies: Das menschliche Leben ist ein so
werthvolles Gut, daß es so lange als unantastbar gelten muß,
als nicht genügende Ursachen der Selbsterhaltung den einzelnen
Bürger in den Act der Nothwehr oder den in seinem Bestande
bedrohten Staat in die unabwendbare Nothwendigkeit versetzen,
menschliches Leben vernichten zu müssen.

Wenn der Staat durch die Selbstbeschränkung, die er in der Verzichtleistung auf die Todesstrafe sich selbst auferlegt, die Idee der grundsätzlichen Unverletzlichkeit des menschlichen Lebens in das allgemeine Rechtsbewußtsein tiefer einpflanzt, so wird er die Schutzwehren des menschlichen Lebens nicht einreißen, sondern befestigen, den Abscheu vor dem Morde nicht schwächen, sondern erhöhen.

In denjenigen Zeiten, in denen die Gleichgültigkeit gegen fremdes Leben sehr groß und weit verbreitet ist, wird der Staat mit der einfachen Todesstrafe wenig ausrichten. Er griff deswegen zu den qualificirten Todesstrafen, um durch Foltern und Peinigungen mannigfachster Art zu ersetzen, was der einfachen Lebensentziehung fehlte, ohne mit gesteigerter Grausamkeit etwas anderes zu erreichen, als steigende Rohheit der Sitten, steigende Abneigung, die Zwecke der Rechtspflege thätig zu unterstützen, vielleicht auch steigende Feigheit, welche die sittliche Natur der Strafe verkennend, lediglich das körperliche Leiden als Symbol der Verschuldung anzusehen vermag.

Die Todesstrafe trägt nur so lange das rechtmäßige Gepräge fester geschichtlicher Begründung, als in den Sitten eines Volkes die Blutrache dem herrschenden Gefühl entspricht und die Tödtung eines Verbrechers, damit er den Keulenschlägen oder dem Schwertstreich der beleidigten Familie, dem Hinterhalt der im Versteck lauernden oder in öffentlicher Gewaltthat aufbrausenden Leidenschaft entrissen wird, auf die staatliche Ordnung übertragen wird. Gegenwärtig liegen die Dinge aber so, daß die Hinterbliebenen eines Ermordeten weniger als andere Neigung tragen, dem Missethäter das Leben zu entziehen. In England geschieht es nicht selten, daß gerade sie Begnadigungsanträge nach erfolgter Verurtheilung unterzeichnen.

Die wahre und allein wirksame Abschreckung muß darin be-

stehen, daß die Gesetzgebung die Schwere der verbrecherischen
Handlung und die Tiefe des Rechtsbruches durch ein geeignetes
Strafmittel dem Staatsbürger vergegenwärtige, damit auf diesem
Wege der Abscheu vor der That im Gewissen lebendig bleibe oder
erweckt werde. In diesem Sinne genommen, vermögen also grau=
same und harte Strafdrohungen nicht abzuschrecken, wobei freilich
zugegeben werden muß, daß nach der Entwickelungsstufe eines
späteren Zeitalters verwerflich und roh erscheinen kann, was vor=
angegangenen Geschlechtern natürlich und angemessen bei der Aus=
wahl der Strafmittel erschien, und umgekehrt bei eintretendem
Sittenverfall früher verworfene und gemißbilligte Strafen hinter=
her gut geheißen werden können.

Der Gesetzgeber ist niemals im Stande, die denk=
bar schwerste That eines Verbrechers im Wege der Ab=
schreckung zu überbieten; ebenso wenig vermag er, mit künst=
lichen Veranstaltungen jene schrecklichsten und langwierigsten Leiden
hervorzubringen, welche mit gewissen Krankheiten des menschlichen
Leibes verbunden sind. In dem Wettrennen mit der tiefsten
Verworfenheit einzelner Verbrecher und den höchsten natürlichen
Graden möglicher Schmerzen wird eine auf Abschreckung ab=
zielende Gesetzgebung glücklicherweise unterliegen. Wir haben kein
Mittel, einen Mörder, der eine ganze Familie abschlachtete, drei
oder viermal sterben zu lassen. Es war daher ein Zeichen man=
gelnder Einsicht, wenn die alte Gesetzgebung in Folterqualen und
Grausamkeiten dem Mörder gegenüber die Rolle des Meistbietenden
festzuhalten suchte.[52])

Der Verbrecher, welcher gegenwärtig in empörender Gefühl=
losigkeit durch langsame Marter sein Opfer stückweise hinschlachtet,
kann sich sagen, daß der Staat ihm nichts zufügen kann, was
seiner That annähernd gleichkäme; aber, indem er dies einsieht,
muß er sich gleichzeitig eingestehen, daß heute der allgemeine

Abscheu gegen ihn ein größerer ist, als damals, wo er auf die Folterbank gespannt wurde.

Aus der Geschichte des Strafrechts ist mit größter Klarheit zu erkennen, daß die zunehmende Milderung der Strafgesetze eine in gleichem Maße zunehmende Abnahme der schwersten Missethaten zur Begleiterin hatte. Es ist daher eine völlig unhaltbare und durch die Erfahrung widerlegte Annahme, daß ein Nachlaß in der Härte der Strafdrohungen eine Vermehrung der davon be= troffenen Missethaten im Gefolge haben würde. Bei wenigen Verbrechen ist der Fortschritt von äußerster Strenge zu größter Milde so augenscheinlich wie bei der Bestrafung des Ehebruchs, der widernatürlichen Unzucht und der Gotteslästerung, die nach gemeinem Recht todeswürdige Verbrechen waren. Aus der Sitten= geschichte ist jedoch mit Leichtigkeit zu erkennen, daß die Ehe im XIX. Jahrhundert heiliger und reiner sich darstellt, als im XVII. und XVIII. Jahrhundert.

Von großer Wichtigkeit für die Strafgesetzgebung ist die Frage: Ob diese Erfahrungen den Schluß erlauben, daß die Ab= schaffung der Todesstrafe eine Vermehrung der Mordthaten nicht zur Folge haben werde? Sind die bisherigen Entwickelungen der strafrechtlichen Culturzustände allgemein beweisend? Oder würde die Bestrafung des Mordes überall von anderen Er= scheinungen begleitet sein, als die Bestrafung anderer Verbrechen?

Von vornherein scheint es durchaus unzulässig, für das Ver= brechen des Mordes eine Ausnahmestellung etwa in der Art zu beanspruchen, daß man behauptete: die Todesstrafe, welche für Diebstahl, Fälschung, Raub und Nothzucht den Abschreckungszweck nicht erfüllt habe, werde ihn ausnahmsweise bei Mördern erfüllen können. Allenfalls ließe sich denken, daß die seltenere Vollziehung der Todesstrafe, als ein ungewöhnliches Ereigniß, abschreckender wirken könnte, als die häufigere Anwendung desselben Strafübels

als eines gleichsam alltäglichen Rechtsactes. Hierbei ist jedoch zu
erinnern: Wenn die Beschränkung der Todesstrafe auf den Mord
bewirkt hätte, daß die besondere Schwere vorsätzlicher Tödtungen
darin für das allgemeine Rechtsbewußtsein hervorspringt, so wäre
damit weiter bewiesen, daß es der sittliche Factor ist, welcher auf
die Verminderung der Mordthaten eingewirkt hat, und daß eine
noch höhere Abschreckung erreichbar ist, wenn die Unverletzlichkeit
des Lebens als die Grundlage einer gleichfalls specifisch und einzig=
artigen anderen Strafdrohung angenommen würde. Und weiter
dieses: Wenn die seltene Anwendung der Todesstrafe außer
jedem numerischen Verhältniß zu der Ziffer der Mordfälle bleibt,
so wird jene sittliche Reactionskraft nicht nur gelähmt werden,
sondern auch das bereits früher als nothwendig nachgewiesene Er=
forderniß aller Abschreckung, nämlich die Gewißheit in der An=
wendung aufgehoben. Die Gesetzgebung bliebe also in der Alter=
native stecken: Mit der häufigeren Androhung der Todesstrafe
Abstumpfung oder mit der seltensten Anwendung Unglauben
in der Bevölkerung erwarten zu müssen. Als der gegenwärtig
überall geltende und darum unhaltbare Standpunkt der modernen
Gesetzgebung darf bezeichnet werden: Ausnahmsweise Andro=
hung und noch seltenere Anwendung.

―――――

Dreizehntes Kapitel.

Culturgeschichtliche Wirkungen allmähliger Beseitigung der
Todesstrafe. — Die Erfahrungen der Engländer seit 1780. — Fortschreitende Milderung des englischen Strafrechts. — Abnahme der ehemals
todeswürdigen Verbrechen trotz der darauf bezüglichen Gesetzesmilderung. —
Neuere Erfahrungen in Holland vor und nach der Abschaffung der Todesstrafe — Nachweis, daß die Häufigkeit des Mordes, statistisch betrachtet, unabhängig ist von der Androhung der Todesstrafe. — Todesurtheile und Hinrichtungen in England während des vierzigjährigen Zeitraums vor 1872. —
Schlußergebnisse über das Verhältniß der Todesstrafe zur Abschreckungstendenz
der Gesetzgebung.

Zur Erkenntniß der Erfolge, welche die allmählige Abschaffung
und Beschränkung der Todesstrafe gehabt hat und wahrscheinlich
fernerhin haben wird, ist die Geschichte des Englischen Strafrechts
besonders geeignet.[53])

Bis zum Jahre 1780 zählte man in England gegen 240
verschiedene Einzelfälle, in denen die Todesstrafe erkannt werden
sollte oder konnte. Trotzdem war die Unsicherheit auf den großen
Landstraßen und in den einzelnen Stadttheilen der Hauptstadt
dazumal größer, als heute in der Umgebung von Neapel oder
Athen. Seit dem Ende des vorigen Jahrhunderts begann die
Gesetzgebung, die alten Strafsatzungen zu mildern und damit
gleichzeitig die öffentliche Sicherheit zu verbessern. An die Stelle
der Todesstrafe trat lebenslängliche oder doch langjährige Trans=
portation nach den australischen Colonien. Noch hundert Jahre

länger als in Deutschland bestand in England die Todesstrafe für
mäßig schwere Diebstahlsfälle, obgleich die Beobachtung gelehrt
hatte, daß Taschendiebe vorzugsweise bei Hinrichtungen sich ein=
zufinden und zu stehlen pflegten. Noch im Jahre 1829 wurden
in London doppelt so viele Menschen gehängt, als gegenwärtig
in ganz England. Der Diebstahl an Pferden, Rindern und
Schafen, sowie großer Diebstahl aus bewohnten Gebäuden war
bis 1832 der Todesstrafe unterworfen. Das gleiche galt bei Fäl=
schung von Banknoten und Münzen. Zur Beseitigung der Todes=
strafe in diesen Verbrechensfällen wurde man nicht durch Rück=
sichten der Humanität, sondern lediglich durch die Wahrnehmung
getrieben, daß durch wiederholte auffallende Freisprechungen so=
wohl die Sicherheit der Bestrafung als auch die Zuverlässigkeit
der Strafverfolgung erheblich vermindert ward. Als Anklägerin
in Kapitalsachen auftretend, machte die Bank von England in
Fälschungsprocessen die übelsten Wahrnehmungen. Hätte England
die continentalen Proceßeinrichtungen besessen, so würde die Todes=
strafe für Fälschungen wahrscheinlich länger fortbestanden haben.
Da jedoch in England unberechenbare und ungerechtfertigte Frei=
sprechungen in Criminalprocessen nicht nur Befreiung des Ver=
brechers bewirkten, sondern auch nutzlose Verausgabung hoher
Proceßkosten von Seiten des Privatanklägers bedingten, so über=
zeugten sich die bei Wechsel= und Banknoten=Fälschung zumeist
betheiligten Kreise der Bankverwaltung und der Geldwechsler, daß
die Abschaffung der Todesstrafe gerade den benachtheiligten An=
klägern zum größten Vortheil gereichen würde. Die Erfahrung
bestätigte die Erwartung, daß nach der Beseitigung der Todes=
strafe zunächst die Freisprechungen und in Folge dessen auch
die Fälschungen selbst in erheblich verminderter Ziffer auftreten
würden.[84])

Die Entwendung von Briefen auf der Post war sogar bis zum Jahre 1835 todeswürdig.

Fünf Jahre, nachdem auf Ewart's Antrag mehrere schwerere Diebstahlsfälle von der Anwendung der Todesstrafe ausgenommen worden waren, setzte Lord John Russel eine gleiche Maßregel durch in Beziehung auf schwere Körperverletzung (cutting and maiming) und die Anzündung von geernteten Feldfrüchten (rick-burning). Es blieben darnach außer Mord= und Mordversuch noch etwa 7 Fälle für die Anwendung der Todesstrafe übrig. Endlich ist der letzte Schritt im Jahre 1861 geschehen, als man nur noch zwei todeswürdige Verbrechensfälle aus jener langen Reihe übrig ließ, die im vorigen Jahrhundert vorhanden gewesen war. [55]) Im Jahre 1840 war zum ersten Male ein Antrag auf völlige Abschaffung der Todesstrafe im Parlament gestellt und von 95 Abstimmenden unterstützt worden.

Welchen praktischen Erfolg vornehmlich die Russel'sche Parlamentsacte aus dem Jahre 1837 gehabt hat, wird man schwerlich aus der Thatsache erkennen, daß die Zahl der Todesurtheile, welche in einem einzigen Jahre (1837) 438 betragen hatte, zwei Jahre nach dem Erlaß des Gesetzes (1839) auf 56 herabgesunken war. Obgleich ein so jäher Uebergang in der Strafrechtsgeschichte selten vorkommen mag, konnte dennoch eine Verbesserung in der allgemeinen Sicherheit als ein unumstößliches Ergebniß jener Reformen überall anerkannt werden. England und Wales hatten im Jahre 1834 eine Bevölkerung von 14,520,297 Seelen. Auf diese fielen in demselben Jahre 922 Todesurtheile, 3000 Verurtheilungen zur Transportation und Strafarbeit (mit 783 für Lebenszeit), zur Gefängnißstrafe 10,721. Nach beinahe dreißig Jahren betrug die Bevölkerung 22,904,104, also etwa ein Drittel mehr. Die Todesurtheile bezifferten sich auf 30; während die Gefängnißstrafe gegen 9318, Strafarbeit gegen 1514 Personen

erkannt ward. Als Resultat dieser Bewegung in der englischen
Strafgesetzgebung steht fest: daß die größere und geringere
Häufigkeit der Verbrechen völlig unabhängig ist von
der absoluten oder specifischen Höhe der Strafsätze.[66])

Solange man nicht darthun kann, daß Mörder furchtsamer
sind, als Diebe, und jene aus schwächeren Antrieben und Motiven
das Leben angreifen als diese das Eigenthum, muß man anerkennen, daß dasselbe Strafmittel, welches Diebe nicht abgeschreckt
hat vom Stehlen, auch Mörder nicht in höherem Maße abschrecken
kann vom Tödten. An der Hand der Criminalstatistik kann der
tiefer blickende Staatsmann sehr genau den Augenblick erkennen,
in welchem er, ohne Gefahr für die Sicherheit und mit völligem
Vertrauen auf den endlichen Ausgang, die Todesstrafe aus dem
Gesetzbuch ausstreichen darf. Jener Augenblick ist gekommen,
wenn in den besten Kreisen der Gesellschaft die Abneigung
gegen die Todesstrafe in der Ziffer der relativ häufigen Freisprechungen von der Anklage des Mordes sich manifestirt, wenn
das Mitleid mit dem Delinquenten bei Kapitalsachen in den
mittelschweren Fällen bereits die Oberhand gewinnt und wenn
der Verbrecher seinerseits erfährt, daß er trotz seiner schwersten
Missethaten ein Gegenstand der Theilnahme geworden ist.

Wenn diese Erfahrung durch die neuere englische Strafrechtsgeschichte hinreichend bestätigt worden ist, so bleibt freilich zu verwundern, daß die Engländer selbst nicht die nächste Nutzanwendung
gezogen haben, sondern den Kindesmord als Kapitalfall bisher
beibehalten haben, obgleich nach den übereinstimmenden Aussagen
aller sachverständigen Zeugen eine Verurtheilung wegen Kindes-
mords von den englischen Geschwornen gegen Leugnende niemals
zu erlangen ist, wofern nicht etwa ein lebendes Kind in Gegenwart anderer Personen ums Leben gebracht wurde.

Im Vergleich zu den langen Zahlenreihen, welche die

englische Strafstatistik seit dem Jahre 1833 darbietet, bedeuten die Ziffern anderer Staaten wenig. Immerhin ist es von Werth, darthun zu können, daß auch die Abschaffung der Todesstrafe in Toscana,[57]) Zürich,[58]) Holland[59]) keinerlei Nachtheile zur Folge gehabt hat. Nach einer amtlichen, der englischen Regierung im Jahre 1865 ertheilten Auskunft des ehemaligen Oldenburgi= schen Staatsministers v. Rössing, hat nach Abschaffung der Todes= strafe im Großherzogthum Oldenburg während des Zeitraums von 1849 bis 1865 eine Vermehrung der früher todeswürdigen Verbrechen nicht stattgefunden.

Was Holland anbelangt, so war man dort sehr vorsichtig zu Werke gegangen, indem man schroffe Uebergänge vermied. Seit dem Jahre 1860 war kein Todesurtheil mehr zur Ausführung gelangt, obwohl nach der Landesgesetzgebung keineswegs blos der Mord, sondern auch gewisse andere Verbrechen noch mit dem Tode bedroht waren. Sechs Jahre vorher (1854) waren durch ein tief eingreifendes Strafgesetz sehr wichtige Milderungen ver= ordnet worden. Eine besonders auffallende Erscheinung der holländischen Strafrechtspflege zeigte, daß die nur mit rechts= gelehrten Richtern besetzten Gerichte in Kapitalsachen eine größere Anzahl von Freisprechungen lieferten, als die Schwurgerichte mancher anderen Staaten. Ein Vergleich der dreijährigen Zeit= räume, welche der im Jahre 1870 geschehenen gesetzlichen Auf= hebung der Todesstrafe vorangehen und folgen, ergiebt dies: In den Jahren 1868, 1869 und 1870 wurden zusammen 9 Personen des Mordes angeklagt. Die Gesammtziffer aller in diesen Jahren eines todeswürdigen Verbrechens angeklagten Personen betrug 66, von denen 19 freigesprochen wurden. In den drei folgenden Jahren betrug die Zahl der des Mordes Angeklagten 23; die Ziffer sämmtlicher eines früher todeswürdigen Verbrechens An= geklagten dagegen 60 (mit nur 11 Freisprechungen). Somit er=

giebt die vorläufig noch kurze Beobachtungsreihe der holländischen Strafstatistik: Abnahme der Freisprechungen nach Aufhebung der Todesstrafe, eine Verminderung in der Gesammtzahl der früher todeswürdigen Verbrechen, eine Zunahme der Mordthaten. Zu bemerken ist aber hierbei, daß wiederum die Zahl der Mordfälle ohne Rücksicht auf den Bestand der Todesstrafe in den beiden Jahren 1868 und 1871 die gleiche ist.[39])

Ueber den Werth der statistischen Beweisführung für die Widerlegung des Abschreckungszweckes sind manche Irrthümer von den Criminalpolitikern bisher festgehalten worden. Zunächst ist davor zu warnen, daß man nicht aus kurzen Zahlenreihen weniger Jahre übereilte Schlußfolgerungen ziehe. Deswegen haben die Aufstellungen wenig zu bedeuten, welche in einigen kleineren Gebieten Deutschlands, wie Würtemberg und Weimar, die auf die deutschen Grundrechte 1849 folgende Periode der Aufhebung der Todesstrafe mit der bald darauf beginnenden Periode der Wiedereinführung vergleichen sollen. Der leicht zu führende Beweis, daß die Beseitigung der Todesstrafe regelmäßig keine erhebliche und dauernde Steigerung in den Mordfällen verursacht, hat sicherlich dargethan, daß eine Aenderung der Gesetzgebung in diesem Stücke keinerlei Anreiz übt, und niemand bestimmt, ein Verbrechen zu verüben, welches unter der Herrschaft der Todesstrafe nicht ebenfalls begangen sein würde. Der Nachweis, daß in einem auf die Aufhebung der Todesstrafe folgenden Zeitraume einige Verbrechen mehr gegen das menschliche Leben verübt worden sind, wäre darum ziemlich nichtssagend, weil eine Aenderung in der Gesammtheit der socialen Zustände eine Vermehrung in der Zahl der Verbrechen bewirkt haben kann. In dieser Beziehung ist namentlich an Irland zu erinnern. Die Zahl der s. g. Landbauverbrechen ist durchaus in erster Linie abhängig von dem jeweiligen Verhältniß der Verpächter zu dem

Pächter, sodann von dem Ausfall der Ernte und schließlich von dem wechselseitigen Verhalten der um Herrschaft mit einander kämpfenden kirchlichen und politischen Parteien. Wenn man den Einfluß veränderter Strafgesetzgebung an der Hand der Statistik untersuchen will, muß man daher alle diejenigen Zustände aus der Betrachtung ausscheiden, welche überhaupt auf die Häufigkeit der Verbrechen irgendwie Einfluß zu haben pflegen. Thut man dies, so wird man zu der Ueberzeugung gelangen: daß ein Mehr oder Weniger in dem Grade oder in dem Maße einer Strafdrohung, wenn dieselben innerhalb der Strafrechtspflege mit gleicher Wahrscheinlichkeit ein= treten, gleichgültig sind gegenüber dem Mehr oder Weniger einer bestimmten Verbrechensthat.

Daß in Wirklichkeit das stärkere oder schwächere Auftreten der aus dem Gesammtzustande der Gesellschaft auf den Einzelnen übergehenden Verbrechensmotive und nächstdem auch gewisse über= haupt nicht nachweisbare Zufälligkeiten bei dem Vorkommen des Mordes entscheidend sind, nicht aber die Beschaffenheit der Straf= drohung an sich, ergiebt sich vor allem daraus, daß auch unter der Herrschaft der Todesstrafe die allergrößte Schwan= kung in den Zahlen hervortritt.

Statistisch hier der Beweis:

Innerhalb des fünfjährigen Zeitraums von 1835 bis 1839 ergiebt sich für England beispielsweise eine sehr hohe Schwankung in den wegen Mordes ergangenen Todesurtheilen: 24, 20, 11, 25, 12. Gleiche Curven zeigt die englische Strafstatistik inner= halb der fünfjährigen Periode 1853 bis 1857 für den Mord, nämlich: 17, 11, 11, 31, 20. Wenn im Jahre 1855 (mit 11 Todesurtheilen) die Todesstrafe in England abgeschafft worden wäre, hätte man dann nicht allgemein behauptet, daß die im folgenden Jahre 1856 eintretende plötzliche Steigerung der Mord=

fälle auf 33 Ueberführungen lediglich eine Folge der Gesetz=
gebung gewesen wäre? Man darf dies mit Gewißheit annehmen.
Vielleicht wäre dann auf Grundlage übereilter, mit einem all=
gemeinen Aufschrei der Entrüstung verbundener Schlußfolgerungen
die Todesstrafe wieder eingeführt worden. Die Gegner der Todes=
strafe dürfen Angesichts der Strafstatistik niemals versichern, daß
für kürzere Perioden nach der Abschaffung der Todesstrafe eine
Steigerung der Mordfälle ausgeschlossen sei. Sie müssen sich
lediglich darauf beschränken, diese immerhin mögliche, wennschon
unwahrscheinliche Thatsache bezüglich ihres Beweiswerthes dadurch
abzuschwächen, daß sie zeigen, wie eben dieselben Schwankungen
auch unter der Herrschaft der Todesstrafe vorgekommen sind und
überhaupt nur längere Zeiträume in Vergleichung gebracht werden
dürfen. Auch die letzten fünf Jahre der englischen Strafrechts=
pflege, für welche statistische Ausweise in diesem Augenblicke vor=
liegen, zeigen in den wegen Mordes ergangenen Todesurtheilen
(1868 — 1872) die bedeutendsten Verschiedenheiten: 21, 18, 15,
13, 30.

Wie die Androhung der Todesstrafe unter den von mir
bezeichneten Voraussetzungen (b. h. in der Nebeneinanderstellung
einer gleichfalls schweren Strafe) wenig bedeutet für die Zahl der
Mordfälle, so verhält es sich auch mit der größeren oder geringeren
Häufigkeit der Vollstreckungen und Begnadigungen. In
dem Zeitraum von 1836 bis 1872 fällt die höchste Ziffer der
Hinrichtungen in das Jahr 1863 mit 22 Delinquenten, im fol=
genden Jahre zeigt sich die größte Ziffer von 32 Todes=
urtheilen wegen Mordes, welche überhaupt in dem
vierzigjährigen Zeitraum von 1833—1872 gefällt wor=
den sind. Auf eine der niedrigsten Ziffern der Hinrichtung,
nämlich 6 im Jahre 1838, fällt die Zahl der verurtheilten Mörder
von 25 im folgenden Jahre auf 12. Trotz dieser günstigen Er=

fahrung ging die Begnadigungspraxis wiederum in das entgegen=
gesetzte Verfahren über und bestätigte 1839 die doppelte Anzahl
von Todesurtheilen, nämlich 11; worauf eine Steigerung der
Mordfälle auf wiederum 18 folgte. Auch die umgekehrte Er=
scheinung kommt übrigens vor, diese nämlich, daß auf eine be=
sonders niedrige Ziffer der Hinrichtungen eine Steigerung in der
Anzahl der Todesurtheile folgt. Im Jahre 1871 ergingen
in England 13 Todesurtheile, von denen nur 4 vollstreckt wurden;
das folgende Jahr zeigt 30 Todesurtheile mit 15 Vollstreckungen.[60])
Alle diese Wahrnehmungen beweisen, daß die Ziffer der Mord=
thaten durchaus unabhängig sein muß von der Zahl der Hin=
richtungen und dem Bestehen der Todesstrafe. Wenn in der
Strafrechtspflege, die die Todesstrafe anwendet, Schwankungen
vorkommen, in denen die Mordfälle vom einfachen bis zum vier=
fachen steigen, so werden nach menschlicher Wahrscheinlichkeit auch
Schwankungen vorkommen, nachdem die Todesstrafe beseitigt sein
wird. Es genügt für die Bekämpfung der Todesstrafe das jetzt
vorhandene statistische Material zu der Beweisbarkeit der Be=
hauptung, daß die Höhe der Verbrechenszahlen durchaus und
ganz allgemein unabhängig ist von dem specifischen Maximum
einer Strafart. Die zur That werdenden Anreize zum Morde,
deren Ursprung auf sehr mannigfaltige und veränderliche Momente
des individuellen und socialen Lebens zurückweist, können also
durch das Plus an Leiden, welches die Todesstrafe vor der lebens=
länglichen Zuchthausstrafe voraus hat, in keiner bemerkbaren
Weise vermindert werden. Die Analogie der längeren Ent=
wickelungsreihe der englischen Strafstatistik läßt vermuthen, daß
sich die todeswürdigen Verbrechen nach Aufhebung der Todes=
strafe so lange vermindern werden, als die Europäischen Staaten
überhaupt in sittlicher, öconomischer und politischer Hinsicht fort=
schreiten. Und ebenso gewiß ist es, daß die Verschärfung der

Todesstrafe durch körperliche Qualen eine Zunahme der schwersten
Verbrechen im Gefolge haben würde, wenn die Vorsehung den
Europäischen Völkern den Rückfall in die roheren Zustände früherer
Jahrhunderte, eine entschiedene Abnahme der Volksbildung oder
eine weit um sich greifende Verarmung beschieden hätte. —

Indem ich die Untersuchungen über das Verhältniß der Todesstrafe zum Abschreckungszweck beschließe, fasse ich die Ergebnisse,
welche sie geliefert hat, noch einmal zusammen.

I. Die **Vollstreckung** der Todesstrafe mittelst öffentlicher Hinrichtung übt durch den Anblick physischen
Leidens keinen nachhaltig abschreckenden Einfluß auf die
dabei gegenwärtigen Zuschauer; sondern im Gegentheil
einen entsittlichenden, was überall dann anerkannt ist,
wenn die Oeffentlichkeit der Executionen beseitigt wurde.

II. Die Vollstreckung der Intramuranhinrichtung kann
auf die große Masse der Nichtgegenwärtigen ihrer Natur
nach unmittelbar überhaupt nicht abschreckend wirken, sondern besagt nur, daß die Androhung der Todesstrafe in
gewissen seltenen Ausnahmsfällen eine Wirklichkeit geworden ist.

III. Die Furcht vor dem Tode, welche Delinquenten in der
Zwischenzeit zwischen der Verkündung eines Todesurtheils
und der Hinrichtung, zu zeigen pflegen, erlaubt keinen
Schluß zu ziehen auf die Wirksamkeit der Strafdrohung
in dem Augenblicke, wo der Verbrecher mit sich zu
Rathe geht, ob er ein Verbrechen ausführen oder unterlassen soll.

IV. Die Unwirksamkeit oder geringere Wirksamkeit der Androhung der Todesstrafe ergiebt sich aus der relativ

im Vergleich zu anderen Strafmitteln verminderten Wahrscheinlichkeit

1. der Bestätigung und Vollziehung von den Todes= urtheilen,

2. der gerichtlichen Verurtheilung wegen Mordes.

V. Wo Verbrecher überhaupt die weiteren Folgen ihrer Handlungen überlegen, fallen als entscheidende Gründe für ihre Unternehmungen die positiv wirkenden Motive der Leidenschaft oder eines gehofften Gewinnes in nega= tiver Richtung für die Unterlassung, die Rücksicht auf die gewissere, wenn schon minder schwere Strafe, stärker ins Gewicht als die ungewissere nächsthöhere Strafart.

VI. Die Abschreckung der Verbrecher ist viel eher durch eine sichere und gleichmäßige Strafrechtspflege, als durch die Höhe der Strafsatzungen zu erreichen, was durch die Rechtsgeschichte der letzten dreihundert Jahre dargethan ist.

Vierzehntes Kapitel.

～～～～

Todesstrafe und Sicherungszweck. I. — Bedeutung der Prävention im
Vergleiche zur Abschreckung. — Die Prävention im alten Strafrecht. — Die
strafrechtlichen Sicherungsanstalten des modernen Staates seit der Einrichtung
der Strafanstalten. — Instinctive Angst vor den Mördern. — Die Präven-
tion ihnen gegenüber nicht besonders angezeigt. — Feuerbachs Irrthum. —
Die Rückfälligkeitstendenz und folglich die Präventionstendenz im umgekehrten
Verhältniß zur Schwere der That. — Sicherheit der neueren Strafanstalten gegen
Mörder ausreichend. — Verhältniß des alten und neuen Strafprocesses zu dem
Sicherungszweck. — Zusammenhang zwischen den Gefängnißreformbestrebungen
und der Bekämpfung der Todesstrafe. — Gleichzeitigkeit in dem Auftreten von
Beccaria in Italien und Howard in England.

Im weiteren Sinne genommen ist der in der strafrechtlichen
Theorie aufgestellte Sicherungszweck (Specialprävention) eine
Abart des Abschreckungszweckes im weiteren Sinne. Will man
ihn aber als einen besonderen Strafzweck neben der Abschreckung
geltend machen, so bedeutet er strafrechtliche Verhinderung
eines Verbrechers an der Wiederholung seiner Gesetzesverletzungen. In der Befolgung des Abschreckungszweckes
wendet sich der Gesetzgeber an diejenigen, welche durch Verführung
und Verlockung, Schwäche und Leidenschaft, Beispiel oder sonst
wie, von der Bahn des Gesetzes abgezogen werden könnten, an
das große Publicum. In der Befolgung des Präventions-
und Sicherungszweckes wendet er sich an die Klasse derer,
welche bereits Verbrechen begangen haben, und nach der all-

gemeinen Erfahrung vermuthen lassen, daß sie nochmals ein und dasselbe oder auch ein anderes Verbrechen begehen könnten. Als Thatsache wird überall festgestellt werden, daß die Verbrechen hervorgehen entweder aus dem starken Anreiz besonderer, regelmäßig nicht vorauszusetzender Umstände (Gelegenheitsverbrechen) oder aus dem Uebergewicht unsittlicher Neigungen, die im Character gewisser Menschen zuständlich geworden sind (Gewohnheitsverbrechen). Bei den dieser letzteren Klasse zugehörigen Verbrechern läßt sich vermuthen, daß eine und dieselbe Strafart nicht den gleichen Eindruck hervorbringen wird, wie bei der ersteren. Ueberall, wo in der Culturgeschichte gewisser Völker das Vorhandensein einer Klasse von Gewohnheitsverbrechern[69]) deutlich hervortritt, wird daher die Gesetzgebung erwägen: wie diejenigen durch Strafe zu zügeln sind, welche durch eine einfache und erstmalige Strafdrohung nicht abgeschreckt werden könnten. Insofern ist also der Sicherungszweck eine Ergänzung oder Verstärkung der als unwirksam präsumirten Abschreckung.

Unzweifelhaft ist die Todesstrafe das denkbar stärkste Mittel der Prävention; ihre Anwendung sichert uns in alle Ewigkeit gegen die Wiederholung einer Missethat durch den Hingerichteten. So lange keine Anstalten bestehen, um Gewohnheitsverbrecher unschädlich zu machen, wird die Tödtung derjenigen, die sich durch geringere Strafen nicht warnen oder abschrecken lassen, immer die ultima ratio jeglicher Rechtsordnung bleiben müssen.

In der Urzeit aller staatlichen Entwickelung muß der Präventiv-Zweck gegenüber der Auflehnung gegen das Gesetz außerordentlich stark vorwiegen. Denn von Hause aus, in ihrem ersten Entstehen, hat die Obrigkeit keine Macht über den Verbrecher. Es ist Niemand, der ihn verhaften kann, denn es besteht keine Polizei; Niemand, der ihn verhören kann, denn es giebt keine ständigen Richter; Niemand, der ihn vor Gericht nöthigen kann,

denn es giebt keine Boten und Diener des Gerichts, Niemand,
der den Verdächtigen festhält oder den Schuldigen der auferlegten
Strafe unterwirft, denn es giebt keine Gefängnisse und keine Henker.
Daher in dem ältesten Strafrecht aller Völker entweder die Geldbuße, welche der Verbrecher freiwillig erlegt, um sich auszu-
söhnen mit seiner Volksgenossenschaft, oder die sofortige Vernichtung eines bei unsühnbarer That Ergriffenen durch die
gerade Gegenwärtigen, oder der Aufruf an die Einzelnen,
einen Recht= und Frieblosen, wo er ihn findet, umzubringen.
Anstatt, wie der moderne Staat, den flüchtigen Verbrecher über
den Ocean zurückzuholen, treibt umgekehrt der eben entstehende
und gleichsam noch im Kindesalter stehende Staat den Verbrecher
in die Flucht, indem er ihn für rechtlos erklärt. Allmählig
wird, wiederum aus dem Standpunkt des Präventivzwecks
der Sicherung gegen den Verbrecher selbst, diesem Fernhaltung
vom Schauplatz seines Wirkens, in Gestalt der Verbannung geboten. Um sich gegen den etwa Rückkehrenden zu schützen, ist
die präventive Todesstrafe weiterhin geboten. Immer zahlreicher werden nach und nach die Zwischenstufen, welche sich in
den Strafgesetzgebungen zwischen Geldbuße und Lebensvernichtung
in die Mitte schieben. Die verstümmelnden Strafen, Abhauung
der Hand, Ausschneiden der Zunge, sind ursprünglich präventiv
gemeint, wie auch die Brandmarkung, die durch Kennzeichnung
des Verbrechers jedermann in den Stand setzen will, sich vor dem
Uebelthäter selbst zu schützen. Es ist einfach Prävention und
Sicherungsmaßregel, wenn der rückfällige oder als besonders gefährlich erachtete Dieb im Mittelalter gehängt wird, denn der
Staat hat wiederum keine Mittel, das Thun und Treiben gefährlicher Menschen beaufsichtigen zu lassen. Noch vor zweihundert
Jahren war daher dieser regelmäßige Zustand alter Strafgesetzgebungen in der verhältnißmäßig einfachen Stufenleiter ausgedrückt:

Geldbuße, Prügelstrafe, Verstümmelung, (lebensläng=
liche) Landesverweisung, Todesstrafe. Seit jener Zeit be=
gann allmählig die in alter Zeit völlig fehlende positive Frei=
heitsstrafe mit ihren mannigfachen Arten der Haft zwischen Geld=
strafe und Lebensentziehung in eine gleichsam centrale, das ge=
sammte Strafwesen beherrschende Stellung, einzurücken. Unsere
Sicherheit gegenüber dem einzelnen Verbrecher ist seitdem eine
unvergleichlich andere, als in früheren Zeiten: Der allgegenwärtige
Staat mit seiner ständigen Macht, welcher die ehemals wün=
schenswerthe Flucht oder Verbannung eines Schuldigen nicht mehr
duldet, Tausende von Meilen in die Ferne greift, um seine Strafe
zu vollziehen, in der Rechtspflege mit dem Mikroskop die unschein=
barsten und bereits eingetrockneten Flecke als Blutschuld enthüllen
läßt. Selbst der Dieb, der zwanzigmal stiehlt, bleibt darum vom
Galgen verschont. Das Aeußerste, was gegen ihn nach seiner
Entlassung aus der Strafanstalt geschieht, ist, daß die Aufsicht
übende Polizeibehörde sich von Zeit zu Zeit nach ihm erkundigen
darf. —

Auf den Mord angewendet, würde also die Rücksicht der
Prävention gegenwärtig, wenn die Todesstrafe gerechtfertigt werden
soll, dahin führen, dieses Verbrechen für ein solches zu erklären,
welches in so hohem Maße die Wahrscheinlichkeit einer Wieder=
holung an sich trüge, daß das Gebot der Sicherung nothwendig
die Vernichtung des Mörders in sich schließe.

Zunächst ist zuzugeben, daß der in unserer Nähe begangene
Mord mehr als irgend ein anderes Verbrechen ein Gefühl der
Unsicherheit verbreitet, wenn der Thäter nicht sofort oder als=
bald ergriffen wird. Nachdem Briggs auf der Eisenbahnfahrt
in seinem Coupé, wie man annimmt, durch Franz Müller[63] er=
mordet worden war, fürchteten sich Monate lang ältere wohl=
habende Leute, ohne Begleitung in einem Eisenbahncoupé bei

Nachtzeit zu fahren. Mord verbreitet in der Nähe der That eine
ungewöhnliche Furcht. Allein diese schwindet überall mit dem
Ablauf der Zeit und in der räumlichen Entfernung. Wenn wir
hören, daß in einer Entfernung von über zwanzig Meilen ein
Mensch ermordet worden ist, so läßt uns diese Nachricht in Be=
ziehung auf unsere eigene Sicherheit durchaus ruhig, auch wenn
wir nicht wissen sollten, daß in Deutschland die Möglichkeit, er=
mordet zu werden, für den einzelnen viel geringer ist, als die=
jenige, bei einem Gewitter den Blitzstrahl auf sich zu lenken. In
Belgien kam während des Zeitraums von 1832—1835 ein des
Mordes Angeklagter auf 83,572 Seelen und im Jahre 1856 bis
1860 sogar erst auf 97,536. Und doch ist dies eine der stärksten
Verhältnißziffern![64]

Das instinctiv hervortretende Gefühl, als ob unser Leben
nach einem in unserer unmittelbaren Nähe verübten Mord durch
dessen Thäter mehr gefährdet ist, als unser Eigenthum nach
einem bei unseren Nachbarn begangenen Diebstahl, entspricht
der Wirklichkeit durchaus nicht, ist vielmehr eine kurzsichtige
Verwirrung, hervorgegangen aus Angst und Furcht. Ohne den
Dingen ruhig ins Auge zu schauen, glauben sehr viele Menschen,
daß die Schwere eines Verbrechens auch die dem Thäter inne=
wohnende Neigung zur öfteren Wiederholung entsprechend ausdrücke
und deswegen dem Mörder, als dem wahrscheinlich gefährlichsten
aller Verbrecher, die Vernichtung als ein Vorbeugungsmittel ent=
gegengesetzt werden müsse.

Kein Geringerer als Feuerbach hat diese Ansicht ausge=
sprochen, indem er sagt:

„Ein Mensch, der einmal seine Hände in Menschenblut ge=
färbt hat und hierüber wieder mit sich selbst zur Ruhe gekommen
ist, wird immer für die menschliche Gesellschaft eine ebenso grauen=
hafte wie unheimliche und gefahrbrohende Erscheinung

bleiben. Blut macht mit Blut vertraut, und der Abſcheu, den man zum erſten Male überwunden hat, koſtet zum zweiten Male keine Ueberwindung mehr. Wer eine ſo entſetzliche That verübt hat, der muß entweder raſend werden, oder er findet nur im Tode einen ruhigen Schlaf, oder wenn keins von beiden, ſo hat der blutige Tod, den er gegeben, zugleich ihn ſelber ſittlich gemordet. Ein ſolches Verbrechen gleicht dem Meduſenbild, das zwar nicht den Leib, aber den ſittlichen Theil der Seele ver= ſteinert.“

Man glaubt in dieſer Sprache eher einen Chor der antiken Tragödie, eine lex horrendi carminis, als einen neueren Crimi= naliſten reden zu hören. Was Feuerbach ſagt, verbirgt unter einer ſchönen und poetiſch klingenden Form eine große Anzahl von Irrthümern, die nur dadurch erklärlich werden, daß Feuerbach weder eine bereits weiter entwickelte Pſychologie, noch auch eine irgendwie orientirende Strafſtatiſtik, gegen Ende des vorigen Jahr= hunderts vorfand.

Zuvörderſt könnte vom juriſtiſchen Standpunkte gegen Feuer= bach eingewendet werden, daß ſeine Ausführungen über Blut=. vergießung, ſchlechthin jede rechtswidrige Verletzung und Töd= tung, unter allen Umſtänden jedoch jede vorſätzliche Tödtung als ſittliche Selbſtvernichtung des Thäters erſcheinen laſſen; obwohl doch ſchon zu Feuerbach’s Zeiten ſchwerlich irgend jemand dies in Beziehung auf die vorſätzlich im Zweikampf bewirkten Tödtungen des Gegners angenommen haben möchte. Der Todtſchlag, der zu Feuerbach’s Zeiten noch todeswürdig galt, iſt dies gegenwärtig in der Mehrzahl der Europäiſchen Geſetzgebungen nicht mehr. Und doch wird niemand behaupten, daß ſeit fünfzig Jahren in Deutſch= land die Achtung vor fremdem Leben abgenommen habe.

Feuerbach ſetzt bei Mördern nur drei Möglichkeiten nach ihrer That: entweder verfällt der Thäter in Raſerei, oder er muß sich selbst den Tod wünschen, das heißt: er sollte, wenn er nicht mit dem Tode bestraft wird, zum Selbstmord schreiten, oder er hat sich selbst sittlich gemordet. Mit diesen drei Möglichkeiten sind aber aus einer langen Reihe von Hypothesen gerade nur diejenigen herausgegriffen, die sehr selten sind und wir erwidern Feuerbach auf Grund sorgfältigerer Beobachtungen dieses:

Sogar beim Mörder geschieht es selten, daß er (wenn er bei der That völlig zurechnungsfähig war!) hinterher in Raserei verfällt; selten, daß er sich den Tod wünscht oder Selbstmord begeht; selten ist er so tief gesunken, daß der letzte Schimmer einer Hoffnung auf Besserung in ihm völlig ausgelöscht wäre. Außerdem ist es selten, daß ein Mord die Annahme häufiger Wiederholungen des Mordes rechtfertigte.

Die Strafstatistik lehrt, daß durchschnittlich die Tendenz zur Wiederholung eines Verbrechens im umgekehrten Verhältniß steht zur objectiven Schwere der That. Die Wahrscheinlichkeit, daß ein Mörder rückfällig wird und seine That wiederholt, ist vergleichungsweise eine geringe.[61]) Wie in der Thierwelt die niedrigeren und unvollkommenen Organismen fruchtbarer zu sein pflegen und sich schneller fortpflanzen, als die höher in ihrer Rangordnung stehenden, vollkommener eingerichteten Thiergattungen, wie die Vermehrung der Insekten und unter den Wirbelthieren, der Fische eine unvergleichbar ausgedehntere ist, als diejenige der Säugethiere: ähnlich verhält es sich in der Stufenfolge des Unrechts. Die niedrigen Stufen zeigen eine viel stärkere Vervielfältigungskraft, als die höheren. Es sind die Diebe und die Betrüger, welche am häufigsten in einen gleichsam stehenden Verkehr zur Polizei oder zu den Gerichten treten, als wiederholt rückfällige auf der Anklagebank erscheinen und aus den Strafanstalten, trotz der gelegentlich geäußerten Vorsätze der Besserung und eines während der Einsperrung vielleicht „correkten"

Betragens, mit der Voraussicht entlassen werden, daß ihre üblen Gewohnheiten mächtiger sein werden, als der noch frische Eindruck einer eben bestandenen Freiheitstrafe. Noch schlimmer ist es mit denen bestellt, deren Gesetzesverletzung nach dem Maße der ihnen angedrohten Strafe eine sehr geringe ist: Bettler, Arbeitsscheue, Landstreicher, Prostituirte. Nichtwiederholung ihres gesetz= widrigen Thuns ist bei dieser Klasse so sehr die Ausnahme, daß die Erfolglosigkeit kurzzeitiger Freiheitsstrafe gegenüber dem Zu= stande der Willensschwäche und moralischen Erschlaffung mit so großer Bestimmtheit angenommen werden kann, daß die Gesetz= gebung und die Strafrechtspflege, welche fort und fort anerkannt fruchtlose Mittel zur Anwendung bringt, weniger wegen ihrer Ein= sicht, als wegen ihrer Standhaftigkeit und Ausdauer Anerkennung verdient. In Hinsicht der Rückfälligkeitstendenz würden also Bettler und Landstreicher auf der einen Seite, Mörder und Todtschläger auf der anderen als Gegensätze bezeichnet werden können.

Diese statistische Erfahrung ist freilich des jeweilig herr= schenden Volksglaubens noch nicht völlig Herr geworden und man hört noch die Meinung äußern, daß ein Mörder, weil er einmal fremdes Leben vernichtet hat, deswegen auch fernerhin auf Mord= thaten ausgehen werde. Dabei wird regelmäßig die eigenthüm= liche Natur derjenigen Motive übersehen, durch welche die That verursacht worden ist, zumal die ganz besondere persönliche Beziehung, welche zwischen dem Mörder und dem getödteten Individuum vorhanden war; es wird verkannt, daß es ein in= dividuell bestimmtes Leben war, an dessen Vernichtung dem Verbrecher im einzelnen Fall gelegen war; während ihm das Leben anderer Menschen völlig gleichgültig ist.[66]) Umgekehrt ist bei den Angriffen auf fremdes Eigenthum dem Diebe und dem Betrüger an der Person des Eigenthümers wenig gelegen; seine Unterscheidung richtet sich nur auf das Verhältniß des größeren

ober geringeren Besitzes. Indem der Gewohnheitsdieb einen Dieb=
stahl ausführt, weiß er bereits mit Bestimmtheit, daß er gelegent=
lich, wenn er wiederum Mangel leidet und andere passende Ge=
legenheiten vorfindet, noch andere Diebstähle begehen wird. Die
Motive der Eifersucht und der Rache lassen sich dagegen nicht
beliebig in Beziehung auf unbestimmte Personen vervielfältigen.
Solche Mörder, wie Bocarmé, Palmer und Lapommerais setzen
ihre ganze Zukunft an die Erreichung eines großen Zieles, zu
welchem sie auf dem Wege des Mordes zu gelangen gedenken.
Von diesen raffinirtesten Mördern wird man mit Recht glauben,
daß sie nicht zum zweiten Male gemordet haben würden.

Freilich ist nicht zu leugnen, daß es auch Mörder gegeben hat,
die mit einer gewissen Leidenschaft Menschen abschlachteten und,
ohne eine praktische Absicht zu verfolgen, an der Handlung des
Mordens eine innere Befriedigung finden. Es sind das jene
räthselhaften Naturen, welche einzelne Psychologen zur Annahme
einer unwiderstehlichen Mordlust (manic homicide) ver=
führt haben, weil ihnen der moralische Maßstab in solchen Fällen
völlig zu fehlen schien. Es genügt an den von Feuerbach ge=
schilderten Mädchenschlächter, an den ihm völlig gleichgearteten
Mörder Dumollard, an die Giftmischerin Gottfried und ihre Vor=
gängerinnen und Nachfolgerinnen zu erinnern. Dem Ungeheuer=
lichen und Bestialischen dieser Unmenschen wird aber an der That=
sache ein Gleichgewicht gegeben, daß solche Vorkommnisse zu den
größten Seltenheiten gehören. Wenn solche Verbrechen straflos
gelassen würden, indem man die Thäter von vornherein für irr=
sinnig erklärte und ihnen damit das Leben gewährleistete, so möchte
das wohl ungerecht sein, aber sicherlich würden sie nicht häufiger
vorkommen, als dies gegenwärtig der Fall ist. Der Abscheu ist
zu stark, als daß die Gefahr der Nachahmung oder Verbreitung
entstehen könnte und selbst in einer Gesellschaft gewöhnlicher Mörder

und Todtschläger würden die Vollbringer jener Unmenschlichkeiten als Standesgenossen nicht anerkannt werden.

In Wirklichkeit giebt es nur eine Klasse von Mördern, welche erweislich wegen einer vorhandenen Tendenz zur Rückfällig= keit gefährlich ist, nämlich diejenigen, welche im verbrecherischen Zusammenhang mit Räuberbanden standen und im notorischen Krieg mit der öffentlichen Rechtsordnung lebten. Solche Men= schen wußten, daß sie den Sicherheitsbehörden bekannt waren, daß sie überall bei Tage und bei Nacht gesucht wurden, daß in ihrer Nähe vielleicht der Verräther lauerte, der durch Angeberei einen Preis zu erlangen hoffte und endlich, daß ihr Leben bereits durch das Verbrechen des Raubes allein verwirkt war. Immer= hin zeigt die früher häufig geschilderte Geschichte der großen Räuberbanden, welche in dem fast zweihundertjährigen Zeitraum zwischen dem Ende des dreißigjährigen Krieges und dem dritten Decennium unseres Jahrhunderts abgeschlossen vor uns liegt, daß selbst unter berufsmäßigen Räubern, die das Leben verwirkt hatten, nicht selten solche Individuen vorkommen, die, soweit als irgend möglich, das menschliche Leben schonten und nur in solchen Fällen zum Aeußersten schritten, in denen sie entweder Widerstand fanden oder die Gefahr des Verrathenwerdens eine sehr hohe war. Der Umstand, daß die ältere deutsche Gesetzgebung schon den Raub an sich mit dem Tode bedrohte, also ein Motiv, das Leben der Beraubten zu schonen, von vornherein nicht wirksam werden ließ, hat in Deutschland erweislich vielen Menschen das Leben ge= kostet; die Todesstrafe in ihrer Anwendung auf Diebstahl und Raub war kein Schutz, sondern eine Gefährdung des menschlichen Lebens.

Die Aufhebung der Todesstrafe kann in der Gegenwart die Gefahren nicht steigern, welche das menschliche Leben von Seiten der Mörder bedrohen. Abgesehen von jener erfahrungsmäßig ge=

ringen Tendenz zur Rückfälligkeit, verfügen wir über ausreichende
Mittel der Sicherung selbst gegenüber der in socialer Hinsicht gefährlichsten Klasse von Straßenräubern. Es ist in Deutschland
nicht die Härte der Strafgesetze gewesen, welche die allgemeine
Sicherheit erhöht und unsere Waldgebirge von gefährlichen Banden
gesäubert hat.

Soweit als Sicherungszwecke in Betracht kommen, genügen
unsere neueren Strafanstalten, um uns wegen des ferneren Schicksals des Mörders zu beruhigen. Der zur lebenslänglichen
Zuchthausstrafe begnadigte Mörder ist heut zu Tage
besser bewahrt, als ehemals ein Räuber, der zum Tode
verurtheilt war und sich noch im letzten Augenblicke aus
schlecht eingerichteten Haftlocalen mit Hilfe seiner
Spießgesellen der Hinrichtung zu entziehen vermochte.

Wie der Abschreckungszweck in hohem Grade zu seiner Verwirklichung auf die Wirksamkeit der strafprocessualischen Institutionen angewiesen ist, so beruht auch die Prävention nicht blos
auf der gelegentlichen Vollziehung einer Strafe, die der Verbrecher
voraussichtlich hindern wird, die Rechtsordnung fortdauernd zu
verletzen, sondern auf dem Vorhandensein einer zusammenhängenden
Reihe von solchen Einrichtungen, welche bewirken, daß der Schuldige
überall in Botmäßigkeit gegenüber der Staatsgewalt erhalten werden kann. Gerade in dieser Hinsicht sind wir unseren Vorfahren
unendlich überlegen. Wir verfügen über Mittel zur Nieder-
haltung verbrecherischer Unternehmungen, von denen jene nicht
einmal eine Ahnung hatten.

Jahrhunderte hindurch war die Sicherheit in Deutschland
dadurch gefährdet, daß es an jenen vorbereitenden Anstalten fehlte,
welche die endliche Vollstreckung eines gerichtlichen Urtheils sichern
konnten. Früher war es unmöglich, aus einem wenige Meilen
entlegenen kleinen Stadtgebiet den flüchtigen Verbrecher zu er-

langen, weil er im entscheidenden Augenblicke entweder nicht zu
finden war oder wiederum einige Meilen weiter in ein anderes
deutsches Territorium wanderte; heute würde ein schwerer Verbrecher in den arktischen Regionen oder am Aequator weniger
sicher sein, als damals im Spessart oder in der Wetterau. Früher
war es eine mißliche Sache, gefährliche Verbrecher eine Strecke
Weges zu transportiren oder in mangelhaften Untersuchungs-
gefängnissen fest zu halten; heute kann mit der Uhr in der
Hand die Stunde berechnet werden, in welcher ein eingefangener
Missethäter mit der Eisenbahn oder auf dem Postdampfer in Begleitung eines Sicherheitsbeamten eintreffen wird. Früher trug
der Gefangene centnerschwere Ketten am Leibe; heute ist es der
elektrische Strom in den Telegraphenleitungen, welcher einem Ent-
flohenen kaum die Hoffnung eines dauernden Erfolges läßt; an
Stelle der alten Brandmarkung verräth ihn das Lichtbild, welches
die Polizeibehörde sich von ihm zu verschaffen wußte. Früher
konnte der Schuldige mit einem hohen Grade von Zutrauen auf
die Beweislehre blicken, welche zu seiner Ueberführung zwei Zeugen
oder ein Geständniß verlangte, er konnte im schlimmsten Falle
nach überstandener Folter sogar eine Freisprechung hoffen, obgleich die ganze Welt und er selber von seiner Schuld überzeugt
war, heute weiß er, daß der Richter frei nach seiner Ueberzeugung urtheilt, ohne durch bindende Beweisvorschriften eingeengt
zu sein, und daß er selber am besten für sich sorgt, wenn er möglichst bald bei ungünstiger Proceßlage ein Geständniß ablegt; es
gilt dies gerade für diejenigen, welche bereits wiederholentlich mit
den Gesetzen im Kampfe gewesen sind. Der geübteste Verbrecher hat die geringsten Aussichten auf Freisprechung.
Früher konnte in manchen Fällen der ursachliche Zusammenhang
gerade des Mordes ein dunkler bleiben, denn man wußte vor
hundert Jahren von Chemie und Physiologie wenig; heute wird

an der halbverwesten Leiche, die man arglos begrub, wenn hinter=
her Verdacht sich ergiebt, das Vorhandensein von Giften durch
die gerichtliche Chemie nachgewiesen und dadurch der Verdächtige
überführt, der sich vollständig sicher wähnte. Der Thäter, dessen
Schlauheit die Polizei überlistete, scheitert an der überlegenen Macht
der im Sachverständigen=Beweis triumphirenden Wissenschaft, sogar
wenn er selbst wie Palmer und Lapommerais sich auf wissen=
schaftlichem Wege zu seiner Unthat vorbereitete, oder wie Bocarmé
jahrelang experimentirte, um das Nicotin für seine Zwecke benutzen
zu können. Und endlich sind unsere Strafanstalten so eingerichtet,
daß sie zwar die Möglichkeit des Entkommens ebensowenig aus=
schließen, wie eine im stillen Ocean abgelegene und von Kriegs=
schiffen bewachte Insel, aber dennoch mit äußerster Sorgfalt be=
hütet und bewacht sind. Die Sicherheit, welche unsere
Strafanstalten gegen ein Entweichen darbieten, muß
uns genügen; der Grund der Prävention kann also gegenwärtig
zur Rechtfertigung der Todesstrafe nicht mehr ausreichen. Es ist
merkwürdig, daß der Kampf gegen die Todesstrafe, den Beccaria[67])
einleitete, zeitlich nahezu zusammenfällt mit Howard's Bestre=
bungen für Gefängnißreform.[68]) In Wirklichkeit hängen beide
Probleme historisch eng zusammen. Die Gefängnisse müssen ihre
Leistungsfähigkeit als Sicherungsanstalten erwiesen haben,
ehe der Staat auf die Todesstrafe als Sicherungsmittel verzichten
kann.

Fünfzehntes Kapitel.

~~~~~~

Todesstrafe und Sicherungszweck II. Historische Vorbedingungen für die Abschaffung der Todesstrafe. — In Ermangelung ausreichender Sicherungs= anstalten und bis zu deren Herstellung ist die Todesstrafe vom Standpunkte nothwendiger Prävention zu rechtfertigen. — Die Weststaaten der nordamerika= nischen Union. — Ausnahmsweise ist die Todesstrafe in civilisirten Ländern anzuwenden: 1) Kriegsgebrauch gegen Unterthanen des Feindes. — 2) Militär= strafe gegen die eigenen Soldaten. — 3. Seeraub. — 4. Menterei zur See. — 5. Militärstrafrecht im Frieden. — 6. Belagerungszustand. — Der Fall der Straflosigkeit für die Tödtungen, welche von bereits lebenslänglich ver= urtheilten Verbrechern verübt werden.

Vorbedingung für die Abschaffung der Todesstrafe ist das Vorhandensein von Strafmitteln, welche dieselben Zwecke gleich vollkommen oder doch annähernd ebenso zu erfüllen geeignet sind, wie die Vernichtung des Schuldigen. Rein theoretische Betrach= tungen über die Rechtswidrigkeit der Todesstrafe würden niemals einen Erfolg haben, so lange diese Vorbedingung nicht erfüllt ist. Es wäre vergebens, in asiatischen Staaten oder in der Türkei für die Abschaffung der Todesstrafe ein ·Wort einzulegen. In England begann man die Strafen zu mildern, als australische Kolonien hinreichende Sicherheit gegen die Rückkehr gefährlicher Verbrecher darboten oder darzubieten schienen. In Rußland konnte man seit dem Zeitalter Katharina's deswegen sparsam mit der Todesstrafe umgehen und in Finnland sogar seit 1826 die Hin=

richtungen sistiren, weil man die schwersten Verbrechen in den Ural, nach Sibirien oder in die Bergwerke des Altai zu versenden vermochte.[69]) In Italien suchen viele Gegner der Todesstrafe nach einem entlegenen Punkte, der sich zur Anlegung einer Verbrechercolonie eignen würde.[70]) Auch Frankreich verfügt über überseeische Besitzungen, aus denen ein Deportirter schwerlich heimkehren kann, wenn ihn nicht Glückszufälle in hohem Maße begünstigen, wie dies bei Rocheforts Flucht der Fall war.

Je weniger Deutschland daran denkt, sich in schwierige und unsichere Verbrechercolonisationen von Staatswegen einzulassen, desto wichtiger ist es, unser Augenmerk auf die heimischen Strafanstalten zu richten. Wie mangelhaft sie in vielen Stücken sein mögen, wie zahlreiche Verbesserungen auch nothwendig sind, so muß doch anerkannt werden, daß sie als Sicherheitsanstalten allen Ansprüchen genügen und den Präventionszweck der Todesstrafe ersetzen; nichts würde überdies die größeren Staaten hindern, zur Bewahrung verurtheilter Mörder gerade solche Anstalten ausschließlich zu bestimmen, die in baulicher Hinsicht den höchsten Anforderungen entsprechen.[71]) Wenn man anerkennt, daß die Abschaffung der Todesstrafe in untrennbarer Verbindung steht mit dem jeweiligen Zustande der Gefängnißreformen, so muß man auch andererseits durchaus zugestehen, daß die Todesstrafe überall da beibehalten werden darf, wo der Staat keine anderweitigen Mittel hat, sich gegen fortgesetzte Bedrohung von Seiten schwerer Verbrecher zu sichern. Es ist daher durchaus keine Inconsequenz, wenn man mit Rücksicht auf die besonderen Zustände eines Landes für die Abschaffung, in Anbetracht der Verhältnisse eines anderen Landes hingegen für Beibehaltung der Todesstrafe sich ausspricht. Die grundsätzlichen Gegner der Todesstrafe, welche deren Beseitigung erstreben, können in zurückgebliebenen Ländern nur dadurch ihrem

Ziele näher kommen, daß sie die Gefängnißreformen fördern. Wie in Deutschland Mittermaier, so erwarb in Frankreich nament- lich Lucas sich während seines nunmehr fünfzigjährigen Kampfes gegen die Todesstrafe das Verdienst, fortdauernd den praktischen Zusammenhang zwischen Gefängnißverbesserung und Abschaffung der Todesstrafe betont zu haben.

Was die Geschichte in der allmähligen Entwickelung der Strafrechtsinstitutionen lehrt, das zeigt auch die Gegenwart viel- fach noch als neben einander bestehend, so daß gewisse Staaten trotz ihrer modernen Bevölkerung nach dem Zusammenhange ihrer Einrichtungen etwa in das XVI. und XVII. Jahrhundert versetzt werden müssen. Ebenso wie die Gesetzgeber des XVI. Jahr- hunderts auf der Grundlage überlieferter Anschauungen und höchst mangelhafter Sicherungs-Anstalten gar nicht anders konnten, als die Todesstrafe androhen und vollstrecken, gerade so werden auch in der Gegenwart noch Staaten vorhanden sein, deren Macht- haber zunächst nicht daran zu mahnen sind, die Todesstrafe über Nacht abzuschaffen, sondern vielmehr daran, daß sie die Herstellung solcher Gefängnißeinrichtungen beschleunigen, deren Bestand später- ihn die Milderung des Strafgesetzes gestatten würde.

Man braucht nicht scharfsinnig zu sein, um den gewaltigen Unterschied zu erkennen, der zwischen den westamerikanischen Terri- torien der Union und den älteren Culturstaaten Europas besteht. Wenn unter einer weit zerstreuten Bevölkerung schwer zugänglicher Prärien oder zerklüfteter Gebirge eine Bande von Plünderern sich zusammenthut, um Heerden von der Weide wegzutreiben, Pferde zu stehlen, Häuser niederzubrennen und solche, die sich mit Gewalt zur Wehr setzen, einfach niederzuschießen, wenn ferner auf Hun- derte von englischen Meilen eine Sicherheitswache nicht zu er- langen ist, Gerichte in weiten Zwischenräumen von einander ge- trennt sind, Untersuchungsgefängnisse mangeln, die Festnahme einer

bewaffneten Bande mit Lebensgefahr für die Beauftragten ver=
bunden ist, jeder Belastungszeuge durch Todesbrohungen einge=
schüchtert wird, so ist die Androhung der Todesstrafe nicht nur
völlig gerechtfertigt, sondern auch eine Maßregel, die an sich be=
trachtet, ohne Hinzunahme anderer sogar durchaus unzulänglich
sein wird. Unter so außerordentlich unvollkommenen Verhältnissen
einer eben beginnenden Staatsbildung ist noch Alles auf Selbst=
hülfe gestellt; der einzelne Ansiedler muß Verrichtungen über=
nehmen, die in höher gebildeten Gemeinwesen der Behörde ob=
liegen. Auch die sg. Lynchjustiz, welche ergriffene Mörder und
Räuber einfach in summarischer Weise am nächsten Baum auf=
hängt, kann durch ihre relative Nothwendigkeit als Selbsthülfe oder
durch Nothwehr gerechtfertigt sein, wo es an einem georb=
neten Wirken und an einer schützenden Macht zur
Stütze der Rechtsordnung noch fehlt. Ueberall, wo solche
Zustände nachweisbar bestehen, muß man einfach einräumen, daß
die ohne unsere Proceßgarantien einfach und in summarischer
Weise an schweren Missethätern vollstreckte Todesstrafe ein ge=
ringerer Uebelstand ist, als die Straflosigkeit, auf welche in Er=
mangelung von hinreichenden Sicherheitsanstalten bei seinen Unter=
nehmungen der Verbrecher rechnen darf.

Ein ähnlicher Grundsatz muß bei der Beurtheilung derjenigen
Fälle festgehalten werden, in denen die Todesstrafe, trotz ihrer
Beseitigung durch das bürgerliche Gesetz, ausnahmsweise beibehalten
worden ist.

Die deutschen Grundrechte, deren Merkzeichen es war, den
Principien überall die weiteste Ausdehnung zu geben und den
Zweckmäßigkeitsrücksichten wenig Spielraum zu gönnen, konnten
nicht umhin, Ausnahmen zuzulassen, als die Abschaffung der Todes=
strafe beschlossen worden war. In gleicher Weise haben neuer=
dings Holland und die Schweiz die Aufhebung der Todesstrafe

durch einige Ausnahmen beschränkt. Wenn man in der Auf=
stellung derselben nicht willkürlich verfahren will, wird es unum=
gänglich nothwendig sein, die Verhältnisse genauer zu prüfen, in
denen die Regel keine Anwendung finden soll.

In erster Linie unter den Ausnahmeverhältnissen stehen die
äußersten Fälle des Kriegsrechts gegenüber den Unterthanen
eines feindlichen Staates. Einrückende Armeen sichern sich durch
den Gebrauch ihrer Waffen, durch ihre strategischen Bewegungen,
durch den Vorpostendienst und durch eine große Reihe von Vor=
sichtsmaßregeln gegen den bewaffneten Feind, der ihnen das Vor=
rücken streitig macht. Sie vermögen es aber nicht, mit rein
militärischen Mitteln sich gegen Schädigungen und Angriffe
Unbewaffneter zu schützen. Obwohl die bisher geltende Regel des
Völkerrechts die Befugniß zur Vornahme feindseliger Angriffe nur
den kämpfenden Armeen selbst beilegt, so lehrt doch die Erfahrung
aller Kriege, daß auf die Innehaltung dieser abstracten Rechts=
regel niemals zu zählen ist. Wenn in Anbetracht natürlicher Ver=
hältnisse eine Invasions=Armee ein gewisses Maß von Widersetzlich=
keit, Unwillen und positivem Widerstand mit in den Kauf neh=
men muß, so kann sie doch nicht dulden, daß ihre Verbindungen
im Rücken jeden Augenblick gestört, Eisenbahnschienen aufgerissen,
Telegraphen zerschnitten, Brücken gesprengt oder Spione aus=
gesendet werden, noch viel weniger, daß unter Berufung auf
patriotische Pflichten der Landesvertheidigung jeder beliebige Bauer
aus dem Versteck heraus einzelnen vorüberziehenden Feinden auf=
lauert. Denn der Krieg duldet nach seinem Wesen keine zweifel=
haften Verhältnisse; sein allererstes Bedürfniß ist, in weit=
hin sichtbarer Linie Freund, Feind und Neutrale von
einander zu sondern. Zwischen der antiken Kriegsführung,
welche das ganze Volk der Vernichtung preisgiebt, und der moder=
nen Kampfesweise, welche mit den soldatischen Armeen allein zu

thun haben will, ist ein Zwischending nicht denkbar. Die Androhung und Anwendung der Todesstrafe ist vom Standpunkt
des Präventiv-Zweckes aus das einzige Mittel, sich vor den
schwersten Gefahren in Feindesland zu schützen. Unsichtbare Feindschaft derer, die im bürgerlichen Gewande umhergehen, ist in ihren
möglichen Wirkungen weitaus nachtheiliger, als sichtbare. Da
nun während des Krieges eine Armee über die gewöhnlichen Anstalten der Sicherheitspflege nicht verfügt, die Gerichte in Feindesland außerdem ihre Dienste versagen würden, so bleibt nichts
anderes übrig, als zu dem äußersten Mittel der Prävention zu
greifen. Möglich, daß diese an dem Fanatismus eines aufgeregten
Volkes scheitert, aber das ist nicht zu leugnen, daß völlige Un-
thätigkeit oder die Anwendung gelinder Maßregeln viel schlimmer
sein würden, als die äußerste Strenge einer summarischen Procedur.
Daß überdies in der Formlosigkeit des Verfahrens und in der
Schnelligkeit der Vollstreckung Momente der Abschreckung gegeben
sind, die der Todesstrafe in gewöhnlichen Zeiten völlig fehlen,
läßt sich nicht leugnen. Die Analogie mit der Rechtspflege fehlt
im Kriege durchaus. Der Kriegsgebrauch gegen ergriffene Spione
oder Verräther nähert sich den Grundsätzen berechtigter Nothwehr
oder der Selbsthülfe.[72])

Ebenso schwer wiegen die Gründe, welche den Staat dazu
nöthigen, in Kriegszeiten die Todesstrafe gegen die Soldaten der
eigenen Armee beizubehalten. Denn auch in diesem zweiten
Ausnahmeverhältniß zeigt sich die Unzulänglichkeit der für gewöhnliche Zeiten des Friedens geordneten Regeln. Die Disciplin
ist in einer Kriegstruppe leichter zu lockern, als in der Garnison;
der Werth der Disciplin hingegen in Kriegszeiten ein unvergleichlich höherer, als sonst, folglich auch jede von Soldaten verübte Verletzung viel gefährlicher. Von einer Vollstreckung längerer Arrest-
strafen kann bei schnellen Vorwärtsbewegungen in Ermangelung

dienlicher Anstalten kaum die Rede sein; es tritt also die Span=
nung großer Gegensätze ein, welche in den ersten Anfängen be=
ginnender Cultur nachgewiesen worden ist: entweder sehr leichte
Strafen, welche mit Sicherheit vollstreckbar sind, oder die schwer=
sten Strafen. In den meisten Fällen ist es durchaus unthunlich,
Strafen in Feindesland zu verhängen unter dem Vorbehalt, sie
später nach dem Frieden vollstrecken zu wollen. Das Vorhanden=
sein jenes großen Gegensatzes wird zu Kriegszeiten immer bei den
in Feindesland beschädigten Bürgern die Klage hervorrufen, daß
frevelnde Soldaten entweder zu milde oder auch gar nicht für ihre
Ausschreitungen bestraft werden. Es fehlt nach dem Zuschnitt
der Dinge im Kriege überall der mittlere Maßstab der
friedlichen Gerechtigkeit. Für eine Reihe von Vergehungen,
die zu Friedenszeiten eine nicht unbedeutende Freiheitsstrafe nach
sich ziehen können, giebt es dann nur drei Möglichkeiten: entweder
Straflosigkeit, oder sehr gelinde Disciplinarstrafen, oder Todes=
strafe; unmöglich sind dagegen längere Freiheitsentziehungen oder
gar die Heimsendung eines Soldaten zur Abstrafung in seinem
Standquartier. So ergiebt sich im Kriege die unabweisbare Noth=
wendigkeit, die schwersten Militärverbrechen mit dem Tode zu
ahnden und das Urtheil außerdem in schleunigster Weise zu voll=
strecken. Es ist unvermeidlich, daß das sonst humane Militärstraf=
gesetzbuch des Deutschen Reichs für eine Reihe von schweren
Fällen, die im Frieden mit Freiheitsstrafe belegt sind, zu Kriegs=
zeiten die Todesstrafe eintreten läßt.

Eine dritte, als unumgänglich zu erachtende Anwendung der
Todesstrafe gilt dem auf hoher See ergriffenen Seeräuber
dessen sofortige Aufknüpfung das Völkerrecht gut heißen muß, weil
es unter den dabei obwaltenden Umständen wiederum an Anstalten
fehlt, um an Ort und Stelle in Gemäßheit der Proceßgesetze irgend
eines civilisirten Staates zu verfahren, oder den Thäter mit Sicher=

heit an irgend eine weit entlegene Gerichtsstelle zu schaffen. Es mag möglich sein, in gewissen Fällen das Leben eines Seeräubers zu schonen, die völkerrechtliche Regel wird sich jedoch schwerlich anfechten lassen.

Ein viertes Ausnahmeverhältniß, welches eine besondere Berücksichtigung verlangt, ist in' der Meuterei zur See gegeben. Niemand vermag zu verkennen, daß auch mit diesem Verbrechen besondere Gefahren verbunden sind. Die Befehlshaber auf Schiffen befinden sich in hülfloser Lage, wenn sie meuterischen Seesoldaten und Matrosen gegenüberstehen. Es ist für sie unmöglich, Hülfe zur Aufrechterhaltung der Ordnung zu erlangen. Alles hängt in solchen Fällen von einem schnellen und energischen Gebrauch des persönlichen Ansehens und außerordentlichen Machtvollkommenheiten ab. Wenn schon Niemand leugnet, daß auf hoher See sogar dem Kapitain auf Handelsfahrzeugen, eine bis zum äußersten gesteigerte, auf dem Festlande nirgends gleich weit gehende Disciplinargewalt gegen Matrosen gegeben werden muß, so kann kaum daran gezweifelt werden, daß auf Kriegsschiffen noch viel mehr Grund gegeben ist, dem Commandirenden die denkbar wirksamsten Machtmittel einzuräumen.

Weniger schwierige Verhältnisse ergeben sich in dem Verhältniß des Vorgesetzten zu den von ihm befehligten Landtruppen zu Friedenszeiten. Einzelne Offiziere befinden sich den Mannschaften gegenüber niemals in jener hülflosen Lage, wie dies zur See der Fall ist. Der gewöhnliche Friedensdienst ist regelmäßiger; es ereignet sich seltener, daß übermäßige Anstrengungen, wie in Fällen einer Seenoth, von dem Einzelnen verlangt werden müssen. Es scheint deswegen, daß die Todesstrafe in Friedenszeiten eher entbehrlich sein möchte. Von einem nachhaltigen Erfolg des Abschreckungszweckes kann innerhalb des militärischen Verhältnisses schon deswegen weniger die Rede sein, weil innerhalb des soldatischen Lebens Todesfurcht schlechthin als Feigheit gebrandmarkt ist. Immerhin ist diese Frage nach der Berechtigung der Todesstrafe innerhalb der Militärstrafgesetzgebung nicht so leicht zu entscheiden. Wo hunderte von Menschen die physische Ueberlegenheit haben gegenüber einer geringen Anzahl von Befehlshabern, kann gewaltsame Auflehnung, die nicht sofort auf der Stelle unterdrückt wird, das gefährlichste Beispiel geben; Wohlwollen, Nachsicht und Zögern in dem Gebrauch äußerster Mittel erscheinen in entscheidenden Krisen dem Untergebenen häufig als Schwäche. Gewiß ist es nicht nöthig, überall von vornherein die schwersten Strafen anzuordnen; innerhalb des militärischen Verhältnisses, wo die Aussicht auf Straflosigkeit für den Einzelnen sehr gering ist, hat die Möglichkeit äußerster Strenge ihre selbstständige Bedeutung. Bei organisirten, an gemeinschaftliches Handeln gewöhnten Menschenmassen wirken alle Elemente der Störung und Schädigung, zumal das schlechte Beispiel Einzelner, sehr viel verderblicher und unwiderstehlicher, als unter einer zusammenhanglosen Ziffer solcher Individuen, die einander fremd im Leben gegenübergestellt sind. Bis zu dem überzeugend erbrachten Beweise, daß auch gegen die allerschwersten Gefahren die militärische Disciplin durch andere Mittel ebenso gut vertheidigt werden kann, ist die Todesstrafe aus den Militärstrafgesetzbüchern nicht zu entfernen. Daß die alte Abschreckungsmethode keine wahre Mannszucht in die Söldlingsheere bringen konnte, ist durch die Erfahrungen des Militärstrafrechts hinreichend dargethan und auf diesem Gebiete besteht der Parallelismus grausamer Strafen und gehäufter Zuchtlosigkeit, jene Wechselwirkung von größerer Milde und besser beobachteter Mannszucht. Mit der Pflege des persönlichen Ehrgefühls ist der Staat weiter gekommen als mit der Prügelstrafe. Damit ist aber nicht gesagt, daß unter außerordentlichen Verhältnissen, deren Möglichkeit nicht wegzuleugnen ist, nicht auch außerordentliche Sicherungs-

mittel angewendet werden dürfen. In Zeiten äußerster Noth
kann niemals eine objective Regel, sondern nur die persönliche
Verantwortlichkeit leitender und vertrauenswürdiger Männer entscheiden.

In allen solchen Verhältnissen ungewöhnlicher Art ist es entschieden besser, der Staatsgewalt ein etwas höheres Maß von
Machtvollkommenheiten zu belassen, als vielleicht in dem Augenblick unumgänglich nothwendig erscheint, in welchem man über
Zulässigkeit und Unzulässigkeit gesetzgeberisch zu entscheiden hat.
Die Gefahr, daß die äußersten Strafmittel, auf deren Gebrauch
man eingerichtet ist, in einzelnen Fällen mißbräuchlich angewendet
werden, ist weitaus geringer, als die entgegengesetzte, daß bei hinterher
erwiesener Unzulänglichkeit beschränkter Machtmittel im Augenblicke
dringender Gefahren dennoch über die schlecht gezogene Gränze zu
weit hinausgegangen wird und alsdann die Zweckmäßigkeitsrücksichten und die persönliche Unverantwortlichkeit höchster Gewalthaber zur Entschuldigung angerufen werden. Die französische Geschichte seit der Revolution lehrt die Unmöglichkeit, die Formen
der Machtbeschränkung, die für einen Justizminister in Friedenszeiten passen, in Zeiten gewaltiger Krisen auch dem höchsten Befehlshaber aufzuerlegen. Die Wahl steht zu solchen Zeiten lediglich
lich zwischen größeren und geringeren Uebeln.

Auf derjenigen Entwickelungsstufe der Cultur, auf welcher
wir uns befinden, bleibt es überall nöthig, den Gedanken festzuhalten, daß auch einmal, wenn schon vorübergehend, wiederum
schlimmere Zeiten eintreten können. Jedes Gesetz ist freilich
auf die Annahme gewisser dauernder Zustände und regelmäßig
wiederkehrender Thatsachen zu gründen, es muß aber dennoch die
Möglichkeit offen lassen, Ausnahmeverhältnissen auch Ausnahme-
bestimmungen entgegenzusetzen und nicht vorsätzlich die Augen gegen
die kommenden Dinge verschließen. Man darf sich niemals auf

den beschränkten Standpunkt derer stellen, welche meinen, es sei immer gewesen und werde in Zukunft immer so bleiben, wie heute. Allmählig eintretenden Veränderungen vermag die Gesetzgebung, langsam reformirend, nachzufolgen; für die plötzlich und gewaltsam hereinbrechenden Stürme muß im Voraus gesorgt sein. Aus dieser Rücksicht entspringt die gelegentlich in Kriegszeiten oder während eines Aufruhrs hervortretende Nothwendigkeit, ausnahmsweise den Kreis der persönlichen Verantwortlichkeit leitender Personen zu erweitern und ihnen ungewöhnliche Strafmittel anzuvertrauen. Wenn man den Staat schon in alter Zeit mit dem passenden Bilde eines Schiffes und seine Regierung mit dem Steuer verglichen hat, so ist auch in Zeiten höchster Gefahr des Untergangs oder Scheiterns als Rettungsmittel der Seewurf zu gestatten, bei welchem manche werthvolle Güter des Rechts aus Noth preisgegeben werden müssen.

Auf diesen Erwägungen beruht der § 4 des Einführungs= gesetzes zum deutschen Strafgesetzbuch, durch welchen bestimmt wird, daß in zehn Fällen gewisse, sonst nur mit lebenslänglichem Zucht= haus zu bestrafende schwere Verbrechen mit der Todesstrafe zu belegen sind, wenn sie in einem Theile des Bundesgebiets, der im Kriegszustand befindlich erklärt wurde, oder während eines Krieges auf dem Kriegsschauplatz begangen worden sind. Diese zehn Fälle beziehen sich auf vollendeten Hochverrath (§ 81), auf Landesverrath (§ 88), Kriegsverrath (§ 90), quali= ficirte Brandstiftung (§ 307), wenn der Tod eines Menschen dadurch verursacht worden ist, oder in der Begünstigung derselben Mord oder Raub begangen werden soll, oder Löschgeräthschaften vom Thäter, um das Löschen zu verhindern, entfernt worden sind; Sachenzerstörung durch Explosion von Pulver und durch ähn= lich wirkende Stoffe (§ 311), Ueberschwemmung unter Ver= ursachung einer Tödtung (§ 312), gemeingefährliche Beschädigung von Eisenbahnen (§ 315), von Seeschiffahrtszeichen (§ 322) und Herbeiführung einer Strandung (§ 323) vorausgesetzt, daß in diesen Verbrechensfällen der Tod eines Menschen durch die gemeingefährliche Verbrechenshandlung verursacht worden ist. In diesen zehn Fällen handelt es sich um schwerste Missethaten, welche im Gefolge eines Aufruhrs zu erscheinen pflegen.

In anderen Ländern mögen auch andere Fälle denkbar sein, in denen zur Unterdrückung von gewissen schweren Verbrechen ungewöhnliche Machtvollkommenheiten erforderlich werden können.[73] Für Mittelitalien und Neapel ist ein organisirtes und gleichsam ständig gewordenes Räuberbandenwesen in Betracht zu ziehen. Meistentheils sind, wenn solche Uebel eine weitverzweigte Verbreitung gewonnen haben, die stehenden Organe der Rechtspflege nicht ausreichend. Angesichts der Anarchie ist die Frage zu stellen, welche Mittel den inneren Friedenszustand am sichersten und schnellsten herzustellen geeignet sind; die Analogie des Krieges, der Selbsthülfe und der Nothwehr ist viel mehr zutreffend, als der Hinweis auf das Recht des Friedens.[74] Je weiter die Machtvollkommenheiten in solchen Fällen zur Ueberwindung des Uebels auszudehnen sind, desto größere Vorsicht ist freilich anzuwenden, damit nicht Leidenschaft, Rache und Unwissenheit sich über bereits überwundene Feinde zu Gericht setzen. Die Fehler und Vergehungen, welche in der Geschichte der Bürgerkriege so häufig hervortreten, beziehen sich weniger auf den Gebrauch rechtzeitiger Strenge, als vielmehr auf die Fortdauer dictatorischer Maßregeln über die unbedingt nothwendige Zeit hinaus. Auch darf es nicht in die Hand der Militärbefehlshaber gelegt werden, ohne Mitwirkung Rechtsverständiger einseitig über Leben und Tod zu verfügen. Und niemals darf man empfehlen, daß in allen solchen Lagen, in denen die ordentliche Justiz walten kann, das Leben Unschuldiger der Uebereilung der Kriegs- und

und Standgerichte preisgegeben werde. Unser Zeitalter verfügt über eine große Reihe von Sicherungsanstalten selbst in solchen Zeiten, in denen der öffentliche Friede gestört ist. [75])

Mit Unrecht hat man zu den durch den Präventivzweck ge=forderten Tödtungen auch noch den Specialfall gerechnet, in welchem ein bereits zu lebenslänglicher Freiheitsstrafe Verurtheilter ein neues Verbrechen, oder gar einen neuen Mord begeht, nachdem er eines früheren Mordes wegen bereits einmal zum Tode verurtheilt und begnadigt worden war.

Es ist nicht zu leugnen, daß sich Gefangene gelegentlich am Gefangenwärter thätlich vergreifen und daß unter Umständen der Effect der Straflosigkeit eintreten kann. Aber dieser Erfolg kommt nicht blos bei lebenslänglich Verurtheilten in Betracht. Die Mittel der menschlichen Gerechtigkeit sind überall unvollkommen und mög=licherweise bei einem Zusammentreffen zahlreicher Verbrechen einer und derselben Person bald erschöpft. Wer zwanzig der schwersten Diebstähle begangen hat, weiß, daß er nach dem deutschen Straf=gesetzbuch im Falle einer Verurtheilung niemals über eine Zeit=dauer von fünfzehn Jahren hinaus zur Zuchthausstrafe verurtheilt werden kann; der lebenslänglich Verurtheilte darf in der Straf=anstalt Diebstahl, Körperverletzung und Fälschung begehen, ohne gerichtlich mit praktischem Erfolg bestraft werden zu können. Und selbst der zum Tode verurtheilte Verbrecher könnte vor seiner Hin=richtung gegen das Gefängnißpersonal beliebig viele Mordversuche unternehmn, ohne eine andere Strafe, außer der bereits über ihn verhängten, befürchten zu müssen.

Gerade die Thatsache, daß zum Tode Verurtheilte viel eher daran denken, sich selbst ein Leides zuzufügen, als den Gefängniß=wärtern zu nahe zu treten, ist lehrreich genug; denn eben jene haben das Bewußtsein völliger Straflosigkeit vor sich. Wenn man die Delinquenten vor ihrer Hinrichtung fesselt, denkt man in der Regel nur daran, sie vom Selbstmorde abzuhalten.

Die Fälle, in denen lebenslänglich Verurtheilte einen Mord an Gefängnißwärtern vollbringen, sind zu allen Zeiten selten gewesen; sie werden noch seltener sein, wenn man auch bei lebenslänglicher Freiheitsstrafe die Hoffnung auf Begnadigung wegen guten Verhaltens und damit ein wirksames Motiv der Besserung lebendig erhält. Auch versteht es sich von selbst, daß in der Behandlung besonders gefährlicher Individuen diejenigen Vorsichts= maßregeln beobachtet werden müssen, welche die Erfahrung an die Hand giebt. Jeder Gefängnißkundige wird bestätigen können, daß Mörder an sich nicht gefährlicher sind, als andere Gefangene. Zu einer Ausnahmebestimmung gegenüber den lebenslänglich Verurtheilten fehlt es an einem hinreichenden Grund deswegen, weil sich gezeigt hat, daß das Bewußtsein der gesetzlichen Straflosigkeit der bereits zur höchsten Strafe Verurtheilten eine hervorragende Bedeutung unter den Motiven mörderischer Angriffe nicht beanspruchen kann; ganz im Gegentheil ist zu behaupten, daß der Wunsch, durch Hinrichtung der langsam quälenden Zuchthausstrafe zu entgehen, bei mörderischen Anfällen wahrscheinlich häufiger im Spiel gewesen ist, als die Aussicht auf Straflosigkeit. Viele Verbrecher haben das lebhafte Verlangen, ihre Lage zu verändern und begehen aus diesem Grunde Gesetzes= verletzungen.[78])

Sechszehntes Kapitel.

~~~~~

Todesstrafe und Besserungszweck. — Zschokke's Vorschlag, an Stelle der Todesstrafe Blendung als Besserungsmittel zu verwenden. — Die Annahme der Unverbesserlichkeit bei Mördern eine durchaus irrige und hinreichend widerlegte. — Unmöglichkeit, Besserung oder Unverbesserlichkeit mit Bestimmtheit vorauszusagen. — Viele Mörder schon vor ihrer Verurtheilung reuig. — Die Gesellschaft gegen begnadigte und entlassene Mörder nicht unversöhnlich: Annette Myers und Corrigan. — Der Besserungszweck kein Princip der Strafe, aber Besserung als eines der Kriterien der Gerechtigkeit des Strafmittels anzuerkennen. — Inwiefern Mörder durch die Todesstrafe zur Buße gebracht werden können. — Ueberschätzung der Galgenreue von Seiten mancher Geistlichen.

Ueber das Verhältniß der Todesstrafe zum Besserungs=
zweck ist sehr verschiedenartig geurtheilt worden.

Eine erste Behauptung geht dahin: wer ein todeswürdiges
Verbrechen begangen habe, sei schon deswegen unverbesserlich und
müsse aus der menschlichen Gesellschaft ausgeschieden werden.

Zweitens ist versichert worden, gerade die Todesstrafe sei
das geeignetste Mittel, schwere Verbrecher innerlich umzustimmen.

Und drittens: die Todesstrafe schneide gewaltsam die Mög=
lichkeit der Besserung ab und sei deswegen verwerflich.

So ist also die Todesstrafe abwechselnd vom Standpunkt der
Besserungstheorie aus gerechtfertigt und verworfen worden.[77]

Was zunächst die erste Behauptung anbelangt, der zu Folge
Mörder unverbesserlich sein sollen, so hängt sie in ihrer Begrün=
dung mit dem Präventivzweck zusammen. Man besorgt, daß, wer

einmal gemordet hat, auch späterhin bei passender Gelegenheit die=
selbe Missethat wiederholen werde. So lange daher der Staat
über keine anderweitigen Sicherungsanstalten verfügt, würde die
Annahme der Unverbesserlichkeit zu demselben Ergebniß führen,
wie die Hinweisung auf die Specialprävention überhaupt. Anderer=
seits würde jene Behauptung keinen selbstständigen Werth mehr
haben, wenn es Mittel giebt, die Verbrecher unschädlich zu
machen. Zschokke hat darauf hingewiesen, daß sogar ohne Ge=
fängnisse die Unschädlichmachung des Verbrechers auf eine ziemlich
schmerzlose Weise durch die gelegentlich in früheren Zeitaltern an=
gewendete Strafe der Blendung zu erreichen sein möchte, woran
er die Bemerkung knüpft, daß erfahrungsmäßig gerade Blinde in
ihrer Hülflosigkeit und Abhängigkeit von anderen Menschen weichen
Gemüthes zu werden pflegten. Eugène Sue behandelt dasselbe
Thema vom psychologischen Standpunkte aus in seinen Geheim=
nissen von Paris. Nachdem man sich einmal von den verstüm=
melnden Strafen grundsätzlich abgewendet, ist keine Aussicht vor=
handen, daß man im Hinblick auf die Beseitigung der Todesstrafe
die Blendung als einen passenden Ersatz dafür gelten läßt.
Die öffentliche Meinung würde heut zu Tage in der Entziehung
des Augenlichtes eine härtere Strafe sehen, als in der Todesstrafe
selbst. Immerhin bliebe es aber überlegungswürdig, ob besonders
gefährliche Individuen durch mechanische Vorrichtungen ohne
wirkliche Blendung so lange am Sehen verhindert werden könnten,
bis sie zur Nachgiebigkeit gestimmt worden sind, und in der Zurück=
gabe des Lichtgenusses eine ihnen erzeigte Wohlthat erkennen
würden. Die Gedankenrichtung, welche dahin geführt hat, den
Dunkelarrest als schwere Disciplinarstrafe zu verwenden, würde
im Wesentlichen damit übereinstimmen. Uebrigens ist jene
Annahme der Unverbesserlichkeit eine durchaus irrige.
Durchschnittlich entspricht nämlich die bereits im Zusammenhang

mit dem Präventivzweck berührte stärkere oder geringere Rückfälligkeitstendenz gewisser Verbrecherkategorien auch der größeren
oder geringeren Wahrscheinlichkeit der dabei auf Seiten des Thäters
vorhandenen Neigung zur inneren Umkehr. Alle Zeugnisse, welche
aus einer Zeit herrühren, die der heutigen Strafanstalten ent=
behrten, sind als völlig werthlos bei Seite zu setzen.

Wer über die Wahrscheinlichkeit der von Verbrechern zu er=
wartenden Besserung urtheilen will, hat vor allen anderen Dingen
die Criminalpsychologie, die Rückfallsstatistik und die
Erfahrungen der Gefängnißkunde zu Rathe zu ziehen. Alle
gegenwärtig noch brauchbaren Zeugnisse aus diesen Wissensgebieten
stimmen darin überein, daß man die am schwersten bestraften Ver=
brecher durchaus nicht als die sittlich verdorbensten ansehen darf.

Ein Rechtsgelehrter, dessen Aufmerksamkeit im hohen Grade
der psychologischen Seite des Verbrechens zugewendet ist, Berner
sagt in seiner trefflichen Abhandlung über die Todesstrafe:[78])

„Der in die verborgene Tiefe sieht, wird es wissen und viel=
leicht einst an den Tag bringen, daß diejenigen, die im Kerker
oder unter dem Henkerbeil büßen, bei Weitem nicht die Schlechtesten
sind und daß Mancher, der kein Verbrechen begeht, ein größerer
Bösewicht ist, als die der Schärfe des Gesetzes verfallenden Ver=
brecher." Und ferner: „Daß der Zeitpunkt, wo der Mensch so=
eben ein schweres Verbrechen, besonders ein Verbrechen von so
grausiger und greller Färbung, wie der Mord verübt hat, keines=
wegs der Zeitpunkt ist, wo er der Besserung am fernsten steht."
— „Ehe der Mensch sich in seiner ganzen empörenden Nichts=
würdigkeit selbst erschaut, kann die Nichtswürdigkeit in ihm still
fortwachsen; stellt sich ihm aber in Gestalt eines schweren Ver=
brechens das Bild seiner ganzen Niedrigkeit und Verworfenheit
plötzlich in scharfen Zügen vor die Augen, so kommt mit der
Selbsterkenntniß auch die tiefe Besinnung, die Reue, die Umkehr."

Berner's Ausführungen werden durch die Erfahrungen der Strafrechtspflege durchaus bestätigt. Bei wenigen Verbrechen zeigt sich so häufig aufrichtige, wahre und ächte Reue, wie bei den Verbrechen der Tödtung. Es ist dies nicht die Reue, welche durch rechtzeitiges Geständniß einen processualischen Vortheil oder eine Strafmilderung sucht, sondern jene Reue, welche unter der schweren Last eines kaum zu ertragenden Schuldbewußtseins die Selbstbestrafung zu vollziehen beginnt, ehe der Staat durch den Richter das verletzte Gesetz zur Anwendung bringt. Es ist irrig, das Merkmal der Reue nur auf den in der Aufwallung des Blutes verübten Todschlag beziehen zu wollen, auch bei Mördern sind die Beispiele aufrichtiger, schon in der Voruntersuchung hervortretender oder sogar zur Selbstanzeige drängender Buße nicht so selten, wie man gewöhnlich glaubt. Inquirenten, die mit Mördern vielfach verkehrt haben, wissen es, daß es leichter ist, von ihnen ein Geständniß zu erlangen, als von ergrauten Dieben oder Betrügern. Auch die Thatsache, daß gerade bei Mordfällen oft nach dem Verlauf von Jahren der unentdeckt gebliebene Thäter sich durch Selbstanzeige bei den Gerichten zur Bestrafung meldet, darf unter den psychologischen Indicien nicht übersehen werden. Die Mehrzahl der anderen Verbrecher hat das ihre That beschönigende Bewußtsein, dasjenige, wozu sie im Drange der Noth getrieben zu sein wähnen, den angerichteten Schaden ersetzen zu können. Die Unwiderruflichkeit des Todes ist es, wodurch das Gewissen derer, die ihn verursacht haben, weitaus schwerer belastet wird und sogar bei denen, die fahrlässigerweise ein menschliches Leben zerstörten, zeigt sich eine weitaus lebhaftere Empfindung ihres Unrechts, als bei solchen, die durch Fahrlässigkeit Brand stifteten oder fremdes Eigenthum beschädigten.

Die Mehrzahl der hervorragenden Gefängnißdirectoren stimmt darin überein, daß sich bei keiner Klasse von Verbrechern die

die Besserung mit solcher Wahrscheinlichkeit verbürgen läßt, wie bei begnadigten, nach längerer Zeit aus der Strafanstalt entlassenen Mördern. In der oldenburgischen Strafanstalt zu Vechta ist von Hoyer bemerkt worden, daß einzelne zu lebenslänglichem Zucht= haus begnadigte Verbrecher die ihnen späterhin geöffneten Pforten des Gefängnisses nicht zu durchschreiten wagten, sondern in dem lebendigen Gefühl der Reue baten, ihnen das Verbleiben in der Strafanstalt zu gestatten.

Der Criminalstatistiker Oettingen erwähnt, daß der Kindes= mord keineswegs immer von besonders entarteten und gemeinen Personen verübt wird; es sei eine nicht blos in Sibirien gemachte Erfahrung, daß solche Mädchen, die wegen Kindesmordes ver= urtheilt wurden, nachher vielfach als ordentliche und zuverlässige Dienstboten sich erwiesen, welche durch die bittere Erfahrung gewitzigt, nicht leicht wiederum der Extravaganz in ihrem Lebenswandel ver= fallen. Mit Recht führt er an, daß mitunter diese verzweiflungsvolle That, sittlich genommen, weniger schlimm ist, als jene unmenschliche (aber meistens durchaus straflose) Lieblosigkeit, die langsam und systematisch das Leben des Kindes opfert oder dahinsiechen läßt.[79])

In der Regel entzieht sich das spätere Leben solcher, die wegen Mordes verurtheilt, dann begnadigt und nach längerem Zeitablauf entlassen wurden, der aufmerksamen Beobachtung. Von vielen Seiten, wenn ihre Schuld bekannt ist, scheu gemieden, ziehen sie selbst sich meistentheils vor anderen zurück oder verlassen, wo es irgend möglich ist, den Schauplatz ihrer Missethat: ein Gefühl, das jedermann leicht begreift. Dennoch giebt es Beispiele genug, welche erweisen, daß die aus den Strafanstalten Entlassenen in ungewöhnlicher Weise bemüht waren, ihrem Verbrechen durch nützliche Wirksamkeit Verzeihung zu erwirken. Bekannt ist das Beispiel einer in der Schweiz zum Tode verurtheilten und später völlig begnadigten Gattenmörderin, welche zum zweiten Male trotz ihrer grauenvollen That geheirathet wurde und in ihrer Gemeinde allgemeine Achtung sich erwarb.

Aus der neueren Englischen Strafrechtspraxis sind zwei Fälle als Beispiel völlig beglaubigter Besserung beachtenswerth. Annette Myers, ein junges Mädchen von höherer Bildung und guter Erziehung erschoß mit Vorbedacht ihren Geliebten, der sie verführt hatte und im Begriff stand, sie zu verlassen. Schon damals, als die That ruchbar ward, bemerkte die „Times", daß, moralisch genommen, ihre That nicht schwerer wiege, als diejenige eines Mannes, der eine schwere tödliche Beleidigung an seinem Gegner im Zweikampf rächt. Annette Myers ward zum Tode ver= urtheilt, in Folge eines allgemeinen „Begnadigungssturmes" in= dessen nicht hingerichtet, sondern nach Australien transportirt, wo sie nachmals sich verheirathete und ein tugendhaftes Leben führte.

Ein zweites Beispiel liefert Thomas Corrigan, ein junger Mann, der am Weihnachtsfeste 1855 in Folge eines ehelichen Zwistes, seine Frau gleichsam unter den Augen seiner Freunde erstach, und sofort nach vollbrachter That von lebhafter Reue er= griffen ward. Zum Tode verurtheilt, ward er zu lebenslänglicher Transportation verurtheilt und nach Australien gebracht, wo er nachmals im Kreise seiner Kinder lebte und als Missionar das Christenthum verbreiten half.[80])

Im Allgemeinen wird zu sagen sein, daß diejenigen Mörder, welche, als sie ihr Verbrechen begingen, gleichsam plötzlich aus ihrer bürgerlichen Lebensweise herausgeschleudert wurden, am leichtesten von wahrer Reue ergriffen werden, und daß die Besse= rungsfähigkeit am geringsten bei solchen ist, die zu den völlig ab= gestumpften, langsam gesunkenen, gleichgültig gewordenen Naturen zählen.

Was die beiden einander widersprechenden Behauptungen an= belangt, deren eine die Unvereinbarkeit der Todesstrafe mit dem

Besserungszweck betont, während die andere gerade umgekehrt in
der Todesstrafe das zuweilen allein übrigbleibende Besserungs=
mittel erkennt, so sind beide ziemlich werthlos. Ihr gemeinsamer
Ausgangspunkt ist die Anerkennung der Besserung als des
alleinigen Zweckes, der Besserungsbedürftigkeit als der Grundlage
der Strafe. Bis zum gegenwärtigen Augenblick ist unzweifelhaft
nur eine in ihrer Geringfügigkeit verschwindende Minderheit von
Rechtsgelehrten bereit, die Besserungsbedürftigkeit des Verbrechers
als Princip der Strafe gelten zu lassen. Keine der neueren
Strafgesetzgebungen hat sich auf diesen Standpunkt zu stellen ver=
mocht. Denn das Wesen der Besserung ist noch weitaus un=
sicherer in seiner praktischen Verwirklichung als Abschreckung. Nur
das Eine wäre zuzugeben, daß die Umformung des schuldhaften
verbrecherischen Willens zu einer sittlichen Macht des Guten unter
allen Präventivmitteln gegen die Rückfälligkeit das allerwirksamste
sein würde.

Die wissenschaftliche Widerlegung des Besserungszweckes kann
hier unterbleiben, da, wie eben bemerkt, keine Gesetzgebung sich auf die
ausschließliche Grundlage desselben gestellt hat. Um das Strafrecht auf
den Besserungszweck aufzubauen, wäre zweierlei zu zeigen. Erstens,
daß Besserungsbedürftigkeit, beziehungsweise zuständlich schlechte
und verbrecherische Gesinnung die Quelle aller Verbrechen ist
und in Beziehung auf das Moment der Rechtswidrigkeit sich von
einer einfach unsittlichen Gesinnung unterscheiden ließe. Vom
Standpunkt der Moral bedeutet es wenig, ob in die bereits schwer
belastete Wagschale der Unsittlichkeit noch die vergleichungsweise
federleichte Einzelthat eines Menschen hineingelegt wird, welche sie
zum Sinken in der Hand der Gerechtigkeit bringen soll. Wenn
überall zugegeben werden muß, daß Verbrecher oft weniger schlechte
Menschen sind, als andere, die in nichtswürdiger Weise unter
planmäßiger schlauer Umgehung des Strafgesetzes dieselben un=

sittlichen Zwecke verfolgen, so ist nicht zu begreifen, warum das gleichsam körperliche Element einer bestimmt strafbaren Einzel= handlung die gesammte geistige Persönlichkeit des Verbrechers der Besserungsprocedur unterworfen soll. Nach der anderen Seite ist die Möglichkeit, ein Verbrechen zu begehen, ohne daß der Thäter seinen sittlichen Werth dauernd einbüßt, nicht nur von den Dichtern und Dramatikern dargethan, bevor die empirische Psychologie diese Thatsache lehrte, sondern auch in jener großen Anzahl von Straf= verboten ausgedrückt, die lediglich den Rücksichten der jeweiligen Zweckmäßigkeit entstammt sind. Zweitens wäre weiter zu zeigen: daß jene zuständliche Umwandlung des verbrecherischen Willens mit den für den Staat verfügbaren Mitteln des Zwanges auf hinreichend sichere Weise überhaupt bewerkstelligt werden könnte und auch in ihrem Vorhandensein überall zu erkennen wäre. Nach dem jetzigen Stande der Erfahrung ist aber gerade anzunehmen, daß die Besserung in den Fällen, in denen sie wegen zuständlich schlechter Gesinnung am nothwendigsten in rechtlicher Hinsicht er= scheint, mit den bisher versuchten Mitteln am wenigsten zu er= reichen ist. Von vornherein darf freilich kein bestimmtes In= dividuum für unverbesserlich mit absoluter Gewißheit erklärt wer= den; denn es können im Seelenleben Einwirkungen vor sich gehen, die sich unserer Berechnung völlig entziehen. Auf Grund der ge= sellschaftlichen Durchschnittserfahrungen ist jedoch daran fest= zuhalten, daß die große Klasse derer, die gewohnheitsmäßig aus Arbeitsscheu, Trunksucht, geschlechtlicher Ausschweifung, völliger moralischer Verkommenheit die Rechtsordnung verletzen, mit den gewaltsamen Mitteln des Strafzwanges nicht gebessert werden können, man müßte denn einige in vorübergehender Anwand= lung der Weichheit vergossene Zähren als Zeichen der Besserung attestiren.

Die Besserung bleibt eine Möglichkeit, die für den Staat eine

so große Bedeutung gewinnt, daß sie bei der Werthmessung der
Strafmittel niemals übersehen werden darf; denn unbedingt ist
zu verlangen, daß der Staat in der Strafe der persönlichen Frei=
heit so viel Spielraum lasse, daß sie sich zur sittlichen Umkehr
überhaupt zu entschließen vermag, oder durch Schule und Kirche
aus geistiger Erstarrung wiederbelebt werden könne. Und ebenso
ist sicherlich diejenige Strafe schlechthin als eine ungerechte zu
bezeichnen, welche durch ihre Erfolge in der Gesammtheit des
Volkes oder bei den einzelnen Verbrechern eine Verschlechterung
des Sittenzustandes oder ein Sinken der moralischen Kräfte her=
beiführt.

Mit diesen beiden Forderungen, daß die sittliche Hebung des
Verbrechers soweit ermöglicht, gefördert und erleichtert werde, als
mit dem Zwangscharacter des Strafübels irgendwie vereinbar ist,
und ferner, daß die strafende Gewalt niemals durch ihre Bethäti=
gungsweise das Unsittliche positiv hervorrufe, ist die Berechtigung
des Besserungszweckes im Allgemeinen erschöpft.

Wenngleich der über diese Gränzen hinausgehende Besserungs=
zweck, insbesondene die Theorie, welche Alles von Besserungs=
fähigkeit und Besserungsbedürftigkeit abhängig macht und die Straf=
dauer eines bestimmten Individuums von der präsumtiven
Annahme der Besserung auf Seiten der Gefängnißbehörden be=
dingt sein läßt, juridisch und gesetzgeberisch wenig bedeutet, so
läßt sich doch nicht verkennen, daß derartige Ansichten in den
mittleren und unteren Schichten der Bevölkerung theils unter dem
Titel der sg. „Menschenfreundlichkeit", theils unter dem Einfluß
einer die Willensfreiheit leugnenden Weltanschauung an Verbreitung
gewinnen. Wo man den freien Willen als Quelle der Schuld
leugnet, ist es ganz consequent zu verlangen, daß der Verbrecher,
der sich nicht selbst bessern kann, zu einem Besserungspräparat
in den Laboratorien der Philanthropie unter weiterer grundsätzlicher

Aufhebung seines selbständigen Wollens herabgesetzt werde. Immer zahlreicher werden diejenigen, welche sich einbilden, daß jeder Mensch durch eine bestimmte Anzahl von Unterrichtsstücken, eine bestimmte Ziffer auswendig zu lernender Gesangbuchverse, ein bestimmtes Pensum von Arbeitsleistungen, eine bestimmte Anzahl von menschen= freundlichen Liebkosungeu und eine bestimmte Anzahl von Kubik= metern frischer Luft in einer Gefängnißzelle gebessert werden muß, wobei es die Sprachweise der Medicin ist, in der man den „mo= ralisch Kranken" auch ihre moralischen „Hospitäler", ihre Kur= und Nachkur zuerkennt.

Daß nun die Todesstrafe die Besserung geradezu unmöglich mache, läßt sich von vornherein gewiß nicht behaupten, wenn man sich mit den wahrscheinlich ernst gemeinten Zeichen der Reue be= gnügen will, oder wenn man es als ausreichend erachtet, daß der Verbrecher selbst begreift, er habe Angesichts des bestehenden Ge= setzes kein Recht, sich über die Anwendung der Todesstrafe zu beschweren. Ebenso willkürlich ist die Annahme, daß diejenigen, welche vor der Hinrichtung hartnäckig und verstockt bleiben, sich späterhin gebessert haben würden, wenn man ihnen und dem Geist= lichen nur Zeit gelassen hätte, in den unternommenen Besserungs= versuchen fortzufahren. Wie hoch der Werth der Reue zu ver= anschlagen ist, die sich im Leben zu bethätigen keine Gelegenheit finden kann, ist freilich eine andere Frage. Geistliche werden der „Bußfertigkeit" des Sünders in der Regel einen größeren selb= ständigen Werth beilegen, als die Criminalpsychologie.

In Nordamerika ist die Ansicht, daß der Staat einen un= bußfertigen Mörder in der Blüthe seiner Sünden nicht in „den Abgrund der Ewigkeit" hinabstoßen dürfe, weit verbreitet und ledig= lich um ihrer Verbreitung willen eine Erscheinung, mit welcher die Gesetzgebung einzelner Länder zu rechnen hatte. In gewissen Staaten verfiel man daher auf den sonderbaren Ausweg, nach der Publication

des Todesurtheils die Vollſtreckung auf ein Jahr auszuſetzen, damit der Delinquent Zeit gewinne, ſich gründlich auf ſeine Strafe
vorzubereiten. Was die Europäiſchen Staaten anbelangt, ſo hat
man auf dies Verhältniß der Todesſtrafe zur Unbußfertigkeit des
Verbrechers weniger Rückſicht genommen und es überall für ausreichend erachtet, daß den Verurtheilten der Zuſpruch und Troſt
des Geiſtlichen nicht vorenthalten werden dürfe. Ganz im Gegentheil zu der Praxis jener amerikaniſchen Staaten, welche einen
langen Zwiſchenraum zwiſchen Urtheilsverkündung und Urtheilsvollſtreckung verſtreichen laſſen wollen, iſt man zu der Ueberzeugung
gelangt, daß den Delinquenten die bevorſtehende Vollziehung der
Todesſtrafe zwar nicht unvorbereitet treffen, aber auch nicht
längere Zeit in der Aufregung erhalten ſoll, welche durch die Gewißheit der Todesſtunde meiſtentheils hervorgerufen wird.

Mittermaier berichtet, daß nach der Praxis des ehemaligen Kirchenſtaates Hinrichtungen in Rom erſt dann vollſtreckt
zu werden pflegten, wenn der Delinquent dem Geiſtlichen gebeichtet
und von dieſem die Abſolution empfangen hatte; zuweilen jedoch
dennoch, wenn die Anſtrengungen des Geiſtlichen erfolglos geblieben
waren, und der Delinquent, der vielleicht bemerken mochte, daß er
die Hinauszögerung der Hinrichtung durch Störrigkeit erreichen
konnte, unbußfertig blieb, die Execution erfolgt ſei.

Am ſonderbarſten unter allen anderen nimmt ſich die gelegentlich vorkommende Verſicherung aus, die Todesſtrafe ſei aus
dem Grunde heilſam nnd empfehlenswerth, weil Mörder, die
auf keinem anderen Wege zur Buße gebracht werden könnten, durch
das Bewußtſein, binnen kurzem zu einer beſtimmten Stunde aus
dieſer Welt ſcheiden zu müſſen, von der ewigen Verdammniß ge-
rettet und der Seligkeit theilhaftig gemacht werden möchten. Es
ſind einzelne Geiſtliche, die ſich zu dieſer Anſicht bekennen, weil
es ihnen gelungen iſt, Delinquenten in den letzten Augenblicken

ihres irdischen Daseins zu bekehren und, wie jene meinen, wirklich davon zu überzeugen, daß ihnen mit der Enthauptung oder Erwürgung eine dankenswerthe Wohlthat erzeigt wird.

Gewiß wird zugegeben werden müssen, daß die unmittelbare Nähe des Todes in zahlreichen Fällen das Gemüth erschüttert, und mancher in articulo mortis die Trosthülfe der Kirche annimmt, die er unter gewöhnlichen Verhältnissen geringschätzig zurückgewiesen hat. Nur darf man bezweifeln, ob der sittliche Gewinn einer solchen in der Todesangst und gleichsam im Angstschweiß herausgepreßten Stimmung ein sehr großer ist. Jedenfalls haben die Geistlichen, welche über die letzten Stunden solcher fromm gewordenen Verbrecher berichten, ihrerseits ein ganz richtiges Gefühl, wenn sie meinen, man müsse diese bußfertige Stimmung um Gotteswillen schnell benutzen und mit der Hinrichtung nicht allzusehr zögern. Sie sehen die Gefahr, daß die Reue, die endlich zum Durchbruch kam, hinterher wieder schwinden könnte. Sie beklagen daher öfters Begnadigungen, weil sie darin eine Gefahr sehen, daß der bereits der Ewigkeit geweihte Delinquent doch wieder von irdischen Gedanken erfaßt werden würde. In Wirklichkeit ist diese Angstäußerung und die Stimmung des Momentes etwas anderes, als dauernde Bethätigung guter Vorsätze im Leben.[81])

Uebrigens täuschen sich Geistliche häufig sogar über die Aufrichtigkeit und Innerlichkeit jener in den letzten Lebensstunden von den Delinquenten dargebrachten Gebete. Man darf dies deswegen behaupten, weil schärfer blickende Theologen Gelegenheit hatten, hinter den Vorhang zu schauen, der das Seelenleben sterbender Verbrecher unserem kurzsichtigen Auge verhüllt. Weitaus die Mehrheit der bußfertigen Verbrecher nimmt die geistliche Hülfe eines Trösters auch aus dem Grunde an, weil sie in ihm den letzten möglichen Anwalt der von ihnen ersehnten Begnadigung erblicken und weil sie hoffen, daß der offenbar Reumüthige die meiste Aussicht hat, mit der Todesstrafe verschont zu bleiben. So mischen sich Irdisches und Himmlisches in dem Vorstellungskreise sterbender Delinquenten bunt durcheinander. Wenige lassen den letzten schwachen Hoffnungsschimmer im Anblick des Schaffots fahren. Nur zu häufig haben Geistliche erfahren müssen, daß diejenigen, die sie von allem Leiblichen, Sündigen und Irdischen durch Gebet bereits völlig abgeschieden glaubten, hinterher dennoch, je näher sie der Ewigkeit treten, um so hartnäckiger an die Körperwelt sich anklammerten. Es liegt in der menschlichen Natur, sich gegen den Tod zu sträuben.

Siebenzehntes Kapitel.

Die Todesstrafe im Verhältniß zur Gerechtigkeit. — Was heißt
Gerechtigkeit? — Dreifache Bestimmung der Gerechtigkeit. — Die Gerechtigkeit
auf der Grundlage des Offenbarungsglaubens. — Die herrschende Kirchenlehre
hält bis jetzt an dem Gebote der Talion fest. — Mißbrauch der Bibel zumal
des alten Testaments in Gesetzgebungsfragen. — Die Todesstrafe ist im mosaischen Recht nicht dogmatisch, sondern historisch zu verstehen. — Jüdische Gesetzesauslegung casuistisch. — Völlige Unbrauchbarkeit des mosaischen Rechts für die
heutigen Staatszustände. —

Wie innerhalb der gesetzgebenden Gewalten und der Kreise
solcher, die ihre practische Einsicht selbst zu rühmen pflegen, der
Abschreckungszweck allen anderen Rücksichten der Strafrechtspflege vorangestellt zu werden pflegt und aus diesem Grunde einer
stets wiederholten Bekämpfung bedarf, so ist innerhalb der Strafrechtslehre das Princip der Gerechtigkeit das entschieden
überwiegende geworden. Wo unter den Fachgelehrten die Todesstrafe Anfechtung oder Vertheidigung erfährt, geschieht dies zumeist
mit Rücksicht auf die behauptete Gerechtigkeit oder Ungerechtigkeit
der Strafart. Da die Begründungsweise im Einzelnen bei den
Anhängern der Gerechtigkeitstheorien eine sehr verschiedene ist, so
erklären sich auch die Gegensätze in den Schlußergebnissen, zu denen
man gelangte. Was man als theoretisches Postulat der vermeintlich ewigen und unabänderlichen Gerechtigkeit mühsam erforscht und
unwiederruflich dargethan zu haben glaubte, das beruhte meisten-

theils auf jener Selbsttäuschung einer individuellen Empfindungs=
weise, welche in die Umhüllung wissenschaftlicher Formel einge=
kleidet, ihre Forderungen als logisch und ethisch unumstößliche
Lehrsätze in gutem Glauben betrachtete.

Von kleineren Abweichungen absehend, kann man unter den
Anhängern der Gerechtigkeitstheorie, soweit das hier allein zu ent=
scheidende Verhältniß zur Todesstrafe in Betracht kommt, drei
Grundrichtungen unterscheiden:

Erstens: diejenige, welche ihre Bestimmungen aus der
göttlichen Offenbarung als eine für alle
Zeiten unabänderliche Grundlage entnimmt;

Zweitens: diejenige, welche auf vernunftgemäßer Grund=
lage das ethische Princip der Vergeltung
entwickelt;

Drittens: diejenige, welche das wirkende Princip der Ge=
rechtigkeit in dem practischen Ergebniß der Ge=
nugthuung und Sühne findet.

Diese drei Grundrichtungen sind der Reihe nach zu betrachten;
zunächst also die erste.

Zu allen Zeiten ist die Berufung auf den göttlichen Ursprung
menschlicher Einrichtungen das werthvollste Mittel gewesen, um
vor Veränderungen und Reformen abzuschrecken. Die absolute
Monarchie der Bourbons und der Stuarts, die demokratische Re=
publik der Independenten, die Feudalität des Großgrundbesitzers,
und insbesondere auf strafrechtlichem Gebiete die Ketzerverbren=
nungen, die Tortur, Prügelstrafe und Verbannung (welche in der
Ausweisung aus dem Paradiese ihr Vorbild haben sollte) — alle
Mißbräuche der Vergangenheit sind zur Zeit ihres Bestehens und
noch mehr zu Zeiten einer ihrem Bestande drohenden Gefahr, als
unantastbare Bestandtheile göttlicher Weltordnung von Priestern,
Juristen und Staatsmännern angesehen worden. Die Kirche der

Vergangenheit und der Gegenwart ist in ihrer herrschenden
Richtung fast immer der Neigung gefolgt, aus den gebrechlichsten
Institutionen ihren Glaubensvorrath zu vermehren, einem Sammler
vergleichbar, der sein Raritätenkabinet auch mit solchen Objekten
versorgt, die vor den Augen eines wahren Kunstkenners als werth-
loser Tand späterhin erscheinen. Wenn man bedenkt, daß Hexenprocesse und Folter an den Männern des Starrglaubens ehemals
die eifrigsten Fürsprecher fanden und daß es in Schottland die
Geistlichkeit war, welche bis zu allerletzt die Nothwendigkeit der
Ausrottung von Hexen verkündete, wird man nach den Gesetzen der
historischen Analogie vermuthen, daß es Geistliche sein dürften,
welche bereinst als die letzten die Nothwendigkeit des amtlichen
Blutvergießens im Namen der göttlichen Gerechtigkeit verlangen
werden, nachdem Staatsmänner und Richter längst davon Abschied
genommen haben.

Für die große Masse der katholischen und protestantischen
Geistlichen aller Staaten ist es noch heute ein Glaubensartikel, daß
die menschliche Gerechtigkeit ohne die Todesstrafe nicht bestehen
darf. Die eingebildete oder wirkliche Geschichte der Menschheit
seit dem Tode Abel's und der Mordthat Kain's wird aus dem
Gesichtspunkte einer Continuität des Blutvergießens betrachtet, die
Todesstrafe eingereiht in den „Heilplan" der göttlichen Vorsehung,
zumal nach ihrer Auffassung ohne Martyrium und Todesstrafe
das Christenthum weder gegründet noch auch verbreitet worden
wäre. Gegenüber einem solchen Standpunkte müssen alle mit den
Mitteln der Vernunft oder der Geschichtskunde unternommenen
Widerlegungsversuche einfach als Werke des Unglaubens zurückgewiesen werden. In Wirklichkeit läßt sich auch nicht verkennen,
daß die alten Kirchen, indem sie den göttlichen Ursprung der
Todesstrafe aufrecht erhalten wollen, durch dogmatische Ueberlieferung und den allezeit scharfen Instinct ihrer Machtinteressen

gleichzeitig geleitet werden. Müßte die katholische Kirche nicht ihre Ketzerinquisition verläugnen, wenn sie die Unrechtmäßigkeit der Todesstrafe eingestehen wollte? Und wie könnte das Lehrgebäude der protestantischen Orthodoxie aufrecht bleiben, wenn man den Autoritäten des XVI. Jahrhunderts ihre Berechtigung im XIX. Jahrhundert bestreiten wollte? Sehr gering ist die Anzahl derer in den strengkirchlichen Kreisen, welche befähigt sind, ohne Voreingenommenheit zu prüfen, wie die Todesstrafe zur Religion sich verhält. Darum ist es von großem Werth, daß einzelne Männer streng kirchlicher und unzweifelhaft christlicher Gesinnung mit ihren abweichenden Meinungen hervorgetreten sind, ohne sich durch ihre weithin sichtbare Vereinzelung abschrecken zu lassen.[82])

Eine der merkwürdigsten und auffallendsten Erscheinungen der neueren Culturgeschichte ist es, daß die ungeheure Mehrzahl der christlichen Theologen sich durch das im mosaischen Recht erklärte Gesetz der Talion und der äußerlichen Wiedervergeltung in ihrem Gewissen gebunden fühlt, während Talmudisten und jüdische Gelehrte mit einer durchschnittlich besseren Kenntniß der hebräischen Rechtsalterthümer und der jüdischen Ueberlieferung die Verbindlichkeit der mosaischen Satzungen angegriffen haben, und darzuthun suchten, daß jene Vorschriften nur für eine bestimmte Zeitperiode des altjüdischen Volkslebens berechnet gewesen sind.[83])

Die herrschende Meinung der Theologen nimmt das mosaische Gesetz als göttliche Anordnung über das Christenthum fortwirkend an. „Der Bluträcher soll den Todtschläger tödten." „So jemand einen Menschen erschlägt, so soll er getödet werden." „Und so jemand seinem Nächsten eine Verletzung zufügt, so wie er gethan, also soll ihm gethan werden, Bruch um Bruch, Auge um Auge, Zahn um Zahn". — „Du sollst nicht schonen: Leben um Leben, Auge um Auge, Zahn um Zahn, Hand um Hand,

Fuß um Fuß." — „Ihr sollt keine Sühne nehmen für
das Leben eines Todtschlägers, welcher schuldig ist zu
sterben, sondern getödtet soll er werden." „Wer Men=
schenblut vergießet, durch Menschen soll sein Blut ver=
gossen werden, denn nach seinem Bilde machte Gott
den Menschen." Dies sind die Haupzeugnisse der alten Schrift
für die Todesstrafe.

Ueber den geschichtlichen Character des mosaischen Strafrechts
kann kein Zweifel obwalten; dennoch ist nicht zu leugnen, daß be=
reits in den Büchern Mose die deutlichen Spuren einer theils
schwankenden, theils fortschreitenden Entwickelung, eines Ringens
zwischen grausamer Strenge und größerer Milde vorhanden sind.
Die Anfangs weitergreifende, der Blutrache preisgegebene Mit=
schuld der Angehörigen des Töbtenden wird nach und nach be=
schränkt; nur der wirkliche Thäter haftet: „Es sollen nicht Väter
getödtet werden um Söhne, und Söhne sollen nicht getödtet werden
um Väter; ein jeglicher soll für seine Sünde getödtet werden"
(5. Mos., 24, 16). Nach dem mosaischen Gesetz sollten sogar die
eigenen Eltern den ungehorsamen Sohn steinigen lassen. Die
Sprüche Salomonis dagegen verbieten dies in klaren Worten
(19, 18). Ebenso lassen sich, je nach dem besonderen, gerade vor=
liegenden Anlaß, die Stimmen der Propheten bald hart strafend,
bald zur Versöhnung und Milde mahnend, vornehmen. Von
einer absoluten, unabänderlichen Einheitlichkeit gött=
licher Gebote kann in den Schriften des alten Testa=
ments keine Rede sein; ihr geschichtlicher Grundzug ist zu
deutlich ausgeprägt, als daß er übersehen werden dürfte.[84])

Einige der wichtigeren Stellen sind nach ihrer sprachlichen
Bedeutung angezweifelt und nach verschiedenen Richtungen hin
gedeutet worden. Die vorzugsweise in Anspruch genommene Stelle,
welche die Erwiederung des Blutvergießens verordnet (1 Mose 9, 6)

ist einer verschiedenen Auslegung fähig. Welche der verschiedenen
Uebersetzungen richtig ist, läßt sich mit mit völliger Gewißheit nicht
darthun; es giebt kein Mittel der authentischen Deklaration. In=
dessen kommt auf die Einzelheiten sehr wenig an, denn es bleibt
immer das Fundament der Rache und der äußerlichen Wieder=
vergeltung als Kennzeichen der mosaischen Gesetzgebung bestehen.[85])
Wenn nun die Bibelauslegung dabei beharrt, daß die Todesstrafe
in Gemäßheit der alttestamentarischen Satzung bestehen bleiben soll,
so nimmt sie eine für die heutige Zeit völlig unhaltbare Stellung
ein. Mehreres ist ihr nämlich entgegenzuhalten.

I. Der durch die ganze Bibelexegese von jeher durchlaufende
Widerspruch zwischen wörtlich strikter und bildlicher
oder ausdehnender Erklärung. Wenn von Blutvergießen
in uralter Zeit allein die Rede ist, so entsteht der Zweifel, ob
Vergiftungen, die fast überall in verhältnißmäßig späteren Epochen
der Culturentwickelung auftreten, im Wege juristischer Ana=
logie gleichfalls unter das Gesetz bezogen werden sollen. Eine
Anzahl von Theologen hat es mit den Worten des alten Testa=
ments in Wirklichkeit genau genommen und in England beispiels=
weise ausdrücklich hervorgehoben, daß auch die Strafe des Gal=
gens nicht in Uebereinstimmung mit dem göttlichen Worte sei,
weil „Blutvergießung" angeordnet sei. Ein lutherischer Geist=
licher in Hannover war bedenklich bei der Einführung des Fall=
beils, was er deswegen anfocht, weil nicht durch eine Maschine,
sondern durch Menschenhand wiederum Blut vergossen werden
müsse. Blutvergießen als Verbrechen begreift wörtlich nicht
blos den vollendeten Mord in sich, sondern auch jede versuchte
Tödtung und jede Verwundung, so daß nach dem Gesetze strikter
Talion ganz und gar zweifelhaft sein würde, wie viel Blut und
an welchen Körperstellen, ob aus Arterien oder Venen entzogen
werden müßte. Eine einfache, rohe, kümmerlich entwickelte Zeit

denkt an solche casuistischen Betrachtungen nicht; sobald sie aber
einmal auftauchen, zeigt sich sehr bald, daß die Talion theils
unausführbar, theils durch die Willkür der auslegen=
den Personen unsicher, streitig und haltlos wird. Gerade
die Bibel ist am wenigsten geeignet, als ein Gesetzbuch in juristischer
Weise praktisch gehandhabt zu werden.

II. Es ist unzulässig, aus den alttestamentlichen Satzungen
im Wege beliebiger Auswahl eine Reihe todeswürdiger Verbrechen
als relativ (für die Juden) todeswürdig, eine andere Reihe,
insbesondere diejenige der Tödtungen als absolut (auch für
Christen) todeswürdig zu bezeichnen. Wenn die neuere Orthodoxie
die Staatsregierungen der modernen Zeit durch „Gotteswort" zur
Verhängung der Todesstrafe gegen Mörder verpflichten will, darf
sie niemals unterlassen, nachdrücklichst zur Wahrung ihres Stand=
punktes darauf zu bringen, daß auch die Geschlechtsverbrechen,
widernatürliche Unzucht, Ehebruch, sowie Gotteslästerung und
Sabbathschändung mit dem Tode zu ahnden sind und auch für
Zauberei das alte Recht hergestellt werde.

III. Aus dem gleichen Grunde ist es durchaus unzulässig,
irgend welche Unterscheidungen in Gemäßheit der heutigen
Denkweise in das vermeintlich absolute Gebot der Todesstrafe hin=
einzulegen. Die Bibel vermag nicht zwischen Mord und
Todschlag nach unserer Auffassung zu unterscheiden.
„Blutvergießen" bedeutet alle Fälle der Verwundung und Tödtung
in sich. Noch viel weniger ist daran zu denken, daß die Fälle
beabsichtigter Tödtung klar unterschieden worden wären von den=
jenigen, in denen der Tod nicht beabsichtigte Folge einer vor=
sätzlichen Verwundung war. Nach der harten Ausdrucksweise des
alten Gesetzes sind in der nackten Wiedervergeltung „Leben um
Leben, Auge um Auge" sogar fahrlässige und rein zufällige

Beschädigungen enthalten; erst später lernte man in den jüdischen Gerichtshöfen unterscheiden.

IV. Das mosaische Recht enthält Vorschriften, welche unserem Gewissen und unserer Rechtsanschauung durchaus widersprechen. Schwerlich wird sich ein christlicher Theologe finden lassen, welcher es rechtfertigen möchte, daß sogar fahrlässige Tödtungen mit Lebens= vernichtung bestraft werden, zumal, wenn damit ein Unterschied zwischen Arm und Reich verknüpft werden sollte. Man be= trachte aus dem 21. Kapitel des II. Buch Mose folgen Stellen: (B. 28 ff.)

„Wenn ein Ochse einen Mann oder Weib stößt, daß er stirbt, so soll man den Ochsen steinigen und sein Fleisch nicht essen; so ist der Herr des Ochsen unschuldig. — Ist aber der Ochse vorhin stößig gewesen und seinem Herrn ist's angesagt und tödtet dar= über einen Mann oder Weib, so soll man den Ochsen steini= gen und sein Herr soll sterben. Wird man aber ein Geld anf ihn legen, so soll er geben, sein Leben zu lösen, was man ihm auferlegt. — Desselbigen gleichen soll man mit ihm handeln, wenn er Sohn oder Tochter stößet. — Stößt er aber einen Knecht oder Magd, so soll er ihrem Herrn dreißig silberne Seckel geben und den Ochsen soll man steinigen."

Es ist unbegreiflich, weswegen die neuere Orthodoxie durch= aus darauf besteht, in Gemäßheit mosaischer Satzungen Menschen zu köpfen und Rinder zu begnadigen, obwohl das umgekehrte, nämlich die Vernichtung gefährlicher Thiere angemessener wäre. Das ganze mosaische Recht ist für die Gegenwart völlig unbrauchbar. Wenn man dies annimmt, so kann man immer noch zugeben, daß für ihre Zeit, und nach den Sitten des jüdi= schen Volkes bemessen, die mosaische Gesetzgebung weitaus besser und milder erschien, als das Strafrecht mancher anderen Völker. Aber man vergesse nicht: Wer nicht zahlen konnte, büßte mit dem

Tode! Zwischen Magd und Knecht auf der einen Seite und dem
Herrn auf der anderen besteht bei demselben Thatbestand der fahr=
lässigen Tödtung der Unterschied zwischen Geldbuße und Todes=
strafe, welcher das Merkzeichen der uranfänglichen Rohheit ist und
den Abstand erkennen läßt, der uns von jenen Zeiten für immer
scheidet.

Sicherlich haben sich die Juden selbst nicht immer an die
starren Strafsatzungen der Ueberlieferungen gebunden erachtet; sie
wußten mit dem ihnen eigenen Scharfblick Brauchbares von Un=
brauchbarem zu unterscheiden, Gesetz und Leben mit einander aus=
zugleichen, das Gesetz zu dehnen, wo es unzureichend war, ein=
zuengen, wo es zu hart schien. Man darf niemals vergessen, daß
das älteste Gesetz der Talion überhaupt nicht auf eine in unserem
Sinne geordnete Strafrechtspflege, sondern gerade auf die nach
unserer Anschauung völlig verwerfliche Blutrache der Familien zu
beziehen war. Nichts hinderte, nachdem die Sitten milder ge=
worden waren, in solchen Fällen, in denen die Tödtung eines
Frevlers zulässig gewesen wäre, dennoch ein Lösegeld anzunehmen.
Zwischen der aufgeregten Volksmenge, welche einen Götzendiener
vor den Thoren jüdischer Städte steinigte, und dem Bluträcher,
der mit einer Abfindungssumme zufrieden war, gab es keine Mittel=
instanz, die im Namen der öffentlichen Ordnung in Tödtungsfällen
regelmäßig hätte eintreten können. Wer die jüdischen Ueberliefe=
rungen der ältesten Zeit in ihrer wahren Bedeutung zu erkennen
sucht, hat sich auch die Strafproceßeinrichtungen zu vergegenwärtigen
und daran zu denken, daß Untersuchung von Amtswegen
ursprünglich nirgend eintreten konnte.

Die Talmudisten haben in oft sophistischer Weise, aber
sicherlich in Uebereinstimmung mit den Bedürfnissen und ver=
änderten Gerechtigkeitsbegriffen ihrer Zeit, die Todesstrafe so=
weit gemildert, daß sie sich thatsächlich der völligen Abschaffung

annäherten. Sie befanden sich in einem ähnlichen Conflict, wie die Geschworenen der neueren Zeit. Da sie das alte Gesetz nicht ändern konnten, umgingen sie auf jede mögliche Weise die wirk= liche Anwendung im einzelnen Fall: es war der heuchlerische Buch= stabenglaube der mosaischen Schriftgelehrten ohne Achtung für den Sinn eines längst abgelebten Gesetzes, dessen Unbrauchbarkeit vor dem Volke man einzugestehen sich scheute.

Nach talmudischem Recht wird, wie Duschak ausführt, ein Mord nicht begangen: 1) an einer noch uugeborenen Leibes= frucht, 2) an einem nicht lebensfähigen Kinde, d. h., wenn das Kind kein völlig reifes war und noch nicht vier Wochen lebte, 3) an einer Mißgeburt; 4) an solchen die eine solche Krank= heit haben, worauf der Tod sicher (wann?) folgen muß; 5) an solchen die durch Verletzungen, welche sie von anderen em= pfangen, dem Tode nahe gebracht sind; 6) wenn der Mörder selbst mit einer Krankheit behaftet ist, die sein Leben vernichten wird. Auch das ist zu bemerken, daß Anstiftuug und Besoldung eines Banditen nicht als todeswürdiges Verbrechen angesehen ward, weil, wörtlich genommeu, der Anstifter nicht als blutvergießend erachtet werden konnte. [86])

Nach den besten Autoritäten muß es als zweifellos angesehen werden, daß in dem späteren Entwickelungsgange der Israeliten die Todesstrafe nicht in der Ausdehnung zur Anwendung kam, wie das mosaische Recht sie vorgeschrieben hatte. Die beiden groß= artigsten Herrscher der jüdischen Geschichte hatten im Sinne des Gesetzes gegen die Vorschriften sich vergangen, welche unter die Sanktion der Todesstrafe gestellt waren oder gestellt wurden: Moses als Todtschläger (wenngleich vor dem Empfang der Ge= setzestafeln) uud König David, als Anstifter zum Morde des Uria oder als Ehebrecher.

Die Rabbinen bezeugen durch die dem mosaischen Gesetz

gegebene Anwendung, daß sie den gleichsam politischen und histori=
schen Theil desselben von dem specifisch religiösen zu unterscheiden
wußten und in Beziehung auf jenen die Praxis nicht behindert
sahen. Auch das ist gewiß, daß unter den Rabbinen selbst eine
strengere und eine mildere Richtung vertreten war. Akiba bekennt
sich als Gegner der Todesstrafe, die mehr und mehr außer Ge=
brauch kam. Als das jüdische Staatswesen zerfiel und von der
Fremdherrschaft unterjocht ward, war es ohnehin natürlich, daß
man die auf den Schutz einer national=hebräischen Staatsordnung
bezüglichen Gebote nicht auf die völlig veränderten Zeitumstände
bezogen wissen wollte.

Achtzehntes Kapitel.

Die Todesstrafe auf Grundlage der christlichen Rechtslehre. — Die Bibel kann als juristische Entscheidungsnorm nicht mehr angerufen werden. — Mittelbarer Einfluß des N. Testaments in Gesetzgebungsfragen. — Streit der theologischen Schulen. — Nothwendigkeit, zunächst das Princip der Auslegung festzustellen. — Mittelst der althergebrachten Bibelexegese läßt sich bezüglich der Todesstrafe nichts Gewisses ermitteln. — Ebenso wenig vom Standpunkt der speculativen Ethik auf christlicher Grundlage. — Der historische Standpunkt des urchristlichen Zeitalters entscheidend. — Obrigkeit, Sünde, Buße und Gnade nach christlicher Anschauung gegenüber der mosaischen Ueberlieferung von Gesetz, Gerechtigkeit und Strafe. — Verhältniß des jüdischen Strafprocesses zur christlichen Lehre von der Nächstenliebe. — Unmöglichkeit der Todesstrafe auf der Grundlage der christlichen Gesinnung innerhalb der zu Christi Zeiten bestehenden Proceßform. — Analogie der Todesstrafe und der Sklaverei nach christlicher Lehre. — Die Reformatoren: Luther und Calvin. — Die neuere Orthodoxie.

Es ist eine der schwierigsten Fragen: Wie das Christenthum, insbesondere die Lehre Jesu, zur Todesstrafe sich gestellt habe? Sie ist aber auch wichtig, so lange man den directen Anspruch erhebt, daß die Bibel unantastbare, ewige Gesetzgebungs= normen für den christlichen Staat darbieten solle. Obgleich nun in der Gegenwart diejenigen Staaten, welche den Grundsatz der Gewissensfreiheit mit der praktischen Consequenz der politischen Gleichberechtigung sämmtlicher Confessionen verfassungsrechtlich ver= künden, sich der Anwendbarkeit jener biblischen Normen ent= ziehen und damit anerkennen, daß die idealen Postulate des christ= lichen Gottesreiches sich heute mit den Gesetzgebungspflichten

des bekenntnißlos gewordenen Staates nicht decken können, obwohl
in allen Fragen der Wissenschaft, gleichviel ob diese es mit
der leblosen Natur und ihrer Schöpfungsgeschichte, oder mit der
äußeren, zwangsweise zu sichernden Gesellschaftsordnung zu thun
hat, die Bibel schon deswegen nicht angerufen werden kann, weil
sie nicht lediglich aus vernünftiger Erkenntniß, sondern vorzugs=
weise aus der religiösen Empfindung des Glaubens ihre sittlichen
Forderungen ableitet, obgleich endlich die heutige Gesetzgebung die
Rathschläge der Theologie in weltlichen Dingen als entbehrlich
erachtet, bleibt die Feststellung des Verhältnisses zwischen Christen=
thum und Todesstrafe immerhin eine wichtige Aufgabe, weil das
wirkliche oder vermeintliche auf Gottes Wort zurückbezogene Sitten=
gesetz mittelbar von Einfluß wird durch die Gewissensstellung
derjenigen, welche thatsächlich in gesetzgebenden Versammlungen
oder als Träger der monarchischen Gewalt in der Gesetzgebung
entscheidend mitwirken.

　　In England giebt es verhältnißmäßig wenige Fragen, die
nicht von einigen Parlamentsrednern in Zusammenhang mit bibli=
schen Vorschriften gebracht würden. In Deutschland gilt dies als
abgeschmackt und die gebildete Welt hat besser, als anderwärts'
unterscheiden gelernt, ob sie sich in einem Betsaale oder in einer
gesetzgebenden Versammlung befindet. Ebenso wenig findet die
englische Praxis in katholischen Ländern Nachahmung; es verbietet
sich von selbst, daß Laien ihre eigene Meinung über den Sinn
und die Tragweite der Bibelvorschriften äußern. Jedenfalls darf
man sich über die praktische Tragweite jener Zurückhaltung, welche
die Bibel mit Stillschweigen übergeht, nicht täuschen; denn auch
unausgesprochen bleibt die Thatsache in der Gegenwart be=
stehen, daß in einer großen Anzahl von Menschen die Gerechtig=
keitsbegriffe von der Religionslehre bestimmt werden. Weil dies
ehemals in viel stärkerem Maße der Fall war, konnte die Todes=

strafe mit praktischem Erfolge nirgends angegriffen werden, so lange eine streng einheitliche Lehre in Predigt und Theologie bestand und andererseits die Rechtgläubigkeit eine Ueberlieferung nicht nur in den unterwürfigen Massen, sondern auch in den mittleren und höheren Gesellschaftsklassen war. Beccaria's Buch gegen die Todes= strafe würde, wenn es hundert Jahre früher geschrieben worden wäre, spurlos an den Mitlebenden vorübergegangen sein, im besten Falle hätte es einige in lateinischer Schrift verfaßte Erwiederungen kampflustiger Gelehrten hervorgerufen. Nur in dem Zeitalter des Rationalismus und der Aufklärung konnten seine Gedanken zünden.

Ein Ueberblick über die bisherige Literatur ergiebt, daß die Ermittelung der Stellung Christi zu der Nothwendigkeit der Todes= strafe auf verschiedenem Wege versucht worden ist.

Erstens mit den Mitteln der dogmatischen Exegese und Text= erklärung, welche die alttestamentarischen Stellen mit denjenigen der Evangelien vergleicht, unter verschiedenen Bibelsprüchen einige als Ausschlag gebend bezeichnet, gleichzeitig diejenigen bezüglich ihrer Beweiskraft entwerthet, welche anscheinend widersprechen und schließlich zu dem gewünschten oder überlieferten dogmatischen Er= gebniß dadurch gelangt, daß sie, je nach Gestalt der Sache, einige Stellen streng wörtlich, andere hingegen in freierer sinnbildlicher Weise deutet. Die Auslegung der Bibel, gleich derjenigen des Corpus Juris, vermag daher überall zu dem Resultate einer dog= matischen Einheit zu gelangen, wenn der Auslegende nach freier Wahl bald allein grammatisch, bald bei anderen Stellen vorwie= gend logisch, bald endlich historisch interpretirt, ohne zuvor ein einheitliches, oberstes in allen Fällen entscheidendes Inter= pretationsprincip als unbedingt verpflichtend anerkannt und überdies zugegeben zu haben, daß der auszulegende Text hin= wiederum seinerseits zuvor nach seiner sprachlichen Genauigkeit und Aechtheit festgestellt werden muß. Da nun gegenwärtig

der starre Buchstabenglaube, welcher die Bibelstellen lediglich
aus dem Grunde ihres überlieferten Vorhandenseins im Sinne
grundsätzlich nothwendiger Bestätigung des alten Glaubens aus-
legt, mit einer freieren Richtung über das Princip der Auslegung
sich nicht verständigen kann, so wird, wie jede andere theologische
Streitfrage, auch die christliche Eigenschaft der Todesstrafe un-
entschieden bleiben müssen. Je nach der theologischen Partei-
stellung bleibt das Verhalten der Streitenden ein in der Hauptsache constantes. Der Strenggläubige weiß, daß er aus gegneri-
schen Schriften nichts Neues lernen darf; der freier Denkende
weiß, daß er von starrgläubigen Verfassern in den Ergebnissen
nichts Neues lernen kann. Es bleibt darum alles beim Alten;
und der jeweilige Stand der Meinungen richtet sich nicht nach
der Stärke der wissenschaftlichen Gründe, sondern nach der wach-
senden Stärke der kirchlichen Parteien. Anzuerkennen ist, daß diejenige Richtung, welche in der katholischen und protestantischen
Kirche die herrschende war und sich die Eigenschaft der Unfehlbar-
keit entweder in einzelnen persönlichen Vertretern oder in ihren
corporativen Organen beimißt und für die Bekenntnisse früherer
Jahrhunderte absolut unabänderliche Wahrheit beansprucht, die
unbedingte Rechtmäßigkeit und Nothwendigkeit der Todesstrafe,
als eine schlechthin unveräußerliche Forderung des Gewissens
gelehrt hat. Die Möglichkeit einer allmähligen und langsamen
Umbildung der Anschauungen ist zwar nicht zu leugnen; die Wahrscheinlichkeit indessen eine geringe. Für die Möglichkeit spricht,
daß einige wenige rechtgläubige Theologen einen abweichenden
Standpunkt einnehmen, indem sie sich gegen die Todesstrafe aus-
sprachen.

Zweitens kann der entscheidende Nachdruck in der Lösung
des gestellten Problems auf die speculative Ethik gelegt werden.
„Christlichkeit" der Todesstrafe in diesem Sinne bedeutet ihre

innere Congruenz im Zusammenhang der gesammten christlichen Lehren über Rechtfertigung durch den Glauben, Versöhnung, Gnade, Buße, Erlösung und Verdammniß. Die christliche Religionsphilosophie und Ethik gehen gleichsfalls in ihren berufensten Trägern auseinander; es genügt an Schleiermacher und Rothe zu erinnern. An sich ist diese Betrachtungsweise um so mehr gerechtfertigt, als Christus selbst die Todesstrafe nirgends ausdrücklich gut heißt, sondern sein Hinweis auf das Schwerdt schon deswegen ein sinnbildlicher ist, weil die Schwerdtstrafe sowohl bei den Juden wie bei den Römern damals ganz und gar ungebräuchlich war. Es ist nicht darzuthun, daß Christus das Schwerdt des Henkers gemeint hat oder meinen konnte. Die Gewalt des Schwerdtes (gladii potestas) war nichts unmittelbar sinnliches; sie bedeutete überall zweierlei: Die Symbolik des kriegerischen Kampfes und auch der friedlichen Obergewalt, in gleicher Weise wie auch bei den Römern die Beile als Attribute der Macht den höheren Beamten selbst dann noch vorangetragen wurden, als die Todesstrafe völlig außer Gebrauch gekommen war. Ebenso wenig hat Christus die Todesstrafe als Institution ausdrücklich verworfen, er hat sie über sich ergehen lassen, ohne das Princip der obrigkeitlichen Tödtung anzufechten.

Drittens wird vom historischen Gesichtspunkte aus untersucht werden können, ob diejenigen Stellen, welche für die Todesstrafe zu sprechen scheinen, überhaupt nach dem vorherrschenden Character seiner Lehre von Christus wirklich gesprochen worden sind oder vielleicht einer späteren Einschiebung ihr Dasein in den Evangelien verdanken. Die geschichtliche Betrachtungsweise kann außerdem das Anerkenntniß nicht umgehen, daß manche Worte Christi aus besonderer Veranlassung gleichsam als Gelegenheitsreden an die damaligen Juden gerichtet sind. Wenn Christus nach der Kirchenlehre wirklich gleichzeitig Gott und Mensch ge-

wesen ist, wenn er absoluter Geist und endliches Fleisch in demselben Dasein war, so hat die Kirchenlehre mit dieser Vorstellung
überall Ernst zu machen und anzuerkennen, daß er je nach den
besonderen Umständen seines Lebens theils menschlich und zeitlich für seine Umgebung, theils göttlich
und ewiglich zu allen kommenden Geschlechtern „bis
an das Ende der Welt" sprechen wollte und wirklich
gesprochen hat. Es wäre nichts kindischer gewesen, als wenn
man jedes Wort, das Christus überhaupt in seinem Leben bei
seinen alltäglichen Verrichtungen des Essens, Trinkens, Schlafens,
Wanderns, Ruhens gesprochen hat, als eine uns verloren gegangene
göttliche Weisheit angesehen hätte. Als ein Glück muß es gelten,
daß die Evangelien von Christus nicht mehr, als geschehen, überliefert haben, denn im Eifer der blinden, unterscheidungslosen Ver-
göttlichung würden die Knechte des Buchstabenglaubens aus un-
wesentlichen Dingen eine Gewissensbeschwerde gemacht haben.
Der rein historischen Betrachtungsweise wird nicht entgehen können,
daß Christus zur Zeit, da er lehrte, von seinen Zeitgenossen und
Zuhörern nicht überall richtig verstanden wurde, daß sich in der
Auffassung seiner Jünger jene Scheidung zwischen Göttlichem und
Menschlichem nicht immer richtig vollzog, daß die Ueberlieferung
in der urchristlichen Zeit minder Wichtiges fixirte und bewahrte,
während sie wesentliche Stücke aus der Lehre Jesu fallen ließ.
Die historische Betrachtungsweise muß ehrlicher Weise zugestehen,
daß wir bei einer großen Reihe von Fragen der christlichen Sittenlehre nicht im Stande sind, die vorhandenen Zweifel zu lösen und
uns daher in aller Bescheidenheit zu enthalten haben, dasjenige,
was nur Vermuthung sein kann, für ewige Gewißheit auszugeben.
Die Geschichte hat uns außerdem stets gegenwärtig zu erhalten,
daß die Formulirung der Dogmen nicht ein Werk des Stifters der
christlichen Lehre, sondern späterer Jahrhunderte gewesen ist, die

sich überall getrauten, in die Worte Christi, unter Berufung auf besondere Erleuchtung denjenigen Sinn hineinzulegen, den die Denkweise ihrer eigenen Zeit guthieß. Endlich aber wird überall daran zu erinnern sein, daß jene Worte Christi, welche für seine Zeit wohl geeignet und weise sein mochten, nicht noth= wendigerweise für die staatlichen Einrichtungen späterer Jahr= tausende anwendbar zu bleiben brauchen. Je stärker in unserem Zeitalter das Wachsthum der historischen Forschung, je sicherer die Handhabung einer überall auf die tiefsten Grundlagen unseres Wissens sich gründenden Methode der Kritik, je abgenutzter die theologische Beweistheorie der alten Dogmatik, je allgemeiner der Zweifel an der Berechtigung früherer Jahrhunderte, uns die Glaubensketten der Concilien, Päbste, Bekenntnißschriften oder Re= formatoren aufzuerlegen, je geringer die Neigung, in der Welt des Thatsächlichen und Geschichtlichen menschliche Glaubenszeugnisse gelten zu lassen, desto mächtiger ist die Hoffnung, daß es gelingen werde, wenigstens die Gesetzgebung und den Staat von dem Glau= bensbanne zu erlösen, der sie bei jener Entwickelungsstufe festhalten möchte, die ein fremdes Volk zu Zeiten pharisäischer Hierarchie und römischer Tyrannei eingenommen hatte. In diesem Sinne kann man sagen, daß die neuere historisch=kritische Richtung in der Theologie die höchste praktische Berufung habe, uns allen die Freiheit zurückzugeben, das Christenthum in einer doppelten Be= leuchtung zu sehen: in der wissenschaftlich=geschichtlichen, welche die Reste der Christus umgebenden Welt aus dem Schutte des Aberglaubens, der Entstellung und Unwissenheit möglichst rein restaurirt und in der religiös=ethischen unseres eigenen Ge= wissens, welches die Grundpfeiler der bezüglich der historischen Person Christi ermittelten Thatsachen mit seinen Ranken um= schlingt.

Damit löset sich dann das abstrakte Dogma von der Christlich=

keit der Todesstrafe lediglich in eine Reihe von Untersuchungen auf, insbesondere diese: Welches der Zustand der jüdischen Gesetz= gebung und Strafrechtsanschauungen zu Zeiten Christi gewesen ist? Ob man das staatliche Gebiet des Verbrechens von dem religiösen Gebiete der Sünde an irgend einem festen Merkzeichen zu unterscheiden wußte? Wie sich Gesetz und Freiheit in der An= schauung der Zeitgenossen Christi verhielten?

Der gewaltige historische Gegensatz zwischen der altjüdischen Lehre und den Aussprüchen Christi wird durch die Thatsache ver= mittelt, daß der Fortbestand des äußerlichen Gesetzes Mose überhaupt unter dem vordringenden Einfluß der umgebenden Cultur= elemente, zumal des Griechenthums, zweifelhaft geworden war. Christus hätte beispielsweise nicht befragt werden können, ob die Ehebrecherin sterben solle, wenn die mosaische Todesstrafe noch unzweifelhaft auf den Ehebruch angewendet worden wäre. Seine Befragung beweist also die zu seinem Verderben gehegte Erwartung, daß seine Bejahung der Todesstrafe das fortgeschrittene Menschlichkeitsgefühl, seine Verneinung den alten Schriftglauben beleidigen müsse.

Ueberall tritt in dem Zusammenhang der christlichen Lehre mit dem Schriftgelehrtenthum die Antithese hervor: Entweder hat die Sünde der Menschen ihren Maßstab lediglich an der äußeren Befolgung des Gesetzes (wie das strenge Judenthum meint) oder die äußere Gerechtigkeit der Menschen hat ihre sittliche Norm lediglich an der inneren Gesinnung und dem Glauben der Han= delnden. Nach der jüdischen Anschauung konnte die Sünde des äußerlich Gerechten überhaupt nichts bedeuten, nach der christlichen Lehre die Beobachtung des Gesetzes völlig werthlos sein, wenn sie aus sündiger Gesinnung geschah. Eben aus diesem Grunde, daß die äußerliche, für den Rechtsbegriff schlechthin unentbehr= liche Seite der Handlung und der That, durch Christus völlig

aufgelöst ist in die innere Seite der Gesinnung, ist auch die Kehr=
seite überall aus gleichem Gesichtspunkt zu würdigen. Das Ge=
setz ist entbehrlich (aber darum noch nicht aufgehoben) für den=
jenigen, der mit der Liebe Gottes und des Nächsten völlig Ernst
macht; umgekehrt die Strafe, als äußere Einrichtung ist völlig
gleichgültig für den Reuigen, der durch seine Buße mehr erlitten
hat und durch die Gewißheit der Gnade bereits über die weltliche
Strafe hinaus erhoben ist. Jede Strafe ist aber nach dem innersten
Princip des Christenthums nicht auf ihr (zufälliges und jedenfalls
berechtigtes) Dasein allein zu beziehen, sondern vor allen anderen
Dingen auf die Gesinnung derjenigen, welche sie an=
wenden, und derer, welche sie erleiden. Somit beruht die
Grundlage des christlichen Strafrechts auf Folgendem:

1) Die Macht, welche im Stande ist, zu strafen,
ohne jede Rücksicht darauf, ob sie dies in Gemäßheit eines Gesetzes
oder aus persönlichem Belieben thut, wie Pilatus, der die Macht
hatte, Christus entweder seinen Feinden zu überliefern oder aus
freier Verfügung loszulassen. Nach altchristlicher Ansicht ist schon
in dem bloßen Vorhandensein der obrigkeitlichen Macht über Andere
der Wille Gottes zu erkennen, in welchen sich auch der Unschul=
dige ohne Widerstand und Bestreitung zu fügen hat. Denn
„jede Obrigkeit ist von Gott." Frommes Erleiden auch der
ungerechten Strafe kann nur zum Verdienst vor Gott werden und
selbst Jesus erleidet den ungerechten Tod, ohne die Rechts=
befugniß als solche auf Seiten der bestehenden Macht zu be=
streiten. Also muß jede Strafe, ohne Ausnahme, in Ergebung
getragen werden, ohne daß ihre objective Rechtmäßigkeit von christ=
lichem Standpunkt aus bezweifelt werden könnte. Ebenso gut
wie die Zulässigkeit der einfachen Todesstrafe, kann daher auch
die Steinigung und eine der qualvollsten Todesstrafen, die Kreuzi=
gung aus obrigkeitlicher Machtvollkommenheit dargethan werden.

2) **Die Gesinnung der Strafenden und der An-
klagenden.** Alles muß nach Christus darauf ankommen, ob der
Act der Bestrafung auf Seiten der dabei Mitwirkenden frei von
Haß und Rache, lediglich aus Nächstenliebe geschieht und mit dieser
vereinigt werden kann. Nach dem innersten Grundprincip der
christlichen Lehre kann die Bestrafung nichts anderes sein, als ein
Proceß der Vergebung, in welchem das Gute das Böse über-
windet. Die meisten Unklarheiten in Beziehung auf die altchristliche
Todesstrafe rühren daher, daß weder Juristen, noch auch Theologen
an die jüdischen Proceßformen gedacht haben. Allerdings
ist das Strafurtheil und das Gericht in den Händen
der Obrigkeit; aber diese besitzt nach jüdisch-römischem
Recht weder eine selbständige Verfolgung und Anklage, noch auch eine eigene amtliche Strafvollstreckung.
Es sind die Einzelnen, welche sich verbinden, um den über-
führten Verbrecher vor den Thoren der Stadt zu steinigen, und
ebenso sind es wiederum die Einzelnen, welche entweder aus
der Pflicht der altjüdischen Blutrache, oder als Beschädigte anklagen. Wenn daher Christus lehrt, daß der Einzelne vergeben
soll (Nicht Auge um Auge!) und wenn er sagt: Richtet nicht,
damit Ihr nicht gerichtet werdet", so hebt er mit der Beseitigung
des altjüdischen Motives der Rache für die einzelnen Menschen
auch die Strafverfolgung durch Anklage und Urtheilsvollziehung
auf. Wer die Rache in sich völlig zur Liebe umgewandelt hat,
kann als Privatankläger nicht den Tod seines Nächsten begehren,
und ebenso wenig ist es von diesem Standpunkt aus möglich, den
ersten Stein auf den Verurtheilten zu werfen. Der alte jüdische
Criminalproceß beruht, was Anklage und Vollstreckung der
Strafe anbelangt, auf der Pflicht oder dem Recht der Rache,
sei es nun, daß sich diese in ältester Urform der Blutrache oder
der Anklage vor Gericht kund gab.

Zieht man die jüdischen Proceßzustände zur Zeit Christi in Betracht, so erscheint die Todesstrafe zwar nicht als Institution und Gesetz, wohl aber in ihrer Wirklichkeit aufgehoben, weil sie bei wahrhaft christlicher Gesinnung von keinem Ankläger (damaliger Zeit) verlangt und in Ermangelung eines treibenden Rachegefühls von Niemand vollstreckt werden wird. Sobald man fragt: ob ein Henker eine wahrhaft christliche Gesinnung gegenüber einem Delinquenten haben könne, ob er jemals aus menschlicher Nächsten= liebe oder bloßer Gottesfurcht tödtet, so ist dies schon von vorn= herein bezüglich aller derer zu verneinen, welche um Lohnes willen und gedungen sich zur Tödtung eines Menschen hergeben. Aus diesem, bei allen Henkern entscheidenden Motiv der Gewinnsucht tödten, ist sittlich schlimmer, als die altjüdische Blutrache und im Sinne Christi eine schwerste Sünde, die herbeizuführen oder zu dulden eine christliche Obrigkeit niemals gehalten sein kann. Sehr einfach wird die Frage überdies dadurch erledigt, daß an das christliche Gewissen die ernste Frage zu richten ist: ob Jesus selbst jemals als mitthätig in der Vollziehung eines Todesurtheils gedacht oder als Henker vorgestellt wer= den kann? Wenn dies schlechthin zu verneinen ist, so muß eben dieser Maßstab an jeden Christen gelegt werden. Es bliebe dann vom Standpunkt der christlichen Moral nur der eine Fall übrig, den wir in der That früher als zulässig statuirt haben: Die Voll= ziehung der Todesstrafe in Kriegszeiten durch diejenigen, welche lediglich auf einen unbedingt verpflichtenden Befehl als Soldaten handeln und der Obrigkeit auch nach christlichen Grundsätzen Gehorsam schulden.

Nach ihrer objectiven Seite ist also die Todesstrafe im Christen= thum das Seitenstück zur Sklaverei, welche gleichfalls nirgends als überlieferte Einrichtung aufgehoben oder gemißbilligt worden ist, im Gegentheil sogar ausdrücklich anerkannt wurde. Dennoch

ist die Sklaverei im religiösen Sinne als widerchristlich späterhin
von der Kirche angesehen worden, weil sie gleichfalls aufgelöst
werden muß durch die freiere Geltung christlicher Gesinnung. Denn
es ist unmöglich, daß ein von wahrer Nächstenliebe erfüllter Herr
seinen Diener grausame Foltern und die Rechtlosigkeit des Sklaven
fühlen läßt; er wäre gehalten, ihm alle seine Verfehlungen sieben
und siebenzig Mal zu vergeben. Und auf anderer Seite kann
wiederum für den Diener, der aus Liebe dient, jener Fall gar
nicht eintreten, daß die Geißel über seinen Rücken geschwungen
würde. Ebenso wenig wie Christus aber jemals Sklaven nach
seiner Gesinnung halten oder als Geschenk annehmen konnte, wäre
er nach eben derselben Gesinnung im Stande gewesen, für sich
oder für andere als Ankläger aufzutreten, oder die Vollziehung
eines Todesurtheils selbst zu betreiben. Im wirklichen Gottesreich
wäre außerdem schon aus dem Grunde jede menschliche Strafe
überflüssig, weil sie durch die Gewißheit der göttlichen Strafe vollständig ersetzt wäre.

Nach diesen Ausführungen ergiebt sich, daß die Lehre Christi
überhaupt keine staatliche Strafrechtsordnung begründen kann, weil sie ihr völlig fern steht und stehen will. Ueber
Rechtmäßigkeit und Unrechtmäßigkeit weltlicher Strafen ist aus
den Evangelien nichts zu erfahren; es ist unmöglich, ein staatliches Strafrechtsprincip aus der Bibel zu construiren oder zu
ermitteln, welche Strafen rechtmäßig oder nothwendig, welche
verwerflich für den Staat sein würden. Wie wenig das Christenthum späterhin nach seiner staatlichen Anerkennung auf das heid-
nische Strafrecht einwirkte, zeigt sich in der Geschichte der christlichen Kaisergesetzgebung. Weil man es thörichter Weise unternahm, ein christliches Staats- und Strafrecht zu errichten, ward
man einfach in das Judenthum und das alte Testament
von Staatswegen rückfällig; denn dort fand man jene strengen,

bestimmteren und leicht verständlichen Gebote, auf welche man sich zur Begründung einer neuen Gesetzlichkeit berufen konnte.

Auch der christliche Sündenbegriff ist für die äußere Rechts= ordnung schlechthin unanwendbar. Es zeigt sich dies zuvörderst beim Ehebruch. Ihm gleichgesetzt, vom religiösen Standpunkt aus, ist die unzüchtige Gesinnung, welche eines fremden Weibes begehrt. Die bisherige Auslegungsweise wäre ganz con= sequent, wenn sie unter Berufung darauf, daß Christus die Todes= strafe für den Ehebruch in ihrem gesetzlichen Fortbestande nicht bezweifelt, auch fernerhin erlangen wollte, daß auf unzüchtige Ge= sinnung die Todesstrafe angewendet werden könne.

Völlig in diesem Sinne ist es, wenn ein Apostel (1. Joh. 3, 15) sagt: Wer seinen Bruder hasset, der ist ein Todtschläger. Der äußeren That ist wiederum die Gesinnung des Handelnden, aus der sie hervorgeht, völlig gleichgesetzt. Es ist also der Haß des Bruders ebenso schwer, wie das Blutvergießen; wer die äußere Rechtsordnung nicht von den religiösen Vorschriften scheidet, muß also die Schwerdtstrafe wiederum auch gegen den feindseligen Haß schlechthin eintreten lassen. Ebenso ist es völlig unzweifelhaft, daß nach den altchristlichen Anschauungen in moralischer Hinsicht ein Unterschied zwischen Versuch und Vollendung nicht zugelassen wer= den kann, die gleiche Sündhaftigkeit und Strafbarkeit würde in beiden Fällen nothwendig sein, da es vom Willen des Handelnden unabhängig blieb, wenn der beabsichtigte Erfolg nicht eintrat.

Das praktisch nützlichste Resultat, welches die Untersuchung der Todesstrafe hinsichtlich ihres Verhaltens zum Christenthum liefern kann, würde also darin bestehen, daß gezeigt werden kann: wie innerhalb der äußeren Rechtsordnung weder die Anhänger noch die Gegner der Todesstrafe entscheidende Gründe aus den Quellen des christlichen Glaubens ziehen können; jene nicht, weil überhaupt keine Strafe, nicht einmal die grausame Kreuzigung,

von Christus direkt verworfen ist, also objectiv jede Strafe für
das Christenthum (bezüglich der sie Erleidenden) anerkannt werden
muß; diese nicht, weil auf der Grundlage der christlichen Lehre
ein für den Staat verwendbarer Verbrechensbegriff nicht zu ge=
winnen ist.

Auf der Forscherreise zu den biblischen Schriften lieben es
die meisten Protestanten, bei Luther und Calvin auszuruhen.
Manche gehen über diese Zeugnisse nicht hinaus und beschwichtigen
ihr Gewissen bei der Anrufung dieser weiteren Vermittler zwischen
Christus und dem Protestantismus. Es ist keinen Augenblick zu
leugnen, daß sowohl Luther, als auch Calvin die Todesstrafe
überall billigen. Ihr staatliches Bewußtsein war ein stärkeres
und festeres, als dasjenige der Apostel, die in einem bereits unter=
gehenden und größtentheils zerstörten Volkswesen wirkten und das
Ende der Welt herankommen sahen. Luther und Calvin waren
geschichtlich in viel höherem Maße abhängig von ihrer Umgebung,
was ihnen nicht zum Vorwurf gemacht werden kann. Im Gegen=
theil muß anerkannt werden, daß der Staat im XVI. Jahrhun=
dert die Todesstrafe in Ermangelung anderweitiger Straf=
einrichtungen nicht entbehren konnte. Bei Luther und Calvin hat
sich bereits die historische Erkenntniß ausgebildet, daß das Gottes=
reich nicht mehr, wie die Apostel glaubten, das Reich dieser Welt
auflösen und unmittelbar überwinden würde; der Dualismus
von geistlicher und weltlicher Herrschaft und folglich auch von
Religion und Recht, bestand bereits fertig. Der so unerschrockene
Luther glaubte mit seinen Zeitgenossen fest an den Abschreckungs=
zweck und gründete die weltliche Ordnung auf Furcht vor dem
Schwerdte der Obrigkeit; andererseits erkannte er selbst wieder
an, daß eine Klasse von Uebelthätern auch nicht durch Verbrennen
abgeschreckt werde, nämlich die Ketzer. Wie sehr Luther's Mei=
nung als Wiederhall seiner Zeit angesehen werden muß, ergiebt

sich daraus, daß er sich mit der einfachen Todesstrafe nicht be=
gnügt; seine Anweisung geht dahin, daß die Obrigkeit den
Pöbel treiben, schlagen, würgen, henken, brennen, köpfen und rabe=
brechen solle. Der Vorrath von christlichen Strafen, den Luther
zur Verfügung stellt, ist groß. Während Christus der Obrigkeit
ihre Macht einfach läßt, geht Luther soweit, qualvolle Todesstrafen
anzuempfehlen und zu rühmen. In seinen Augen ist die Obrig=
keit gebunden und verpflichtet, zu tödten. Der Gebrauch des
Schwerdtes wird ihm zum Gottesdienst: „Die Hand,
welche das Schwerdt führt und würget, ist nicht mehr Men=
schen Hand, sondern Gottes Hand, und nicht der Mensch, sondern
Gott hänget, rädert, enthauptet, würget und krieget; es sind
alles seine Werke und Gerichte." Den Ehebrecher soll die Obrig=
keit tödten um bösen Exempels willen. Gegen Aufrührer war
Luther womöglich noch strenger, als gegen Todtschläger. Er
predigt für seine Zeit sogar die Lynchjustiz. Während des Bauern=
krieges meinte er: „Man soll flugs zuhauen und stechen in die
Aufrührerischen, wer nur kann; ein jeglicher sei Beide, ober=
ster Richter und Scharfrichter in diesem Fall". Auch
gegen Diebe billigt Luther die Todesstrafe; nur in dem einen
Falle der Ketzerei wich er von der Tradition ab, indem er Ketzer
mit der Todesstrafe verschont wissen wollte. Hetzel hat die auf
die Todesstrafe bezüglichen Stellen aus Luther's, Melanchthon's,
Calvin's und anderer Schriften zusammengestellt und damit an=
schaulich gemacht, wie Luther auf dem Standpunkt der peinlichen
Halsgerichtsordnung Kaiser Karl's V. steht. Es ist traurig, bei
einem Manne wie Luther zu sehen, daß sein Eifer ihn soweit
hinreißen konnte, um das Rädern der Menschen als ein göttliches
Werk anzuempfehlen. Er stand unter dem doppelten Bann der
in seiner Zeit herrschenden Aufregung und des Wahnes, daß
die alttestamentarischen Todesstrafen für das christliche Gewissen

verpflichtend seien. Es ist demnach nicht zu verwundern, daß auch in allerneuester Zeit die streng lutherische Theologie, wo sie Probleme der Gesetzgebung und Rechtswissenschaft berührte, auf Abwege gerieth.[88]) Oettingen meint beispielsweise, der Mord, als Verbrechen erscheine ihm im direkten Zusammenhange mit der in der sündigen Menschheit wuchernden Mordgesinnung, die nur in den seltensten Fällen Dolch und Gift oder andere Mittel gewaltsamen Vollzuges anwende, sondern als dauernder Hang, gleichsam als epidemischer Krankheitsstoff eine universell zerstörende Wirkung ausübe. Derselbe Theologe nimmt sogar einen Begriff des negativen Kindesmordes dann an, wenn durch Ausschweifnng das Conceptionsver= mögen einer Frau abgestumpft wurde.

Unbefangener und maßvoller, als die protestantische Ortho= dorie stellte sich die altkatholische Kirche zur Todesstrafe. Zahl= reichste Aussprüche bezeugen es, daß die Kirche nicht nur durch Asyle solche schützt, die sich gewisser todeswürdiger Verbrechen schuldig gemacht hatten, sondern auch ihre Mitwirkung und Unter= stützung zur Hinrichtung von Delinquenten dem Staate versagte. Im canonischen Recht sind gewisse Tödtungen nicht mit dem Tode bestraft. Der Gedanke, daß Blutvergießen nach göttlicher und menschlicher Ordnung durchaus unsühnbar sei, blieb der alten Kirche fremd. Erst die im Anfang des XIII. Jahrhunderts sich ausbreitenden Ketzerverfolgungen brachten nicht nur den religiösen und sittlichen Standpunkt der Kirche in Verwirrung, sondern trugen auch dazu bei, die Volksmasse zu verwildern und auf die später folgenden Hexenverfolgungen vorzubereiten.[89]) Seit Thomas Aquinas erklärt sich die herrschende Kirchenlehre für das Recht und die Angemessenheit der Todesstrafe, was in der Consequenz der Ketzerinquisitionen lag. In neuerer Zeit hat es auch auf katholischer Seite nicht an solchen gefehlt, die das Amt des Henkers als eine göttliche Mission betrachteten und bei jeder Gelegenheit verherrlichten. Zu ihnen zählt Le Maistre, der die heilige Allianz von Altar, Thron und Schaffot als eifriger Legitimist vertrat.

Gegenüber der herrschenden Lehre der großen Kirchen fielen die abweichenden Meinungen einiger Sekten nicht ins Gewicht. Thonissen hat neuerdings noch einmal nachgewiesen, daß die Waldenser und einige Socinianer die Christlichkeit der Todes= strafe leugneten. Jene Lehren waren den kirchlichen Interessen um so angemessener, als inzwischen der Pabst in Rom weltlichen Besitz mit äußeren Machtmitteln zu behaupten und die höhere Geist= lichkeit in ihren zu Lehn empfangenen Territorien auch weltliche Justiz zu üben hatte. Auf den Gang der allgemeinen Entwicke= lung war dies ohne Einfluß.

Wohin die Meinungen der strengläubigen Protestanten und der Katholiken führen würden, wenn man ihnen eine praktische Bedeutung beimessen wollte, ist nicht zu sagen. Dem Staat und der Kirche ist es gleich vortheilhaft, daß in den gesetzgebenden Versammlungen das Gewicht theologischer Lehrsätze nach und nach immer mehr vermindert worden ist. —

Hetzel urtheilt als Geistlicher vom theologischen Standpunkt über die Todesstrafe:

„Auf der Höhe des praktischen Christenthums ist die Todes= strafe unvermeidlich: sie ist gottlos, d. h. dem in der sittlichen Weltordnung sich ausprägenden Willen Gottes entgegen, mit einem Worte unsittlich."

Citiren wir, um der Gerechtigkeit willen, neben dem Prote= stanten Hetzel auch noch einen katholischen Priester. Buccellati macht, wie dies schon von anderen geschehen, noch einmal auf den ungeheuren Widerspruch aufmerksam, der sich überall dann ergiebt, wenn ein christlicher Geistlicher einen Delinquenten zum Richtplatz

geleitet, dem Reuigen seine Sünden vergiebt, ihm das ewige Leben
verheißt und versichert, daß der Büßende mit Gott und Christus
versöhnt sei. Nach dieser feierlichen Versöhnung kommt im Namen
des Gesetzes der Richter mit dem Henker und behauptet seinerseits,
daß das Gesetz von dem Lebenden nicht verhöhnt werden könne.
Die Buße vor dem Menschen kann nicht weiter gehen, als bis
zur Bereitwilligkeit, um der Sühne willen zu sterben.

Buccellati sagt:

„Der Priester wiederholt, an das Ohr des Duldenden ge=
neigt, Worte der Frömmigkeit und des Mitleidens; aber wenn
Christus mir vergiebt, warum tödtet mich die Gesellschaft, die doch
christlich sein will? Ach, wenn jener Priester auch bürgerlicher
Richter wäre, meint Ihr, daß seinen Worten dann Gehör geschenkt
werden sollte? Der Priester soll sich abmühen, zu beweisen, daß
er rein ist von dem Blute, welches die Gesellschaft fordert, daß
er in diesem Augenblicke derselben Gesellschaft nicht angehöre
und daß er ganz vergiebt.

Der Pfarrer Bitzius sagt in seiner gekrönten Preisschrift
über die Todesstrafe über das Amt des Geistlichen, der einen
Delinquenten zum Richtplatz geleitet hat:

„Noch ruft er dem armen Sünder ein paar Worte zu, schließt
die Augen, während der Streich fällt, hält sodann mit weittragender
Stimme, aber gepreßtem Herzen seine Standrede und kehrt zum
Tode müde heim in sein Pfarrhaus. Unterwegs in den Wirths=
häusern wilder Lärm, Gelächter, Streit, am Tage darauf in der
Zeitung Erzählung von einer blutigen Schlägerei keine Stunde
vom Schaffot, von Kindern, die unter sich Hinrichtung gespielt
haben, von Rohheiten der Henkersknechte, von allerlei Aberglauben,
getrieben mit dem Blute oder den Körpertheilen dessen, der nun
ausgelitten hat, in seinem Amt noch lange das Gefühl, daß das
Volk, aufgeregt durch das blutige Schauspiel, für das einfach

erbauende Gotteswort allen Sinn verloren hat, vor seinem wachen wie vor seinem schlafenden Auge jene Gestalt, in seiner Gemeinde eine Familie in unauslöschliche Schande gestürzt, heimathlos in ihrer eigenen Heimath. Ein Begräbniß. — Der Knabe eines hingerichteten Brandstifters. Er liegt in U... Er starb an gebrochenem Herzen."

Neunzehntes Kapitel.

Die Todesstrafe im Verhältniß zur vergeltenden Gerechtigkeit. — Absolute und relativ abgestufte Strafen. — Die richterliche Strafzumessung. — Der Strafrahmen des deutschen Strafgesetzbuchs für den Diebstahl beruhend auf der Unterscheidung von 1826 Verbrechensstufen. — Die Gerechtigkeit innerhalb der richterlichen Strafzumessung heißt nicht mehr pflichtmäßige Nothwendigkeit bestimmter Strafmaße, sondern rechtliche Zulässigkeit. — In der Rangordnung der Verbrechen stand der Mord nicht immer, wie gegenwärtig, obenan. — Der Unrechtswerth der Strafe steigt und fällt in der Geschichte ebenso wie der Rechtswerth der menschlichen Güter. — Steigender Werth der Freiheit bedingt das Fallen in der Dauer der Freiheitsstrafe. — Erweiterung des Abstandes zwischen längster Freiheitsstrafe und der Todesstrafe. — Fallender Geldwerth: Steigende Geldbußen. — Wovon der Werth des menschlichen Lebens abhängt. — Subjective und objective Schätzung. — Zunahme des Selbstmordes kein Anzeichen eines sinkenden Lebenswerthes. — Das Leben weitaus weniger durch Vorsätzlichkeit als durch Fahrlässigkeit gefährdet. — Inconsequenz einer Ausschließung des Mordes von der allgemeinen Milderung der Strafen im Deutschen Strafgesetzbuch. — Die Gerechtigkeit der Strafen beruht nicht auf Gleichheit, sondern auf Ungleichheit der Strafübel im Vergleich zum Verbrechensübel.

Nachdem der Grundsatz der äußerlich sinnlichen Talion von der Rechtswissenschaft glücklich beseitigt und so in seiner Unhaltbarkeit allgemein anerkannt worden war, kam es darauf an, für das Princip der strafenden Gerechtigkeit eine andere Grundlage außerhalb der Bibel aufzusuchen. Noch heut zu Tage lauten die Formeln der Gerechtigkeitstheorie außerordentlich verschieden: Aufhebung des Unrechts, Wiederherstellung des Rechts, Schutz der Rechtsordnung u. s. w. Wie wenig mit diesen Formeln an sich gethan ist, lehrt die Thatsache, daß die Bekenner eines und desselben Grundsatzes dennoch in ihren letzten Schlußfolgerungen zu sehr verschiedenen Ergebnissen gelangen, entweder zur Recht=fertigung oder zur Verwerfung der Todesstrafe.

Wichtiger als die einfache Formel ist daher die Feststellung des Maßstabes der Gerechtigkeit. In dieser Hinsicht sind zwei Auffassungen möglich: Die Annahme eines objectiven Grundsatzes der Vergeltung oder einer subjectiven Beziehung zur Sühne oder Genugthuung. Vergeltende Gerechtigkeit heißt: das staatliche Aequivalent des Verbrechens in Gestalt eines ihm gleich=werthigen sittlich zulässigen (oder gebotenen) Uebels, welches der Verbrecher zu erleiden hat.

Die Schätzung ist hiernach aus dem Gewicht des Verbrechens selbst zu entnehmen. Der Strafproceß ist gleichsam das Ver=fahren zur Ermittelung des specifischen Gewichts, welches einem vorhandenen Verbrechen zukommt.[90])

In alten Zeiten war die Gesetzgebung von der Ansicht be=herrscht, daß sie für sich im Stande sei, die absolute Schwere des Verbrechens ein für allemal im Voraus zu bestimmen, so daß die Aufgabe des Richters darauf beschränkt blieb, die Thatsache des Verbrechens lediglich mit Rücksicht auf deren Vorhandensein oder Nichtvorhandensein zu untersuchen. Die Gesetzgebung allein behielt die Wagschale der Gerechtigkeit in ihrer Hand. Jedes bestimmte Verbrechen ward mit einer bestimmten Strafe belegt; wobei der einfache Maßstab galt: dem größeren Verbrechen die größere Strafe, dem leichteren die geringere. So lange als man nur den gleichsam festen und einfachen Körper des Ver=brechens wog, war dieses Verfahren durchzuführen.

Heut zu Tage ist es anders. Das Verbrechen hat nach unserer besseren Erkenntniß nicht nur feste Bestandtheile sinnlich wahrnehmbarer Thaten in sich, sondern auch flüchtige Elemente

der geistigen Welt, der sittlichen Verschuldung. Sein eigenstes
Wesen besteht in der unlöslichen Verbindung beider Grundstoffe.
Die Gesetzgebung begreift deswegen, daß das einzelne Verbrechen
kein unabänderliches specifisches Gewicht mehr hat, sondern daß
im einzelnen Falle vom Richter das Mischungsverhältniß
der immateriellen Verhältnisse der sittlichen Willensschuld und der
materiellen, in die Aeußerlichkeit hinübergetretenen Handlung zu
untersuchen ist. Die Wageschale wird daher gleichsam vom Gesetzgeber construirt und mit „geaichten" Gewichtsstücken dem Richter
übergeben. Die Strafe muß daher aufhören eine absolute zu sein;
sie tritt nunmehr als relativ auf in diesem Sinne: Eine materiell
schwer wiegende That mit geringerer Willensschuld kann leichter
bestraft werden, als eine materiell minder schwer wiegende That
mit höherer Willensschuld. Wir sehen demgemäß, daß ein im
gerechten Zorn verübter Todtschlag weitaus milder bestraft werden
kann, als die im Rückfall verübte Hehlerei oder der Straßenraub.

Diesen Grundsatz der innerhalb desselben Verbrechenstitels
zu befolgenden Relativität der Strafzumessung ist auf dem ganzen
Gebiet des Strafrechts seit längerer Zeit zur Geltung gelangt,
vorbehaltlich einer einzigen Ausnahme, die späterhin zu prüfen
sein wird, nämlich des Mordes.

Allmählig und langsam fortschreitend hat die Rechtsentwickelung dahin geführt, daß man schließlich anzuerkennen hatte: die
Fälle, in denen ein und dasselbe Verbrechen des Diebstahls, oder des Betrugs oder der Fälschung, wenn es
von verschiedenen Personen, oder von derselben Person zu verschiedenen Zeiten verübt wird, gleich strafbar erscheint, sind weitaus seltener, als diejenigen, in denen es ungleich gestraft wird.

Wenn beispielsweise nach dem deutschen Strafgesetzbuch der
einfache Diebstahl mindestens mit einem Tage Gefängniß und
höchstens mit fünf Jahren bestraft werden kann, so hat der

Gesetzgeber damit anerkannt, daß er in $1 \times 5 \times 365$ (+ mindestens eines Tages im dazwischen liegenden Schaltjahr) Abstufungen der Strafbarkeit vorkommen kann, das heißt also in 1826 verschiedenen Steigerungen, wenn man den Tag als Rechnungseinheit festhält. Kein Richter wäre im Stande diese Unterschiede jemals zu be= zeichnen oder zu empfinden; es ist möglich, daß er tage= weise bis 10 oder 12 rechnet; weiterhin beginnt er damit, wochen= weise (vielleicht bis 6), hinterher monatsweise (vielleicht bis 18), und schließlich nach Jahren das Strafmaß festzusetzen. Der Richter, der einen Unterschied von einem Tage und von zweien fühlt, empfindet keine Schattirung von Tagen mehr, wenn er auf drei Monate Gefängniß erkennt. Innerhalb des beim Diebstahl gesetzten Strafrahmens entscheidet bei der urtheilsmäßigen Fest= setzung des Strafmaßes: erstens die persönliche Stimmung des Richters zur Strenge, die, ihm unbewußt, mit seinem Gesundheits= zustande und seinem Befinden täglich und wöchentlich wechseln kann, zweitens die nur ins Große gehende Durchschnitts= fühlung auf Grund einiger allgemeiner Erfahrungen und ge= wisser im täglichen Leben sich häufiger wiederholender Diebstahls= typen, deren Zahl vielleicht bei einigen Gerichten ein Dutzend betragen mag, drittens die Ueberlieferung jedes einzelnen Ge= richts, so daß zwei verschiedene Gerichte denselben Diebstahlsfall niemals, von Zufälligkeiten abgesehen, genau mit derselben Strafe belegen würden. Zwischen einem Tage im Minimum und 1826 Tagen im Maximum liegt also der Maßstab der gerechten Strafe für den einfachen Diebstahl. Das Gesetz erkennt damit an, daß die Unterschiede in der Schuld viel feiner und zahlreicher sind, als der Richter mit dem Mikroskop moralischer und psychologischer Wahrnehmungsgabe jemals entdecken kann. In alten Zeiten würde es einfach unbegreiflich gewesen sein, daß für dasselbe Verbrechen sowohl ein

einziger Tag, als auch eine Summe von 1826 Tagen als gerechte
Strafe gelten könne. Und auch in der Gegenwart wird der=
jenige Richter, der sich am meisten zutraut, niemals von sich be=
haupten wollen, daß er einen von ihm abgeurtheilten Diebstahls=
fall nur mit 8 Tagen strafen konnte, und sein Gewissen mit dem
Vorwurf der Ungerechtigkeit belastet haben würde, wenn er statt
dessen die Strafe auf 7 oder auch auf 9 Tage bemessen hätte.
In diesem Sinne ist somit zu behaupten, daß in jeder relativen
Bemessung einer Strafe ein starkes Element der Willkür
steckt und daß kein Richter es vermag, den gesetzlichen Straf=
unterschieden entsprechende Schuldunterschiede gegenüberzustellen.

Für die Gerechtigkeitstheorie ergiebt sich aus dieser Darlegung,
daß, wo von einem relativen Strafmaß in der Gesetzgebung die
Rede ist, von einem Gebot genau bemessener Gerechtigkeit
niemals gesprochen werden kann. Die gesammte frühere Vergel=
tungstheorie litt an dem großen Fehler, sich einzubilden, daß nach
sittlichen Principien für ein bestimmtes Verbrechen
eine ebenso bestimmte Strafnorm von der Gerechtig=
keit kategorisch gefordert und somit nothwendig sei;
eine Einbildung, die so lange begreiflich war, als man absolute
Strafsätze hatte, was im Zeitalter Kant's noch die Regel war
und den Ueberlieferungen der peinlichen Halsgerichtsordnung ent=
sprach). Wenn aber heute der einfache Diebstahl 1826 mal ab=
gestuft sein kann, so ist gar nicht mehr davon zu reden, daß von
einer nach Tagen bemessenen Strafe irgend jemand behaupten
werde, sie sei in einem gegebenen Falle gerecht und noth=
wendig; wir können überall nur nach der Zulässigkeit einer
großen Reihe von verschiedenen Strafsätzen nicht mehr von der
Pflichtmäßigkeit eines bestimmten Strafsatzes sprechen. Die Straf=
barkeitsunterschiede beim Diebstahl sind heute größer,
als ehemals für die Gesammtheit aller Verbrechen zu=

sammengenommen. Somit wissen wir über die Gerechtigkeit
der auf den einfachen Diebstahl gesetzten Strafen nicht mehr, als
daß 23 Stunden und 59 Minuten nach der Erklärung des Gesetz=
gebers eine ungebührlich milde und 1828 Tage eine ungerecht
lange in der Anwendung der Gefängnißstrafe bedeuten würde.
Der Gesetzgeber setzt hier Abschnitte, aber er wird gleichfalls nicht
behaupten können, daß ihn irgend jemand der Ungerechtigkeit zeihen
würde, wenn er etwas weiter in der einen oder anderen Rich=
tung gegangen wäre. Auch er wird zugestehen müssen, daß seine
„Weisheit" überall mit einem starken Beisatz von Willkür gemischt
ist und daß bei seinen Strafgesetzen relativer Gattung ein grobes
Durchschnittsgefühl, nicht aber eine feine Unterscheidung bei den
Gränzbestimmungen leitend war. Was in Wirklichkeit in den
modernen Strafgesetzen entscheidend bei allen Maßstäben ist, wird
sich bestimmen lassen als die Rücksicht auf eine gewisse Zahlen=
symmetrie oder die arithmetische Aesthetik der Strafzumessung und
sodann die Vorsicht in Beziehung auf jene Punkte, wo das all=
gemeine Gefühl den Eindruck von der Ungerechtigkeit der
Strafe empfangen würde.

Der Gesetzgeber kann in der Relativität des Strafgesetzes die
Abstufungen der Schuld sogar noch weiter vermehren, indem er
zwei verschiedene Strafarten nebeneinander mit einem Maximum
und Minimum für jede von ihnen androht, wodurch die Mannig=
faltigkeit der möglicherweise gerechten Strafe verdoppelt wäre.

Wie es nun im Einzelnen an einen festen Maßstab der Ver=
geltung gebricht und das Gesetz es gegenwärtig zulassen muß, daß
ein harter Richter innerhalb der weiten Gränzpfähle des Maxi=
mums und des Minimums einen einfachen Diebstahl ganz anders
bestraft, als ein milder Richter denselben Fall gestraft haben würde,
so fehlt es uns auch an einem sicheren Maßstab für eine Rang=
ordnung der Verbrechen. Wir können in der Gegenwart

vom moralischen Standpunkt aus niemals sagen, daß
ein gewisses Verbrechen unter allen Umständen schwerer sei, als ein anderes Verbrechen.

Vom subjectiven Standpunkt ausgehend, wird jedermann zugeben, daß Vorsätzlichkeit einer Missethat schwerer wiege, als Fahrlässigkeit, aber es fehlt uns das Kennzeichen, das uns in allgemein gültiger Weise belehrt, in welchen Fällen die Gerechtigkeit
verlangt, daß Fahrlässigkeit überhaupt mit Strafe belegt werden
soll. Und andererseits giebt es wieder fahrlässige Vergehen, die
härter beurtheilt worden, als andere, aus Vorsatz begangene
Uebelthaten. In der Reihenfolge der nach dem objectiven Rechtswerth bemessenen Strafbarkeit wird man dahin neigen, das Leben
obenan zu stellen und dann die Verletzungen des Leibes und der
Gesundheit, des Eigenthums und der Ehre folgen zu lassen, indem
man bald hier bald dort die Eingriffe in die öffentliche Ordnung
und die religiös-kirchlichen Verhältnisse einschiebt.

Die übereinstimmende Ansicht der neueren Rechtslehre geht
dahin, daß der vorsätzliche Angriff auf das menschliche Leben
überall das schwerste Verbrechen bilden müsse; und eine der Ab-
straktion zugewendete Philosophie nährte den Glauben, als ob
dies seit Anbeginn der Welt ebenso gewesen sei. Allein die Geschichte lehrt, daß der Rechtswerth der menschlichen Güter in der
Entwickelung der Cultur ein sehr ungleicher gewesen ist. Nach
dem älteren germanischen Recht sind Angriffe auf Leib und Leben
grundsätzlich milder behandelt worden, als Eingriffe in fremdes
Eigenthum. Der Dieb war unseren Vorfahren verhaßter, als der
Todtschläger. Jahrhunderte lang betrachteten gewisse Rechtslehrer
Gotteslästerung und widernatürliche Unzucht als schwerste Verbrechensfälle. Wir begreifen es kaum, daß Zauberer für todes-
würdig erklärt werden konnten. Bis gegen das Ende des vorigen
Jahrhunderts war der Mord nicht das schwerste Verbrechen;

Hochverräther und Aufrührer waren selbst nach Luther's Meinung härter zu bestrafen, als Mörder. Ueber das Rädern ging das Viertheilen und vielleicht auch das Verbrennen.

Wenn daher von einigen Seiten behauptet wird, der Mord sei zu allen Zeiten, gleichsam seit Kain, als absolut schwerstes Verbrechen mit der absolut schwersten Strafe nach göttlichem und menschlichem Rechte bestraft worden, so ist das einfach ein leicht zu widerlegender Irrthum.

Ein und dasselbe Rechtsobject, zum Beispiel das menschliche Leben, kann sogar auf Grund einer und derselben Strafgesetz= gebung einen verschiedenen gesellschaftlichen Werth haben. So ver= hält es sich bei uns mit der aus Fahrlässigkeit verursachten Tödtung, welche zu Zeiten des Belagerungszustandes mit der Todesstrafe belegt wird, wenn sie aus gewissen gemeingefährlichen Verbrechen hervorgeht. In der deutschen Gesetzgebung ist also anerkannt: daß zu gewissen Zeiten die Tödtung eines Menschen den Tod des Verbrechers zur Folge haben soll, zu ge= wissen anderen Zeiten jedoch, oder an anderen nicht gerade in Belagerungszustand befindlichen Orten die Gerechtigkeit die Todesstrafe nicht erfordert. Und den= noch getraut man sich den Satz zu vertheidigen, daß das ver= meintlich absolut schwerste Verbrechen des Mordes die absolut schwerste Todesstrafe auf Grund ewiger Gerechtigkeit schlechthin bedingen soll!

Die Gerechtigkeit, welche niemals absolut ist, kann nicht mehr bedeuten, als daß in Gemäßheit des jeweiligen rechtlichen Entwickelungsstandes der einzelnen Völker das jeweilig schwerere Verbrechen mit einer schwereren Strafe bedroht sein muß, als das geringere Vergehen.

Wie der Rechtswerth der menschlichen Güter, als das An= griffsobject für das Verbrechen, ein so wandelbarer ist, daß man die Geschichte der moralischen Preisbestimmungen auf diesem Gebiete ebenso gut schreiben könnte, wie für die Nahrungsmittel und andere menschliche Lebensbedürfnisse, so muß man auch weiterhin anerkennen, daß die Inhaltsbestimmungen der menschlichen Persönlichkeit, als eines Angriffsobjectes der staatlichen Strafe außerordentlich veränderlich sind.

Es gab Zeiten, in denen eine Freiheitsstrafe schwerer zu ertragen war, als die Entziehung des Lebens.[91]) In unserem Zeitalter bedeuten die Ehrenstrafen weniger, als im Mittelalter. Andererseits haben wir anerkannt, daß eine unwiderrufliche Ehrenstrafe dem Wesen der menschlichen Persönlichkeit nicht entspricht. Vor hundert Jahren war man wenig empfindlich gegen die Prügelstrafe; einzelne französische Könige ließen sich mit Hieben geißeln, um auf diese Weise Buße zu thun. Heute erscheint uns die körperliche Züchtigung als eine unauslöschliche, der menschlichen Natur angethanene Schmach, obgleich wir für diese Empfindung keine durchaus zureichenden Gründe anzuführen vermögen, sondern uns mit der Thatsache ihres Vorhandenseins begnügen müssen. Die Transportation nach Australien war vor sechzig Jahren eine Strafe, welche in Irland diejenigen schreckte, die es sich zum Heldenthum und zur Ehre angerechnet haben würden, am Galgen hängend bewundert oder bedauert zu werden. Als die Goldfelder Australiens im Jahre 1851 entdeckt worden waren, begingen einzelne Verbrecher Missethaten, um in die Australischen Colonien transportirt zu werden, die Ueberfahrtskosten in das „gelobte Land" zu ersparen und dann nach Ablauf ihrer Strafzeit leichter zu den Gruben eilen zu können, in denen sie sich mühelos zu bereichern hofften.

Die abstrakte Speculation übersieht dies. Wie sie dem Verbrechen einen unabänderlichen Werth in der Geschichte der Menschheit zuerkennt, so meint sie auch von einer eigenen Qualität der

Strafmittel reden zu dürfen. Es bedarf keiner weitgehenden Studien um auch an den Strafmitteln das Irrige einer solchen Auffassung darzuthun.

Unser Zeitalter ist die Epoche der Freiheitsstrafen. Wir müssen anerkennen, daß der wirthschaftliche und ethische Werth der Freiheit und der von ihr abhängigen Arbeit ein völlig anderer geworden ist, als er vor einem Menschenalter war. Die= selbe Kalenderzeit der Freiheitsentziehung kann daher heute recht= lich und wirthschaftlich nicht mehr dasselbe bedeuten, wie ehemals. Jede neue Freiheitsäußerung, welche das Verfassungsrecht auf politischem, religiösem und wirthschaftlichem Gebiet gewährt, stei= gert auch den inneren Rechtswerth der menschlichen Persönlichkeit. Was wäre es ehemals für einen an die Scholle gefesselten Men= schen gewesen, wenn man ihn für bestimmte Zeit Namens der Obrigkeit in räumlicher Nähe seines „unveränderlichen Aufenthalts" zur Strafarbeit gezwungen hätte? Nichts! Sein ganzes wirth= schaftliches Dasein war erzwungene Arbeit für den Vortheil An= derer. Unsere Gesellschaftsordnung ist eine so künstliche, die Schwierigkeit des zum Lebensunterhalte ausreichenden Erwerbes eine so große, daß der zeitweise Verlust der Freiheit heut mehr bedeutet und für die Familie eines Bestraften schwerere Nachtheile bedingt, als früher. Vorübergehende Untersuchungshaft kann den Familienvater aus seiner mühsam in langen Jahren errungenen Stellung herausstürzen und für die Seinigen unersetzlichen Schaden bewirken. Die allmählig fortschreitende Verkürzung der Freiheits= strafen ist somit ein nothwendiges Ergebniß zunehmender Cultur. Von fünfundzwanzigjähriger Freiheitsentziehung stieg man daher herab zu jener längsten fünfzehnjährigen Zeitgränze, welche das deutsche Strafgesetzbuch zu überschreiten verbietet, und es kann eine fernere Abkürzung auch dieser Zeitgrenze um so weniger zweifel= haft sein, als schon bei Erlaß des Strafgesetzbuchs eine Einschränkung

der Maximalbauer auf zehn Jahre von erfahrenen Gefängnißdirectoren befürwortet worden war [92]). Was würde man von einem
Rechtslehrer oder einem Philosophen sagen, der behaupten wollte,
daß nur eine zwölfjährige Zuchthausstrafe als gerechte Vergel=
tung für ein bestimmtes Verbrechen gesetzt werden dürfte. Und
doch wäre eine solche Versicherung nicht wesentlich verschieden von
der Theorie, daß nur die Todesstrafe die Tödtungsverbrechen oder
den Mord sühnen könne. Für die Beurtheilung der Todesstrafe
ergiebt sich aus der geschichtlichen Betrachtung das nutzbare Re=
sultat, daß der Abstand der zeitigen Freiheitsstrafen mit
dem Sinken ihres Maximums gegenüber der Todes=
strafe und der lebenslänglichen Zuchthausstrafe sich
fort und fort erweitert.

Umgekehrt ist in der Geschichte der Gang der Geldbußen.
Seit der Entdeckung der neuen Welt ist der Werth der edlen
Metalle und des Geldes in fortwährendem Sinken, so daß ihnen
im allgemeinen die entgegengesetzte Richtung für die Gesetzgebung
vorgezeichnet ist. Tödtungen und Verstümmelungen, die nach alten
Gesetzen dem Bluträcher durch Geldzahlung gesühnt werden konnten,
finden seit langer Zeit kein Aequivalent im Vermögen mehr. Unser
Maßstab ist hierin völlig verändert. Dagegen muß überall da,
wo eine Geldbuße nach unseren Rechtsanschauungen angemessen
ist, mit dem sinkenden Geldwerthe die Strafsumme erhöht werden.
Eine Collision ergiebt sich für die Criminalpolitik aus dem Zu=
sammenwirken des Werthveränderungsprocesses: erhöhter Werth
der Freiheit und verminderter Werth des Geldes, wenn es sich
darum handelt, geringere Vergehen, die ehemals mit Freiheits=
entziehung geahndet wurden, nunmehr der (im Werth steigenden)
Gefängnißstrafe zu entziehen und der (im Werth sinkenden) Geld=
buße zu unterwerfen.

Was nun das Leben selbst anbelangt, so scheint es schwer,

aus der Theorie der geschichtlichen Veränderlichkeit der Rechts=
werthe einen unmittelbaren Nutzen zu ziehen. Sagen wir nämlich:
der Rechtswerth des menschlichen Lebens sei gesunken, so würde
man daraus schließen, die Todesstrafe sei nicht mehr so schwer,
wie früher. Sagen wir umgekehrt, der Werth des Lebens sei
gegen früher gestiegen, so wird man schließen: um so mehr müsse
auch der Mörder sterben! Ist es möglich, aus dieser Alternative
herauszukommen?

Unleugbar wird von vornherein zugegeben werden müssen,
daß in der Entwickelung der Cultur der Rechts= und Genußwerth
des menschlichen Lebens erheblich gestiegen ist. Auf sein Mini=
mum erscheint er herabgesetzt, wo nach der religiösen Idee die
Bedeutung des Irdischen völlig geleugnet, die Erde als ein Jammer=
thal, das Jenseits als unmittelbar wünschenswerthes Ziel, die
persönliche Seeligkeit als Gewißheit von Allen angenommen ist;
die Dauer des Lebens schrumpft dabei zum Bedeutungslosen so=
wohl für Mörder als Ermordete zusammen; alles kommt auf Buße
und reuige Vorbereitungen zum Jenseits an. Dieser Pessimismus
kann soweit gehen, den Tod als beneidenswerthes Schicksal, den
Mord als Wohlthat und Verdienstlichkeit anzusehen, wofür die
psychologischen Belege in der indischen Mördersekte der
Thugs und in der zuweilen mit Begeisterung erfüllten Pflicht
der Selbstverbrennung indischer Wittwen nachzuweisen sind. Man
kann dies die subjectiv=religiöse Entwerthung des menschlichen
Lebens nennen.

In objectiver Hinsicht wird der Werth des Lebens durch
dessen Unsicherheit herabgesetzt. Wo gewaltige Epidemien häufig
wiederkehren, und jeden gleichsam stündlich an sein bevorstehendes
Ende mahnen, wo langdauernde Kriege nicht blos die Kämpfenden
selbst, sondern ein ganzes Volk in Mitleidenschaft ziehen, Fehde
und Rauflust in den Volkssitten als gewöhnliches Vorkommniß

eingenistet sind, bildet sich, in weiten Schichten herrschend, Gleich=
gültigkeit gegen den unsicheren jeden Augenblick gefährdeten Besitz
des Daseins, welche entweder in roheste Genußsucht oder in Ab=
stumpfung ausartet; beide Thatsachen sowohl das Tödtungsver=
brechen wie die Hinrichtung Schuldiger werden vergleichungsweise
gleichgültig hingenommen; die Häufigkeit in der Anwendung
der Todesstrafe entstammte zum Theil der niedrigen Schätzung
des menschlichen Lebens; bei gewissen afrikanischen Negervölkern,
deren Gewalthaber ihren Götzen massenweise Menschenopfer dar=
bringen, scheint nach den glaubwürdigsten Berichten eine uns un=
begreifliche Gleichgültigkeit gegen den Tod zu herrschen.

Unser Zeitalter ist von religiöser Schwärmerei selbst auf
Seiten einer kampflustigen Kirche weit entfernt; wir lassen dem
Jenseits seinen Werth, aber wir schätzen in seiner vollen Wirklich=
keit unser irdisches Dasein. Ingleichen ist das Leben heute ein
verhältnißmäßig sicheres Gut. Nach allen Richtungen steigt der
Werth des Lebens; er ist in Wahrheit ein einzigartiger in der
Schätzung des Menschen, woran auch dadurch nichts geändert wird,
daß Selbstmord häufiger auftritt, als ehemals, denn wachsende
Häufigkeit des Selbstmordes heißt: ein entwerthetes Leben ist
schwerer zu ertragen als früher. [33])

Wir bemühen uns — und das gehört zu den eigenthümlichen
Merkmalen unseres Zeitalters — selbst die inhaltleere und freude=
lose Existenz anderer Menschen mit allen nur möglichen Mitteln
zu erhalten. Selbst dann erlahmt diese Sorgfalt nicht, wenn uns
der Tod eines Menschen als Wohlthat der Natur erscheint. Auch
des unheilbar Irren, des langsam dahinwelkenden Siechen Leben
suchen wir soviel wie thunlich zu verlängern. Unser Zeitalter er=
hält mit dem scharfsinnigen Aufwande künstlicher Mittel zahlreiche
Existenzen, die in früheren Jahrhunderten dem schnelleren Unter=

gange verfallen wären: alles Anzeichen eines gesteigerten Lebens=
werthes.

Nach einer anderen Richtung hin sind freilich manche Ge=
fahren, die unser Dasein bedrohen, neu entstanden, etliche ge=
wachsen. Während im Vergleich zu den ehemaligen Culturzuständen
die vorsätzlichen Tödtnngen sich vermindert haben, und
die Möglichkeit, unter der Hand des Mörders zu enden, eine un=
gewöhnlich weit entferntere ist, ergeben sich aus der Zusammen=
drängung lgroßer Menschenmassen in den Städten, aus der Ge=
staltung des Maschinenwesens und seiner technischen Processe, aus
der Verwendung der Dampfkraft, aus der Anhäufung größerer
Arbeiterschaaren in engen Fabrikräumen, aus der rücksichtslosen
Gewinnsucht des Unternehmungsgeistes, aus leicht zugänglicher
Benutzung gewisser Giftstoffe und der allgemeinen Verbreitung von
Schußwaffen, aus einem hochentwickelten Bergbau und einer in
alle Zonen sich ausdehnenden Seeschiffahrt, erhebliche Ziffern des
Menschenverlustes. Häufiger als früher, endet das menschliche
Leben in dem Gewirre und Knäuel des industriellen Durcheinander
an unglücklichen Zufälligkeiten, Explosionen, Eisenbahnunfällen,
Schiffbruch, Einsturz von Gebäuden; das unermeßliche Gebiet der
Unglücksfälle läßt uns in der Statistik|größere Einbußen verzeichnen,
obgleich andererseits die Macht großer Naturereignisse und die
verheerende Geißel gewaltiger Seuchen nicht mehr so zerstörend zu
sein scheint wie im Mittelalter.

Mit jenen verwickelten Verhältnissen des modernen Zusammen=
lebens muß nothwendigerweise die Bethätigung der Fahrlässig=
keit einen weitaus bedeutenderen Spielraum finden. Die Gefahr,
daß wir durch Unvorsichtigkeit in irgend einer Weise Leben und
Gesundheit unseres Nebenmenschen verletzen, ist unzweifelhaft bei
uns eine näherliegende, als unter den einfachen Culturzuständen
einer Hirtenbevölkerung oder einer Landbau treibenden Klasse.

Auf Schritt und Tritt muß, der Eine mehr, als der Andere, in
dem großstädtischen Menschengewühl der heutige Staatsbürger auf
sich achten, um nicht andere zu beschädigen. Immer zahlreicher
werden die Fälle der fahrlässigen Tödtung und der Massengefähr=
dung auf Eisenbahnen und in Fabriken. Der Gesetzgeber hat diese
Verhältnisse besonders zu würdigen. Er muß anerkennen,
daß das Gebiet der fahrlässigen Tödtungen in socialer
Hinsicht weitaus wichtiger ist, als dasjenige der vor=
sätzlichen. Dennoch haben die Gesetzgebungen, vorab die deutsche
Reichsgesetzgebung, die Strafbarkeit der aus Fahrlässigkeit began=
genen Tödtungen verringert. Unser Strafgesetz droht im § 222
eine Gefängnißstrafe bis zu drei Jahren, und wenn der Thäter
zu der Aufmerksamkeit, welche er aus den Augen setzte, vermöge
seines Amtes, Berufes oder Gewerbes besonders verpflichtet war,
bis zu fünf Jahren. In beiden Fällen, gleichviel ob die Tödtung
ohne oder mit Berufsverletzung geschah, kann eine Minimal=
strafe von einem Tage Gefängniß verhängt werden. Man
bedenke: für die schuldhafte Zerstörung menschlichen Lebens eine
einfache Freiheitsentziehung von einem Tage! Also für die fahr=
lässigen Tödtungen wiederum die Abstufung, wie beim einfachen
Diebstahl von 1: 1826 und der Satz: der schwerste Fall fahr=
lässiger Tödtung ist gleich der höchsten Strafbarkeit des einfachen
Diebstahls. In gleicher Weise, wie bei den fahrlässigen Töb=
tungen sind auch die Strafbarkeitssätze für die Todtschläger er=
mäßigt worden. Nach dem preußischen Strafgesetzbuche von 1851
noch mit lebenslänglicher Zuchthausstrafe zu belegen, unterliegt
nach § 212 des deutschen Strafgesetzbuchs das Verbrechen des
Todtschlags einer Zuchthausstrafe von fünf bis zu fünfzehn Jahren.

Wenn nun der Gesetzgeber unseres Zeitalters gleichfalls der
Anschauung wäre, daß der Werth des Lebens gewachsen ist und
demnach auf dem Gebiete der Todtschlagsverbrechen und für die

bedenkliche Kategorie der fahrläſſigen Tödtungen die Strafen herab=
geſetzt hat, ſo muß, vielleicht ohne daß er ſich deſſen klar bewußt
geworden, eine ethiſche Tendenz eigener Art ihn beherrſcht haben.
Er hat die ſubjectiven Schuldmomente offenbar anders betrachtet,
als ſeine Vergänger; er erkennt an:

Daß bei der großen Mehrzahl der Tödtungsverbrechen eine
feſte und abänderliche Werthrelation nicht aufrecht erhalten werden
kann, daß der Satz „Leben um Leben" ſeit lange eine bloße
Fiction, durchaus nicht ausſchließt, daß trotz des mit unſerer
Cultur geſteigerten Werthes des Lebens, dennoch Tödtungen fort=
ſchreitend geringer im Verlauf der Zeiten beſtraft werden können.
Und doch ſoll wiederum eine beſtimmte Gattung von Tödtungen
von dem erſten Tage der Schöpfung bis zum jüngſten Gericht,
nur mit einer beſtimmten Strafe, nämlich der Todesſtrafe belegt
werden können!

Die Herabſetzung der Strafbarkeitsſtufen für Todtſchlag und
fahrläſſige Tödtung iſt im Allgemeinen, d. h. ohne ein Ein=
gehen auf die Frage, ob das Maximum gerade fünf Jahre und
das Minimum genau einen Tag betragen mußte, durchaus zu
billigen, obwohl es an gelegentlichen Klagen gegen das Reichs=
ſtrafgeſetzbuch nicht fehlt. Nur muß man ſich bemühen, unabhängig
von den Schwankungen des bald zur Milde, bald zur Strenge
neigenden Gefühls, einen feſten Grundſatz der Strafpolitik
aufzufinden, von welchem in planmäßiger Weiſe die einzelnen
Strafſätze abzuleiten ſein würden. Es iſt zu fragen, ob die durch=
ſchnittliche Milderung aller Strafgeſetze, die ſich im Verlaufe der
letzten fünfzig Jahre offenbart, auf ſchwächlicher Sentimentalität
und verirrter Philanthopie, oder auf der Macht eines in jenen
Erſcheinungen keimenden Gedankens beruht: Warum die Unver=
änderlichkeit der Beſtrafung von Mord, wenn alle anderen Ver=
brechen ohne Ausnahme milder beſtraft werden?

In meinen Augen bedeutet die Thatsache der überall fort=
schreitenden Milderung nichts anderes, als den Bruch mit der
Vergeltungsmaxime und mit dem alten Maßstab der objectiven
Werthgleichung zwischen Verbrechen und Strafe. Die gerechte
Vergeltung ist für die Gegenwart begründet auf dem
(im Vergleich zum Verbrecher) ungleichen Maßstab der
Schätzung der einerseits im Verbrechen und anderer=
seits im Strafzwange angegriffenen Werthobjecte des
menschlichen Lebens.

Das Rechts= und Sittengesetz der Gegenwart darf sich in
der Rechtspflege nicht auf den Standpunkt des Verbrechers und
seiner Werthberechnungen erniedrigen; um dem verkannten Straf=
gesetz die höchste Genugthuung zu gewähren muß es zeigen, daß
seine, nämlich des Gesetzes, Werthschätzung nach einem eingetrete=
nen Verbrechensfall, eine weitaus höhere ist, als diejenige des
Verbrechers und folglich gerade darin besteht, daß im Akte der
Bestrafung objectiv und äußerlich genommen, am Verbrecher ein
minderes Maß von Rechten verletzt werde, als er in seiner Misse=
that verletzt hatte. Die im Verhältniß zum verletzten Verbrechens-
object nicht äußerlich und auch nicht innerlich völlig gleiche Strafe
bedeutet also: das Strafmittel des Staates darf niemals in der
Quantität seines Uebels der Analogie und der Quantität des vom
Verbrecher angerichteten Uebels nachfolgen; sondern im Gegentheil
überall zur ethischen Werthsteigerung der menschlichen Güter
dadurch wirken, daß diese gleiche Vergeltung verworfen wird.

Der auf der höchsten Höhe der strafrechtlichen Cultur an-
gelangte Gesetzgeber wird also zum Verbrecher etwa dies sagen:
Du hast gemordet und das Leben eines Nebenmenschen vernichtet.
Du hast ein unersetzliches Gut zerstört, welches durch Deine
Thränen und Deine Reue ebensowenig wiederherzustellen ist, wie
durch meine Strafmittel. Nach der Werthschätzung, welche Dir

innewohnt, müßte ich Dir das Leben wiederum nehmen, Du
hätteft kein Recht, Dich zu beschweren, wenn Du nach Deinem
Maßstab gerichtet würdeft und dem rächenden Schwerdte verfieleft.
Aber Dein Maß ist nicht mein Maß; Deine Werthberechnung
nicht die meinige. Mir ist menschliches Leben viel heiliger und
werthvoller als Dir! An Stelle Deiner falschen Begriffe setze
ich mein höheres Princip der befferen Werthgleichung. Selbst
Dein von Dir im Verbrechen entwerthetes Leben hat in meinen
Augen einen größeren Werth, als in Deinen Augen das schuldlose
Leben hatte, das Du mordend vernichtet haft! Hätteft Du den
Maßstab, den ich Dir entgegenhalte, in Deinem Gewiffen getragen, so wärft Du außer Stande gewesen, menschliches Leben
zu vernichten."

Somit beruht die ächte Gerechtigkeit nicht auf Vergeltung
nach dem Gesetz der Gleichheit, sondern vielmehr auf der die verbrecherische Gesinnung überragenden höheren Werthbestimmung
verletzter- Rechte, welche sich darin kund giebt, daß die Mittel der
Strafe auch in ihrem Maximum äußerlich hinter dem vom Verbrecher verursachten Rechtsschaden zurückbleiben müffen. So gilt
sinnbildlich auch von der Strafgerechtigkeit das Wort: Wer sich
selbst erniedriget, der wird erhöhet werden!

Zwanzigstes Kapitel.

Gleichheit und Ungleichheit von Mord und Todtschlag. — Ist die Todesstrafe für den Mord gerecht und für den Todtschlag ungerecht? — Beweisthema und Beweislast in dem Proceß gegen die Todesstrafe. — Widerlegung der Vergeltungstheorie mit ihren eigenen Waffen. — Vergeltung unmöglich auf der objectiven Basis des äußerlichen Schadens. — Ein Unterschied zwischen Mord und Todtschlag kann nach der Vergeltungstheorie nur in den Hinrichtungsmitteln zugelassen werden, nicht aber in der Todeswürdigkeit an sich. — Objective Vergeltung verlangt den Tod für alle vorsätzlichen Tödtungen. — Die Folter der Todesangst und die Ueberlegung des Henkers gehen über die Ueberlegung des Mörders hinaus.

Alle Strafsätze des deutschen Strafgesetzbuchs sind in Gemäß= heit der gesteigerten Rechtswerthe, die in der Bemessung des Straf= übels abzuschätzen sind, vom Gesetzgeber herabgesetzt. **Nur bei dem einzigen Verbrechen des Mordes blieb die un= abänderliche Todesstrafe.** Der Richter folgt, vielleicht ohne Bewußtsein, aber doch wiederum unter dem Eindruck der die Gesetzgebung leitenden Motive derselben Tendenz der Milderung, indem er sich erfahrungsgemäß bei der Aburtheilung einzelner Fälle immer dem Minimum der Strafe mehr annähert, als dem Maximum, und auch bei den gewöhnlichen, weder durch Gering= fügigkeit noch durch Erheblichkeit der Schuldmomente ausgezeich= neten Verbrechensfällen des alltäglichen Durchschnitts die Mittel= linie des gesetzlich zulässigen Strafmaßes erniedrigte. **Nur bei der Todesstrafe wird diese höhere Tendenz der gerechten Milde nicht zugelassen!**

Die Strafen der vorfätzlich ohne Ueberlegung ausgeführten und der fahrläffigen Tödtung find durch den Gefetzgeber gemildert. **Nur die Strafe des Mordes foll niemals gemildert werden können!**

Es ift gezeigt worden, daß die Freiheitsftrafe in ihrem Inhalt und Werth gewachfen und eine zehnjährige Freiheitsftrafe heut fo fchwer wiegt, wie ehemals eine zwanzigjährige, daß daher mit lange dauernder Freiheitsftrafe fchwerere Verbrechen, an die fie ehemals nicht heranreichte, heute fehr wohl beftraft werden können. Den Hochverräther, den man ehemals viertheilte, beftraft man mit lebenslänglicher Freiheitsentziehung. **Nur der Mörder kann nicht mit lebenslänglicher Einsperrung beftraft werden, weil ihn die Todesftrafe treffen muß!**

Angefichts diefer Gefammtftrafrechtsentwickelung fowohl, als auch nach dem von mir entwickelten Gerechtigkeitsprincip der ungleichen Werthbeftimmungen ift die Todesftrafe eine **ungeheure Anomalie,** ein unbegreiflicher Widerfpruch, ein blind geglaubtes **Dogma!**

Aber auch vom Standpunkte der alten Vergeltung kann die Unhaltbarkeit der Todesftrafe dargethan werden und unter allen Umftänden muß als feftgeftellt gelten, daß die Vergeltungstheorie die Nothwendigkeit der Todesftrafe auf wiffenfchaftlichem Wege nicht darzuthun vermag. Sie ift fchon deswegen außer Stande, ihren Proceß vor dem Weltgericht zu gewinnen, weil die Anhänger einer und derfelben Theorie fich widerfprechen. Vor dem Alles prüfenden Blicke eines gewiffenhaften Staatsmannes muß fchon die Negative der Beweisfälligkeit in einer fo wichtigen Frage fchwer wiegen.

Wer die abfolute Nothwendigkeit der Todesftrafe für den Mord beweifen will, muß Folgendes darthun:

Erstens: daß die Werthgleichung zwischen Mord und Hinrichtung des Verbrechers zu allen Zeiten der
menschlichen Entwickelungsgeschichte sowohl als in
allen gegenwärtig vorkommenden Verbrechensfällen
eine unveränderliche ist.

Zweitens: daß die Hinrichtung eines Verbrechers als Leiden
innerlich gleich zu setzen ist dem Leiden des Ermordeten.

Drittens: daß der Werthunterschied zwischen Mord und
Todtschlag entsprechend ist dem Werthunterschiede
zwischen Todesstrafe und Freiheitsstrafe.

Viertens: daß alle Formen und Arten des Mordes so gleich=
werthig sind, um einem und demselben Strafübel
des Lebensverlustes unterworfen werden zu können.

Was den ersten Punkt anbelangt, so ist bereits gezeigt wor=
den, daß der Werth des Lebens in der Geschichte keine con=
stante Größe gewesen ist und auch in der Gegenwart nicht werden
kann. Um so mehr ist es zu verwundern, daß heute das nackte
Wort und die bloße Bezeichnung „Mord" und „Mörder" einen
geheimnißvollen Zauber des Grauenhaften auf die Vorstellungen
der Menschen ausübt. Eine große Anzahl von Menschen glaubt,
daß der Mord nicht nur das schwerste Verbrechen bedeutet, was
in der That ganz richtig ist, sondern auch eine gleichsam unbegreif=
liche, von allen anderen Rechtsverletzungen durch unübersteigbare
Kluft geschiedene Missethat darstelle, ohne zu bedenken, daß inner=
halb des Mordes die zahlreichsten Abstufungen möglich sind. Hier=
auf ist zuvörderst zu erwiedern, daß Mord in verschiedenen
Zeiten und bei verschiedenen Völkern der Gegenwart
durchaus nicht ein und dasselbe Verbrechen bedeutet.
Der Name „Mord" bezeichnet nichts anderes, als die jeweilig
schwerste Erscheinungsform der Tödtungen.

Hinsichtlich des zweiten Punktes ist zu erwägen, daß der Grundsatz „Leben um Leben" ehemals in den ältesten Zeiten ein= fach von der objectiven Betrachtung ausging: das Leben eines Menschen gilt genau so viel, wie das Leben jedes anderen. Dabei bestand jedoch der Unterschied, daß überall an die schwersten Verbrechen der Tödtung unvermittelt straflose Tödtungen des Fremden oder des Sklaven sich anschließen konnten. Heute gilt dieser Maßstab nicht mehr. Wir unterscheiden vielmehr auf Grund subjectiver Schuldformen, indem wir die Natur des Willens sorg= fältig ins Auge fassen. Somit gelangten wir in Deutschland zu dem Grundsatze:

„Das Leben eines Getödteten ist regelmäßig nicht gleich dem Leben des Tödtenden. Gleichheit ist nur ausnahmsweise vorhanden, wenn der Tödtende ge= wisse bestimmte Merkmale des Willens bei der Ausfüh= rung seiner That erkennen läßt. Also nicht auf die Töd= tung, sondern darauf kommt es an, wie jemand getödtet wurde."

Man begreift, daß es in Beziehung auf den Getödteten selbst völlig gleichgültig ist, ob er vorsätzlich aber ohne Ueberlegung, oder vorsätzlich mit Ueberlegung ums Leben gebracht wurde. Unser Bedauern und unser Mitleid in Beziehung auf ihn müßte, nach der Thatsache bemessen, durchaus das gleiche sein. Die Ge= hässigkeit der moralischen Elemente, welche aus der Eigenschaft der tödtenden Person entnommen werden können, ist praktisch ge= nommen gleichgültig. Eher, als auf das moralische Element der Willensunterschiede, könnte man auf die Instrumente sehen, mit denen jemand getödtet wurde: ob auf schmerzhafte, langsame, fol= ternde Art oder auf schnell und plötzlich wirkende Weise, was ehemals auch in der Unterscheidung des Giftmordes geschah.

Wenn man sich an die Erfahrung halten will, so steht fest,

daß die große Mehrzahl der Ermordeten schnell und ohne die Schrecken der Todesangst längere Zeit durchkämpfen zu müssen, ihr Leben verloren hat. Andererseits, wenn sie gegen den Willen des Mörders als schwer Verwundete am Leben bleiben, haben sie vielleicht seelisch am meisten gelitten. Und doch wird in diesem Falle das Leben des Mörders verschont. Die Todesstrafe entnimmt also ihr Motiv vorzugsweise aus der Beschaffenheit des psychischen Zustandes, in welchem sich der Mörder zur That befand: „Du hast mit Ueberlegung vorsätzlich getödtet, also sollst Du mit Ueberlegung den Tod erleiden!"

Wäre dies eine grundsätzlich haltbare Auffassung, so müßte weiterhin dem Todtschläger gesagt werden: „Du hast ohne Ueberlegung, in der Aufwallung des Zornes ein Menschenleben plötzlich vernichtet, also sollst Du plötzlich in einem Augenblick, wo Du nicht darauf gefaßt bist, gewaltsam den Tod erleiden!"

Die richtige Consequenz würde also diejenige sein, welche zwischen dem Tode des Mörders und zwischen dem Tode des Todtschlägers eine verschiedene Hinrichtungsweise unterscheidend eingreifen ließe, wie dies ehemals im gemeinen Recht so lange der Fall war, als man den Mörder räderte, den Todtschläger enthauptete. Wenn man auch die geschärfte Todesstrafe nicht mehr anwenden wollte, ließe sich dennoch denken, daß man gegen Mörder die schimpfliche Todesstrafe des Hängens, gegen Todtschläger die Enthauptung oder das Erschießen in Anwendung brächte, um jene Verschiedenheit wenigstens symbolisch auszudrücken.

Noch angemessener müßte es denen, welche von jenem falschen Standpunkte ausgehen, um der Folgerichtigkeit willen erscheinen, wenn man den Todtschläger, nachdem er rechtskräftig verurtheilt worden ist, ohne daß er den Augenblick kennt und ehe er sich darauf vorbereitet hat, einfach vernichtete. Der Tod müßte ihn rasch antreten, wenn er nichts ahnend, sich zur Mahlzeit oder auf seine Schlafstätte niederläßt.

Die vergeltende Vergleichung der Hinrichtung kann sich, so= bald diese Consequenz, wie allgemein geschieht, zurückgewiesen wird, weder auf den Zustand des Willens beziehen, in dem sich der Mörder zur Zeit seiner That befunden hat, noch auch auf die nicht zu bemessenden Leiden des Ermordeten.

In der That ist zwischen einer Hinrichtung im Namen des Gesetzes und der Handlungsweise eines Mörders eine erhebliche Ungleichheit. Der Bedrohte und schließlich Ermordete weiß vor dem mörderischen Angriff nicht, was ihm bevorsteht. Der rechts= kräftig Verurtheilte zittert jeden Augenblick für das Leben, das er verlieren soll. Tage, Wochen, Monate vergehen, ehe über seine Begnadigung entschieden ist. Wenn die Sonne aufgeht, berechnet er schaudernd, daß dies sein letzter Tag sein wird. Wenn der Schlüssel zur Zellenthür knarrt, fährt er zusammen in der Angst, es könnte die Hinrichtung ihm angekündigt werden. — Wenn der Geistliche ihm naht, vermuthet er, daß es Anzeichen des nahen Todes sind, die ihn suchen. Der Zustand der Ueberlegung, in welchem er nach der Absicht des gleich vergeltenden Gesetzes sterben sollte, wird entweder durch stumpfe Gleichgültigkeit oder durch fieberhafte Aufregung ver= eitelt. Wird der Delinquent nicht Nacht für Nacht den schreck= lichen Traum seiner eigenen Vernichtung träumen, sich hundert Mal unter dem Beile des Henkers liegend fühlen, bis er, in Angst= schweiß gebadet, aus seinen Träumen erwachend, emporzuckt, um denselben Traum von Neuem zu beginnen? Endlich ist die Stunde gekommen, die bevorstehende Hinrichtung wird angezeigt, die letzte Nacht bricht herein. Nun beginnt die Zählung der Minuten, die eine Stunde zur Ewigkeit der Hölle anschwellen läßt! Angesichts dieser Menschenfolter wird man zu der Be=

trachtung geneigt, daß es Humanität war, die in altersgrauen
Zeiten den ergriffenen Missethäter sofort an den nächsten Baum
hängte oder unter einem Hagel geschleuderter Steine in Mitten
allgemeiner Aufregung enden ließ, daß es die raffinirteste Barbarei
ist, welche in unseren Proceßeinrichtungen den Vorgang eines
tausendfachen Sterbens sich stündlich bei Tag und bei Nacht in
der Todesangst eines Opfers abspielen und, die Uhr in der
Hand, eines Menschen Leben mit mathematischer Genauigkeit enden
läßt. Das Entsetzliche der Seelenqual, welche viele Delinquenten
ausstehen, ergiebt sich daraus, daß man bei fast Allen Selbst=
mord befürchtet und zu allerletzt Vorkehrungen trifft, daß die
Hinrichtung nicht vereitelt werde und der Verbrecher nach der
allein zulässigen, correkten Methode des Henkers sterbe. Das
Gesetz will solche Folter der verlängerten, fortwähr=
end wiederkehrenden Seelenangst, sonst würde es dem
Sterbenden nicht die Mittel des Selbstmordes entziehen; es könnte
die sittliche Verantwortlichkeit für die Sünde des Selbstmordes
seinem Gewissen ebenso gut anheimgeben, wie es ihm die religiöse
Verantwortlichkeit für Verstocktheit oder Reumüthigkeit überläßt.
Es war begreiflich, wenn man ehemals mit aller Sorgfalt die zer=
quetschten Gliedmaßen eines Gefolterten wieder heilte, um bei der
Hinrichtung der versammelten Volksmenge ein „Prachtexemplar“
auf dem Galgen, um des Beispiels willen, vorführen zu können.
Ist's aber recht, daß heut zu Tage, da keine Volksmenge mehr
des Opfers harrt, die Arzneikunde sich bemüht, den schwer ver=
letzten Selbstmörder liebevoll zu pflegen, damit er zum zweiten
Male nach der Methode des Gesetzes sterbe? Es scheint, als ob
der Tod ohne Seelenqual nicht genüge.[94])

Und nun die Hinrichtung selber. Ist sie wirklich als mensch=
liche Handlung vergleichbar der tödlichen Handlung des Mörders?
Das Gesetz spricht zum Mörder: Du hast mit Ueberlegung

getödtet und Deinen Augenblick gewählt, als Dein Opfer Dir nicht wehren konnte; unsere Ueberlegung wird noch stärker sein als die Deinige, sie ist kalte geschäftsmäßige Berech nung. Wir setzen einen Termin an, der Dir in gebührender Weise als ein für Dich wichtiges Ereigniß vorher mitgetheilt wird. Wir zählen Dir die Halswirbel ab, zwischen welchen das Beil des Henkers hindurchfahren soll. Pünktlich, genau, schneidend und scharf trifft Dich, indem Du niederkniest, die vorher mit aller Sorgfalt für Dich geschliffene Kante, nachdem Dir vorher die Todtenglocke geläutet worden ist, die sonst kein Sterblicher für sich selber ertönen hört! Dir wäre es zu Statten gekommen, wenn Dein Arm sein Opfer verfehlt hätte. Wenn der Streich des Henkers sein Ziel verfehlt oder wenn seine Hand unsicher zittert, so gereicht ihm das zum Schimpf. Wir verbieten Dir und hin= dern Dich, das zu thun, was Dein Opfer in seinem letzten Mo= ment menschlicher Weise thun konnte: sich gegen die eiserne un= überwindliche Hand des nahenden Todes zu sträuben. Du wirst die Riemen und Fesseln fühlen, welche Dich an eine Maschine binden, aber Du kannst nicht zucken, wenn Du, willenlos gleich einem Opferthiere, an der Dir bestimmten Schlachtbank regelrecht getödtet wirst. Für die Tödtung, die Du verschuldet hast, trifft Dich wiederum der Tod. Dafür, daß Du im Namen des Gesetzes getödtet wirst, bezieht Dein Henker seine Gebühren in Gemäßheit der Taxen und wir versichern Dir, daß er Dein Leben um einen geringeren Preis zerstört, als derjenige war, den Du von Deiner Missethat erwartet hast! Alles dieses zusammengenommen ist jenes göttliche und menschliche Recht, welches wir Vergeltung nennen."[95]

Einundzwanzigstes Kapitel.

Die proportionale Gerechtigkeit in Beziehung auf Mord und Todtschlag. — Die Schuldunterschiede im Todtschlag nach dem deutschen Strafgesetzbuch. — Todtschlag unter mildernden Umständen. — Der Strafunterschied von Tod für den Mörder und Leben für den Todtschläger läßt sich auf entsprechende Schuldunterschiede nicht begründen. — Mord im englischen und deutschen Strafrecht. — Entwickelung der Tödtungsverbrechen in der deutschen Gesetzgebung und Doktrin auf Grundlage I. der Rechtslehre II. Moralischer III. Psychologischer Unterscheidungsmerkmale. — Unhaltbarkeit der psychologischen Kriterien in der Rechtspflege. — Affekt und Ueberlegung bei vorsätzlichen Tödtungen nicht mit Sicherheit zu unterscheiden. — Was heißt Ueberlegung im Sinne des Gesetzes?

Die menschliche Gerechtigkeit kann, wenn sie Gleiches mit Gleichem vergelten will, nicht umhin, den Grundsatz der Ver= hältnißmäßigkeit soweit anzuerkennen, daß dem Unterschied in der Schwere der Verbrechen auch der Unterschied in der Schwere der Strafen, soweit dies irgendwie möglich ist, entspreche. Nun ist bereits gezeigt worden, daß der Mord mindestens und höchstens zugleich mit dem Tode bestraft werden soll, daß der Todtschlag hingegen nach .bem deutschen Strafgesetzbuch mit mindestens fünf= jähriger und höchstens fünfzehnjähriger Zuchthausstrafe bestraft werden soll. Wenn aber bei Begehung des Todtschlages mildernde Umstände vorhanden sind, so ist es dem Richter erlaubt, eine Ge= fängnißstrafe nicht unter sechs Monaten zu verhängen. Mit einem Worte: die Abstufungen der Schuld in der ohne Ueberlegung aus= geführten Tödtung sind zwischen 60 und 180 Monaten Zuchthaus oder je nach dem Vorhandensein von „mildernden Umständen" zwischen 130 Tagen und 5478 Tagen, welche sich ergeben, wenn man zu fünfzehn Jahren (d. h. 5475 Tage) noch drei Schalttage hinzurechnet. Somit verhielte sich der leichteste Todtschlag zu dem schwersten wie 1 : 42, je nach der Blutwärme der Schuld, welche der Thermometer der richterlichen Strafzumessung ergeben wird, während der Mord sich selbst immer gleich bleibt. Der schwerste Todtschlag heißt fünfzehn Jahre Zuchthaus mit der bleibenden Aussicht auf Begnadigung, selbst wenn diese auf zehnmal wieder=holte Anträge abgeschlagen worden wäre, der geringste Mord heißt Todesstrafe ohne die Möglichkeit der Begnadigung nach jenem Streiche, der die Strafvollstreckung in demselben Augenblicke be=ginnt und endet.

Es ist kaum begreiflich, daß die deutsche Strafrechtsentwicke=lung und die Gesetzgebung sich bei dem augenblicklich erreichten Schlußresultat der mangelnden Verhältnißmäßigkeit in der Strafe beruhigen und den Satz annehmen konnte, wonach der Unterschied zwischen überlegter Ausführung einer vorsätzlichen Töd=tung und nicht überlegter Ausführung sich verhalten kann wie zwischen Todesstrafe einerseits und einer Freiheitsberaubung von 130 Tagen im geringsten Fall und nur 15 Jahren Zuchthaus im schwersten Falle.

Diejenigen, welche meinen, daß der Mord nicht bloß nach göttlicher Vorschrift im mosaischen Recht, sondern nach allgemein menschlicher Nothwendigkeit in Uebereinstimmung mit der an Kain schon vor Moses gerichteten Drohung, mit dem Tode be=straft werden müsse, sind in dem Irrglauben, daß Mord nach den dem Menschen eingeborenen sittlichen Begriffen ein überall bei sämmtlichen Völkern völlig gleiches und in sich selbst un=unveränderliches Verbrechen mit leicht zu erkennenden Merkmalen sei. In Wirklichkeit verhält es sich aber so, daß es keiner

Rechtswissenschaft und keiner Gesetzgebung der Welt bis jetzt annähernd gelungen ist, ein rechtlich brauch=bares Merkmal zu finden, wonach die schwersten (ver=meintlich) todeswürdigen Tödtungen von den nächst schwereren, nicht mehr todeswürdigen, unterschieden werden könnten.

Man betrachte die culturgeschichtliche Entwickelung des Rechts=bewußtseins und man wird anerkennen, daß der Grundsatz: Leben um Leben nur so lange gelten kann, als man lediglich die ob=jective Thatsache der Lebenszerstörung würdigt, gegentheilig es aber gänzlich unzulässig ist, jenem uralten Satze Unterscheidungen hinter=her einfügen zu wollen, welche die Jurisprudenz einiger weniger Staaten auf der zuletzt in der Gegenwart erreichten Entwickelungs=stufe hineinzulegen versucht, indem sie sagte: „Leben um Leben" nur dann, wenn eine Tödtung mit Vorsatz und Ueberlegung Statt gehabt hat.

Unter den europäischen Staaten giebt es keine, die in ihrer socialen, politischen, religiösen und wirthschaftlichen Entwickelung so nahe verwandt wären, wie Deutschland und England. Sobald aber das mit dem Fluche der Menschheit beladene Wort des Mordes ausgesprochen wird, hört jede Verständigung unter den Rechtsgelehrten gerade in dem Begriffe des todeswürdigen Verbrechens auf. Ein Zusammentreffen zwischen der englischen und der deutschen Strafrechtslehre kann nur Statt finden in Be=ziehung auf die denkbar schwersten Fälle des Mordes, aber es ist unmöglich in Beziehung auf die niedere Begränzung der Mord=fälle im Verhältniß zu den fahrlässigen Tödtungen. Eben des=wegen ist es unthunlich, die Todeswürdigkeit des Mordes aus einem allgemeinen menschlichen Rechtsbewußtsein herzuleiten.

Vergleicht man hinsichtlich der juristischen Würdigung der

Töbtungsfälle England und Deutschland, so ergeben sich folgende Verhältnisse:

1. Eine Klasse von Thatbeständen, die in Deutschland völlig straflos· gelassen, in England als Mord bestraft ist, z. B. Beihülfe oder Anstiftung zur Ausführung eines Selbstmordes.

2. Eine andere Klasse von Thatbeständen, in denen nach deutschem Recht kein Verbrechen, sondern ein mit relativ geringer Freiheitsstrafe zu ahndendes Vergehen vorliegt, nach englischem Recht Mord angenommen wird: Töbtung im Zweikampf, fahrlässige Töbtung in der Ausführung eines anderen Verbrechens, Töbtung eines den Tod Begehrenden (§§ 206, 216, 222 des Reichsstrafgesetzbuchs, in welchen theils Festungshaft, theils Gefängniß angedroht wird). Wenn in England Mehrere gemeinschaftlich ohne Befugniß jagen, und Einer von ihnen auf eigene Faust den Förster tödtet, so werden sämmtliche Mitjagende, die in Deutschland nur eines Vergehens schuldig sind, Mitthäter am Morde.

3. Eine weitere Klasse von Töbtungen, in denen nach deutschem Recht ein minder schweres Verbrechen vorliegt, nach englischem Recht todeswürdiger Mord angenommen wird: vorsätzliche Körperverletzung, welche den Tod eines Menschen verursacht (§ 226 des Reichsstrafgesetzbuchs: Zuchthaus oder Gefängniß, beides nicht unter drei Jahren), und Kindesmord, d. h. vorsätzliche Töbtung eines unehelichen Kindes durch die Mutter in oder gleich nach der Geburt (§ 217 des Reichsstrafgesetzbuchs: Zuchthaus nicht unter drei Jahren, oder, wenn mildernde Umstände vorhanden sind: Gefängniß nicht unter zwei Jahren).

4. Eine letzte Klasse endlich von Tödtungen wird in Deutschland als schweres, theils nach richterlicher Beurtheilung
in der Bestrafung zu milderndes, theils als nicht zu
milderndes, keineswegs aber todeswürdiges Verbrechen
bedroht, in England als M o r d mit dem Tode bestraft:
Todtschlag (§ 212), vorsätzliche Tödtung bei Unternehmung
einer strafbaren Handlung (§ 214: Zuchthaus nicht unter
zehn Jahren oder lebenslängliches Zuchthaus), Todtschlag
an Ascendenten (§ 215: Zuchthaus nicht unter zehn Jahren
oder lebenslängliches Zuchthaus).

Die ganze Basis, auf welcher in Deutschland die Unterscheidung des Mordes und folglich die Rechtfertigung der Todesstrafe
beruht, ist somit ein specifisches Product der deutschen
Jurisprudenz, mit welcher die Rechtslehre in Frankreich und
Italien einigermaßen zusammenstimmt. Ein arger Wahn ist es,
wenn Philosophie und Religion von einer allgemein menschlichen
oder göttlichen Grundlage bei Unterscheidung des Mordes reden.
Selbst in Frankreich ist Kindesmord noch ein todeswürdiges
Verbrechen geblieben. Dasselbe gilt vom Todtschlag.

England mit seinem common law hat einen viel weiter
ausgedehnten Begriff des Mordes, als andere Länder. Nach den
besten Autoritäten Englands ist bei Tödtungen ein vollendeter und
somit todeswürdiger Mord vorhanden: 1) wenn die Absicht
zu tödten bestand, ohne Rücksicht darauf, ob die bestimmt aus-
ersehene Person oder an ihrer Stelle eine andere das Leben verlor.
2) Wenn die Absicht vorlag, ein anderes schweres Verbrechen zu
begehen und dieses den Tod eines Menschen zur nicht beabsichtigten Folge hatte (z. B. Brandstiftung). 3) Wenn der Getödtete
in nicht tödtlicher Absicht, oder vorsätzlich am Körper verletzt wurde.
4) Wenn eine grobe Rücksichtslosigkeit in der Ausübung
irgend eines erlaubten oder unerlaubten Aktes, der lebensgefährlich

ist, gegen fremdes Leben verübt wird. 5) Wenn die wohlüber=
legte Absicht, mit töbtlichen Waffen zu fechten, bestand. 6) Wenn
der Thäter absichtlich gegen die rechtmäßige Verhaftung durch eine
obrigkeitlich befugte Person Widerstand leistete. Darauf ob ein
neugeborenes Kind oder ein Erwachsener getöbtet ward, kommt
nichts an. Daß alle diese Verhältnisse bei der Betrachtung der
englischen Criminalstatistik gewürdigt werden müssen, liegt auf der
Hand.⁹⁶)

Ein Parlamentsbericht, der sich auf die Abänderung des
Mordbegriffes bezieht und 1874 gedruckt wurde, nennt die gegen=
wärtig · für den Mord geltenden Bestimmungen völlig willkürlich
und sophistisch.

Die deutsche Rechtsentwickelung hat seit dem XVI. Jahr=
hundert eine ganz andere Entwickelung genommen; immer aber
bestand bis zu Anfang des gegenwärtigen Jahrhunderts darin
Uebereinstimmung, daß alle vorsätzlichen Töbtungen als
todeswürdig galten und lediglich mit Rücksicht auf die Art
der Hinrichtung eine Verschiedenheit zugelassen wurde. Seitdem
ist der Gang der weiteren Fortbildung dahin gerathen, innerhalb
der vorsätzlichen Töbtungen eine Reihe von rechtlichen, psychologi=
schen und moralischen Erwägungen zum Ausdruck zu bringen und
in Gemäßheit ihrer die Strafbarkeit abzustufen.

I. Als rechtliche Erwägungen für die gesetzgeberische Be=
urtheilung vorsätzlicher Töbtungen sind anerkannt: die Bestimmungen
über die Straflosigkeit des Selbstmordversuchs und der Beihülfe zum
Selbstmorde und über die mildere Bestrafung des im gerechten
(b. h. vom Erschlagenen rechtswidrig hervorgerufenen) Zorn bewirkten
Todtschlags, welcher ursprünglich gleichfalls todeswürdig war,
gegenwärtig aber auch in England der fahrlässigen Töbtung gleich=
stehend erachtet wird.⁹⁷) Rechtlich begründet ist in Deutschland
auch die schwerere Strafe desjenigen, welcher bei Unternehmung

eines anderen strafbaren Thatbestandes zur Tödtung schreitet und
endlich die Hervorhebung der auf Begehren des Getödteten voll=
zogenen Tödtung als eines milderen Falles. Alle in diesen
Fällen ausgezeichneten Umstände sind durch ein stren=
ges Beweisverfahren nachweisbar.

II. Auf moralischen Erwägungen beruht: die Ausscheidung
des Kindesmordes aus der Klasse der todeswürdigen Ver=
brechen. Wenngleich dabei auch der Seelenzustand einer unehe=
lichen Mutter gewürdigt werden muß, so ist doch als entscheidender
Grund, über alle anderen emporragend, die Rücksicht auf das
Motiv der Tödtung, nämlich Bewahrung der weiblichen Ge=
schlechtsehre, gerade so wirksam gewesen wie bei der Anerkennung
der im Zweikampf geäußerten Motive, deren Besonderheit wiederum
weder das alte gemeine deutsche Recht, noch das französische Straf=
gesetzbuch, noch auch das englische common law zugesteht. Mo=
ralische Erwägungen waren es, welche dahin gedrängt haben,
bei dem Verbrechen des Todtschlags auch in Deutschland, abwei=
chend von England, milbernde Umstände zuzulassen. Vom Stand=
punkt der technischen Jurisprudenz ist es sehr wohl begreiflich,
daß bis jetzt die überwiegende Mehrzahl der englischen Richter
sich dagegen sträubte, die specifische Verschiedenheit des Kindes=
mordes anzuerkennen. Selbst dem fein entwickelten Rechtsgefühl
der Römer war eine solche Unterscheidung fremd. Und sicherlich
ist der Jurist berechtigt zu fragen: Wenn einmal die Motive,
die dem sittlichen Gebiete angehören, Unterschied bildend in die
strafrechtlichen Normen eingreifen, ist es dann gerechtfertigt, bei
dem einen Falle des Kindesmordes stehen zu bleiben? Oder
muß nicht vielmehr versucht werden, das gesammte Strafrecht,
zumal aber sämmtliche Tödtungsfälle, mit Rücksicht auf den mo=
ralischen Werth der dabei betheiligten Beweggründe einer Um=
gestaltung zu unterziehen? — Wie im Kindesmord das moralische

Motiv soviel wirkt, daß bei uns in Deutschland der Grund=
character des Verbrechens völlig verändert wird, so hat man ihm
in entgegengesetzter Richtung eine Bedeutung bei der Tödtung von
Ascendenten zuerkannt, insofern als diese, der Regel entgegen, ohne
Zulassung mildernder Umstände, wegen der darin liegenden Impietät
nach dem deutschen Strafgesetzbuch überall mit lebenswieriger Zucht=
hausstrafe bestraft werden soll.

III. Auf psychologischen Erwägungen beruht der in
Deutschland herrschend gewordene Begriff der Ueberlegung als des
für das Verbrechen des Mordes entscheidenden Merkmales. Im
Gegensatz dazu ist der nicht todeswürdige Todtschlag definirt
worden:

entweder als vorsätzliche Tödtung in der Leidenschaft und
Aufwallung des Blutes dergestalt, daß alle Fälle, in denen das
Vorhandensein von Zorn und Leidenschaft nicht nachgewiesen wer=.
den konnte, als Mord anzusehen waren;

oder als vorsätzliche, jedoch ohne Ueberlegung ausgeführte
Tödtung, dergestalt, daß alle Fälle, in denen das Vorhanden=
sein von Ueberlegung nicht dargethan werden kann, als Todtschlag
anzusehen sind.

Beide Definitionen werden also in dem einen Punkte über=
einstimmen, daß die auf dem Gebiete der Psychologie unüberwind=
lichen Beweisschwierigkeiten — und welche Fragen wären schwieriger,
als die psychologischen — das Ergebniß haben müssen, entweder
eine ungerechte Todesstrafe wegen mißlingenden Entlastungsbeweises
oder eine ungerechte Nichtanwendung der Todesstrafe im Falle
mißlingenden Anschuldigungsbeweises herbeizuführen.

Aufmerksamere Beobachtung muß dahin führen, die Gegen=
überstellung von Ueberlegung und Affekt als einfacher, Tod und
Leben des Verbrechers bedingender Gegensätze, vom juristischen
Standpunkt zu verwerfen. Es ist, wie man in England

mit Recht annimmt, nicht haltbar, durch jede Art von Affekt jedes
Minimum von Ueberlegung ausgeschlossen zu wähnen. Im Gegen=
theil schließt die Mehrzahl der Affekte sogar eine gewisse Ueber=
legung in sich. Dies ist überall da der Fall, wo jemand mit
der periodischen Wiederkehr leidenschaftlicher Erregungen in seiner
Person bekannt geworden ist und außerdem weiß, wie sich seine
Leidenschaften gegen andere Menschen zu äußern pflegen.
Trinker von Beruf, die wenig vertragen können, Eifersüchtige und
Zornmüthige, welche genau wissen, wie sie sich im Zustande der
Leidenschaft verhalten und welche Gefahren dadurch für andere ent=
stehen, handeln mit Ueberlegung, wenn sie Gelegenheiten,
Anreize und Personen aufsuchen, von denen sie wissen, daß sie
geeignet sind, ihre Leidenschaften in Thätigkeit zu setzen und von
denen sie in der That wünschen und erwarten, daß sie jenen ver=
hängnißvollen Anreiz ausüben möchten. Man darf sich als psycho=
logische Regel für den Affekt in der Gerichtspraxis nur nicht jene
Fälle vorstellen, in denen der Thäter gleichsam an den Gränz=
pfosten einer an Unzurechnungsfähigkeit gränzenden Wuth an=
gelangt ist.

.   Ebenso irrig ist es, zu glauben, daß die „Ueberlegung"
(Prämeditation) das Vorhandensein von Affekten und leidenschaft=
lichen Erregungen völlig ausschließen müsse. Wenn man auf die
psychologischen Bestandtheile des in Tödtungen hervortretenden
schuldhaften Willens sehen will, so würden sich mit größerem
Rechte drei Gruppen von Verbrechen unterscheiden lassen: solche,
welche im Affekt ohne Ueberlegung verübt werden, zweitens
solche, die mit voller Ueberlegung ohne Hinzutreten irgend
eines Affektes verübt werden und solche, welche sowohl mit
Ueberlegung, als auch mit Affekt verübt werden.

Gerade die Klasse, in welcher ein gewisses Maß von Affekt
und bestimmte krankhafte Regungen mit der „Ueberlegung der

That" verschmolzen sind, erscheint als die weitaus zahlreichste im wirklichen Leben, innerhalb welcher alsdann wiederum die mannig= fachsten Schattirungen möglich sind, je nachdem die Mischungs= verhältnisse von Affekt und Ueberlegung sich verändern.

Anscheinend klar und einfach sind die polaren Erscheinungen eines in eisiger Kälte berechneten Mordes und eines in der tropi= schen Siedehitze des Zornes verübten Todtschlages. Wenn diese Erscheinungsformen im Tödtungsverbrechen die regelmäßigen wären, so würde freilich der psychologische Unterschied von Ueberlegung und Affekt mit den moralischen Werthbestimmungen der Motive nahezu zusammenfallen. In Wirklichkeit sind aber jene polaren Höhen und Tiefen in der Schuld des menschlichen Willens sehr selten vorhanden und wir stehen vielmehr überall vor einer Schwie= rigkeit, die nahezu unüberwindlich bleiben dürfte und jedenfalls in diesem Augenblicke unüberwindlich ist: nämlich die Uebergänge zwischen Ueberlegung und Affekt herauszufinden. Diese gleichen in der That den Alpenpässen und den Saumpfaden, auf denen die Wanderer, ohne eine kundige Führung, jeden Augenblick in Lebensgefahr versetzt werden. Einmal in den Klüften und Schluchten angelangt, sieht er sich von jenem Gefühl des Vertrauens ver= lassen, mit dem er im Anfange seiner Bergwanderung mit freiem Blicke noch den Ausgang zu finden vermeinte.

Die Hauptmasse aller vorsätzlichen Tödtungen beruht auf einem Gemisch von Affekten und Ueberlegung, bei dessen pro= cessualischer Würdigung alsdann jenes dem menschlichen Auge oft unerkennbare Mehr oder Weniger entscheiden muß. Nicht blos die Geschworenen, sondern auch gelehrte Richter folgen hier ledig= lich ihrem Gefühl und dem oft unhaltbaren Vertrauen auf die äußere Erscheinung der verbrecherischen Persönlichkeit, wie sie sich nach den Akten des Voruntersuchungsrichters oder nach ihrem Auftreten in der mündlichen Verhandlung auf der Anklagebank barstellt. Sie bebenken selten, baß für jeben Menschenkenner, ber in die tieferen Geheimnisse bes Seelenlebens herabsteigt, außer den allgemein wissenschaftlichen Wegweisern, welche die Erfahrung errichtet hat, noch eine Reihe von Vorfragen für jeden einzelnen Menschen gestellt werden müßte: z. B. ob die äußere Erscheinung bieses bestimmten Individuums überall seine innere Welt wieber=spiegelt, ob ein von tiefen Leidenschaften zerrissenes Gemüthsleben nicht bei diesem Manne mit einer angewöhnten Ruhe bes äußeren Benehmens und einer würbevollen Haltung vereinigt sein kann, ob ein berechnender Bösewicht nicht heute noch ebenso gut Affekte heucheln kann, wie König Richarb III., ber die Wittwe eines von ihm gemorbeten Königs mit Liebesversicherungen bethörte.!

Wenn man auf Grund der in der Gerichtspraxis hervor=tretenden Erscheinungen keinen Augenblick leugnen kann, baß zwi=schen minbergrabiger Ueberlegung unter bem Gefrierpunkt der Ge=fühle und der hochgrabigen Leibenschaft eben so zahlreiche Ueber=gänge existiren, wie auf der Scala eines Thermometers zwischen Eispunkt und Siebepunkt, und ferner, baß gerade bas Gebiet einer gleichsam aus Affekt und Ueberlegung gemischten und gemäßigten Temperaturzone bas ausgebehnteste ist, so muß auch zugegeben werden, baß den Uebergängen zwischen Morb und Tobtschlag jener gewaltige Sprung von der Todesstrafe zu einer theils langjährigen, theils sogar kurzzeitigen Freiheitsstrafe in keiner Weise entspricht. Die wirkliche Rechtsschuld ist oft im Tobtschlag größer, im Morbe geringer, als bies nach bem jetzt vorhanbenen Strafrecht burch ben Richter ausgebrückt werden kann, und die Todesstrafe verletzt in ihrer gegenwärtigen zur Freiheitsstrafe abfallenben Kirchthurms=höhe sowohl die proportionale Gerechtigkeit gegen ben sog. Mörder, als auch gegen ben sog. Tobtschläger.

Schwerlich läßt sich die Richtigkeit folgenber Schlußfolgerung bestreiten:

1) Entweder ist der Unterschied von Ueberlegung und Affekt ein so fundamentaler, daß bei dem schwersten Verbrechen das Recht über Tod und Leben darauf begründet worden ist — weswegen unterlaßt Ihr es denn, diesen fundamentalen Unterschied der Strafrechtspflege über- haupt zu Grunde zu legen, und bei allen wichtigeren Strafthaten durchzuführen? Weswegen wird bei dem Verbrechen des Kindesmordes oder der im Duell begangenen Töbtungen nicht zwischen Ueberlegung und Affekt unterschieden? Und wenn Ihr glaubt, daß dieser fundamentale Unterschied nur vom Richter mittelst des relativen Strafmaßes gewürdigt werden kann, weswegen bringt Ihr die vorsätzlichen Töbtungen nicht gleich- falls unter die Herrschaft eines relativ nach Maximum und Mini- mum bestimmten Gesetzes?

2) Oder der Unterschied zwischen Ueberlegung und Affekt ist nicht fundamental. Dann hättet Ihr ihn auch bei den vorsätzlichen Töbtungen nicht als willkürliche Singularität brauchen sollen. Vielleicht ist dieser Unterschied nichts anderes, als jenes unbestimmbare und geheimnißvolle Etwas, das in der landläufigen Strafrechtssprache in dem Gegensatze von mildernden und nicht mildernden Um- ständen ausgedrückt ist.⁹⁸) Darnach wäre der eigentliche Text des Strafgesetzbuchs in harmonischer Weise anders auszubrücken ge- wesen, etwa wie folgt: „Wer vorsätzlich einen Menschen töbtet, wird wegen Mordes mit dem Tode bestraft. In minder schweren Fällen tritt an Stelle der Todesstrafe Zuchthaus nicht unter fünf Jahren ein. Sind mildernde Umstände vorhanden, so tritt Ge- fängnißstrafe nicht unter sechs Monaten ein.“ — Mit einer solchen Fassung wäre dann dasselbe, was die §§ 211—213 unseres Straf- gesetzbuchs besagen, und zwar in einer für die Rechtspraxis sehr vortheilhaften Weise in juristisch klarer Weise ausgesprochen.

Die Unhaltbarkeit des Unterschiedes in der Strafbarkeitsstufe von Todesstrafe und zeitiger Freiheitsstrafe wird gleichsam durch einen logischen Kunstgriff verdeckt, der in der anscheinend einfachen Antithese liegt: mit Ueberlegung einerseits, ohne Ueberlegung andererseits. Was scheint überzeugender als dies Entweder mit, oder ohne! Jene Fragestellung: ob Tödtungen mit oder ohne Ueberlegung ausgeführt worden, ist aber grundsätzlich falsch, weil sich die thatsächlich zwischen beiden psychologischen Endpunkten der Ueberlegung und des Affektes liegende Mittelklasse auf logischem Wege nicht beseitigen läßt. Ueberdies ist jene Fragestellung für den Rechtszweck gefährlich, denn sie kann zu dem bedenklichen Wahne führen, als ob der im Affekt handelnde, damit er einer milderen Strafe theilhaftig werde, nothwendig ohne jegliche Ueberlegung gehandelt haben müßte, was nicht einmal die Peinliche Halsgerichtsordnung im Jahre 1532 verlangt hat. Die Unhaltbarkeit des die Todesstrafe stützenden Unterschiedes von Ueberlegung und Nichtüberlegung des Vorsatzes ergiebt sich daraus, daß es weder der Gesetzgebung noch der Wissenschaft bisher gelungen ist, eine irgendwie brauchbare Definition von „Ueber= legung" zu geben.

Von vornherein wäre es gewiß Sache der Gesetzgebung, wo es sich um Tod und Leben handelt, das alles entscheidende Wort zu erläutern. Um so natürlicher wäre diese Pflicht, als das Gesetz in der absolut bestimmten Todesstrafe dem Richter eine Ge= wissenspein aufnöthigt, wenn diese Strafe auf ein völlig ar= biträres Moment der subjectiven Verschuldung angewendet werden soll. Kein geringer Widerspruch in unserer Strafgesetz= gebung ist es, zu sagen: absolute Strafe und daneben arbiträr dem Richter anheimgegebene Empfindung dessen, was sich auf psychologischem Gebiet etwa „wie Ueberlegung" anfühlt! In Frankreich hat der code pénal, in England das common law bestimmte Definitionen der Ueberlegung oder der in England zum Morde nothwendigen vorbedachten Bosheit (malice prepense, malice aforethought) mit legaler Wirkung aufzustellen gesucht. Es zeigt sich jedoch, daß dieser Begriff „der vorbedachten Bos= heit" von den Richtern in den an die Geschworenen gerichteten Rechtsbelehrungen verschiedenartig erläutert wird, denn es läßt sich nicht verhindern, daß die Definition des Gesetzes hin= wiederum ein Gegenstand der Interpretation wird. Dieselbe Erfahrung kehrt in Nordamerikanischen Staaten wieder, wo man Mord ersten und zweiten Grades unterschieden hat.

———

Zweiundzwanzigstes Kapitel.

⸺‥‥‥

Das Kriterium des Mordes in der Wissenschaft und der Strafrechtspflege. — Ueberlegung als Thatfrage kein Object einheitlicher Rechts-
sprechung. — Verschiedenheit sprachlicher Bezeichnung dessen, was in Deutschland Ueberlegung heißt. — Was wissenschaftlich zur Feststellung der Ueberlegung
erforderlich wäre: 1) Zeit der Ueberlegung; 2) Gegenstand der Ueberlegung. —
Berner's Definition. — Unbrauchbarkeit der wissenschaftlichen Erklärungen
für die Schwurgerichte. — Die Verdikte der Geschworenen in Mordprocessen
gestützt auf moralische Erwägungen. — Die psychologische Unterscheidung von
Mord und Todtschlag muß aufgegeben werden; sie beruht auf innerer Verwirrung
der Strafrechtswissenschaft.

Wenn die Gesetzgebung nicht im Stande ist, das Moment
der Ueberlegung im Morde zu definiren, so scheint es natürlich,
daß man der Wissenschaft die Aufgabe aufbürdet, den Richter zu
zu belehren und ihre Forschungen weiter auszudehnen. Hier ist
nun aber weiter zu fragen: Ist die Wissenschaft bisher zu einem
festen Abschluß gelangt? Wird sie voraussichtlich zu einem solchen
gelangen? Und, wenn dies der Fall wäre, folgen unsere Richter
erfahrungsgemäß der Wissenschaft? Oder bilden sie sich gelegentlich der glücklicherweise seltenen Mordfälle ihre eigene Ansicht?
Und aus wie vielen verschiedenen Fällen? Ist die Ansicht des
im Schwurgerichtsproceß entscheidenden, in dem Schlußvortrage
einwirkenden, Gerichtspräsidenten auch nothwendig die Ansicht der
Mehrzahl jener im Schwurgerichtshofe mitsitzenden Richter? Und
wie verhält sich die Meinung des Schwurgerichtspräsidenten zu

der Auffassung der Geschworenen, welche über das Vorhandensein der Ueberlegung, als über eine Thatfrage zu entscheiden haben?

Es ist unmöglich, auf die Gesammtheit dieser Fragen irgend eine zureichend bestimmte Antwort zu ertheilen. Zulässig erscheint es aber, zweierlei zu versichern:

Erstens: daß sich für den Grundbegriff des mit absoluter Todesstrafe bedrohten Verbrechens, eine einheitliche Norm in der Gerichtspraxis deswegen niemals ausbilden kann, weil die höchsten Gerichtshöfe nicht in die Lage kommen, über die Thatfrage der Ueberlegung eine bindende Erklärung zu geben; so daß in der Praxis indirekt die persönliche Auffassung des Schwurgerichts- präsidenten einwirkt, direkt nur der Instinct der Geschworenen durchgreift, über dessen Richtung wir in Ermangelung von Ent- scheidungsgründen nichts Gewisses erfahren.

Zweitens: ist es zweifellos, daß die Wissenschaft außer Stande ist, die von ihr gewünschte, gleichbedeutende Erklärung zu liefern. Die gelehrtesten Männer aller Zeiten und aller Völker sind völlig uneins in Beziehung auf die Bedeutung jenes Begriffs, der nach vermeintlich allgemein menschlichem Rechtsbewußtsein über Tod und Leben entscheiden soll.

Ungewiß ist in der wissenschaftlichen Doctrin, ob das Wort „Ueberlegung" das richtige ist, um jene Eigenthümlichkeit des seelischen Zustandes wiederzugeben, welche mit der denkbar schwer- sten Verschuldung zusammenfällt. Die Engländer erachten ein Wort nicht für ausreichend, denn sie brauchen zwei Worte: vor- bebachte Bosheit. Die sprachlichen Bezeichnungen für „Ueber- legung" waren in den ehemaligen deutschen Strafgesetzbüchern vor dem Zustandekommen der einheitlichen Gesetzgebung verschieden, ein Zeichen dafür, daß trotz der Einheitlichkeit der Unterrichts- methode an den deutschen Universitäten die Vertreter der Wissen- schaft auseinandergingen. Der gegenwärtige österreichische Justiz-

minister und ehemalige Rechtslehrer Glaser schlug vor, den Ausdruck „vorbedachten Entschluß" für den Thatbestand des
Mordes zu verwerthen. Italien's erster Criminalist, Carrara,
will auf psychologischer Basis sogar vier Abstufungen unterscheiden:
1) „Vorbedacht als schwerste Stufe, 2) „Ueberlegung" demnächst
folgend, 3) vorgeplantes Unternehmen (predisposto) und 4) aus
unvorhergesehener Bewegung der Seele (modo improviso). Sein
berühmter Vorgänger Carmignani definirte die „Ueberlegung" im
Morde als „den Vorsatz zu tödten, gefaßt mit kaltem Blute und
ruhigen Geistes, mit hinreichendem Zeitablauf bis zu der gesuchten
Tödtung, so daß das Verbrechen wie ein langersehntes Endziel
erscheint." Dagegen lehrt für Belgien Haus, daß ein Verbrechen
überlegt sein kann, ohne deswegen vorbedacht sein zu müssen.

Ungewiß ist in der wissenschaftlichen Lehre von der Ueberlegung eine Reihe von Punkten, vornehmlich diese:

1) Wann in der Seele des Thäters Ueberlegung
vorhanden gewesen sein muß, falls Mord angenommen
werden soll? Vor der Ausführung oder während der Ausführung? Einige Criminalisten legen sogar Werth darauf, wie sich
der Thäter nach begangenem Verbrechen betrug. Und wenn während der Ausführung der Tödtung Ueberlegung vorhanden sein
soll, muß sie von dem ersten Anfang bis zum letzten Seufzer
des Erschlagenen gleichsam in Permanenz gewesen sein?
Oder kann sie für kürzere Zeit pausiren? Und wiederum auf
wie lange Zeit? Das in Deutschland weitaus am meisten verbreitete und durch die academische Jugend in den späteren Richterstand hinüberwirkende Lehrbuch Berner's sagt darüber: „Das
Entscheidende (nämlich für den Mord) ist, ob die Ausführung
in dem überlegten oder in dem nicht überlegten Vorsatze ihren
Ursprung habe? Im Verlaufe der Ausführung geräth auch
wohl der kaltblütigste Mörder in einen aufgeregten Zustand, der

aber nicht Ursache, sondern Wirkung der Ausführung ist, und der daher die mit Ueberlegung unternommene Tödtung auch nicht mehr zum bloßen Todtschlage herabsetzen kann. Man würde indessen doch schon zu weit gehen, wenn man aufstellte, daß während der Ausführung einer bereits mit Ueberlegung unternommenen Tödtung eintretender Affekt den Begriff des Mordes nicht mehr aufhebe. Dies läßt sich vielmehr nur von solchen Affekten behaupten, die durch| das Schreckliche der That selbst oder durch den Kampf mit dem Schlachtopfer geweckt werden. Im Uebrigen hat man vielmehr zu erwägen, daß das Gesetz, indem es schlechtweg sagt „ausgeführt" die ganze Ausführung bezeichnet. Tritt also während des überlegten Unternehmens ein anderweitiger Affekt ein, ohne welchen es wohl nicht bis zur Vollendung der Tödtung gekommen wäre, so läßt sich die ganze Ausführung nicht mehr mit Sicherheit auf Ueberlegung zurückführen, und es ist dann nur Todtschlag erwiesen."

Angenommen, daß Berner's Ausführungen von einer Versammlung gelehrter Fachmänner einstimmig gebilligt wären, würden drei Gelehrte sich über ihre Anwendung auf die einzelnen Fälle vereinigen können? Man messe diese scharfsinnigen Auseinandersetzungen an dem Begriffsvermögen eines begabten Geschworenen und man wird zugeben müssen, daß sie unfaßbar bleiben. Wie wird es der Richter anfangen, um den Affekt als Ursache oder als Wirkung einer unternommenen Tödtung zu erkennen? Wo erhält er das Lichtbild von dem Seelenzustande des Verbrechers im Augenblick der begonnenen Unternehmung? Wo ist in der Praxis die Gränztafel, die uns im einzelnen Falle sagt, ob wir „zu weit gehen"? Woher wissen wir, wann, wie und womit Affekte „geweckt" wurden? Wer kann sich jemals getrauen, zu beurtheilen, welches „anderweitige Affekte" sind, ohne welche es wohl nicht zur Tödtung gekommen sein würde?

2) Worauf sich die Ueberlegung gerichtet habe, welche Gegenstände und Thatsachen sie ergriffen und berührt haben muß? Auf Zeit der Ausführung, Ort und Mittel der Tödtung? Auf die Folgen der That? Soll das Denkvermögen lediglich soweit reichen, um zu wissen, wie und womit man tödtet? Einen Menschen, der die Folgen seiner That nicht einsieht, nannte man ehemals blödsinnig; und doch verlangt man wieder, daß derjenige als Mörder angesehen werde, welcher zwar die physischen Folgen des Erschießens, aber nicht die Rechts= folge einer Tödtung begriffen hat. Soll der schuldhaft Mor= bende auch über die Rechtswidrigkeit seines Thun's klare Begriffe besitzen, über die Strafwürdigkeit nachgedacht haben? Die Wissen= schaft versagt uns auch hier so sehr den Dienst, daß wir nicht einmal im Stande sind, überall eine straflose Tödtung von einem wirklichen Morde zu unterscheiden. Der Gouverneur Eyre, welcher während eines Negeraufstandes auf Jamaica unter gröbster Verletzung seiner Amtsbefugnisse „mit Ueberlegung" und vorsätzlich Gordon hängen ließ, ward von einer Anzahl der erleuchtesten Engländer (unter ihnen John Stuart Mill) als ein Mörder angeklagt und dennoch von dem Richter außer Verfolgung gesetzt, vermuthlich weil man annahm, daß er seine Competenz zum Aufhängen eines Unschuldigen nicht hin= reichend überlegt hatte. Ebenso ist es für den Mordbegriff durch= aus zweifelhaft, ob der überlegte Vorsatz nur auf die Hand= lung gehen soll, aus welcher der Tod hervorgegangen ist, oder außerdem auch auf die thatsächliche Endfolge des Todes. Ersteres nimmt das englische und französische, letzteres das deutsche und italiänische Recht an.

3) Woran das Vorhandensein der Ueberlegung zu erkennen und wie diese an sich beschaffen ist?[99])

Angesichts dieser Schwierigkeiten sollte zunächst die Rechts=wissenschaft anerkennen, daß sie sich auf völlig falscher Bahn bewegte, als sie zu Anfang dieses Jahrhunderts das psycholo=gische Moment „der Ueberlegung“ in die Gesetzgebung und Praxis zu dem Zwecke einführte, um darauf eine Unterscheidung von Mord und Todtschlag zu begründen. Die praktische Folge dieser psycho=logischen Casuistik ist nämlich diese, daß wir von Zeit zu Zeit erfahren: wie gründlich die Rechtsbegriffe in Beziehung auf das schwerste Verbrechen zerfahren sind. Obwohl die Staatsanwaltschaft alle Erfahrung und allen Scharfsinn auf=bietet, um die Geschworenen von dem Vorhandensein eines Mordes in ihren einzelnen Anklagen zu überzeugen, ereignet es sich dennoch nur zu oft, daß im Widerspruch mit der Anklage die Geschworenen den Mord verneinen, indem sie, außer den Fällen einer Frei=sprechung, den der Anklage zu Grunde liegenden Thatbestand als Todtschlag mit oder ohne mildernde Umstände, möglicherweise auch als vorsätzliche Körperverletzung mit tödtlichem Ausgange be=zeichnen.

Ob die Geschworenen in jedem einzelnen Falle Recht haben, mag füglich bestritten sein. Das Urtheil über die Angemessenheit ihres Verfahrens kann jedenfalls nicht aus dem Munde der Staats=anwaltschaft oder der den Geschworenen widersprechenden Richter=collegien entnommen werden. Es gereicht den Geschworenen zur Ehre, daß Berner in seinem Lehrbuche von ihnen sagt:

„Bei diesem Zustande der Gesetzgebung (nämlich der An=drohung absoluter Todesstrafe) der nur durch Abschaffung der Todesstrafe berichtigt werden kann, ist es ganz un=gehörig, und eine Verkennung der menschlichen Natur, wenn man die Geschworenen mit dem herbsten Tadel

überhäuft, weil sie ihren bejahenden Wahrspruch nur
in den seltensten und schwersten Fällen auf Mord ausdehnen, ihn aber in der Regel auf die Normalform, den
Todtschlag, beschränken."

Die Abschaffung der Todesstrafe würde sicherlich dazu beitragen, daß Ansehen des Schwurgerichts zu heben, wie andererseits die Gegner des Schwurgerichts, welche an dessen Abschaffung
gedacht haben, möglicherweise sich vergegenwärtigten, wie der Streit
über die Todeswürdigkeit gewisser Verbrechen und der daraus ent-
springende Zwiespalt zwischen Anklage und Verdict ein sehr be-
deutungsvolles Phänomen der heutigen Strafrechtspflege darbietet.

Die Geschworenen handeln als natürliches Gegengewicht gegen
eine ungerechte Gesetzgebung und eine fehlerhafte Tendenz
in der Rechtswissenschaft; während die gelehrte Justiz sich gegen
beides, gegen innere Ungerechtigkeit der Gesetzgebung und die Verirrungen der Doctrin entweder gleichgültig oder sogar dann noch
unterstützend verhält, wenn ihr Interesse der logischen Consequenz sie bestimmt, vorhandene Fehler durch „Gesetzesanalogie"
weiter auszudehnen.

Was den Mord anbelangt, so traf die Ungerechtigkeit der
Gesetzgebung, welche absolute Todesstrafe auf Grund unsicherer
Merkmale androht, mit der durchaus fehlerhaften Doctrin zusammen, welche ein psychologisches Kriterium dem Mordbegriffe
zu Grunde legte.[100]) Die Verirrung der Gesetzgebung und der
sie ehemals zum Irrthum verführenden Doctrin liegt nämlich darin,
daß man von dem gemeinrechtlichen Wege der dem moralischen
Gebiet angehörenden Unterscheidungszeichen in der Behandlung der Tödtungsverbrechen abging und die Bahn voreilig
verließ, die man mit der Auszeichnung des Kindesmordes, ferner
der im Zweikampf oder der im gerechten Zorn verübten Tödtungen
beschritten hatte. Nachdem die Gesetzgebung einmal grundsätzlich

das relative Strafmaß für die meisten Verbrechen angewendet hatte, war anerkannt, daß überall in der Ausmessung der Willens= schuld, außer den juristischen Kategorien, auch die sittlichen Mo= mente zu würdigen sind. Wer unsere Praxis in den gelehrten Gerichtshöfen kennt, weiß sehr genau, daß bei der Ausmessung der Strafe auf die sittliche Seite der That, nämlich die Beweg= gründe, überall Rücksicht genommen zu werden pflegt.

Die Geschworenen fühlen, was merkwürdiger Weise die Jurisprudenz bisher übersah, daß der Unterschied von Affekt und Ueberlegung durchaus nicht zusammenfällt mit den sittlichen Schuldgraden. Wo die Geschworenen in Gemäßheit der Anklage das Schuldig wegen Mordes aussprechen, thun sie dies meistentheils, weil in sol= chen Fällen die höchste Nichtswürdigkeit der Beweg= gründe in dem Thäter vorhanden war.

Umgekehrt ist es gewiß: Die Geschworenen geben trotz vorhandener Ueberlegung kein der Anklage entspre= chendes Verdict, wenn die Ueberlegung mit edleren und besseren Motiven gepaart ist.

Die psychologische Unterscheidung ist für die Strafrechtspflege nicht zu brauchen, weil man damit wiederum von der moralischen Linie der Strafzumessungen sich entfernt, um sich dem Natura= lismus oder gar dem Materialismus anzunähern. Die Seelen= zustände des Affektes und der Ueberlegung wurzeln bei weitaus den meisten Menschen in leiblichen Verhältnissen der Krankheit oder der Gesundheit, der Reizbarkeit der Nerven oder der Regel= mäßigkeit des Blutumlaufs. Deswegen sollte man in der Schnellig= keit oder Langsamkeit des Blutumlaufs, in Heißblütigkeit oder Kaltblütigkeit keinen letzten Maßstab der moralischen Schuld an= erkennen. In moralischer Hinsicht ist vielmehr zu sagen: Wer mit innerer Ruhe aus einem edlen Beweggrund eine gesetzwidrige That

begeht, steht sittlich höher da, als der Heißblütige, der aus nichts-
würdigen Motiven zu derselben gesetzwidrigen That schreitet! In
einzelnen Anwendungen erkennt unser Gesetz dies an: Wer mit
völliger Kaltblütigkeit zur Herstellung seiner Ehre den Gegner im
Zweikampf tödtet, wird milder bestraft als wer, in einer Wirths-
hausstreitigkeit gereizt, plötzlich einen anderen ohne vorangegangene
Reizung erschlägt. Das Auseinanderfallen der juridischen und
moralischen Welt zeigt sich beim Morde vornehmlich dann, wenn
zu der Grundlage eines vorhandenen tieferen Affektes, z. B. der
Liebe, der Rachsucht, oder der Eifersucht die Ueberlegung
hinzutritt, die Mittel der Tödtung erwägt und hinterher zur Ausführung jener That schreitet, welche das Gesetz als Mord bezeichnet wissen will. Man vergleiche einfach dies: Ein von Eifersucht gequälter Ehemann tödtet, durch einen besonderen Anlaß in
seinem Verdachte bestärkt, seinen Nebenbuhler übereilt ohne wirklichen Grund und wird als Todtschläger mit geringerer Freiheitstrafe belegt. Sein Naturell und Temperament waren
der heftigsten Art. Ein anderer, minder heftiger Ehemann
schöpft gegen seinen Nebenbuhler einen leisen Verdacht, der langsam wächst. Andere Verdachtsmomente treten langsam hinzu.
Seine Eifersucht verwandelt sich in tödlichen Haß; endlich überlegt er die Mittel der Tödtung, nachdem er lange mit sich
gerungen; er glaubt nicht anders zu können. Im Sinne
des Gesetzes soll er mit dem Tode bestraft werden. Wenn beide
Ehemänner völlig gleichen Grund zur Eifersucht hatten, beide in
annähernd gleicher Weise die Tödtung ausführten, so wird kein
Geschworener anerkennen, daß der Eine wegen Ueberlegung todeswürdig, der Andere wegen mangelnder Ueberlegung nicht todeswürdig gehandelt habe. Wie sollte auch der Geschworene zugeben,
daß der plötzlich hervorbrechende, mit seiner That schnell fertige
Affekt moralisch genommen besser sei, als jener still um sich

greifende Kummer, der hin und her überlegt, ob er die vor seinem geistigen Horizont aufdämmernde That nicht lieber unter= lassen soll, bis er endlich, von der Dauer einer langsam fressenden Leidenschaft geschwächt, zu jenem Gefühl der Willensohnmacht kommt, die zu sich selbst beichtet; „Ich kann nicht anders." Wäre der Geschworene nicht völlig im Rechte, wenn er seinerseits er= klärte: Der langsam zum Siechthum des Willens herabsinkende Affekt, welcher mit der rechtlichen Ordnung innerlich einen Ring= kampf unternimmt, in dem er unterlag, ist trotz des Ueber= legens, eine höhere Naturgewalt, als jener schnell hervorspru= delnde Affekt, der blindlings zuschlug. Und doch soll jener bei gleichen Motiven mit dem Tode bestraft werden und dieser nicht! Unbegreiflich!

Dreiundzwanzigstes Kapitel.

~~~~~~~

Mord und Todtschlag in der Schwurgerichtspflege. — Gleichheit
der moralischen Seite von Mord und Todtschlag als Regel in der Statistik erwiesen. — Die Motive des Verbrechers wirkend als Motive der Geschworenen
in Freisprechung und Verurtheilung. — Nachweisungen aus der französischen
und englischen Strafstatistik. — Der Todtschlag kann sittlich verwerflicher sein,
als der Mord. — Die psychologische Definition des Mordes häufig im Widerspruch mit der Rechtsüberzeugung der Geschworenen. — Die Aufgabe des deutschen Strafrechts ist Beseitigung dieses Widerspruchs. — Die Hervorhebung des
Motives der Gewinnsucht bei Tödtungen nothwendig. — John's Ansicht von
dem Unwerth der Ueberlegung. — Vorschläge zu einer anderweitigen Behandlung der Tödtungsverbrechen im deutschen Strafgesetzbuch.

Die Statistik zeigt, daß Mord und Todtschlag in sittlicher
Hinsicht durchaus nicht so weit auseinandergehen, wie dies nach
der psychologischen Theorie der Ueberlegung wohl scheinen
möchte. Beide werden aus gleichen Motiven verübt; ob mit
oder ohne Ueberlegung, ergiebt sich aus dem durchaus zufälligen
und materialistischen, der Verschuldung entzogenen Moment des
Naturells, des Temperaments und der vorangegangenen Erziehung.
Frankreich ergiebt die überraschende Wahrnehmung, daß im Jahre
1871 aus gleichen Motiven nahezu gleich viele Morde und Todt=
schlagsverbrechen verübt wurden. Man zählte nämlich 272 des
Mordes und 268 des Todtschlags angeklagte Personen.

Von höchster Wichtigkeit für die Psychologie des französischen
Schwurgerichts ist die Betrachtung seiner Verdikte unter dem Ge=
sichtspunkt der Einwirkungen, die die Verbrechensmotive auf Ver=

urtheilung und Freisprechung ausüben. Es zeigt sich: die Motive
der Verbrecher sind je nach ihrer sittlichen oder unsittlichen Qualität auch gleichzeitig die Motive der
Freisprechung oder Verurtheilung vor dem Schwurgericht.

Man nehme zunächst eine Reihe besserer, jedenfalls nicht ganz
gemeiner, Beweggründe. Es muß sich nach der von uns gegebenen
Regel dann herausstellen: Sowohl beim Morde wie beim
Todtschlage werden die Freisprechungen besonders zahlreich sein; jedenfalls wird ein Geschworener bei solchen Motiven,
wiederum ohne Rücksicht auf Prämeditation, mildernde Umstände
bewilligen. Stellen wir dann der Reihe der edlen Motive die
gemeinen Beweggründe gegenüber, so wird wiederum in annähernd
gleicher Weise bei Mord und Todtschlag die Ziffer der Verurtheilung und der verweigerten Gunst mildernder Umstände vorhanden sein.

Als relativ edlere Motive sind anzuerkennen: Ehrgefühl,
die durch vermeintliche oder wirkliche Kränkung entstandene, in
Zorn oder Haß übergehende Empfindung tiefen Schmerzes, politische Leidenschaft.

Abgesehen vom Duell, wegen dessen in Frankreich, trotz aller
Jurisprudenz, eine Verurtheilung bei den Geschworenen nicht
durchzusetzen ist, offenbart sich das Ehrgefühl am stärksten im Kindesmord, bei welchem das Moment der Ueberlegung während der
Schwangerschaft stärker hervortritt als man gewöhnlich glaubt
und meistentheils die Gelegenheit zur Ausführung sorgfältig vorbereitet wurde. Gegen 206 angeklagte Frauen ergingen 127 Verurtheilungen; doch ward in keinem einzigen Falle ein (nach fran-
zösischem Recht zulässiges) Todesurtheil gefällt. Allen wurden
mildernde Umstände bewilligt. Analog ist das Verhältniß
der Blutrache, welche in Corsica aus dem Wahne entspringt, daß

eine Verpflichtung zur Tödtung bestehe, und welche, was sehr
bemerkenswerth ist, sowohl in dem juristischen Gewande
des Todtschlags, wie in demjenigen des Mordes erscheint. Die Geschworenen sehen auch hier nicht auf den Unterschied zwischen Ueberlegung und Affekt, sondern auf das Motiv.
Sämmtliche der Blutrache angeklagte Mörder wurden freigesprochen, von den aus demselben Grunde angeklagten sechs Todtschlägern einer (unter mildernden Umständen) verurtheilt.

Dasselbe Verhältniß tritt uns entgegen in solchen Fällen, in
denen die beleidigte Geschlechtsehre durch Mord gerächt wird.
Die fünf Angeklagten, welche den ehebrecherischen Zuhälter ihrer
Frau ermordeten, wurden freigesprochen, von den fünf aus
gleichem Grunde delinquirenden Todtschlägern einer verurtheilt.
Die beiden angeklagten Mädchen, welche ihren untreuen Geliebten
ermordeten, wurden freigesprochen, ebenso der Vater, der
den Verführer seiner Tochter mit Ueberlegung tödtete. In den
eilf Fällen, in denen Ehefrauen (wegen geschlechtlicher Kränkung?)
ihre Gatten umbrachten, erfolgten sechs Freisprechungen; keine von
den fünf Verurtheilten ward zum Tode condemnirt. Was die
politischen Motive anbelangt, so wurden die beiden des Mordes
Angeklagten, welche aus Nationalhaß Deutsche ermordeten, weil
sie aus „exaltation patriotique" handelten, freigesprochen. Die
schwere Verantwortlichkeit, welche man deswegen den französischen
Geschworenen auferlegen muß, wird ein wenig dadurch gemildert,
daß von den siebzehn Angeklagten, welche aus Parteileidenschaft
ihre politischen Gegner bei Gelegenheit von Wahlen mordeten,
gleichfalls vierzehn freigesprochen wurden.

Und nun zur Kehrseite der gemeinen Motive. Hier sind
vornehmlich zwei Richtungen zu würdigen: 1) Untreue eines
Dieners, der seinen Herrn verrätherisch ermordet. Keiner von
den sieben aus diesem Grunde Angeklagten ward von den Ge-

schworenen freigesprochen. 2) Gewinnsucht und Habgier (cupidité). Von 41 Angeklagten sind nur 7 freigesprochen. Eine gleich
große Anzahl (7) wurden durch die Geschworenen zum Tode ver=
urtheilt und hinterher ausnahmelos hingerichtet.

Zwischen den besseren und den schlimmeren Motiven in der
Mitte stehend erscheint der Haß gegen die Organe der Obrigkeit.
Er kann zuweilen hervorgehen aus politischer Feindschaft, außer=
dem aus Schmerzempfindung wegen einer kränkenden Behandlungs=
weise, endlich aber auch aus Eigennutz, weil der Beamte die Ver=
folgung gewinnsüchtiger Zwecke verhindert, was beispielsweise
vielfach bei Wildbieben der Fall ist, die gerade den aufmerksamsten
Forstschutzbeamten am feindseligsten gesinnt sind. Daß hier bei der
Ermordung von Beamten in der Ausübung ihres Berufes ver=
schiedene Motive nebeneinander vorkommen, ergiebt die statistische
Thatsache, daß von zehn Angeklagten immer noch vier freige=
sprochen wurden, also: mehr, als bei den aus klarer Gewinn=
sucht verübten Mordthaten, weniger, als bei den aus politischen
Gründen begangenen Verbrechen.

Daß die schwersten Fälle des Todtschlags zuweilen nichts=
würdiger sein können, als das in der Gesetzgebung am höchsten
stehende Verbrechen des parricide, zeigt sich darin, daß auf vier=
zehn wegen parricide Verurtheilte kein Todesurtheil entfiel, wohl
aber in zwei Todtschlagsfällen mildernde Umstände verweigert
wurden, so daß auf Todesstrafe erkannt werden mußte.

Mancherlei mag in den Zahlen der neuesten französischen
Strafstatistik auf Zufälligkeit beruhen, aber es ist dennoch un=
möglich, das Vorhandensein jener starken moralischen Tendenz
zu bestreiten, welche im Geschworenengericht, über die juristische
Consequenz hinausgehend, hervortritt. Die Geschworenen rechnen
in letzter Instanz die That nicht nur der rechtlichen, sondern auch
der sittlichen Verschuldung zu. Trotz aller Verbote ist ihre Stellung

in der Strafrechtspflege ähnlich derjenigen des römischen Prätors, welcher in seinem Edikt das starre Civilrecht corrigirte.

Es wäre durchaus ungerecht, gerade die französischen Geschworenen anklagen zu wollen. Die gleichen Erscheinungen treten auch in England hervor. Man muß sogar anerkennen, daß in einem Punkte die französischen Geschworenen ihre gesetz liche Pflicht besser erfüllen, als die Engländer; jene verurtheilen immer noch über die Hälfte der angeklagten Kindesmörderinnen, während es in England unmöglich ist, ein verurtheilendes Verdikt gegen diese Kategorie zu erhalten; im günstigsten Falle kommt eine Verurtheilung auf hundert Anklagen. Die moralische Empfindung ist in den englischen Geschworenen gleichfalls zu stark, als daß sie die Todesstrafe für Kindesmord zulassen könnten. Ebenso wird in Deutschland trotz der verhältnißmäßig sehr gelinden Strafe eine relativ große Ziffer von Kindesmörderinnen freigesprochen, was zum Theil aus moralischen Erwägungen, zum größten Theil aber aus den stets beim Kindesmord bestehenden Beweisschwierigkeiten zu erklären ist.

Es soll nicht geleugnet werden, daß im Schwurgericht eine zu weit gehende Rücksichtnahme auf die Motive des Thäters öfters zur moralischen Schwäche werden kann; aber man darf nicht vergessen, daß mit diesem Fehler der entgegenstehende Mangel ständiger Criminalgerichte compensirt wird, vermöge dessen diese — unbekümmert um das Element der sittlichen Verschuldung — der Neigung zur abstracten juristischen Consequenz und Analogie folgen, so daß bei der Wahl zwischen zwei Uebelständen dennoch die Rechtsunsicherheit der zu weit gehenden Straflosigkeit als ein Mangel des Schwurgerichts, der Rechtsunsicherheit übertriebener Strafbarkeitserklärung, als einen Mangel der gelehrten Gerichtscollegien vorzuziehen ist.

Wenn man nun zugeben muß, daß unter allen Rechtsinteressen

der Gegenwart, soweit sie der Strafrechtspflege zufallen, der Schutz
des menschlichen Lebens obenan steht, so ist es erlaubt, sich zu
wundern, daß die Gesetzgebung den unzweifelhaft vor=
handenen Widerspruch zwischen dem Schwurgericht und
der alten psychologischen Definition von Morb und
Todtschlag hartnäckig unbeachtet ließ. Sobald das Schwur=
gericht als Einrichtung angenommen ist, und aufgehört hat, ein
Versuchsfeld zu sein, muß man Angesichts der Unmöglichkeit, die
statistisch hervortretende Grundtendenz der Geschworenen zu än=
dern, das Strafgesetz in Einklang bringen mit dem im Schwur=
gericht wirkenden Rechtsgefühl des Volkes. Um so mehr ist
dies zu verlangen, als auch die wissenschaftliche Unhaltbarkeit
jener Unterscheidung von Ueberlegung und Nichtüberlegung dar=
gethan werden kann, unter allen Umständen aber leicht zu beweisen
ist, daß sie für die Organe des Schwurgerichts praktisch un=
brauchbar ist.

Die Aufhebung der Todesstrafe und die Beseitigung der
gegenwärtig für das Tödtungsverbrechen bestehenden Unterschei=
dungen wird, von allen anderen dafür sprechenden Gründen ab=
gesehen, auch den Nutzen haben, daß das Schwurgericht, seiner
wahren Natur entsprechend und ungehindert durch den jetzt noch
bestehenden Zwiespalt zwischen den Tödtungsgesetzen und der sitt=
lichen Grundanschauung des Volkes, erlöst wird aus seiner Zwangs=
lage und befreit von der unerfüllbaren Anforderung, sich den ihm
unverständlichen Definitionen psychischer Vorgänge anzubequemen.

Es ist ein Grundzug gerade der germanischen Völker, daß
sie gesucht haben, in der Strafrechtspflege eine Versöhnung zu
finden zwischen den objectiven Regeln des Rechts und den sub=
jectiven Forderungen des sittlichen Bewußtseins, die moralische
Empfindung umzusetzen in die Thatsache eines allgemeinen Rechts=
gefühls. Oder wäre die Rechtswissenschaft im Volksleben Alles,

und das Rechtsgefühl Nichts? In der mittelalterlichen Plastik
der Strafmittel, in der Unterscheidung ehrloser, nichtswürdiger
Beweggründe und ihrer Ausprägung durch die Strafarten, trat
dieser Trieb hervor und gerade er war es, der auch zu der Aus=
zeichnung des im Todtschlag aufwallenden Zornes gegenüber der
heimlichen Mordthat, zur Gegenüberstellung der offenen ehr=
lichen und versteckten heimlichen That geführt hat. Erst später hat
die Theorie die Beachtung der moralischen Momente aufgegeben,
um zu dem völlig unhaltbaren Schluß zu gelangen, daß die mit
Ueberlegung verübte Tödtung trotz der besseren Motive strafbarer
sein müsse, als die ohne Ueberlegung begangene That, ungeachtet
bei ihr die nichtswürdigsten Beweggründe im Spiele gewesen sein
mögen. Es ist möglich, daß auf gewissen Punkten die Moralität
der Beweggründe mit dem psychologischen Moment der Ueber=
legung und des Affektes zusammenfällt, aber es ist keineswegs
regelmäßig der Fall. Im Gegentheil gehen sie häufiger aus=
einander, als man glaubt. Ein Zusammenfallen beider Momente
findet meistentheils Statt, wo der Beweggrund der Gewinn=
sucht und der Habgier wirksam war, also bei dem Raub=
und Banditenmord durch gedungene Miethlinge. Es zeugt,
im Sinne der modernen Theorie, zwar nicht von juristischer Con=
sequenz, wenn die ältere gemeinrechtliche Praxis in Deutschland
diese Mordarten als besonders schwere hervorhob, aber eben dies
bewies die Fortwirkung jener sittlichen Volksanschauung, welche
das dabei vorhandene Motiv der Gewinnsucht betonte. Was
den Affekt anbelangt, so zeigt sich das gelegentliche Zusammenfallen
desselben mit den moralischen Triebfedern bei den Tödtungen, die
in leidenschaftlicher Aufregung des Ehrgefühls, beispielsweise gegen=
über dem ertappten Ehebrecher ausgeführt werden. Dagegen muß
man aber auch anerkennen, daß der gegenwärtig sg. Mord, wenn
aus tief wühlendem Schmerze des töblich verletzten Ehrgefühls

begangen, weitaus milder sein kann, als der in der leichtsinnigen
Schnellfertigkeit bei einem Wirthshausstreit von raufluſtigen, jeder
Zeit mit dem Messer um sich stechenden Trinkern begangene Todt=
schlag. Das Recht muß sich hier durchaus mit dem sittlichen Ge=
fühl des Volkes in Einklang setzen und auch außerdem anerkennen,
daß der Strafbarkeitsunterschied zwischen einem Mordversuche,
der den schwer Verwundeten werthvoller Gliedmaßen beraubte,
oder nach langem Krankenlager genesen ließ, und dem vollendeten
Morde, welcher wegen mangelhafter Krankenpflege zum Tode des
Opfers führte, keineswegs sich verhalten kann, wie die im § 44
unseres deutschen Strafgesetzbuchs mit einem Minimum von drei
Jahren angedrohte zeitige Zuchthausstrafe zu der absoluten Todes=
strafe.

Mit dem Ergebniß der hiermit durchgeführten Untersuchung
stimmt unter den neueren Criminalisten John überein, welcher
bemerkt:

„Die Ueberlegung während der That, sowie die Ueberlegung
vor der That sind überhaupt nicht geeignet, den Thatbestand des
generellen Begriffes der dolosen Tödtung zu specialisiren, am
wenigsten aber ist, wenn dieses dennoch geschieht, von dem Mo=
mente der Ueberlegung die Todesstrafe abhängig zu machen."

Daß man John's scharfsinnigen Ausführungen bei der Be=
rathung des deutschen Strafgesetzbuchs keine größere Beachtung
schenkte, hat offenbar darin seinen Grund, daß die Anhänger der
Todesstrafe zuerst als Grundsatz die Beibehaltung des schwersten
Strafübels beschlossen und dann hinterher in Gemäßheit der be=
reits beschlossenen Strafe sich einen Mordbegriff zu construiren
suchten. Wären sie den umgekehrten Weg gegangen und hätten
sie den Werth der Unterscheidungsmerkmale von Ueberlegung und
Nichtüberlegung geprüft, so hätten sie nicht zu dem gegenwärtig
bestehenden Mißverhältniß der Strafdrohungen gelangen können.[101]

Auch Berner bemerkt, daß unzweifelhafte Erfahrung und
Wissenschaft in Europa über den Standpunkt der deutschen Straf=
gesetzgebung, soweit die Auffassung der Tödtungsverbrechen in Be=
tracht kommen, hinausgehe und berichtet die für die Psychologie
gewiß bemerkenswerthe Thatsache, daß Mörder und Todt=
schläger auf Grund ihres Verhaltens in den Straf=
anstalten von einander nicht unterschieden werden
können.[102])

Die gegenwärtig weitgehende Unsicherheit in der schwurgericht=
lichen Aburtheilung von Mord und Todtschlag ist nur dann zu
beseitigen, wenn man übereinstimmend mit der geschichtlichen Ueber=
lieferung der peinlichen Halsgerichtsordnung und der die moralischen
Triebfedern beachtenden Volksansicht eine veränderte Begriffsbestim=
mung von Mord und Todtschlag in der Weise herstellen könnte,
daß, wie früher der Fall, jede vorsätzliche Tödtung als Mord
und den Ausnahmefall der im gerechten Zorn gegen den Ge=
tödteten auf der Stelle verübten Tödtung als Todtschlag auffassen
wollte, dann aber auch zwischen Mord und Todtschlag ein hin=
reichend abgestuftes Strafmaß offen hielte. Wie der Kindesmord,
die Ermordung eines den Tod Begehrenden und der im gerechten
Zorn verübte Todtschlag mildere Qualificationen sind innerhalb
der Klasse vorsätzlicher Vernichtung menschlichen Lebens, so würde
es der Rechtsordnung durchaus dienlich sein, wenn mit Rücksicht
auf das heimtückische und nichtswürdige Motiv der Gewinn=
sucht gewisse Mordfälle wiederum härter qualificirt und diesen
schwersten Fällen auch diejenigen gleichgestellt würden, in denen
der Thäter zur Erreichung eines unerlaubten Vortheils, in der
Unternehmung strafbarer Handlungen und zur Verhinderung seiner
Entdeckung oder Ergreifung einen Menschen tödtet. Man kann
alsdann mit Sicherheit darauf rechnen, daß gerade für diese
Fälle (Banditenmord, Raubmord, Ermordung von obrigkeitlichen

Perſonen während der Amtsausübung) die Geſchworenen ihre
Pflicht ebenſo thun würden, wie bisher, ferner aber auch), beſſer
als bisher, die Verurtheilungen ſich ſtellen würden, wenn diejenige
Klaſſe von Mördern, in denen das Motiv der Gewinnſucht nicht
vorliegt, nach den concreten Umſtänden beurtheilt werden könnten,
dergeſtalt, daß Affekt und Ueberlegung lediglich auf Grund quanti=
tativer Verhältniſſe neben den Motiven als Strafzumeſſungsgründe
in Betracht kommen würden. Ohne hier auf Einzelheiten Gewicht
zu legen, würde man im Anſchluß an die gegenwärtigen gelinden
Beſtimmungen des deutſchen Strafgeſetzbuchs deren Verbeſſerung
in nachſtehenden Vorſchlägen zuſammenfaſſen können:

1) Wer vorſätzlich einen Menſchen tödtet, wird wegen Mordes
mit Zuchthaus von zehn bis zu fünfzehn Jahren beſtraft.

2) Wer in gewinnſüchtiger Abſicht oder um eines rechts=
widrigen Vortheils willen, oder bei Unternehmung einer
ſtrafbaren Handlung, um ſich der Entdeckung oder Er=
greifung zu entziehen, vorſätzlich einen Menſchen tödtet,
wird mit lebenslänglicher Zuchthausſtrafe, in minder
ſchweren Fällen nicht unter zwölf Jahren beſtraft. Die=
ſelbe Strafe trifft denjenigen, der vorſätzlich einen Beamten
in der rechtsmäßigen Ausübung ſeines Amtes tödtet.

3) Wer vorſätzlich einen Menſchen tödtet, von welchem er
ſchwer beleidigt wurde, iſt mit Zuchthaus oder Gefängniß=
ſtrafe nicht unter drei Jahren zu beſtrafen.

4) Wer, ohne eigene Schuld zum Zorn gereizt und auf der
Stelle zur That hingeriſſen, vorſätzlich einen Menſchen
tödtet, der ihm oder einem Angehörigen oder einem Schutz=
befohlenen eine Mißhandlung oder ſchwere Beleidigung
zufügte, wird wegen Todtſchlags mit Gefängnißſtrafe oder
Feſtungshaft nicht unter ſechs Monaten beſtraft.

Zwar würde durch die nach diesen Vorschlägen eintretende
Veränderung bewirkt werden, daß einzelne Todtschläger, welche
gegenwärtig mit der unbestimmten Klausel der mildernden Um=
stände beglückt werden, strenger, als bisher gestraft würden. Aber
dieser Erfolg kann um so weniger beklagt werden, als die im
deutschen Strafgesetzbuch zu weit gehende Wirkung unbestimmter
Milderungsgründe und deren völlige Gleichstellung mit dem mil=
desten Specialfall der im gerechten Zorn verübten Tödtung durch=
aus bedenklich gefunden werden muß.

Vom psychologischen Standpunkte sowohl, wie vom moralischen
scheint es wichtiger, die Strafen des Mordes weiter abzustufen,
als diejenige des gegenwärtig sogenannten Todtschlags. Die Er=
scheinungsformen des Mordes sind viel mannigfaltiger in den Ein=
zelheiten der Ausführungsweise schattirt, obwohl die Motive im
Großen und Ganzen an sich nicht verschieden sind von denjenigen,
die im sg. Todtschlage hervortreten. Das Hauptmerkmal, nach
welchem die Geschworenen bisher, abgesehen von der moralischen
Natur der Motive, über die Tödtungsverbrechen urtheilten, war
immer dasjenige der größeren oder geringeren Langsamkeit in der
Ausführungsweise.

Wie man übrigens über die Art und Weise, das gegenwärtige
Gesetz zu verbessern, denken möge:

Angesichts der großen Unterschiede, welche in der Schuld=
haftigkeit des Mordes hervortreten und ihrer großen Bedeutung
für die Schwurgerichtspflege muß es auch vom Standpunkte der
der Todesstrafe Zustimmenden als ein schwerstes Gebrechen des
deutschen Strafgesetzbuchs angesehen werden, daß die Todesstrafe
in ihrer absoluten Androhung alle Grundsätze der Allmähligkeit
in der Progression der Strafsätze verleugnet; denn schon die Straf=
statistik belehrt uns, daß es kein anderes Verbrechen giebt, welches

unter einem und demselben Namen eine so große Mannigfaltigkeit der sittlichen und rechtlichen Schuldmomente vereinigte. Wenn man trotzdem an der absoluten Todesstrafe festhielt, so kann der Grund dafür nicht in der Natur des Rechts, sondern nur in der politischen Rücksichtnahme auf die Prärogative der Begnadigung gefunden werden.

Vierundzwanzigstes Kapitel.

～～～

Die Gerechtigkeit der Todesstrafe vom Standpunkte der Genug-
thuung und Sühne. — Dreifache Richtung der Sühne auf Gott, auf die
Person des Verbrechers, auf die Staatsgesellschaft. — Wie verhält sich die
Todesstrafe zum Rechtsbewußtsein der gegenwärtigen Zeit? — Schwierigkeit der
Entscheidung. — Die Todesstrafe keine Sache der Volksabstimmung. — Die
Rücksicht auf die Rohheiten der Massen ist der Abschaffung nicht hinderlich. —
Ueberreste der alten Blutrache übergegangen in die moderne Cultur. — Anhänger
und Gegner in den mittleren Gesellschaftsklassen, in der Literatur, der Juris-
prudenz. — Die Staatsanwaltschaft. — Generalstaatsanwalt Schwarze. —
Der deutsche und der italiänische Juristentag. — Mancini. — Welche Rücksicht
für den Gesetzgeber bei der Wägung der Stimmen für und wider die Todes-
strafe entscheidend sein muß. — Die Abstimmung im norddeutschen Reichstage. —
Es ist hohe Zeit, die Todesstrafe in Deutschland zu beseitigen, nicht aber eine
sg. Zeitfrage. — Trendelenburg's Vertröstung auf bessere Zeiten. — Die
Unsittlichkeit der Todesstrafe in Beziehung auf den Henker, welcher, nach seinen
Motiven beurtheilt, ein Obermörder ist.

Die subjective Grundlage der Gerechtigkeitstheorie beruht auf denjenigen Wirkungen, welche die Strafe in dem Bewußtsein der gleichsam unparteiischen Staatsgesellschaft hervorruft.
Damit ist ausgesprochen, daß die Gerechtigkeit nicht bemessen
werden darf nach dem Maßstab derjenigen Forderungen, welche
der unmittelbar durch eine Missethat Beschädigte aufstellen könnte.
Rechtsgefühl ist dadurch unterschieden von Rachegefühl. Jene
ethische Befriedigung, welche in der unbetheiligten, allgemeinen
Rechtsgenossenschaft des Staatsverbandes durch eine gerechte Strafe
hervorgerufen wird, heißt Genugthuung oder Sühne; wo sie

vorhanden ist, wird vollständige Vergebung oder Verzeihung die Folge einer verbüßten Strafe sein.

Genugthuung und Sühne können auf verschiedenen Wegen in unser sittliches Bewußtsein eintreten. Entweder so, daß wir uns durch unser religiöses Gewissen leiten lassen und die Strafe als eine Versöhnung der göttlichen Ordnung und darum auch unserer selbst betrachten. Oder so, daß wir uns in die Seele des Verbrechers versetzen und die Strafe als seine Gewissensforderung an den Staat uns aneignen, indem wir meinen, daß das Strafleiden den Verbrecher mit sich selbst versöhnt habe. Oder endlich so, daß wir aus dem Einklange unserer unmittelbaren und eigenen Genugthuung mit derselben Empfindung Anderer die Bestätigung und Gewißheit der Gerechtigkeit entnehmen.

Nach diesen drei verschiedenen Richtungen hin ist die Todesstrafe als sühnende und genugthuende Gerechtigkeit bezeichnet worden. Was die religiöse Sühne anbelangt, so ist sie, von verschwindenden Ausnahmen abgesehen, als Basis des staatlichen Strafrechts aus dem Bewußtsein der christlichen Völker verschwunden, seitdem man aufgehört hat, die sg. Religionsverbrechen (Gotteslästerung, Ketzerei, Kirchenraub, Sacrilegium, beziehungsweise auch Sodomie) mit dem Tode zu bestrafen, womit anerkannt ist, daß auch die schwersten Verbrechen gegen die göttliche Ordnung nicht mehr durch den Staat mit der Tödtung des Schuldigen gesühnt zu werden brauchen. Wenn wir von dem Gewissen eines Mörders ausgehen, so ist es unzulässig, den Verbrecher in den Reflexwirkungen unserer eigenen sittlichen Empfindungen zu beschauen. Die Gewissensregung, welche wir selbst hypothetisch in uns tragen, wenn wir uns, von den Schwingen der Phantasie emporgehoben, das versteinernde Medusenhaupt der Blutschuld entgegenhalten, dürfen wir nicht auf den Verbrecher selbst übertragen. Im Vergleich zu der objectiven Abstufung der Strafen für Mord und

Todtschlag wird gerade das umgekehrte Verhältniß eintreten. Der Todtschläger, von lebhafterer Reue über seine That ergriffen, wird die äußere Wiedervergeltung viel eher als seine Gewissensforderung erheben, also über unseren Maßstab der Genuthuung hinausgehen, während der Mörder in den allerschwersten Verbrechensfällen sich bereits im Voraus während des psychologischen Stadiums der langsameren Willensreife mit den nach der That zu erwartenden Regungen seines Gewissens abgefunden und diesen meistentheils gleichsam den Weg in sein Inneres verriegelt hat. Aus einer der Wirklichkeit entsprechenden Gewissensvertretung läßt sich die Todesstrafe somit weit eher für den Todtschläger, als für den Mörder rechtfertigen.

Es bleibt für die Strafgesetzgebung, welche sich auf die genug-thuenden Wirkungen der Todesstrafe stützen will, nur die Er-wägung übrig: wie sich in einem bestimmten Zeitalter das lebendige Rechtsbewußtsein zu ihr verhalte? Es ist ebenso schwer, die oft gehörte Behauptung, das Volksrechtsbewußtsein fordere die Todesstrafe, zu beweisen, wie durch die entgegenstehende Versiche-rung die Verneinung darzuthun. Zunächst würde es darauf an-kommen, zu untersuchen, aus welchen Erscheinungen des jeweiligen Volkslebens haltbare Schlußfolgerungen zu ziehen sind, welche Elemente des Volkes als die berufensten Träger des Volksrechts-bewußtseins anzusehen sind, ob überhaupt von einem einheit-lichen gemeinsamen Postulate desselben gesprochen werden könne?

Wenn man die zuweilen beliebte Methode der Volksabstim-mung auf die Beibehaltung oder Verwerfung der Todesstrafe anwenden wollte, so würde man vermuthlich je nach der Frage-stellung oder den Umständen eine verschiedene Antwort von den Abstimmenden erhalten. Die große Mehrzahl der Schweizer Bürger hat am 10. April 1874 die Bundesrevision gut geheißen, welche

die Todesstrafe aufhebt. Mit Gewißheit darf man aber annehmen,
daß eine Sonderabstimmung über die Todesstrafe in einzelnen
Kantonen ein anderes Resultat ergeben haben würde, und daß
unter denjenigen, welche der Revision en bloc zustimmten, sich
Anhänger der Todesstrafe befanden, während andererseits unter
denjenigen, die die Bundesrevision verwerfen wollten, sich auch
Gegner der Todesstrafe befunden haben mögen. Immerhin lehrt
die Schweizer Abstimmung, daß die Todesstrafe in der Eid-
genossenschaft keine Principienfrage ersten Ranges
sein konnte; wessen Gewissen sie für unbedingt nothwendig hielt,
der hätte um ihretwillen die Revision verwerfen müssen.

Als historisch festgestellt darf gelten, daß alle strafrechtlichen
Reformen ohne Ausnahme: die Einstellung der Hexenprocesse, die
Abschaffung der Prügelstrafe, die Beseitigung der Ketzerverfolgungen
dem Stande des Massenbewußtseins vorangegangen sind.
Man darf niemals vergessen, daß unter den radikalen Puritanern
in Massachusetts die Hexen eifrig verfolgt wurden und daß in
der Schweiz die letzte Hexe verbrannt, die letzte Folter in der
Voruntersuchung angewendet und vielleicht auch der letzte Gottes-
lästerer öffentlich geprügelt worden ist. Wenn also wirklich, bei
passender Fragestellung, eine Mehrheit unter den Abstimmenden
gewonnen würde, so wäre damit nichts bewiesen. Nur das Eine
bleibt zu verwundern, daß viele conservative Politiker, welche
sonst den Begriff des Pöbels bis in die ihnen zunächst stehende
Mittelklasse ausdehnen, bei dieser Gelegenheit wo es sich um
Aufrechterhaltung der Todesstrafe handelt, die unter dem Galgen
versammelt gewesenen Zuschauer als Beweiszeugen für ein ver-
meintliches Volksrechtsbewußtsein herbeirufen.

Der Wirklichkeit am nächsten wird man stehen, wenn man
annimmt, daß die große Mehrzahl in der Bevölkerung der mitteleuropäischen Staaten der Todesstrafe ziemlich gleichgültig gegen-

übersteht, weil sie über diesen Gegenstand überhaupt nicht ernstlich
nachgedacht hat. Unsere Zeit verzeichnet selten Hinrichtungen und
vergißt vollendete Thatsachen meistentheils schon am nächsten Morgen,
wenn die Erinnerung nicht durch persönliche Interessen oder wissen=
schaftlichen Sammlungseifer aufrecht erhalten wird. Die Zeiten,
in denen Hinrichtungen, wie vor hundert Jahren außerordentlich
häufig waren, haben das mit den Perioden sehr seltener Hin=
richtung gemeinsam, daß die Masse wenig angeregt ist, über die
Todesstrafe nachzusinnen. Es sind darum in der Geschichte des
Strafrechts, die Uebergangsperioden von größerer Milde zur Härte
und umgekehrt von gewohnter Grausamkeit zu einer auffallenden
Milde, in denen sich die meisten Menschen mit den Aufgaben der
strafenden Gerechtigkeit beschäftigen. Immerhin ist es ein Gewinn,
daß die Menge nicht mehr den Tod des einzelnen Verbrechers
verlangt, wie dies in früheren Zeiten vorkam, wenn man der
aufgeregten Masse ein Opfer darzubringen veranlaßt war. Die
Aufhebung der Todesstrafe würde in gegenwärtiger Zeit bei der
großen Menge nicht die Aufmerksamkeit erregen, wie eine Ver=
änderung in den Preisen der täglichen Nahrungsmittel.

Für die Beurtheilung des Volksrechtsbewußtseins ist es nicht
ohne Wichtigkeit, die Stimmen und Meinungen, die gelegentlich
eines schweren Mordfalles hervortreten, mit Rücksicht auf ihr zeit=
liches Verhältniß zur That, einzutheilen. Es zeigt sich dann, daß
die erste urmenschliche Empfindung der Blutrache in ihren letzten
Ausläufern noch bei hochgebildeten Menschen vorkommen kann.
Manche sprechen in äußerster Empörung die Hoffnung aus, daß
der Verbrecher das Leben verlieren werde, ohne im geringsten
daran zu denken, daß er doch wohl auch unzurechnungsfähig ge=
wesen sein könnte.[108]) Es gilt ihnen, wenn sie von der That
hören, als ganz gewiß, daß er verurtheilt werden muß; sie würden
sich in dieser ersten Aufregung vielleicht an seiner Vernichtung

betheiligen, wenn der Mörder gegenwärtig wäre und augenblicklich von der Masse gewaltsam mißhandelt würde. In Zeiten revolutionärer Erregung kann man diese Symptome moderner Blutrache studiren. Auf ein bloßes Gerücht hin stürzt sich die Leidenschaft auf ihre Opfer; es ist völlig unmöglich, daß ein von der Volksmenge als verdächtig Ergriffener zu Wort komme.[104]) Der Racheburst in seinem Fanatismus ist gläubig; der fanatische Glaube rachebürstig.[105]) Anders werden die Aeußerungen des Gefühls, wenn die erste Hitze des Rache abgekühlt ist. Wenn nach monatelanger Untersuchung der Angeklagte vor Gericht erscheint, wird er mit anderen Augen betrachtet. Derselbe Zuschauer, der einen ergriffenen Mörder selbst zu tödten im Stande gewesen wäre, wird endlich von Mitleid ergriffen, wenn er den Delinquenten willenlos und geknebelt in der Erwartung des letzten Streiches niederknieen sieht. Es giebt theoretische Anhänger der Todesstrafe, welche in jedem einzelnen Falle einer Hinrichtung von Ekel und Entsetzen ergriffen werden und fragen, ob man den Verbrecher nicht wenigstens einfach, ohne daß er es vorher zu erfahren brauchte, vernichten könnte? Bei allen edleren Naturen vollendet sich das natürliche Gerechtigkeitsgefühl in dem Kreislauf vom aufwallenden Zorn gegen den eben ergriffenen Missethäter bis zum endlichen Mitleid mit dem völlig wehrlosen Dulder. Christi Erhabenheit zeigt sich darin, daß er dieses Gefühl des Erbarmens in seiner Person gleichzeitig als Anfang und Ende der Nächstenliebe bethätigte. Der Zeitablauf, welcher bei längerer Dauer durch die rechtliche Anerkennung der Verjährung Straflosigkeit auch für den Mörder erwirkt, hat thatsächlich für den Genugthuungszweck auch diese Bedeutung, daß von Anfangs rachsüchtigen Menschen, nachdem eine hinreichend lange Zwischenzeit verflossen ist, die Umwandlung der Todesstrafe befürwortet wird. Mir ist kein

Beispiel bekannt, daß die nach längerem Strafproceß=
verfahren bewilligte Begnadigung eines verurtheilten
Mörders ernsthaft von der öffentlichen Meinung ge=
rügt worden wäre. Stimmen, welche unmittelbar nach be=
gangener That den Tod des Mörders befürworten, billigen später=
hin Schonung und Milde. Jeder, der sich selbst aufmerksamer
beobachtet, weiß, daß jede unserer Empfindungen ihre Geschichte
hat und daß sich in der Brust jedes Einzelnen jener weltgeschicht=
liche Proceß der Strafmilderung in den allmächtig sinkenden Forde=
rungen der Genugthuung wiederholt.

Zu den Zeichen der Zeit gehört es, daß in der Literatur, in
den Volksvertretungen, in den Gerichtshöfen und im öffentlichen
Leben die Zahl der gegen die Todesstrafe auftretenden Gegner
sich unleugbar und zusehends vermehrt. Nach der Natur der Dinge
ist der Eifer der Angreifenden, die sich vorwärts bewegen, immer
größer, als die Rüstigkeit der Vertheidiger, die eine starke Stellung
schützen. Allein es zeigt sich doch, daß selbst in richtiger Würdi=
gung dieses Verhältnisses die Zahl der öffentlich auftretenden An=
hänger der Todesstrafe sich mit der (in ihrer Meinung) wachsen=
den Gefahr der Abschaffung nicht gemehrt, sondern stetig vermindert
hat. Hetzel hat in sehr anschaulicher Weise ein Literaturver=
zeichniß ausgearbeitet, in welchem er chronologisch Vertheidiger und
Gegner der Todesstrafe, durch eine Spalte geschieden, einander
gegenüberstellt. Diese gleichsam graphische Liste läßt uns erkennen,
wie in dem Druck der Namen sich schwarz und weiß die Anhänger
und Gegner zu einander verhalten. Noch auffallender würde sich
diese Zeichnung gestalten, wenn man im Stande wäre, die in
Gelegenheitsschriften, in Zeitungen, fachwissenschaftlichen Arbeiten
und in der schönen Literatur geäußerten Ansichten zusammen=
zustellen, was gegenwärtig selbst dem Statistiker unmöglich sein
würde.[106])

Als eine in der Fortentwickelung des Volksrechtsbewußtseins bemerkenswerthe Thatsache ist auch dies anzuerkennen, daß die Ueberzeugungen der die Todesstrafe anfechtenden Gegner überall als die stärkeren erscheinen. Sie sind erworbene Güter des Geistes, welche schwerer wiegen, als „ererbter Glaube." Erweisbar ist dies daran, daß in der Literatur sich häufig der Uebergang von anfänglicher Vertheidigung der Todesstrafe zur schließlichen Gegnerschaft vollzogen hat, während es an Beispielen entgegengesetzter Art zwar nicht in der Praxis des Staatslebens, wohl aber in der Strafrechtswissenschaft fehlt. Denn die Fälle, daß ein theoretischer Gegner der Todesstrafe, wie der König Oscar I. von Schweden seine persönliche Meinung unterordnet und durch Staatsrücksichten gezwungen ist, ein Todesurtheil auszusprechen und vollziehen zu lassen, gehören nicht hierher. Vielleicht noch häufiger als andere sind Monarchen in der Lage, auf persönliche Wünsche und Meinungen verzichten zu müssen.

Jeder gewissenhafte Geschworene und jeder Richter kommt in die Zwangslage, Urtheile fällen zu müssen, die er mißbilligt. Wenn Richter und Geschworene gegenwärtig in Kapitalsachen nicht noch häufiger freisprechen, als wirklich geschieht, so darf man daraus nicht den Schluß ziehen, daß das Vorkommen von Todesurtheilen die bestehende Gesetzgebung rechtfertige und daß der Gesetzgeber seinerseits erst nachzuhinken habe, wenn alle Anklagen auf todeswürdigen Mord an dem Widerstande der Rechtspflege gescheitert sind. Diese Art der Beständigkeit in Festhaltung überlieferter Gewohnheiten wäre der allerverderblichsten Art.

Alle irgendwie nutzbaren Anzeichen weisen darauf hin, daß im Richterstande und in der Advokatur die die Todesstrafe mißbilligenden Stimmen sich mehren. Vorsichtiger Weise darf man nicht behaupten, daß die meisten Richter competent seien, ein entscheidendes Urtheil abzugeben. Manche Richter hatten wenig

Gelegenheit, mit schweren Verbrechern zu verkehren und criminal=
psychologische Studien von einiger Ausdehnung zu unternehmen.
Andere verzichten überall darauf, das Gesetz nach seinem inneren,
zumal ethischen Gehalte irgendwie zu prüfen; es im logischen
Sinne richtig anzuwenden, ist ihre oberste Sorge. Verhältniß=
mäßig nicht allzuzahlreich ist die Klasse derer, welche den Streit=
fragen der Strafvollstreckung und des Gefängnißwesens mit Auf=
merksamkeit folgen. Vergleichungsweise am größten dürfte die
Ziffer der der Todesstrafe Anhängenden unter der Staatsanwalt=
schaft sein; Dutzende von solchen, die es für ihren Amtsberuf
halten, in ihren Strafanträgen viel zu verlangen, um vom Richter
wenig bewilligt zu erhalten, werden indessen aufgewogen durch
das Beispiel des Generalstaatsanwalts Dr. Schwarze, welcher
die reichste Lebenserfahrung aus der Anklagepraxis mit der gründ=
lichsten wissenschaftlichen Bildung verbindet.[107] Unter keinen Um=
ständen ist es zu unterschätzen, daß aus der Mitte der deutschen
Rechtsverständigen überhaupt eine Collectiverklärung gegen die
Todesstrafe auf dem Juristentage zu Mainz erging; ein Beispiel
dem die zu Rom 1873 versammelt gewesenen italiänischen Juristen
gefolgt sind. Auf dem Kapitol zu Rom ward unter dem Vorsitz
von Mancini von den dort versammelten Juristen die Todesstrafe
verworfen. Dieser einstimmig gefaßte Beschluß bedeutet um so
mehr, als er offenbar nicht auf politischen Motiven beruht, son=
dern als wissenschaftliche Ueberzeugung hervorging aus der Arbeit
von einundzwanzig Rechtslehrern, die an den italiänischen Uni=
versitäten gegen die Todesstrafe wirken.[108]

Für das mit klarerem Bewußtsein am öffentlichen Leben Theil
nehmende Volk kann es und für den Gesetzgeber sollte es nicht gleich=
gültig sein, wie die Vertreter der Rechtslehre an den Universitäten,
die Advokatur und der Richterstand über das schwerste Strafübel
der Todesstrafe denken. Es muß auf die Dauer schlimm wirken,

wenn sich ernsthafte Zweifel an die Gerechtigkeit eines Straf=
mittels heften, noch schlimmer aber, wenn viele der besten und
berufensten Männer eines Volkes öffentlich aussprechen, daß vom
Standpunkte der sittlichen Genugthuung die Todes=
strafe geradezu zu verwerfen ist. Es war eine reife Frucht,
welche vom Baume der Erkenntniß fiel, als der Reichstag des
norddeutschen Bundes in der zweiten Lesung des deutschen Straf=
gesetzbuchs die Todesstrafe mit großer Mehrzahl verwarf, nachdem
zwei Jahre früher in Sachsen durch König Johann die Todes=
strafe, ohne jeden Zusammenhang mit politischen Parteibewegungen,
aus freiester Entschließung aufgehoben worden war.

Angenommen aber, eine Mehrheit von Richtern wäre der
Todesstrafe günstig gestimmt, wie dies in Italien der Fall zu sein
scheint, was folgt daraus?

In allen sittlichen Fragen ist der Werth mechanisch=arith=
metischer Majoritäten im Volke durchaus untergeordneter Art.
Die Dinge liegen hierbei völlig anders, als bei der Abwägung
von materiellen Interessen, in denen die Neigung, die Minderheit
einfach durch die von der Mehrheit gefällte Entscheidung zum
Schweigen zu bringen, dadurch entschuldbar wird, daß durch Ver=
letzung wichtiger Interessen die Majorität ihre Fortexistenz gleich=
sam selber auf das Spiel setzt und die Gesetze der parlamentari=
schen Talion anerkennen muß. In religiösen, sittlichen und wissen=
schaftlichen Fragen hat hingegen die Majorität der Meinungen
wenig Werth, außer demjenigen, daß sie das Verhältniß zum
wirklichen Leben veranschaulicht. Sobald man anerkennt, daß die
Todesstrafe in der Gegenwart keine Interessenfrage der Macht
mehr ist, sondern entweder eine Sache der ausnahmsweise ein=
tretenden Collision zwischen dem gesicherten Fortbestande des Ge=
meinwesens und dem Leben des sie angreifenden Verbrechers oder
eine mit dem Genugthuungszweck zusammenhängende Angelegenheit

der Gerechtigkeit, muß man nothwendig zugestehen, daß schon der von einer großen Minderheit sittlich ernster Männer gegen die Todesstrafe geäußerte Widerspruch von der Gesetzgebung beachtet werden muß. **Das sittliche Gefühl der Anhänger der Todesstrafe kann niemals in dem Grade durch die Vollziehung derselben befriedigt werden, wie im Gegentheil die Gerechtigkeitsempfindung ihrer Gegner gekränkt wird.** Denn vom Standpunkt der Anhänger ist die Todesstrafe angesichts der Begnadigungsinstanz und ihres Verfahrens niemals eine innere Nothwendigkeit, sondern immer nur Möglichkeit und Zulässigkeit. Das psychologische Ergebniß, das die Vollziehung der Todesstrafe auf die Anhänger entgegengesetzter Standpunkte hervorbringt, ist also dieses: auf der einen Seite der Anhänger: der Eindruck eines Ereignisses, dessen moralische Möglichkeit in der Reflektion des Betrachtenden zugelassen wird, auf der anderen Seite der Gegner: der Eindruck eines Ereignisses, dessen Eintreten durch Verletzung sittlicher Grundanschauungen den Betrachtenden in peinliche Mitleidenschaft zieht.

Aehnlich wird es sich auch mit den subjectiven Empfindungen verhalten, die durch Nichtvollstreckung eines Todesurtheils hervorgerufen werden. Der Anhänger der Todesstrafe erblickt in der Begnadigung des Mörders eine ihm, sittlich betrachtet, gleichgültige Aeußerung politischer Machtvollkommenheit der Regierung. Ohne die Person eines verurtheilten Mörders von Ansehen zu kennen, wird der Gegner der Todesstrafe, weil das Leben eines Schuldigen erhalten bleibt, jene tiefgehende, lebendige, freudige Bewegung höchster sittlicher Genugthuung so empfinden, als ob ihm selber ein Segen widerfahren wäre.

Eine Strafe anzuwenden, welche aus sittlichen Gründen von einer starken Minderheit verworfen wird, kann in Wahrheit den letzten Endzweck eines sittlichen Gemeinwesens nicht fördern. Jede

Majorität, welche der Todesstrafe günstig gestimmt ist, sollte er=
wägen, daß sie mit einer milderen, unangefochtenen,
dem allgemeinen Rechtsbewußtsein entsprechenden
Strafe für die Gesammtheit mehr sittlich=rechtliche Er=
folge zu erzielen im Stande ist, als mit einer härteren
Strafe, die einem Theile der Staatsbevölkerung zweck=
mäßig und zulässig, einem anderen hingegen schäblich
und verwerflich erscheint.

Solche Erwägungen sind insbesondere den Staatsregierungen
vom criminalpolitischen Standpunkte aus nahe zu legen. Denn
unzweifelhaft ist es die Autorität der Regierungen, welche Schwan=
kende bestimmt, sich bei dem überlieferten Bestande der Todesstrafe
zu beruhigen. Es ist bedenklich und auf der Länge der Zeit nach=
theilig, fort und fort die Zulässigkeit oder Verwerflichkeit der
Todesstrafe in den öffentlichen Versammlungen und Volksvertre=
tungen zu biscutiren, und hinterher auf dem Gebiete einer großen
sittlichen Frage den schroffen Gegensatz von Mehrheit und Minder=
heit immer von Neuem feststellen zu lassen. Unter Vorbehalt jener
bereits für den Kriegs= und Belagerungszustand gerechtfertigten
Ausnahmen ist die Abschaffung der Todesstrafe eine Angelegen=
heit, welche aus dem rechtzeitigen und freien Entschluß der Re=
gierenden hervorgehen muß. Rechtzeitig aber ist jeder Ent=
schluß, welcher gefaßt wurde, nachdem sich eine durch
Zahl und Achtungswürdigkeit der Mitglieder einfluß=
reiche Minderheit gegen die Todesstrafe gebildet hat
und die nothwendigen Anstalten zur anderweitigen Sicherung der
Rechtsordnung beschafft worden sind.

Für Deutschland war daher, wenn man diesen Grundsatz
als richtig anerkennt, bereits im Jahre 1848, unzweifelhaft aber
bei der Begründung der neuen Staatszustände nach 1866 jener
Augenblick gekommen. Jene Mehrheit, welche völlig frei im nord=

deutſchen Reichstage bei der zweiten Leſung des Strafgeſetzbuchs
die Todesſtrafe verwarf, hat der Todesſtrafe ſelbſt, was Deutſch=
land anbelangt, das Todesurtheil geſprochen; denn unvergänglich
bleibt in der Geſchichte des erſten norddeutſchen Reichstages die
Thatſache beſtehen: Die Todesſtrafe mit großer Mehrheit
verworfen, ſo lange der Reichstag nur aus ſachlichen Gründen
der Gerechtigkeit votirte, iſt mit geringer Mehrheit genehmigt
worden, als die Zweckmäßigkeitsfrage der einheitlichen Strafgeſetz=
gebung in einen unlöslichen Conflikt mit der Abſtimmung gegen
die Todesſtrafe gebracht worden war. [109])

Aus den gegebenen Darlegungen läßt ſich auch ohne Schwie=
rigkeit erkennen, welche Bewandtniß es mit dem Einwurfe der=
jenigen hat, welche den Augenblick zur Abſchaffung der Todes=
ſtrafe noch nicht gekommen glauben, ſondern die Welt und ſich
mit der Prophezeiung tröſten, daß ihr bereinſtiges Aufhören nur
eine Frage der Zeit ſein werde. Schwerlich ſind dieſe im Stande,
anzugeben, wann die Menſchheit weit genug fortgeſchritten iſt, um
eine ſolche Ordnung ohne Ohnmachtsanfälle ertragen zu können.
Denken ſie im Ernſt daran, daß in Beziehung auf irgend welche
Reform Einſtimmigkeit erreicht werden wird? Oder wollen ſie damit
von ſich ſelbſt der Bequemlichkeit wegen die endliche Entſcheidung
auf kommende Geſchlechter abwälzen? Es iſt ſo gut, wie nichts
geſagt, wenn Trendelenburg in ſeinem „Naturrecht" verſichert:
es ſei die Aufgabe der ſittlich ſtrebenden Gemeinſchaft, daß mit
dem abnehmenden Verbrechen die Todesſtrafe entbehrlich werde."
Es klingt im Grunde ebenſo, wie das Witzwort des Franzoſen
Karr: „daß die Herren Mörder zuerſt anfangen möchten, das
Tödten einzuſtellen."

Unſer Zeitalter iſt ſo beſchaffen, daß ihm ein einheitliches
Rechtsbewußtſein überall fehlt. Auf allen Gebieten, im wirth=
ſchaftlichen Leben, in der Stellung des Kapitals zur Arbeit, in

dem Verhältniß der Kirche zum Staate, treten große und scharfe Gegensätze hervor. Unser Gerechtigkeitsgefühl wird nicht weit über den einfachen Satz hinauskommen: daß verschiedene Verbrechen nicht gleich, gleich schwere Verbrechen nicht verschiedenartig bestraft werden dürfen. Wie die Strafe positiv beschaffen sein soll, mit welcher ein bestimmtes Verbrechen bestraft werden soll, muß der Gesetzgeber aus einer Reihe von Vergleichungen bestimmen, ohne daß er darauf rechnen kann, die öffentliche Meinung werde ihm als Blindenführerin den Weg zeigen. Jedenfalls wäre es ganz verkehrt, darauf zu warten, daß die Tagespresse in Kapitalsachen vor jedem Mordfalle an die Geschworenengerichte die Streitfrage über Tod und Leben des Verbrechers zur Entscheidung verweise und entweder zur Härte oder zur Milde mahne. Zu lange hinaus geschoben, zu sehr verspätet, würde die Aufhebung der Todesstrafe mit schwer wiegenden Nachtheilen erkauft werden.

Trendelenburg wendet in Uebereinstimmung mit anderen Vertheidigern der Todesstrafe gegen die Aufhebung ein: es würde damit dem Verbrecher ein Recht zu leben oder auf das Leben zuerkannt sein. Von einem absoluten Recht zu leben kann aber um so weniger gesprochen werden, als der Staat von seinen Beamten, ganz besonders von den Wehrpflichtigen ver= langt, daß im Nothfalle ihr Leben freiwillig aufgeopfert werde. Wo es für den Staat nothwendig ist, sollen wir in den Tod gehen. An sich selbst aber muß umgekehrt der Staat die Forde= rung richten, ein menschliches Leben nur dann zu nehmen, wenn dessen Fortsetzung schlechthin unvereinbar geworden ist mit seinem gesicherten Fortbestand. Nicht vom Standpunkte des Verbrechers, sondern vom Standpunkte der sittlich denkenden Gemeinschaft ist zu urtheilen. Von einem absoluten Recht auf das Leben ist ohne= hin um so weniger zu reden, als der Staat außer Stande ist, das Leben, eine Naturthatsache, zu verbürgen oder für den Fall

der Störung in rechtliche Aequivalente umzusetzen, wie dies bei
der Verletzung der durch den Staat garantirten Rechte des Eigen=
thums der Fall ist. Von einem dem Verbrecher zustehenden Rechte,
fortzuleben, kann ebenso wenig gefabelt werden, wie von einem
Rechte auf die Nasen und Ohren, nachdem der Staat die ver=
stümmelnden Strafen des Nasen= oder Ohren=Abschneidens auf=
gegeben hat. Wenn jene Aufstellung Trendelenburg's richtig
wäre, dürfte man auch sagen, daß nach Abschaffung der Prügel=
strafe delinquirende Staatsbürger ein Grundrecht auf Integrität
der Sitzmuskeln oder der peripherischen Nerven eingeräumt worden
wäre. —

Jene Zweifel, welche den Anfang einer gegen die Todesstrafe
eintretenden Abwehr sittengeschichtlich darthun, zeigen sich in der
Volksmeinung schon dann, wenn sich diese gegen den Henker er=
hebt und dessen Person ein Gegenstand des Abscheus zu werden
beginnt. Als Anzeichen der sittlichen Grundanschauung des Volkes
ist diese Thatsache nicht zu übersehen. Mit dem Genugthuungs=
zweck der Gerechtigkeit steht die Todesstrafe nur so lange in völli=
gem Einklang, als die Tödtung eines Verbrechers entweder, wie
bei den alten Juden, durch die Steinigung der beleidigten Volks=
menge, oder, wie bei den alten Römern und Germanen, gegen den
frieblos Erklärten und Geächteten durch jeden freien Mann voll=
zogen wird. Es ist dann das Motiv der in uralten Zeiten wirk=
samen Rache auf Seiten der das Urtheil Vollstreckenden thätig.
Die Talion, auf Rache beruhend, ist so lange vollkommen natur=
getreu, als der Todtschläger wiederum unter dem Zorne seiner
Verfolger unterliegt; denn ohne Zorn würde weder die Volks=
menge noch der Einzelne eine Vollziehung bewerkstelligen. Anderer=
seits ist gegenüber dem im modernen Sinne vorgestellten Mörder
die uralte Wiedervergeltung darin milder, daß seine Vernichtung
nicht unter dem Bilde der kalten Ueberlegung, sondern gleichfalls

in dem Bilde der zornig zur Vollstreckung schreitenden Todtschlags=
handlung geschah. Mit Rücksicht auf das in der ältesten Zeit
hervortretende Motiv des strafenden Zornes ist es wohl erlaubt,
zu sagen: die Blutrache sei nach ihrer sittlichen Seite vollkommener
gewesen, als die heutige Abschlachtung eines Menschen, der pro=
cessualisch, medicinisch und theologisch regelrecht präparirt, in die
Hände des Scharfrichters übergeht, welcher ihn ohne irgend eine
sittliche Antheilnahme seines Gefühls, vielleicht sogar unter Re=
gungen des Mitleides abthut, weil dies seine „Geschäftsangelegen=
heit" ist. In alten Zeiten fühlte man den Widerspruch, der sich
ergeben müßte, als die Volksmasse oder der durch ein Verbrechen
Gekränkte aufhörte, bei der Vollziehung der Todesurtheile mit=
zuwirken. In dem altgermanischen Rechte finden sich daher zahl=
reiche Andeutungen dafür, daß man das unbedingt Gehässige,
welches der Vernichtung eines Menschen ohne Zorngefühl auf
Seiten des Tödtenden innewohnt, auf Umwegen zu beseitigen trachtete
und deswegen öfters den jüngsten Schöffen die Vollstreckung der
Todesurtheile auftrug. Der Titel des Nachrichters erinnert
daran, daß man die Functionen des Vollstreckens in gewissem
Maße als gerichtliche anerkannt und geachtet sehen wollte. Schon
im Mittelalter hatte sich indessen der Beruf des geschäftsmäßigen
Henkerthums ausgebildet. Es waren unehrliche Leute, die sich
dazu bereit finden ließen, sie waren der Verachtung verfallen.
Zwar versuchte man, den Scharfrichter, welcher das Schwert hand=
habte, als einen ehrlichen Mann von dem Henker, der Galgen und
Strick besorgte, als einem unehrlichen Gewerbtreibenden, zu unter=
scheiden. Trotz aller Versicherungen der Juristen vom Gegentheil
hat sich aber die Volksansicht heidnischer und christlicher Völker
nicht beirren lassen. Denn wie verschaffte man sich überhaupt
jene Elenden, die man zur Vollziehung zahlreichster Todesurtheile
und grausamster Folterqualen bedurfte? Es waren meistentheils

zum Tode Verurtheilte, denen das Leben unter der Bedingung
geschenkt wurde, daß sie sich zur Uebernahme des Henkeramtes
verpflichteten.[110]) Die Rollen waren somit also anders vertheilt
worden, als vorhin. Der Verbrecher, der in uralter Zeit von
dem Zorn der ehrlichen Rechtsgenossen vertilgt ward, verfiel
nunmehr der halsbrecherischen Technik eines begnadigten anderen Verbrechers und Obermörders. Zu allen Zeiten
des Mittelalters sind diese unreinen Menschen aus dem Antlitz
der Sonne in die dunkelsten Winkel entlegenster Gassen verwiesen
worden. Noch tiefer sank das Amt des Henkers und Scharfrichters, als es nicht mehr mit der Todesangst eines selbst zum
Galgen bestimmten Verbrechers erkauft, sondern als ein einträg-
liches und gewinnbringendes Geschäft von Gewerbetreibenden gesucht ward. Das Abdeckereigewerbe bot die Handhabe, um durch
Benutzung der niedrigsten Motive die Unmenschen zu gewinnen,
deren der Staat zu seinem Zwecke bedurfte. Das Werk einer
vermeintlich göttlichen Gerechtigkeit ward denjenigen überwiesen,
welche in Schmutz starren und im Aasgestank stumpf wurden.
So vollzog sich denn in der Vollstreckung der Todesstrafe jener
tragische Verfall: Von einer That des Priesters, der der beleidigten Gottheit ein Opfer darbrachte, von der aufwallenden Leidenschaft der stürmisch aufgeregten Volksmenge, von dem Zorn des
beleidigten Bluträchers, sank die gesetzliche Vernichtung menschlichen
Lebens durch die Todesstrafe auf die äußerste Stufe desjenigen
Motives herab, welches in den schwersten Mordfällen die tiefste
Empörung des sittlichen Gefühls hervorruft: Gewinnsucht![111])

Freilich befinden sich in materieller Hinsicht die Nachrichter
der heutigen Zeit weitaus besser, als ehemals. Sie sind nicht
mehr gezwungen, in abgelegenen Höhlen zu hausen und, wo sie
öffentlich erscheinen, in weithin sichtbarer Amtstracht vor ihrer
unreinen Berührung zu warnen. Die persönliche Verantwortlichkeit

ist heut geringer, seitdem die Scharfrichter nicht mehr öffentlich, sondern hinter Gefängnißmauern auftreten. Ihnen ist die Intra= muranhinrichtung sehr zu Statten gekommen. Es ist möglich, daß diese aus Gewinnsucht legal tödtenden Menschenschlächter incognito in guter Gesellschaft, in Concerten, Theatern, bei öffent= lichen Tanzbelustigungen, in Eisenbahnwagen neben uns Platz nehmen und in derselben Tracht auftreten, in welcher ich einen Scharfrichter zu Berlin ein Todesurtheil vollziehen sah: im schwarzen Frack und weißen Glacéehandschuhen. Warum sollte man heute nicht Henker werden, da es so leicht niemand merkt, und der Henker der Neuzeit unendlich viel feiger und niedriger sein muß, als jener mittelalterliche Dämon der Nacht, welcher im Voraus wußte, daß er die ungeheure Last, die entsetzliche Bürde der Verachtung und des allgemeinen Fluchs zu tragen hatte.

Fünfundzwanzigstes Kapitel.

~~~~~

Die Todesstrafe und der Justizmord. — Was die Gefahr des Justizmordes zu bedeuten hat. — Ob richterliche Irrthümer in Kapitalsachen mehr Beachtung verdienen, als in anderen Strafsachen. — Irrthum als moralische Schuld, wenn die Herstellung der Wahrheit verhindert wird. — Die Furcht der Geschworenen vor der Möglichkeit des Irrthums verwirrt die Strafrechtspflege in Kapitalsachen. — Verstärkte Proceßgarantien gegen den Irrthum nicht ausreichend: 1) Einlegung von Rechtsmitteln ex officio. — 2) Erforderniß der Geständigkeit. 3) Einstimmigkeit der Geschworenen und Richter. — Gründe für die Unvermeidlichkeit des Irrthums: Unerkennbarkeit des Momentes der Ueberlegung, Schwierigkeit der Zurechnungsfrage, Unsicherheit des Causalzusammenhangs auf Grund des Sachverständigenbeweises. — Zweifelhafte Verantwortlichkeit des Thäters beim Hinzutreten ärztlicher Kunstfehler in der Behandlung des Gemordeten. —

Die seit hundert Jahren mit Beccaria begonnene Bewegung gegen die Todesstrafe hatte ihren nächsten Anlaß in einem Justizmorde: Jean Calas war 1762 unschuldig in Toulouse hingerichtet worden. Zu allen Zeiten ist christlichen Völkern in der Nachempfindung des Kreuzes dieser Gedanke einer der schrecklichsten gewesen: unschuldig getödtet im heiligen Namen des Rechts durch die Obrigkeit, die ihr Schwert von Gott haben will! Die Größe dieses Gräuels tritt in dem Worte „Justizmord" hervor; denn nur die Uebermacht der sittlichen Ideen kann dies Wort hervorbringen; juristisch wäre es an sich nicht gerechtfertigt von „Mord" zu reden, weil eine im Irrthum verblendete, aber immer noch gutgläubige Justiz zwar fahrlässig, aber gesetzmäßig tödtet. Wenn das Volk in der Hinrichtung Unschuldiger

einen Justizmord erkennt, so erklärt es damit in Gemäßheit
seines sittlichen Gewissens, daß dieselbe That, welche einer
Privatperson zur Fahrlässigkeit zugerechnet werden
müßte, wenn unter den Formen des Gesetzes durch den
Richter verordnet, als Mord denjenigen zugerechnet
werden muß, von denen sie irgendwie verschuldet
wurde.[112])

Die Gefahr des Justizmordes ist von der Todesstrafe un=
zertrennlich. Streitig ist nur, wieviel diese Gefahr bedeute, wie
schwer sie wiege? Die Gegner der Todesstrafe schlagen in ihrer
Beweisführung den Hinweis auf die historische Thatsache des Justiz=
mordes sehr hoch an; die Anhänger der Todesstrafe behaupten
ihrerseits zur Abschwächung des Arguments, daß die Gefahr irriger
Todesurtheile und ihrer Vollziehung eine außerordentlich geringe
sei, andererseits auch bei allen anderen Strafen die völlige Wieder=
herstellung eines ungerecht zugefügten Schadens nicht überall
möglich sei.

Wie groß die Gefahr des Justizmordes sei, läßt sich niemals
genau feststellen; immer wird es eine große Reihe bestrittener
Fälle geben. In Beziehung auf bestehende Mängel ist die Obrig=
keit im gegenwärtigen Zeitalter nicht mehr so offenherzig und
wahrheitsliebend, wie zu jenen Zeiten, da man auf deutschen
Reichstagen die Rechtspflege des 15. Jahrhunderts anklagte, zahl=
reiche Unschuldige zu Tode gefoltert und gerichtet zu haben. Wer
würde sich heute getrauen, in einem bestimmten Falle einen Justiz=
mord zu behaupten? Sicherlich nicht die Regierung, welche
die Unabhängigkeit und Selbständigkeit der Gerichte zu achten hat.
Noch viel weniger richterliche Personen oder Staatsanwälte, die
zur Entscheidung des angefochtenen Falles mitgewirkt haben und
sich selbst dann noch sträuben werden, einen Justizmord anzu=
erkennen, wenn er im höchsten Maße wahrscheinlich gemacht

worden wäre. Es bleibt also im Grunde als möglicher Kritiker der Advokat, welcher einen Unschuldigen vertheidigt hat und sehr wohl weiß, daß die bloße Behauptung eines ungerechten Todes= urtheils ihm die allerschwersten Rechtsnachtheile zuziehen würde, ohne daß er jemals in den Staub gesetzt sein könnte, seinen Vor= wurf juristisch zu begründen.

Von wem erfahren wir etwas über vorkommende Justiz= morde? Durch den unberechenbaren Zufall!

Man darf nicht vergessen, daß die unzweifelhafte Feststellung eines Justizmordes nur in einer einzigen Form möglich ist, nämlich dann, wenn nachträglich an Stelle des Verurtheilten die wirklich Schuldigen ermittelt werden und sich nicht nur überführen lassen wollen, sondern auch Richter finden, welche dazu geneigt sind. Dabei ist zu erwägen, daß aus leicht erklärlichem Grunde die größte Abneigung bestehen wird, auch dem stärksten Gegen= beweis die Irrigkeit eines früheren Todesurtheils zuzugestehen. Wer dies bezweifelt, ist an den Ausgang des Processes des Lesurques zu erinnern, in welchem gegen die allgemeine Ueber= zeugung und gegen das Votum des ausgezeichnetsten französischen Criminalisten Faustin Hélie, seines hervorragendsten Mitgliedes, der Pariser Cassationshof das Revisionsgesuch der Hinterbliebenen des Lesurques abwies, obgleich seit der Hinrichtung siebenzig Jahre verflossen waren. Man befürchtete von der Revision eine Ver= minderung der der Justiz gebührenden Achtung! Wenngleich es also unmöglich ist, genau zu ermitteln, wie häufig oder wie selten irrige Todesurtheile vorkommen, so wird jeder, der die wirklichen Dinge unpartheiisch betrachtet, zweierlei zugeben müssen:

Erstens, die wirklich vorgekommenen Irrthümer in der Strafrechtspflege sind zahlreicher als die Fälle, in denen das Vor= handensein richterlicher Versehen förmlich im Wege des Processes constatirt werden konnte, und zweitens, die Unwahrscheinlichkeit,

einen Justizmord zu erweisen, ist deswegen größer, als die Un=
wahrscheinlichkeit eines Nachweises irriger Verurtheilung zur Frei=
heitsstrafe, weil die zum Entlastungsbeweis wichtigste Person nach
der Vollstreckung eines Todesurtheils verschwindet.

Die Gegner der Todesstrafe müssen daher, wenngleich sie sich
von jeder Uebertreibung frei zu halten haben, und das Vorkom=
men eines Justizmordes als seltene Ausnahme anerkennen sollten,
mit Recht daran festhalten, daß irrige Todesurtheile doch nicht
ganz so selten sind, wie die als völlig zweifellos anerkannten
Fälle vermuthen lassen. Dabei darf man selbst dann verbleiben,
wenn man einräumt, daß die Präsumtion in hohem Maße für
die thatsächliche und rechtliche Begründung eines Todesurtheils
spricht.

Allein schon ein seltenes Vorkommen einer Verurtheilung
Unschuldiger genügt, um die Gewissen der Geschworenen und das
allgemeine Rechtsgefühl in schwere Besorgniß zu versetzen. Ob=
wohl es richtig ist, daß wir nicht vermögend sind, einen Ehren=
mann für eine mehrjährige Zuchthausstrafe zu entschädigen, wenn
seine Unschuld hinterher erkannt wird; so ist es doch völlig gewiß,
daß die Perspektive auf den Tod Unschuldiger ganz anders auf
den Richtenden einwirkt, als die Rücksicht auf eine ungerechte
Freiheitsberaubung. Das Entscheidende vom moralischen Stand=
punkt bleibt immer, daß der Mensch sich nicht selbst die **Möglichkeit** der Urtheilsberichtigung abschneiden darf. Die Möglichkeit
des materiellen Schadenersatzes ist um so weniger entscheidend,
als wir solchen auch demjenigen, der nach einem irrigen Todes=
urtheile zu lebenslänglicher Zuchthausstrafe begnadigt wurde, nicht
zu leisten im Stande sind, wenn sich seine völlige Unschuld heraus=
stellen sollte.

Die Verzweiflung eines Menschen, der unschuldig auf das
Schaffot geschleppt wird, ist an sich dem Grade nach unendlich

verschieden von dem Leiden derjenigen, die ungerecht eine Zucht=
hausstrafe erleiden. Diesen letzteren bleibt immer noch das mäch=
tige Trostmittel der Hoffnung, daß sie im Stande sein werden,
ihre Unschuld nachträglich zu beweisen. Ist es etwa keine Genugthuung, wenn einem unschuldig Verurtheilten, der die Strafanstalt
verläßt, gleichsam alle edel denkenden Richter, ja das ganze Volk,
im Stillen Abbitte leisten? Es ist unzulässig zu sagen: der Staat
dürfe bei der Todesstrafe vor der Möglichkeit des richterlichen
Irrthums nicht zurückschrecken, weil alsdann aus dem gleichen
Grunde die Rechtspflege schlechthin unmöglich gemacht werden
würde. Dann, wie bereits bemerkt worden ist, kann die menschliche Fehlbarkeit und unser Irren in keiner Rechtshandlung ganz
vermieden werden, wohl aber wird ein schwere Verantwort=
lichkeit begründet, wenn wir ohne zwingende Noth die Be=
richtigung solcher Irrthümer selbst verhindern, bei denen sich
fortwirkende Nachtheile und Leiden an die falsch angenommene
Thatsache knüpfen. Vor allen Dingen hat der Staat zu beachten, daß die Aussicht auf mögliches Irren in Kapitalsachen
anders wirkt, als in Nichtkapitalsachen, daß die Furcht der Ge=
schworenen, ganz ohne Rücksicht auf das Maß der ihrer Furcht
beiwohnenden Berechtigung, jenen unbefangenen Blick trübt, dessen
die Strafrechtspflege nothwendig bedarf und endlich, daß er diese
Furcht als aus höchst achtungswerthen Beweggründen hervor=
gegangen, nicht etwa geringschätzig mit einem Verweise bedenken
darf. Gerade die Gewissenhaftesten unter den Geschworenen werden
die auf ihnen liegende Verantwortlichkeit am stärksten fühlen. Nicht
aus Gleichgültigkeit und Leichtfertigkeit, sondern aus den achtungs=
würdigsten Motiven werden daher objectiv unrichtige Freispre=
chungen in gewissen Fällen mit Bestimmtheit sich ergeben müssen,
während andererseits die Erwartung einer Verurtheilung zur Frei=
heitsstrafe in eben demselben Falle wahrscheinlich befriedigt worden

wäre. Je unersetzlicher ein Verlust ist, der uns bedroht, desto größer unsere Vorsicht, um ihn zu vermeiden. Es wäre ein ganz unbilliges Verlangen, wenn man von den Geschworenen erwartete, daß sie in derselben Stimmung, in demselben Gleichmuth, mit demselben Selbstvertrauen über die Rechtsfolge ewig unwiderruflicher Vernichtung und über die Rechtsfolge zeitiger Freiheitsbeschränkung urtheilen sollten. Und doch müßte hinwiederum der Staat wünschen, daß thatsächlich in den schwersten Verbrechensfällen nicht eine größere Unsicherheit der Urtheilsfällung zum Ausdruck komme und öffentlich wahrgenommen werde, wie bei minder schweren Verbrechen. Die hier vorhandene Collision ist nur durch die Aufhebung der Todesstrafe zu beseitigen. Wiederum ist es in diesem Falle nicht die, statistisch betrachtet, seltene Thatsache einer Hinrichtung Unschuldiger, sondern der psychologische Eindruck, den diese seltene Thatsache selbst in der Denkweise und Empfindung der Geschworen hervorruft, worauf der entschiedenste Nachdruck gelegt werden muß. Die Todesstrafe irritirt die Strafrechtspflege in der praktischen Lösung ihrer wichtigsten Aufgabe.

Zwischen solchen, welche die weit reichende Bedeutung des richterlichen Irrthums in Kapitalsachen anerkennen, und solchen, die über diesen Punkt leicht hinweggehen, steht eine mittlere Meinung. Manche sind der Ansicht, daß Irrthümer vermeidlich werden, wenn man nach besonderen Strafproceßgarantien greift. Als solche kommen in Betracht:

Erstens: Das Erforderniß der Stimmeneinhelligkeit der Geschworenen, welche über eine todeswürdige Anklage entscheiden.

Zweitens: Die gesetzliche Vorschrift, daß in Kapitalsachen auch ohne den Willen des Verurtheilten Rechtsmittel zum Zwecke nochmaliger Prüfung in einer höheren Instanz eingewendet werden sollen.

Drittens: Der Vorschlag, daß nur wirklich Geständige nicht aber Leugnende hingerichtet werden sollen.

Viertens: Die von Amtswegen in der Begnadigungsinstanz eintretende Prüfung des Belastungsbeweises.

Was das Verhältniß der Begnadigung zu den Todesurtheilen anbelangt, so wird davon späterhin die Rede sein. Unbedingt zu verwerfen ist der neuerdings auch von Oettingen gemachte Vorschlag, nur gegen Geständige ein Todesurtheil zu vollstrecken. Damit würde zwar eine größere, aber keineswegs eine absolute Sicherheit erreicht werden.

In der Geschichte der Strafrechtspflege finden sich Fälle, in denen Unschuldige entweder sich selbst bei Gericht angezeigt haben oder wahrheitswidrig ein todeswürdiges Verbrechen eingestanden. Zwei Fälle, welche der neueren Zeit angehören, sind wiederholentlich angeführt worden: Ein in Schlesien eingesperrter Sträfling gestand eine Brandstiftung, welche den Tod eines Menschen zur Folge gehabt hatte, unter Angabe aller näheren Umstände ein und wurde in Gemäßheit des Preußischen Strafgesetzbuchs rechtskräftig zum Tode verurtheilt. Ein Zufall führte zur Entdeckung der in den Acten selbst verzeichneten Thatsache, daß der Verurtheilte sich zur Zeit der That noch im Zuchthaus befunden hatte, also außer Stande gewesen war, das Verbrechen an einem anderen Orte zu verüben. Die Richter hatten diese actenmäßige Feststellung übersehen! In Frankreich gestand, um der drückenden Untersuchungshaft zu entgehen, eine Frau Doize einen Vatermord ein. Ihre Unschuld ward noch rechtzeitig entdeckt. Aus der Geschichte der Hexenprocesse ist bekannt, daß in zahlreichen Fällen Frauen sich selbst der Hexerei beschuldigten, oder sogar alle möglichen Verbrechen eingestanden. Gewichtiger als diese Thatsache, daß wahrheitswidrige Geständnisse vorkommen, wäre aber die andere Rücksicht, daß in der großen Mehrzahl der

Fälle, durch die grundsätzliche Nichthinrichtung Leugnender, die Lüge in Kapitalsachen privilegirt werden würde. Das Ergebniß wäre also, daß die aufrichtig Reuigen, die trotz jenes Privilegiums ein Geständniß ablegten, hingerichtet, die hartnäckig Leugnenden andererseits verschont werden würden. Dieser Widerspruch würde das sittliche Gefühl des Volkes verletzen.

Hinsichtlich der nochmaligen Prüfung der Kapitalsachen in einer höheren Instanz ist anzuerkennen, daß sie unter allen Umständen vom Standpunkt des gegenwärtig geltenden Rechts empfehlenswerth ist, und dem bereits gegebenen Ausnahmecharacter der Todesstrafe entspricht. Manche Todesurtheile werden auch heute noch unter dem Einfluß einer starken localen Erregung, zumal in nicht großstädtischen Schwurgerichtsbezirken gefällt. Selbst in London hat die Tagespresse auf Franz Müller's Verurtheilung und Hinrichtung einen nicht abzuleugnenden Einfluß geübt. Das Verdikt wurde mit einer Schnelligkeit zu Stande gebracht, welche den damals vorhandenen und später geäußerten Zweifeln durchaus nicht entsprach.[113]) Wenn auch Geschworene häufiger freisprechen als · gelehrte Gerichte, so darf doch nicht verkannt werden, daß auch ihre Verurtheilungen deswegen in Kapitalsachen bedenklicher sind, weil das moralische Element bei einer ausnahms= weise verabscheuungswürdigen That stärkeren Einfluß in der Be= weiswürdigung haben kann, als ihm vom juristischen Standpunkt zukommt. Der Wegfall der Appellation vermindert ohnehin die Garantien eines zur Ueberführung ausreichenden Belastungsbeweises. Es ist nichts dagegen einzuwenden, daß in Kapitalsachen bei vor= handenen erheblichen Zweifeln das Verdikt durch eine höhere In= stanz aufgehoben und die Sache zur nochmaligen Verhandlung an ein anderes Schwurgericht verwiesen, sogar schon von vorn= herein darauf Bedacht genommen würde, die erste Verhandlung niemals im nächsten Kreise derer zuzulassen, die durch ein besonders

schweres Verbrechen aufgeregt und ihrer Unbefangenheit beraubt
worden sind. Was indessen immer zur Vermehrung der Sicher=
heit in der Aburtheilung von Kapitalsachen geschehen möge, man
darf die Bedeutung, die solchen Maßregeln und Vorschriften zu=
kommt, nicht überschätzen. Eine höhere Instanz kann in der Be=
urtheilung des dem Beweismaterial zukommenden Werthes wenig
leisten; in Ermangelung von Entscheidungsgründen weiß man nicht,
welche Gründe für die Geschworenen leitend waren. Als Vor=
theil einer von Amtswegen eintretenden Nachprüfung bliebe nur
die Beruhigung, daß in Kapitalsachen, auch unabhängig vom
Willen der Verurtheilten, festzustellen wäre, ob die Proceßformen
überall streng innegehalten worden sind und Anträge auf Er=
hebung wichtiger Entlastungsbeweise nicht ungehöriger Weise zurück=
gewiesen wurden.

Auch der Einstimmigkeit der Geschworenen, die an
sich gewiß von hohem Werthe ist, darf man nicht zu viel zutrauen.
Das Gewicht des Anschuldigungsbeweises wird nach außen er=
heblich verstärkt, wenn im Kreise der Geschworenen selbst anschei=
nend jeder Zweifel verschwunden ist. Allein es ist nicht zu er=
warten, daß die Einstimmigkeit thatsächlich mehr leistet, als die
alte Beweistheorie, welche verbot, in Ermangelung eines objectiv
ausreichenden Beweises irgend Jemand zu einer ordentlichen Strafe
zu verurtheilen. Und doch hat die objective Beweistheorie nicht
zu verhindern vermocht, daß ungerechte Todesurtheile gefällt und
vollstreckt worden sind. Man beachte, daß richterliche Irrthümer
ihren Grund nicht allein in den intellectuellen oder moralischen
Fehlern der Urtheilenden haben, sondern auch in dem Vorhanden=
ein einer Täuschung, die den Eindruck des völlig Zwei fellosen
hinterläßt. Eine Anzahl irriger Todesurtheile trägt durchaus das
Ansehen unbezweifelbarer Schuld an sich; ein Zufall war es, der
hinterher die Entdeckung des begangenen Irrthums herbeiführte.

Natürlich steht uns gegenwärtig, da die Zahl der todeswürdigen Verbrechen im Vergleich zu ehemaligen Zeiten sehr vermindert worden ist, der Irrthum weit ferner. Andererseits aber ist es richtig, daß der seltenere Fall heute um so nachhaltiger wirkt, je stärker das Vertrauen geworden ist, das die Gegenwart auf eine unabhängige und im Ganzen bedeutend verbesserte Rechtspflege setzt. Es ist unberechenbar, welchen moralischen Nachtheil bei uns ein irriges Todesurtheil stiftet; im Interesse der Strafrechtspflege würden sich selbst Gegner der Todesstrafe bedenken, ob sie das Bekanntwerden eines wirklich entdeckten Irrthums wünschen sollen oder nicht. Vor der Hand haben wir allen Grund, uns durch das Beispiel Englands warnen zu lassen, wo trotz der Ein-stimmigkeit der Geschworenen und einer fest begründeten Beweis-praxis häufiger, als man hoffen und glauben möchte, irrige Todes-urtheile vorgekommen und sogar vollstreckt worden sind.[114])

Die bis zum Jahre 1836 in England vorgekommenen Irr-thümer mögen deswegen als für uns nicht beweisend erachtet wer-den, weil bei Mördern die Hinrichtung binnen achtundvierzig Stunden nach der Urtheilsverkündigung gesetzlich vorgeschrieben war und keinerlei Aufschub von Rechtswegen gewährt wurde außer in dem Falle, wenn eine verurtheilte Frau Schwangerschaft be-hauptete und eine Jury von „sachverständigen" Matronen die Richtigkeit einer derartigen Angabe bestätigte. Die hohe Achtung, in der Englands Strafverfahren mit Recht steht, läßt befürchten, daß in anderen Ländern, in denen Einstimmigkeit und Beweisrecht dem Angeklagten minder günstig sind, irrige Todesurtheile wahr-scheinlich noch leichter vorkommen werden.[115])

Wenn man die Todesurtheile, welche Jahr aus Jahr ein gefällt werden, nach dem Grade der processualischen Gewißheit ab-schätzt, so ist es sicher, daß in der überwiegenden Mehrzahl der Fälle der Thatbestand einer von dem Angeklagten ausgegangenen

Tödtung zur Zeit der Verurtheilung selbst zweifellos erscheint.
Dagegen ist diesen zweifellosen Fällen, unter denen sich immer
einige befinden können, in denen wir durch falsches Zeugniß oder
Meineid, ohne es jemals zu erfahren, hintergangen wurden,
in Beziehung auf die Momente subjectiver Verschuldung ein größeres
Maß von Ungewißheit beigemischt, als irgend einer anderen Ver=
brechenskategorie. Niemand kann behaupten, daß das alles ent=
scheidende Moment der Ueberlegung richtig erkannt wurde. Der
Beweis, daß der Thäter sich während der Ausführung der That
ohne jenen Grad der inneren Aufregung befand, welcher die An=
wendung der Todesstrafe ausschließen würde, kann niemals mit
Sicherheit erbracht werden. Sind wir wirklich berechtigt, in diesem
Stücke unseren Schlußfolgerungen zu vertrauen? An wem lernten
wir die bei Tödtungen in Betracht kommenden Seelenzustände
beobachten? An uns selber etwa? Kann irgend eine Theorie oder
irgend eine Rechtsbelehrung über die Nothwendigkeit sorgfältigster,
individualisirender Beobachtung hinweghelfen? Ist es möglich,
mit unzweifelhafter Sicherheit aus dem Verhalten des Thäters vor
und nach der That auf seinen Gemüthszustand während der That
zu schließen? Man sollte anerkennen, daß Vorhandensein und
Abwesenheit der Ueberlegung während der That gar kein Gegen=
stand eines streng juristischen Beweises sein kann; es endigt hier
alles in Schlußfolgerungen, nachdem Alles mit Ver=
muthungen begonnen hat, und niemand wird leugnen, daß
die Geschworenen ehrlicher Weise sich ihr Urtheil nicht anders
bilden können, als indem sie mit den erwiesenen Thatumständen
die hinterher gemachten Aussagen des Angeklagten, seine Selbst=
zeugnisse oder Widersprüche und ganz vornehmlich den Eindruck
vergleichen, den die auf der Anklagebank sitzende Person auf sie
macht. Die naheliegende Folgerung, welche die Mehrzahl der
Geschworenen annimmt, ist diese: Wie der Angeklagte sich

während der Verhandlung zeigt, so hat er sich auch
dem Getödteten gegenüber während der Mordthat be=
nommen! Diese Art von richterlichen Beurtheilungen kann
überhaupt niemals berichtigt werden! Wer vermag hier hinterher
irgend welche Aufschlüsse zu geben? Es bleibt nichts übrig, als
nach dem Schein zu urtheilen. Wenn man, um den Ange=
klagten der Ueberlegung zu zeihen, ihn durchaus mit sich selber
vergleichen will, so wird zugegeben werden müssen, daß kein
Augenblick seines wenig bekannten Lebens ungeeigneter ist zu einem
Vergleich mit der Verbrechensausführung, als derjenige, in dem
er vor Gericht alle Kraft seines Geistes aufbietet, um in Mitten
strenger Proceßformen jeden Vortheil wahrzunehmen, der sein be=
drohtes Leben retten kann. Weiß denn der Angeklagte nicht, daß
er ruhig bleiben muß, um dem Vorwurf zu entgehen, daß eine
leidenschaftliche Erregung als die Offenbarung eines schuldbeladenen
Gewissens gegen ihn gedeutet werden würde? Ebenso selten, wie
die Richter sich in der Würdigung der für den objectiven That=
bestand sprechenden Beweismittel irren, ebenso groß ist die Gefahr,
daß ihnen der wahre Seelenzustand eines Verbrechers verborgen
bleibe. Wer dies in Abrede stellt, befindet sich in einer Täuschung
über das Maß seiner eigenen Fähigkeiten oder über die Erkenn=
barkeit psychologischer Vorgänge. Wir gewinnen also Angesichts
der im Punkte der Ueberlegung bestehenden Beweisschwierigkeiten
eine Reihe von Todesurtheilen, von denen wir sagen müssen, daß
sie durchaus zweifelhafter Natur sind und einen star=
ken Zusatz des Problematischen an sich tragen. Es ist
genug, wenn der Richter sich zutraut, mit Sicherheit zu entscheiden:
ob eine Handlung vorsätzlich gegen das Leben eines Menschen ge=
richtet war und die Absicht wirklich dahin ging, mit einer be=
stimmten Handlung das Leben zu nehmen. Und das englische
Recht verlangt nicht einmal soviel, sondern forderte vom Richter

20*

bisher nur, daß er sich über das Vorhandensein einer vorsätzlichen, voraussichtlich lebensgefährlichen Handlung in seinem Urtheil erkläre.

Ueberblickt man den Gang der wissenschaftlichen Forschungen,
so ist die Voraussage erlaubt: daß die Anzahl der zweifelhaften
Todesurtheile, soweit das Moment der Ueberlegung in Betracht
kommt, in Zukunft nicht vermindert, sondern sogar so lange vermehrt werden wird, bis sich die Gesetzgebung entschließt anzuerkennen, daß eine im processualischen Beweisverfahren festzustellende
Gränzscheide zwischen Ueberlegung und Nichtüberlegung sich nicht
bestimmen läßt.

Eine zweite Klasse zweifelhafter Todesurtheile ergiebt sich
aus der Betrachtung der Zurechnungsfähigkeit, die
gerade in Kapitalsachen mit besonderer Genauigkeit und Gewissenhaftigkeit geprüft zu werden pflegt. Nicht gering ist die Anzahl
derjenigen Mordprocesse, in denen trotz angefochtener Zurechnungsfähigkeit ein Todesurtheil ausgesprochen wurde. Wenn der Gesetzgeber gegenwärtig den Richtern und Geschworenen das Urtheil
über Zurechnungsfähigkeit und Unzurechnungsfähigkeit überläßt,
so vertraut er darauf, daß der Richter eine theoretisch richtige
Definition und der Geschworene einen sicheren praktischen Instinct
besitzen wird. Er erwartet eine instinctive Gränzregulirung zwischen
rechtlicher Schuld und Unzurechnungsfähigkeit. Mißtrauisch betrachtet er den wissenschaftlichen Versuch, die Zurechnungslehre auf
der natürlichen Basis physiologischer und pathologischer Erfahrung
zu begründen. Er befürchtet davon eine der moralischen Ordnung
gefährliche Verschiebung aller Rechtsverhältnisse. So stehen wir
gegenwärtig vor einer Streitfrage ersten Ranges, welche ausge-
fochten werden muß, vor einer Streitfrage zwischen der neuen natur-
wissenschaftlichen Forschung und der juristischen Ueberlieferung.
Auf der einen Seite die Behauptung: daß die Anzahl der Geistes-

kranken weitaus größer ist, als der Richter anerkennen will; auf
der anderen Seite die Versicherung, daß die Irrenärzte mit ihren
Begriffen von Unzurechnungsfähigkeit die Grundprincipien der
praktischen Moral über den Haufen werfen werden.

Alle Anzeichen sprechen dafür, daß langsam und sicher die
wissenschaftliche Psychiatrie, wenn schon vielleicht nicht in dem
ganzen von ihr gehofften Umfange, das Gebiet der Strafrechtspflege
einschränken wird. Ob jene Irrenärzte Recht haben oder der Anspruch
auf instinctive Bethätigung des sittlichen Gefühls in der Rechtspflege, kann schließlich nur entschieden werden, wenn die nach=
trägliche Beobachtung verurtheilter Verbrecher in den Zuchthäusern,
ohne Rücksicht auf die für die Rechtspflege zu erwar=
tenden Ergebnisse, in planmäßiger und wissenschaftlicher Weise
betrieben wird, und wenn es gelingt, aus der wissenschaftlichen
Voraussage der Geistesstörungen den Richter zu überzeugen, daß
das Bild, welches er sich von der Unzurechnungsfähigkeit für den
Selbstgebrauch construirt hat, einem verhältnißmäßig späteren
Stadium in der Entwickelung der Psychosen entspricht. Wenige
Processe sind eine so glänzende Rechtfertigung für die neuere
Psychiatrie und erweisen deren Fortschritte so deutlich, wie der
Proceß Chorinsky, dessen Ausgang in der Person des An=
geklagten und zum Tode Verurtheilten der wissenschaftlichen Pro=
gnose durchaus entsprach. Vom Standpunkte der medicinischen
Wissenschaft muß eine Anzahl von Hinrichtungen als Justizmord
bezeichnet werden, obwohl der Jurist dies wahrscheinlich auf seiner
Seite nicht anerkennt. Durch die Vollstreckung der Todesurtheile
verhindert der Staat zuweilen die Beweisführung, welche die sorg=
fältige und andauernde Beobachtung des Delinquenten für das
Vorhandensein der Unzurechnungsfähigkeit hätte erbringen können.
Auf derjenigen Entwickelungsstufe, auf welcher wir uns befinden,
wird unter allen Umständen anerkannt werden müssen, daß zu=

weilen Todesurtheile im Widerspruch mit den ärztlichen An=
schauungen über Zurechnungsfähigkeit vollzogen werden, und schwer=
lich läßt sich bestreiten, daß der Stand unserer Kenntnisse auf
dem Gebiet der Seelenkunde ein höchst unvollkommener ist, spätere
Jahrhunderte daher vielleicht auf unsere Strafpraxis in Gemüths=
untersuchungsfällen mit denselben Empfindungen herabschauen, mit
denen wir heute die Hexenprocesse früherer Zeiten betrachten.

Je schroffer in einzelnen Ländern die Gerichtspraxis sich zur
neueren Medicin stellt, desto größer die Gefahr voreiliger Hin=
richtungen. Beschleunigt man die Vollstreckung, ohne erhobenen
Zweifeln Gehör zu schenken, so ist die Nachwirkung eine beklagens=
werthe; schiebt man die Hinrichtung hinaus, so steigert man das
Mitleiden gegenüber solchen, die nach Ablauf einer längeren Zeit
zur Schlachtbank geführt werden.

Besonders beklagenswerth ist in dieser Hinsicht die alte Ueber=
lieferung der englischen Strafrechtspflege, welche bei der Prüfung
der Frage, ob Zurechnungsfähigkeit vorhanden ist oder nicht, von
der durchaus irrigen Unterscheidung ausgeht, ob der Angeklagte
zur Zeit der That Recht oder Unrecht von einander unterscheiden
konnte. Es ist kaum zu bezweifeln, daß die Hinrichtung Bura=
nellis 1854 als ein Justizmord von sehr vielen Einsichtigen an=
gesehen wird. Sie erfolgte, obwohl eine Anzahl von Irrenärzten,
unter ihnen die beiden bedeutendsten Autoritäten Englands (Conolly
und Winslow) den Staatssecretär vor der Hinrichtung zu über=
zeugen versucht hatten, daß der Verurtheilte nach den vorhandenen
Beweisstücken und auf Grund seiner ärztlichen Behandlung im
Hospital als geisteskrank angesehen werden müsse.[116]) Mit Be=
ziehung auf Deutschland bemerkte Dr. Delbrück in Halle, daß
die Zahl der Geistesgestörten in den Zuchthäusern größer sei, als
die Richter zu glauben geneigt wären.

Die Unsicherheit der richterlichen Urtheile in Mordfällen

beruht nicht blos auf der Schwierigkeit, die psychologischen Mo=
mente des Thatbestandes scharf zu begränzen, sondern auch auf
eigenthümliche Schwierigkeiten, die der Beweis des ursächlichen
Zusammenhanges zwischen Handlung und Erfolg darbietet. Neben
den völlig zweifellosen Tödtungsverbrechen giebt es Kategorien
solcher, in denen das Verhältniß von Ursache und Wirkung durch
einen höchst verwickelten und schwierigen Sachverständigen=Beweis
herzustellen ist. Veranlassung und Verursachung des
Todes sind nicht so leicht zu unterscheiden, wie ge=
wöhnlich angenommen wird. Vor etwa zehn Jahren hat
die höchste wissenschaftliche Medicinalbehörde Preußens ein Todes=
urtheil als irrig nachgewiesen und die von dem gerichtlichen Sach=
verständigen gelieferte chemische Analyse, durch welche Arsenik in
der Leiche eines Verstorbenen nachgewiesen worden war, als un=
haltbar dargethan. Wenn in der Mehrzahl der Fälle keine Zweifel
über die Todesursache in Folge äußerer Verletzungen geäußert
werden, so beruht dies auf den bedeutenden Fortschritten der
Chirurgie und pathologischen Anatomie, zuweilen aber auch dar=
auf, daß bei den gerichtlichen Obductionen regelmäßig nur ein
Sachverständiger gegenwärtig ist. Erwägt man, wie oft in Fällen
des Kindesmordes die Gutachten der Experten auseinandergehen,
so ist auch die Annahme gerechtfertigt, daß in gewissen Fällen
Zweifel auftauchen könnten, wenn mehrere Sachverständige bei
der Prüfung der Obductionsergebnisse gegenwärtig gewesen wären.
Sehr schwierig ist insbesondere die Sonderung der dem Ver=
brecher zuzurechnenden Schuld von der ärztlichen Verantwortlichkeit
für die etwa begangenen Kunstfehler. Wenn der verbrecherisch
Verwundete nach längerer ärztlicher Behandlung stirbt, so befindet
sich die juristische Feststellung des ursächlichen Zusammenhangs in
schwieriger Lage. Die Aerzte bewegen sich als Sachverständige
in einer eigenthümlichen Zwangslage; ihre juristische Aufgabe

collidirt mit ihren Standesinteressen, welche dazu rathen, die recht=
liche Verantwortlichkeit für Kunstfehler möglichst zu beschränken,
und man wird dem ärztlichen Personal kein Unrecht zufügen, wenn
man annimmt, daß die Zahl der ärztlichen Versehen, Irrthümer
und Kunstfehler weitaus größer ist, als von den behandelnden
Aerzten selbst zugestanden wird oder in juristisch beweisender Art
dargethan werden kann. Keinen Augenblick ist zu bezweifeln, daß
mancher Verbrecher außer seiner eigenen Schuld auch einen Theil
jener Verantwortlichkeit getragen hat, welche der ärztlichen Behandlung und einem durchaus unzweckmäßigen Heilverfahren zur
Last gelegt werden müßte. Ob die Behandlung eines Arztes
einen Kunstfehler in sich schloß und darum als wirkliche und
nächste Todesursache anzusehen wäre, könnte nur von Aerzten
selbst beurtheilt werden, wenn diese rechtzeitig wegen des Verdachtes eines Kunstfehlers von den betheiligten Laien herbeigerufen
würden. Im Tödtungsprocesse fehlt jedoch meistentheils jede Gelegenheit zur Untersuchung dieser Nebenfrage; ohnehin ist es nur
zu natürlich, daß unter der Wucht des Hasses, der sich gegen einen
schweren Verbrecher richtet, die im Heilverfahren betheiligt gewesenen Personen wenig beachtet werden.[117])

Sir Fitzroy Kelly behauptet, daß in der englischen Strafrechts=
praxis während eines Zeitraums von 57 Jahren 49 irrige Todes=
urtheile nachgewiesen werden können. Ein Theil der den richter=
lichen Irrthum in England begünstigenden Umstände hat in dor=
tigen Verhältnissen und in Mängeln des Strafprocesses, zumal in
der unvollkommenen Ausbildung der Rechtsmittel, in der Ueber=
eilung der Hinrichtung, in den Schwierigkeiten des Entlastungs=
beweises seinen Grund. Andere Gründe des Irrthums sind all=
gemeiner Natur und gleichsam unvermeidlich, z. B. täuschende
Veranstaltungen des wirklichen Thäters, durch welche ein schwerer
Verdacht auf einen Unschuldigen gelenkt wird, eine falsche Aussage

meineidiger Zeugen, ein mißlungener, vom Vertheidiger nachlässig
betriebener Entlastungsbeweis, eine von den Zeugen aus Miß=
verständniß und Irrthum beschworene Identität der angeklagten
Person mit derjenigen, welche am Orte der That bemerkt wurde.
Von besonderem Gewicht für die öffentliche Meinung in England
ist es gewesen, daß Pelizzioni vor zehn Jahren einstimmig zum
Tode verurtheilt wurde und seine Unschuld anerkannt werden mußte,
als einer seiner Landsleute sich hinterher meldete und seine Thäter=
schaft überzeugend bewies. Seine Rettung war nur einem Zufall
zu verdanken.

Was Deutschland anbelangt, so ist die Gefahr des Justiz=
mordes als vorhanden vom Strafgesetzgeber selbst förmlich an=
erkannt. Das Reichsstrafgesetzbuch bedroht mit besonders erhöhter
Strafe das Zeugniß und das Gutachten derer, welche in einer
Kapitalsache einen Meineid geschworen haben, wenn der Ange=
schuldigte zum Tode oder zu einer anderen schweren Strafe ver=
urtheilt wurde. Wenn wir auch glauben wollen, daß die deutsche
Rechtspflege den Vergleich mit derjenigen aller anderen Länder
ehrenvoll besteht, so müssen wir doch anerkennen, daß in der
Gegenwart das Vorkommen zweifelhafter Todesurtheile von
dem Gewissen der heutigen Zeit bereits schwerer empfunden wird,
als die wirkliche Hinrichtung Unschuldiger in früheren Jahr=
hunderten!

Sechsundzwanzigstes Kapitel.

Die Todesstrafe und das Begnadigungsrecht. — Die Begnadigung hat grundsätzlich nicht die Aufgabe, Fehler und Versehen der Richter zu corrigiren — Lehrreiche Erfahrungen des englischen Begnadigungsverfahrens im Gegensatz zur continentalen Praxis. — Verantwortlichkeit des englischen Staatssekretärs für das Innere. — Verantwortlichkeit der Krone in continentalen Monarchie.n — Unmöglichkeit einer festen Begnadigungspraxis aus englischen Erfahrungen nachgewiesen. — Die öffentliche Meinung als vermeintlicher Regulator. — Die Entscheidung des Monarchen abhängig theils von Vorgängen, die der Strafrechtspflege fremd sind, theils von unsichtbaren Factoren seiner Umgebung, theils von den wechselnden Justizministerien, zumal in Italien. — Gnade und Recht sollten für alle Verbrechensfälle in gleichem Verhältniß stehen. — Die Todesstrafe durch Begnadigung zur Ausnahmestrafe geworden. — Die öffentliche Meinung als kritische Instanz über die Blutgerichte. — Grundsätzliche Begnadigung aller zum Tode Verurtheilten nur zu billigen als Vorbereitung zu der beschlossenen Aufhebung der Todesstrafe. — Das deutsche Reich und die Begnadigungsrechte der Landesherren. — Das Ansehen der deutschen Fürsten durch den Fortbestand der Todesstrafe gefährdet. — Geschichte der Begnadigungen unter Friedrich Wilhelm IV. — Kaiser Wilhelm I. — Schluß.

Das eigenthümliche Verhältniß des Begnadigungsrechtes zur Vollstreckung der Todesurtheile ist von Anhängern und Gegnern der Kapitalstrafe zu völlig entgegengesetzten Zwecken ins Auge gefaßt worden. Von der einen Seite hofft man, daß durch die Begnadigung irrige Todesurtheile corrigirt und Ungerechtigkeiten gemildert werden können. Von der anderen Seite erklärt man den jeweiligen Gebrauch des Begnadigungsrechtes als in rechtlicher Hinsicht unerheblich. Einige Juristen würden völlig damit einverstanden sein, daß alle zum Tode verurtheilten Verbrecher begnadigt würden, wofern nur das ihnen theure Princip der Todesstrafe erhalten bliebe.[118])

Der Gang in der geschichtlichen Entwickelung des Begnadigungsrechts zeigt uns dessen Zusammenhang mit den Grundformen des Strafprocesses: Aeußerlich aufgefaßt, ist es die Macht, die Vollstreckung eines rechtskräftigen Urtheils zu hindern, oder eine gerichtliche Strafverfolgung zu verbieten. Von einer Begnadigung in unserem Sinne kann daher nicht die Rede sein, wo der urtheilende Richter gleichzeitig selbst untrennbar mit den Functionen der höchsten Staatsgewalt betraut ist oder wo die Vollstreckung eines Urtheils als berechtigte Privatrache erscheint. Die Begnadigung ist somit entweder vorbehaltene höchste Justiz, die ein die Justiz Delegirender von seiner Person nicht trennen will, oder es ist ein im Namen des Staates geübtes Recht der Verzeihung, welches sein urgeschichtliches Vorbild in dem Rechte des Bluträchers findet, unter Umständen eine Abfindung für das verwirkte Leben eines Missethäters anzunehmen.[119])

Völlig geschichtswidrig ist die Vorstellung, daß ein rechtskräftiges Urtheil hinterher durch eine Instanz verbessert oder berichtigt werden dürfe, welcher selbst keine höhere Gerichtsgewalt innewohnt. Auch heut zu Tage würde es jeder Vernunft widersprechen, wenn man in den Verfassungsurkunden feierlich erklärte, daß das Staatsoberhaupt in eigener Person niemals richten dürfe, andererseits gleichzeitig aussprechen wollte, daß man sich wegen der möglichen Berichtigung richterlicher Irrthümer auf die Begnadigungsinstanz verlassen müsse. Um so weniger ist diese Berichtigung thatsächlich zu erwarten, als entweder der Begnadiger auf das Urtheil solcher sich stützen muß, welche den Verhandlungen des Gerichts selbst nicht beiwohnten, oder wenn er dies nicht will, wiederum die in der Sache thätigen Richter zu hören hat, die bereits ihre Meinung ausgesprochen und voraussichtlich nicht ändern werden. Der begnadigende Souverän selbst kann aus eigener Anschauung die Thatfrage niemals beurtheilen; er bleibt immer

angewiesen auf die Gutachten derer, welche entweder durch amt=
liche Stellung zur Berichterstattung berufen oder durch besonderes
Vertrauen veranlaßt sind, sich über Gewährung oder Versagung
der Begnadigung auszusprechen. In Deutschland ist man auch
längst darüber klar geworden, daß der Hinweis auf die Begnadi=
gung niemals ein Mittel werden darf, um vorhandene Unvoll=
kommenheiten des Gesetzes zu beschönigen und gegen anbrängende
Reformen zu vertheidigen. Die Aufgabe der Gesetzgebung ist
überall der Strafrechtspflege gegenüber diese, daß sie, das Be=
gnadigungsrecht aus ihren Erwägungen völlig ausscheidend, mit
allen verfügbaren Mitteln untersucht, ob es innerhalb der Gerichts=
verfassung sich erreichen läßt, daß fehlerfreie und gerechte Urtheile
zu Stande gebracht werden. Angesichts der überall unbestrittenen
Thatsache, daß irrige Urtheile vorkommen, wird also die einzig richtige
Forderung zu stellen sein, daß den Strafurtheilen eine absolute Rechts=
kraft in so weit nicht zukommen könne, daß zu irgend einer Zeit
der nachträgliche Beweis der Unschuld auf Seiten eines Ver=
urtheilten ausgeschlossen wäre. Ohne grundsätzliche Erschwerung
oder Erleichterung dieser Beweisführung ist die Wiederaufnahme
des Strafverfahrens oder die Revision zuzulassen, wo von irgend
einer Seite Beweisstücke vorgebracht werden, welche den Erfolg
haben können, die thatsächlichen Grundlagen eines verurtheilenden
Erkenntnisses zu beseitigen. Nicht das mindeste kann darauf an=
kommen, ob der Verurtheilte in eigener Person hinterher gegen
seine rechtskräftige Ueberführung Einwendung erhebt, oder ein
Dritter. Denn die Unschuld eines Verurtheilten zu erweisen, ist
ein höchstes menschheitliches Interesse, welches durch formale Rück=
sichten nirgends gehemmt werden darf. Angesichts eines Todes=
urtheils würde also die Vollstreckung bedeuten: daß die in Gemäß=
heit der neueren Proceßlehre zu gewährende Möglichkeit des nach=

träglichen Unschuldbeweises gewaltsam abgeschnitten wird. Wiederum
ist es unmöglich, in der Begnadigungsinstanz gegenwärtig zu er=
kennen, in welchen Fällen eine Anfechtung denkbar bleibt, in wel=
chen nicht. Es war ein richtiger Grundgedanke, der die alten
Strafproceßordnungen leitete, als sie bestimmten, daß der Ver=
brecher noch auf dem Richtplatze die Hinrichtung hemmen könne,
wenn er etwas zu seiner Entschuldigung oder zur Entkräftung
eines Urtheils vorzubringen hatte. Nur setzte man der eigenen
Geduld in naiver Weise eine Gränze, indem man einen solchen
Aufschub nur einmal gestattete.

In Deutschland pflegt bei unserer, zuweilen bis zu einem
Uebermaß gründlichen Voruntersuchung, bei dem Vorhandensein
einer nothwendigen Vertheidigung, die ihre Ehre darin setzt, in
Kapitalsachen alle ihre Kräfte aufzubieten, bei der Mäßigung der
Staatsanwaltschaft, die auch dem Entlastungsbeweise nirgends
hinderlich ist, bei der Möglichkeit eines Restitutionsgesuches, der
Fall äußerst selten einzutreten, daß in der Begnadigungsinstanz
irgend ein neues thatsächliches Verhältniß zur Sprache käme,
das zu weiteren Ermittelungen Anlaß böte. Freilich wird dieser
Vortheil relativ größerer Sicherheit mit den Qualen erkauft, die
ein Verurtheilter zu erleiden hat, bis ihm Gewißheit über sein
Schicksal zu Theil wird. In England hatte, in Ermangelung
geordneter Rechtsmittel, der Staatssekretär des Innern einen Re=
visionshof zu ersetzen. Alles hängt dabei von der Persönlichkeit
des jeweiligen Beamten ab.

Ein besonders erfahrener Mann, Dymond, urtheilt über
Sir George Grey, wie folgt:

„Ich glaube nicht, daß man einen Staatssekretär des In=
nern ausfindig machen kann, welcher in einem Zeitraum von
zwölf Jahren in einer weisen Justizverwaltung und in Gnaden=
sachen weniger Beifall geerntet hat, als Sir George Grey, und

dennoch halte ich es nicht für möglich (so widerspruchsvoll es
scheinen mag) daß irgend ein Mann aufmerkſamer, ausdauernder
und ſorgfältiger irgend einen Punkt beachten könnte, der in irgend
einem einzelnen Falle im Wege eines Gnadengeſuchs zu ſeiner
Entſcheidung gebracht wurde. Seine Stellung iſt wirklich keine
Sinecure. In London jagen ihn Deputationen par force wie
einen Hirſch über den Haufen. Sie bewachen die Hinterthüren
zu ſeinem Amtslocal, wie fiscaliſche Beamte die Schleichwege eines
Falſchmünzers. Sie beobachten den Ausgang am Hauptportale,
wenn er ſich von dort zu retten trachtet. Auf der Straße verfolgt ihn ihr Eifer, als ob irgendwo gerufen würde: „Haltet den
Dieb." Sie umringen ihn, wenn er in das Parlament eintritt,
halten ihn beim Knopfloch in den Corridoren feſt. Iſt er ſicher
im Sitzungsſaal angelangt, ſo flüſtert der parlamentariſche Freund
jener Deputationen ihm verführeriſche Lockungen ins Ohr. Ent-
flieht er auf ſeinen Landſitz, ſo kann man eins gegen zehn wetten,
daß ſeine Peiniger ihn dort leichter zu einer Unterredung zu
bringen gedenken, als in der Verſchanzung hinter den wohl ein-
geſchulten Thürhütern von Whitehall. Sie hoffen dann, in ver-
traulichem Kreiſe der Familie empfangen zu werden und den
Landedelmann ſanftmüthiger und zugänglicher zu finden, als den
Cabinetsminiſter in London."

Von allen Seiten ſtürmen Petitionen auf den Staatsſekretär
des Innern ein. Bald ſind es Frauen, welche ſich für eine un-
glückliche Mitſchweſter verwenden, bald die grundſätzlichen Gegner
der Todesſtrafe, bald die Mitglieder wohlthätiger Vereine, oder
die nächſten Freunde eines Verurtheilten, die Gnadengeſuche ein-
reichen. Die Localpreſſe nimmt Partei. Jedes Todesurtheil führt
zu einem hartnäckigen Kampf zwiſchen der Partei des Mitleids
und dem ſtatiſtiſchen Gewiſſen des Staatsſekretärs, welches ihm
ſagt, daß eine reſpectable Anzahl von Delinquenten gehängt werden

muß, wenn er sich nicht schlimmen Rügen und heftigen Vorwürfen im Parlament aussetzen will.

Aus keinem Lande der Welt wissen wir soviel über die Schwächen und Irrthümer, die in der Behandlung von Gnaden= sachen vorkommen, wie aus England. Nirgends besteht eine so weit gehende Verantwortlichkeit vor der öffentlichen Meinung, wie dort, und nirgends wird die Frage, ob ein Urtheil vollzogen wer= den soll oder nicht, mit so großem Eifer besprochen. Man wird also annehmen dürfen, daß die in England bei der Entscheidung thätigen Beamten die größte Sorgfalt aufzuwenden bemüht sind und ihre Verantwortlichkeit nach außen hin mehr fühlen müssen, als die im geheimen Kabinet oder in den Ministerien thätigen Rathgeber continentaler Monarchen. Und dennoch ist das End= ergebniß so großer Mühen kein anderes, als eine fortlaufend miß= günstige Kritik, eine peinliche Vergleichung solcher Fälle, in denen die Begnadigung verweigert wird, mit solchen, in denen sie ge= währt wurde. Alle Punkte für und wider werden in der Presse erwogen; nicht selten hört man, daß der Staatssekretär in Er= mangelung besonders schwerer Fälle, um seinen statistischen Jahres= durchschnitt an Hinrichtungen in den Tabellen zu erreichen, Delin= quenten hinrichten ließ, die in gewöhnlichen Jahren verschont ge= blieben sein würden.

Wie der Staatssekretär in ausdrücklichen Worten bekannt hat, sucht er bei der Verwaltung der Gnadensachen die öffentliche Meinung zu befriedigen. Die öffentliche Meinung, welche in diesen Dingen so unberechenbar ist, wie das Wetter im April; bald, wie bei dem Müller'schen Morde, unglaublich schnell auf= gebracht, bald, wenn gerade wichtige Gegenstände der Betrachtung vorliegen, gleichgültig, bald auch milde und weich.

Den Strömungen der öffentlichen Meinung folgend, wird der Minister abwarten, wie, wann und in welchen Blättern sie sich

äußert. Vor freundlichen und feindlichen Parteien muß er gleicher=
weise auf der Hut sein und auch einmal alle Erwartungen täuschen,
um damit den etwaigen Zweiflern seine völlige Unbefangenheit zu
beweisen. So geschah es, daß im Jahre 1864 Wright zur all=
gemeinen Ueberraschung und im entschiedenen Widerspruch gegen
die öffentliche Meinung hingerichtet ward.

Nach und nach hatte sich in England eine gewisse Ueberliefe=
rung in der Verwaltung der Gnadensachen gebildet. Zuvörderst
pflegt bereits bei der Verkündung des Todesurtheils der den
Assisen vorsitzende Richter öffentlich sein Gutachten abzugeben, ob
der Delinquent sich Hoffnung auf Gnade machen dürfe, oder nicht;
gleichsam eine indirekte Bewilligung von mildernden Umständen,
denn niemals ist es vorgekommen, daß entgegen der entschieden und
öffentlich ausgesprochenen Meinung des Richters eine Hinrichtung
vollzogen wurde. In umgekehrter Richtung, wenn der Richter
seine Ansicht gegen die Begnadigung öffentlich ausgesprochen, ent=
stehen die schwersten Bedenken. Der Staatssekretär kann durch
ein solches Gutachten erheblich beschränkt werden. Man kennt
eine Reihe von Fällen, in denen der Staatssekretär mit Rücksicht
auf die Stellung und den Widerspruch des Richters Gnadengesuche
zurückweist, die unter anderen Umständen genehmigt worden wären.
Erwägt man, wie ungemein getheilt die Meinungen über die Todes=
strafe gerade unter den englischen Richtern sind, und daß es eben
nur ein einziger Richter ist, der die Assisen in England leitet,
so wird man zugeben, daß schon auf diesem Wege der richterlichen
Schlußansprache an den Verurtheilten ein gefährliches Element
der Ungleichheit geschaffen wird und jene englische Praxis ent=
schieden gemißbilligt werden muß. Auch die Geschworenen
haben einen nicht unerheblichen Einfluß auf das Begnadigungs=
recht, wenn sie beschließen, ein Gesuch in eigenem Namen ein=
zureichen. Jedenfalls sind es aber nicht die richterliche Personen,

welche auf etwa im Beweispunkte vorhandene Zweifel aufmerksam machen. Im Gegentheil sind zuweilen die vom Staatssekretär nachträglich veranlaßten Beweiserhebungen an den Widerstand derjenigen gescheitert, welche im vorangegangenen Verfahren für eine Verurtheilung thätig gewesen waren.

Als eine ständige Kategorie, die aus sachlichen Gründen bei eingereichten Begnadigungsgesuchen immer berücksichtigt wird, erscheinen in England die Kindesmörderinnen. Seit 1849 ist keine mehr hingerichtet worden. Bis vor Kurzem glaubte man es als einen Grundsatz der Begnadigungspraxis ansehen zu dürfen, daß überhaupt keine Frau mehr hingerichtet werden würde. Das Tory-Ministerium, welches im Anfange des Jahres 1874 an das Ruder kam, fühlte indessen das Bedürfniß, sich von der vorangegangenen Verwaltung der Whigs auch bezüglich der Begnadigungspraxis zu unterscheiden. So ist es denn geschehen, daß nach langer Zeit zum erstenmale 1874 wiederum ein Weib gehängt wurde.[120])

Es ist von Wichtigkeit, daran zu erinnern, daß sich in England mit alleiniger Ausnahme der anderweitig auf dem Continent überhaupt nicht todeswürdigen Kindesmordfälle eine feste Begnadigungspraxis nicht bilden konnte, obwohl, abweichend von den staatsrechtlichen Grundsätzen anderer Länder, das Begnadigungsrecht unter dem Gesichtspunkt der direkten Minister-Verantwortlichkeit gestellt worden ist. Von Amtswegen findet eine Prüfung und Bestätigung der Todesurtheile durch die Krone nicht statt. Der Staatssekretär wartet ab, ob auf irgend einem Wege ein Antrag an ihn gestellt wird. Findet er den Fall seinerseits nicht geeignet, die Hinrichtung auszusetzen, so ertheilt er für seine eigene Person eine ablehnende Antwort, und der Galgen empfängt sein Opfer. Im entgegengesetzten Falle ergeht, immer nur in Gemäßheit eines vom Staatssekretär bei der Krone beantragten und von ihm zu verantwortenden Aktes, eine Umwandlung oder gänzliche Aufhebung des Todesurtheils. Es ist gut, daß die eng= lische Praxis ministeriell zu verantwortender Begnadigung die all= gemeine Ueberzeugung begründet und unwiderleglich darthut, daß die Gewährung und Versagung der Begnadigung dort nur auf der äußerlich geschäftsmäßigen und arithmetischen Berechnung be= ruht, deren Resultat dieses ist: Man darf nicht allzuviele Delinquenten und auch nicht allzuwenige begnadigen. Nur Eins wissen wir mit Bestimmtheit: Kein Staatssekretär würde die Verantwortlichkeit übernehmen, auf die Dauer sämmtliche Ver= brecher zu begnadigen, oder sämmtliche hinrichten zu lassen. Er hat das unsichere Gefühl etwas thun oder lassen zu können, je nachdem die Spalten der Zeitungen etwas häufiger oder etwas seltener mit Verbrechensnachrichten angefüllt sind. Was in Eng= land nicht gelang, obwohl der Mordbegriff ein so viel aus= gedehnterer ist, als in Deutschland und Italien, kann auch in anderen Ländern nicht gelingen. Und wenn es gelänge, einen neuen Maßstab für die Gewährung der Gnade zu begründen, wäre dann nicht der Augenblick gekommen, um die Merkmale der größeren oder geringeren Schuld in Form des Gesetzes zu definiren und zu einem regelmäßigen Bestandtheil der Rechtspflege zu er= heben?

Es ist schwer, zu sagen: ob in Beziehung auf die Behand= lung der Gnadensachen England oder die Continentalstaaten sich im Vortheil gegen einander befinden.

In England eine staatsrechtlich verantwortliche Stelle, welche für den Mißbrauch des Begnadigungsrechts der parlamentarischen Controle unterworfen ist; auf dem Continent der aus völlig freiem und selbständigem Ermessen handelnden Souverän.

In England eine fortlaufende öffentliche Kritik der Be= gnadigungen zum Zwecke, ein annähernd gleichmäßiges Verfahren

zu sichern; in den continentalen Monarchien die schweigende Hin=
nahme der im geheimen Kabinet ergangenen Entschließungen.

In England ein mit den Ministerien wechselnder Staats=
sekretär als zunächst entscheidende Person; in den continentalen
Monarchien ein Erbfürst, welcher von den Parteien und den all=
gemeinen politischen Bewegungen weniger berührt ist und nach
dem Rath eines ständigen Amtspersonals zu verfügen pflegt.

Verhältnißmäßig leichter als in England ist die Aufgabe
eines Fürsten in solchen Ländern, in denen die Geschworenen sich
über das Vorhandensein mildernder Umstände aussprechen dürfen,
und es somit in der Hand haben, die Todesstrafe in jedem ein=
zelnen Fall zu beseitigen. Thun sie dies nicht und versagen sie
dem Angeklagten die mildernden Umstände, so weiß der Souverain
seinerseits, daß er es mit einem ausnahmsweise schweren Fall zu
thun hat und somit auch nur ausnahmsweise begnadigen kann,
es sei denn, daß der Angeklagte von einer ungerechten Härte
besonders ungünstig gestimmter Geschworenen zu leiden gehabt
hätte.[121])

Wie aber, wenn der Fürst sich Angesichts einer ausnahms=
los und absolut angedrohten Todesstrafe zu einer Entscheidung
gedrängt sieht? Das Gesetz hat dann ausgesprochen: Es giebt
keine deutlich erkennbaren Merkmale vergrößerter oder verringerter
Schuld; weil es an ihnen durchaus mangelt, wollte man dem
Richter keine Wahl zwischen der Todesstrafe und einem andern
Uebel lassen. Wie kann der begnadigende Fürst unterscheiden,
wenn weder das Gesetz noch der Richter dazu im Stande ist?
Er selbst wird bezweifeln, daß ihm eine übernatürliche Begabung
zu Hülfe kommt, um diese unlösbare Schwierigkeit entscheiden zu
können. Es bleibt nichts übrig, als einfach auszusprechen: nach
der moralischen Ueberzeugung und nach seinem Gewissen, jeden=
falls ohne objectiv leitende Gesichtspunkte, habe der Fürst zu ent=

scheiden, ob ein Mensch sterben soll oder nicht. Und doch ist es unbenkbar, daß irgend ein Fürst gleichsam paar und unpaar mit dem Leben verurtheilter Menschen spielen sollte. Er wird nach irgend einem leitenden Gesichtspunkte suchen und sicherlich unter ganz gleichen Verhältnissen der Schuld von zwei zum Tode verurtheilten Missethätern nicht den einen sterben, den andern leben lassen. Es ist unmöglich, aus diesen Irrgängen herauszufinden. Gewissenhafte Fürsten werden nicht leicht ohne den Rath einer Vertrauensperson handeln. Aber wer sind diese? Der Geistliche, welcher seine Auffassungen einer theologischen Schule entnimmt? Oder der Justizminister und ein bestimmter Decernent, welcher von Zeit zu Zeit wechselt? Oder Gerichte und Staatsanwaltschaft, welche je nach ihrer Zusammensetzung von sehr verschiedenen Doctrinen der Strenge oder Milde geleitet sein können und zuweilen auch in Uebereinstimmung mit der von ihnen vermutheten allgemeinen Denkweise des Monarchen ihre Vorschläge möglichst so einzurichten suchen, daß ihnen das Endergebniß entspreche. [122])

An sich ist es durchaus zu billigen und im Vergleich zu England als Vorzug anzuerkennen, daß sämmtliche Todesurtheile von Amtswegen, selbst gegen den Willen eines Verurtheilten zur allerhöchsten Erklärung über sein Begnadigungsrecht dem Souverän vorgelegt werden müssen. Allein man kann grundsätzlich nicht zugeben, daß die Stellung des Begnadigungsrechtes zur Criminaljustiz bei Todesurtheilen eine völlig verschiedene sein müsse von derjenigen, welche in allen anderen Strafsachen festgehalten wird. Wenn auch jedes Todesurtheil von Amtswegen vorgelegt wird, so läßt sich doch keinesfalls behaupten, daß die Gründe der Begnadigung in Kapitalsachen grundsätzlich andere sein müssen, als in anderen Kriminalangelegenheiten.

Dennoch lehrt die Erfahrung aller Länder, daß proportional

Begnadigungen in Kapitalsachen häufiger sind, als bei Straf=
urtheilen, die auf geringere Strafübel lauten. Somit steigt die
Wahrscheinlichkeit der Gnade mit der Schwere der
Schuld, was den ethischen Grundprincipien wenig ent=
spricht. In der Klasse der Kapitalsachen selbst ist dann meistens
die Vollziehung der Todesurtheile zur Ausnahme, die Begnadi=
gung zur Regel geworden, womit anerkannt ist, daß die Todes=
strafe ein unbedingtes Erforderniß der Gerechtigkeit nicht mehr
ist, daß sie aufgehört hat, schlechthin nothwendige Vergeltung zu
bedeuten. Die absolute Vergeltungstheorie ist durch den Gang,
den das Begnadigungsrecht in seiner Anwendung genommen hat,
zwar nicht wissenschaftlich widerlegt, aber thatsächlich aus dem Rechts=
leben beseitigt. Bis in das vorige Jahrhundert behauptete die
protestantische Theologie und ein Theil der Rechtsgelehrten, daß
der Fürst in Fällen vorsätzlicher Tödtung nach göttlichem Recht
nicht begnadigen dürfe, was der Lehre von der göttlichen Ein=
setzung der Todesstrafe durchaus angemessen war. Gegenwärtig
ist diese Anschauung, von seltenen Ausnahmen abgesehen, bereits
unverständlich geworden. Kein Fürst wird sich in seinem Ge=
wissen behindert fühlen, so oft zu begnadigen, wie es ihm nützlich
erscheint. Wer sich auf jenen Standpunkt des XVI. Jahrhunderts
stellen wollte, würde dem Rufe ungewöhnlicher Grausamkeit nicht
entgehen.

Die Milde hat fast überall die Ueberhand gewonnen. Wir
dürfen annehmen, daß in unserem Zeitalter die Unterzeichnung
eines Todesurtheils nicht wie diejenige eines Beförderungsdekrets
geschieht, sondern manchen schweren Kampf kosten mag. Denn,
wenn die Vollstreckung einmal zur Ausnahme geworden ist, so
erscheint in der öffentlichen Meinung eben diese Voll=
streckung als ein Akt des besonders hervortretenden
persönlichen Willens im Monarchen. Der Schwerpunkt

der Justiz wird nicht mehr in das Richteramt, sondern in den Träger der Krone verlegt. So lange die Begnadigung eine seltene Ausnahme war, erschien diese als Ruhm der Milde. Wenn die Vollstreckung zur Ausnahme wird, erscheint diese als ein auf= fallender Vorgang persönlichen Eingreifens, und zwar um so mehr als Härte, je seltener Hinrichtungen vorkommen. Das Volk erfährt naturgemäß nichts von den zahlreichen Fällen, in denen Todes= urtheile umgewandelt und gemildert werden; es hört nur von den Hinrichtungen, ohne sich nach längerem Zeitverlauf der besonderen Umstände zu erinnern, die einen Fürsten veranlassen konnten, die Bestätigung zu ertheilen.

Es ist auffallend, daß in der älteren juristischen Literatur so viele Schriftsteller vorhanden sind, welche glauben, daß das Volk den Purpur nur deswegen achte, weil er an die Farbe des Blutes erinnert. Für die absolute Monarchie, die nicht auf vernünftiger oder geschichtlicher Grundlage beruhte, sondern ihre Quelle in per= sönlicher Macht oder niedriger Furcht hatte, mag diese Symbolik dem Volksaberglauben angemessen gewesen sein. Es gab in der That Fürsten, in deren persönlichem Gefolge der zum Hofstaat gerechnete Henker einherschritt und Peter der Große gab eigen= händige Proben in der Kunstfertigkeit des Kopfabschlagens. Heute leben wir in einem Zeitalter der Kritik. Wenn diese bei uns in Begnadigungssachen auch dem Fürsten nicht leicht anders als in der einseitigen Gestalt des Lobes vernehmlich wird, so weiß doch jedermann, daß die Stärke seines Charakters nicht mehr nach dem Maßstabe der Härte beurtheilt wird.

Es ist keine richtige Einsicht, wenn man dazu räth, von Zeit zu Zeit einmal gelegentlich ein Todesurtheil vollstrecken zu lassen, um das Volk daran zu erinnern, daß der Galgen oder das Schaffot noch zu Recht besteht. Eine langsam fallende Skala der Hin= richtungen hat, so lange die Todesstrafe zu Recht besteht, nur dann einen wohlbegründeten Sinn, wenn sie als Uebergang zur endlichen Einstellung des Blutvergießens mit Bewußtsein und Planmäßigkeit angenommen worden ist, um allen Zweiflern die Beruhigung zu gewähren, daß die allgemeine Rechtssicherheit nicht durch Milde gefährdet wird. Endlich muß der Punkt kommen, wo der Fürst selbst die Ueberzeugung gewinnt, daß seine Regentenpflicht durch grundsätzliche Begnadigung aller zum Tode verurtheilten Delinquenten in keiner Weise verletzt wird. Ermuthigt durch die Billigung derer, welche, von jeder Schwärmerei entfernt, als treue Anhänger einer gesetzlichen Ordnung im öffentlichen Leben bekannt sind, befreien sie sich von dem ehemals weit verbreiteten Vorurtheil, als ob ihre rechtmäßige Macht in ungebührlicher Weise gemindert werden würde, wenn sie aufhören, als persönliche Herren über Tod und Leben sich der Volksmenge in Erinnerung zu bringen. Vielleicht gab es eine Zeit, zu der man es mit einiger Aussicht auf Erfolg unternehmen konnte, die Gegner der Todesstrafe als persönliche Feinde des Fürsten zu bezeichnen, wie denn in der That ein Schriftsteller so verblendet gewesen, zu behaupten: diejenigen hätten die Todesstrafe zumeist angefochten, welche sie gerechter Weise verdient hatten. In den parlamentarischen Debatten früherer Zeiten gab es ein wirksames Mittel, Fürsten gegen die Abschaffung der Todesstrafe mißtrauisch zu stimmen. Man pflegte die Rechte der Krone als gefährdet darzustellen und behauptete, daß es den Gegnern der Todesstrafe im Grunde nur darauf ankomme, die heilsame Prärogative des Begnadigungsrechts anzugreifen und zu beseitigen. Je sorgfältiger gewisse Monarchen Gnadensachen prüften, desto empfindlicher waren sie gegen solche Andeutungen.

Von keinem Fürsten der Gegenwart kann angenommen werden, daß er so unwissend sei, um in dem Augenblick, wo er ein Todesurtheil unterzeichnet, nicht einiger glänzender Namen gedenken

sollte, die die größten Verdienste um den Staat mit der entschie=
densten sittlichen Mißbilligung der Todesstrafe verbunden haben.
Selten glaubt man gegenwärtig daran, daß ein Fürst aus völlig
freier Entschließung seines Herzens einen Menschen gleichsam eigen=
händig dem gewaltsamen Tode überliefern könnte. Ueberall suchen
die wohlwollenden Beurtheiler der Begnadigungspraxis den Grund
für die Bestätigung eines Todesurtheils in den Einflüssen der
persönlichen Umgebung, in den bringenden Vorstellungen hoher
Beamten, in dem Verlangen der Justizministerien, oder in irr=
thümlicher Vorspiegelung einer dem Regenten obliegenden Pflicht
der Strenge. Man hält es zur Ehre des Fürsten für wahr=
scheinlich, daß gegen jenen herrschenden Zug fürstlicher Milde
einzelne einflußreiche Personen in der fürstlichen Umgebung an=
kämpften und erkennt somit in der Bestätigung eines Todesurtheils
eher ein Anzeichen nachgiebigen Schwankens als vollbewußter
Entschiedenheit und Kraft.

Es giebt eine Anzahl von Juristen und Politikern, welche es
aus Gründen der Humanität für ausreichend erachten, wenn der
Standpunkt der grundsätzlichen Begnadigung dauernd festgehalten
und die Todesstrafe allmählig durch Nichtgebrauch der geschicht=
lichen Verjährung entgegengeführt wird. Diese Auffassung beruht
hingegen nicht auf klarer Erkenntniß der Verhältnisse, sondern auf
jener weit verbreiteten Scheu gegen einen letzten entscheidenden
Schritt. [123]) Dieser kann indessen nicht allzuschwer fallen, wenn
die Fälle einer ausnahmsweisen Zulassung der Todesstrafe zu
Zeiten des Kriegs= und Belagerungszustandes bereits im Voraus
gesetzlich bestimmt sind.

Vom Standpunkt des Rechts ist gegen die grundsätzliche Be=
gnadigung einzuwenden, daß die Rechtsregel dadurch dauernd
verletzt werden würde und außerdem keine Sicherheit zu erlangen
ist gegenüber der Veränderlichkeit der menschlichen Natur, die den

besten Vorsätzen und heiligsten Entschlüssen häufig untreu wird. Jenes wandelbare Element der öffentlichen Meinung kann sich selbst gelegentlich widersprechen und im Zustande vorübergehender Aufregung vom Fürsten die Bestätigung eines Todesurtheils ver= langen.

Was die Monarchen betrifft, so müssen sie sich selbst über= zeugen, daß gesetzliche Schranken gegen die Todesstrafe zur Be= ruhigung ihres Gewissens mehr beitragen, als ihr eigener guter Wille. So lange die Todesstrafe gesetzlich besteht, wird es immer Personen geben, die in geschickt gewählten Augenblicken den Fürsten zu belehren suchen, daß seine Regentenpflicht stärker sein sollte, als die Stimme seines Herzens. Der Monarch muß erkennen, daß der unvermeidliche Wechsel in den Justizministerien wahr= scheinlich auch einen Wechsel in den Ansichten über die Todes= strafe herbeiführen kann. In Italien hat man dies erfahren. Es ist nicht möglich, die Person des Justizministers nur mit Rücksicht auf dessen individuelle Ansicht über die Todesstrafe auszuwählen. Gegenüber einem entschiedenen Anhänger der Todesstrafe, der das Justizministerium im Sinne der Strenge verwaltet, wird es schwer sein, durchgehends eine Bestätigung der Todesurtheile zu verwei= gern. Und wer vermag dem milde gesinnten Herrscher zu ver= bürgen, daß sein Nachfolger wie er denkt?

Eine eigenthümliche, nirgends wieder zu finbende Gestalt ge= winnt das Begnadigungsrecht im deutschen Reich. Ein einheitliches Strafgesetzbuch und fünfundzwanzig Landesregierungen, welche darüber entscheiden, ob Todesurtheile vollstreckt werden sollen oder nicht. Man wird von der Wahrheit nicht allzusehr abirren, wenn man annimmt, daß unter den zweiundzwanzig fürstlichen Inha= bern des Begnadigungsrechts, bezüglich der Todesstrafe die drei Grundrichtungen vertreten sind und sich praktisch äußern werden: Grundsätzliche Gegner der Todesstrafe, welche überall begnadigen

und kein Todesurtheil vollziehen lassen; grundsätzliche Anhänger
der Todesstrafe, welche, mit Rücksicht auf das Gesetz nur aus=
nahmsweise begnadigen und endlich solche, welche die politischen
Verhältnisse der Zeit über Strenge oder Milde in jedem einzelnen
Falle zu Rathe ziehen. Welche Kritik wird hier heraufbeschworen,
wenn die öffentliche Meinung wahrnimmt, daß in einzelnen Län=
dern thatsächlich die Todesstrafe aufgehoben ist, in anderen nicht?
Welche Motive wird man den Fürsten unterschieben, die Todes=
strafen vollstrecken lassen? In welche Lage käme der Kaiser als
mächtigster Fürst, wenn er Todesurtheile bestätigte, obwohl man
weiß, daß minder mächtige Landesherren überall auf die Aus=
führung der Todesstrafe verzichtet haben? Sind solche unver=
meidliche Vergleichungen unter Deutschlands Fürsten dazu an=
gethan, das Ansehen der Monarchie zu pflegen oder zu schonen?
Wo ist die Rechtseinheit, wenn bei dem schwersten Strafmittel
Alles im Schwanken bleibt? Hatte nicht gerade der Bundesrath,
Angesichts dieser Verhältnisse, die dringendste Veranlassung, aus
seiner Initiative heraus die Abschaffung der Todesstrafe vor=
zuschlagen?

Nichts ist für die Geschichte der Begnadigungen in Deutsch=
land lehrreicher als die Regierung Friedrich Wilhelms IV. von
Preußen. Dieser wahrhaft fromme und milde gesinnte Monarch,
der mit der Weichheit seines Gemüths ein starkes religiöses Pflicht=
gefühl verband, unterlag während seiner Regierungszeit den be=
deutendsten Schwankungen in der Ausübung des Begnadigungs=
rechtes, obwohl gerade auf diesem Gebiete, welches mit der Em=
pfindungsweise des Monarchen zusammenhängt, nach dem Character
des Königs mehr Beständigkeit hätte erwartet werden dürfen, als
in der Verfolgung politischer Ziele.

Schon unter der Regierung Friedrich Wilhelms III., welcher
1840 starb, war in Preußen die Vollstreckung der Todesurtheile

eine Ausnahme geworden. In seinem letzten Regierungsjahre waren von 17 nur 7 bestätigt worden. Eben zur Regierung ge= langt, beharrte sein Nachfolger auf der Bahn der Milde bis zum Jahre 1844. In diesem letztgenannten Jahre ward ein hoch= verrätherischer Angriff auf das Leben des Monarchen unternom= men. Es ist bekannt, daß der König das Leben des Schuldigen schonen wollte, durch die nachdrücklichsten Vorstellungen seiner Räthe hingegen bewogen ward, die Bestätigung des Todesurtheils nicht zu versagen. Dabei hatte es indessen nicht sein Bewenden. Strenge galt nun als nothwendig, die Zahl der Hinrichtungen verdoppelte sich im Vergleich zum vorangegangenen Jahre. All= mählig schwand jener Eindruck, welchen das Attentat hinterlassen hatte, der König ward in den drei folgenden Jahren wiederum milder gestimmt und bestätigte ungefähr nur den vierten Theil der Todesurtheile. Das Jahr 1848 und seine Erschütterungen bewirkten, daß Angesichts der erwarteten Beseitigung der Todes= urtheile von 26 Verurtheilten nur Einer hingerichtet wurde, was vermuthlich vor dem Ausbruch der Märzbewegung geschah. Mit dem Beginn der Rückschrittsbewegung im Jahre 1849 tritt wiederum eine zunehmende Strenge ein. In dem Maße, in welchem die politische Reaction fortschreitet, wachsen die Hinrichtungen im All= gemeinen mit auffallender Schnelligkeit. Mit dem Jahre 1853 ist der Höhepunkt erreicht: von 40 Verurtheilten werden 31 hinge= richtet, eine Thatsache, die Erstaunen verdient. Wenig verändert, dauert diese in Europa fast beispiellose Strenge bis zur Erkran= kung des Königs im Jahre 1857. Hier beginnt ein plötzliches Fallen; es wird erkennbar, daß eine völlig veränderte Sinnes= weise in der Prüfung der Todesurtheile waltet. Noch immer in= dessen erweist sich das Gewissen des königlichen Stellvertreters durch die Regierungsgrundsätze des Bruders gebunden. Schließlich tritt die Regentschaft ein, unter welcher im Jahre 1860 von

24 Todesurtheilen nur 2 vollstreckt werden. Während der Blüthe= zeit der Reaction war es eine glaubenseifrige Orthodoxie, die vorzugsweise bei Friedrich Wilhelm IV. Gehör fand. Sie war es, die den König zur Bestätigung zahlreicher Todesurtheile drängte und ihm, leider! mit zu großem Erfolge, die biblische Pflicht des obrigkeitlichen Blutvergießens predigte. Einzelne Hinrichtungen erregten ungewöhnliches Aufsehen in den richterlichen Kreisen.[124])

Deutschlands Kaiser, schon in dem Beginne der preußischen Regentschaft zur Milde geneigt, hat seit dem Jahre 1870 kein Todesurtheil bestätigt: eine That= sache, deren Grund sich sowohl der Erläuterung wie auch den Vermuthungen gegenwärtig noch entzieht. Aber es muß dar= auf hingewiesen werden, daß der Monarch, der die blutigsten Schlachten der neueren Zeit siegreich schlug und in den Kriegs= lazarethen das Leben der edelsten Männer gleichsam selbst blutenden Herzens massenhaft untergehen sah, den Werth des menschlichen Lebens darum nicht geringer, sondern im Gegentheil nur um so höher veranschlagt. Wenn die Schrecken der letzten deutschen Kriege außer den unvergänglichen Lorbeeren, die unsere Krieger einsammelten, und außer der kostbarsten Frucht deutscher Einheit, auch noch Einiges dazu beigetragen haben, die Herzen der Men= schen mit göttlicher Milde zu erfüllen und der endlichen Ab= schaffung der Todesstrafe vorzuarbeiten, so werden spätere Ge= schlechter auch aus diesem Grunde mehr und mehr erkennen, daß Deutschlands Kampf zu den heiligen Befreiungskriegen der Mensch= heit gezählt werden muß.

Anmerkungen und Belege.

1. (Zu S. 5) Mittermaier, Die Todesstrafe nach den Ergebnissen der wissenschaftlichen Forschungen der Fortschritte der Gesetzgebung und der Erfahrung geprüft. Heidelberg 1862. — Die italienische Uebersetzung von Carrara veranlaßt, ist mir nicht zugänglich gewesen. Die französische ist veranstaltet und mit einer Einleitung versehen von N. Leven (1865). Eine freiere Bearbeitung ist die englische von John Macrae Moir (London 1865).

Nach dem Erscheinen seiner Schrift hat Mittermaier sehr ausführliche Berichte über die neueste Literatur zur Todesstrafe für die Allgemeine Deutsche Strafrechtszeitung geliefert. S. 1862 Sp. 733 ff., 749 ff. — 1863 Sp. 113 ff. — 1865 Sp. 1 ff., 73 ff. — 1866 Sp. 1 ff., 73 ff. — 1867 Sp. 1 ff., 57 ff., 245 ff., 273 ff. — Im Anschluß daran lieferte eine bis 1869 gehende Fortsetzung Walther in Pözl's Krit. Vierteljahrsschrift 1869. Im Nachfolgenden wird, unter Verweisung auf den bibliographischen Apparat Mittermaier's, Walther's und Hetzel's, nur die neueste, seit 1870 herausgekommene Literatur berücksichtigt werden. — Eine sehr gute Uebersicht über den neuesten Stand giebt auch Rolin la peine de mort in der Revue de droit intern. 1870. (Ins Deutsche übersetzt von Teichmann, ins Italienische von Carrara.)

2. (Zu S. 5.) Oettingen, Moralstatistik. Erlangen. 2. Aufl. 1874.

3. (Zu S. 8.) Portugal: Ch. Lucas, de l'abolition de la peine de mort en Portugal. Paris 1869. — Pierantoni, in den Verhandlungen des italienischen Juristentages S. 13.

4. (Zu S. 8.) Sachsen. Die beiden bedeutendsten unter der damals gegen die Todesstrafe gerichteten Schriften sind: 1) Schwarze, Aphorismen über die Todesstrafe mit besonderer Berücksichtigung der Schrift des Dr. Kuntze über die Todesstrafe (1868). 2. Heinze, Votum für Aufhebung der Todesstrafe in der sächsischen ersten Kammer (Allgemeine Deutsche Straf-Rechts-Zeitung VIII. 525 ff.)

Niederlande: Ch. Lucas, Observations présentées à la séance du 23. avril 1870 à l'occasion de l'hommage à l'académie de plusieurs documents relatifs au projet de loi pour l'abolition de la peine de mort proposé à le seconde chambre des États-Généraux en Hollande

(compte rendu de l'Académie des sciences morales et politiques Vol. XLIII.)

5. (Zu S. 13.) S. Hetzel, Die Todesstrafe in ihrer culturgeschichtlichen Entwickelung. Berlin 1870: Neben Mittermaier die bedeutendste Leistung der Deutschen, auf die Todesstrafe bezüglichen Literatur. Es wäre zu wünschen, daß in gleicher Weise für Franzosen, Engländer und Italiäner eine Sammlung der strafrechtlichen Ideen, zusammengestellt würde.

6. (Zu S. 17.) Lebenslängliche Zuchthausstrafe. Sehr eingehende Ermittelungen über lebenslängliche Zuchthausstrafe (penal servitude) enthält der Report of the capital Punishment Comission London 1866. Summary XXXIX giebt die Uebersicht der Zeugenaussagen. — Mill bezeichnete in seiner Parlamentsrede die Todesstrafe als geringeres Uebel im Vergleich zu lebenslänglicher Strafarbeit. Gegen die Todesstrafe und die lebenslängliche Zuchthausstrafe Wahlberg (in den juristischen Blättern 1872 (No. 16).

7) (Zu S. 20). Abschreckung durch die Todesstrafe. Eine völlig ergebnißlose Beweisaufnahme über die bestrittene Thatsache der Abschreckung unternahm das englische Parlamentscomité (Report 1866). Ich gebe einen Auszug aus der Aussage der Sachverständigen.

1. Lord Cranworth für die Abschreckung: „aber Verbrecher denken überhaupt nicht über ihre Aussicht auf Leben oder Sterben nach."

2. Baron Bramwell: für eine gewisse Abschreckung (in some degree!)

3. Baron Martin: Die Verkündung des Urtheils schreckt die dabei Anwesenden!

4. Lord Wensleydale: für die Abschreckung, aber Mord wird oft im Augenblick der Gedankenlosigkeit verübt.

5. Spencer Horatio Walpole M. P.: Für die Abschreckung beim Morde.

6. G. Denman, M. P.: Im Ganzen ist die Todesstrafe mehr anstiftend, als abschreckend.

7. Oberstlieutenant Henderson (damals Generaldirektor der Gefängnisse): Die Todesstrafe ist das stärkste Abschreckungsmittel.

8. Thomas Kittle (Polizeiinspector): Für die Abschreckung.

9. Richard Tanner (Criminalpolizeiinspector in London): Für die Abschreckung, weil alte Diebe aus Furcht vor der Hinrichtung niemals ein schwereres Verbrechen, als Diebstahl begehen!

10. Sir Fitzroy Kelly (Generalstaatsanwalt und Generalprocurator): Gegen die Abschreckung: „wer nicht durch irgend eine schwere Strafe überhaupt abgeschreckt wird, wird es auch nicht durch Todesstrafe."

11. J. Davis (Gefängnißgeistlicher von Newgate): Für Abschreckung; denn unter anderen äußerte vor der Hinrichtung ein gewisser Horler, er würde den Mord nicht begangen haben, wenn er gewußt hätte, daß er bestimmt hingerichtet werden würde!

12. **William Tallack** (Secretär der Howard Association): Keine Abschreckung:

13. Lord Hobart: „Keine Abschreckung".

14. Sir George Grey (Staatssecretär): In einigen Fällen des Mordes Abschreckung, in anderen nicht.

15. Nissen (Sheriff der City von London): Keine Abschreckung.

16. H. Avory (Clerk beim Central Criminal Court): Die schwerste Sorte von Dieben (burglars) wird abgeschreckt.

17. Leone Levi (Professor): Keine Abschreckung, wie die Zahl der Selbstmorde in der Verbrecherklasse beweist.

18. James Stephen (Criminalist): Für die specifische Abschreckung durch Todesstrafe.

19. Sir James Willes: Unbestimmt.

20. John Jessop (Geistlicher): Die Todesstrafe ist nicht abschreckend und zwar a) weil bei kühler Ueberlegung der Thäter der Bestrafung zu entgehen hofft; b) bei starken Leidenschaften der Gedanke an die Folgen nicht aufkommt.

21. Thomas Beggs (Secretair der Gesellschaft für Abschaffung der Todesstrafe): Keine Abschreckung!

22. Th. Harrington Tuke (Arzt): „Einige Geisteskranke werden abgeschreckt."

23. John H. Parry (Serjeant-at-Law): Die Todesstrafe ist nicht abschreckend.

24. Capt. Cartwright (Gefängnißdirector in Gloucester): Die Todesstrafe nicht abschreckender, als lebenswieriges Gefängniß.

25. Sir Lawrence Peel: In Indien ist die Todesstrafe nicht abschreckend, weil dort der Tod nicht gefürchtet wird.

26. James A. Lawson (Generalstaatsanwalt in Irland): Die Todesstrafe schreckt nicht mehr ab, als lebenslängliche Freiheitsstrafe.

27. Mr. Chedieu (seit 1834 Advokat in Frankreich): Die Todesstrafe schreckt nicht ab.

28. Lord Osborne: Bezweifelt die Abschreckung, da so viele Menschen, um eines geringen Gewinnes willen, so leichtsinnig ihr Leben wagen.

29. Osborne (Geistlicher im Gefängniß von Bath): Keine Abschreckung solcher, welche praktisch in Betracht kommen!

30. Sir Mordaunt Wells: Unbestimmt.

8. (Zu S. 21.) **Barbaren.** Sir John Lubbock meint in seinem bekannten Werke über den prähistorischen Menschen: Savages unite the character of childhood with the passious and strength of men. S. W. Bagehot, Physics and Politics S. 18.

9. (Zu S. 28.) **Grausame Hinrichtungen früherer Zeiten.** S. die Strafe von Damiens nach seinem lächerlichen, gegen Ludwig XV. verübten Attentate bei Cantù, Cesare Beccaria (1862) p. 16. Es erging da-

mals eine Anfrage bei Gerichtscollegien und Aerzten bezüglich der schmerzvollsten Art des Folterns. Dem Delinquenten ward ein Spiegel vorgehalten, in welchem er die schmerzhaften Verzerrungen seiner Gesichtszüge sehen sollte. — Die Hinrichtung dauerte fünf Viertelstunden. — Aehnlich die Execution von Gérard, Mörder Wilhelms von Oranien, beschrieben von Juste, Guillaume le Taciturne (1873).

10. (Zu S. 28). Sichere und schnelle Tödtung bewirkt vergleichungsweise am besten die Enthauptung durch Maschine. Noch immer ereignen sich in England mißlingende und qualvolle Hinrichtungen durch den Strang. S. darüber Dymond, The law on its, trial (1865) S. 194. Die Todesqualen Buranellis dauerten fünf Minuten. — Ein Mörder Bonsfield, der 1856 gehängt ward, zog sich mit den Händen am Strick empor und stützte mehrmals seinen Fuß auf die Leiter. Der Henker riß ihn dreimal von der Leiter zurück. Das vierte Mal hängte er sich selbst an den Leib des Delinquenten, um durch seine Schwere Erstickung zu bewirken (Dymond, p. 162). — Auch in Nord-Italien, wo die Strafe des Strangs besteht, haben italienische Aerzte wahrgenommen, daß die Todesqual durch Hängen öfters verlängert wird. S. Giuriati in den Verhandlungen des italienischen Juristentages von 1872. S. 228.

11. (Zu S. 32). Kerith. Ueber die Strafbedrohung des Kerith ist von jeher viel Streit gewesen. „Ausrottung aus dem Volke Israel" wird sehr häufig angedroht und zwar entweder 1. neben der richterlich zu verhängenden Todesstrafe (so für Sabbathschändung, Götzendienst, Ehebruch, Sodomie, Blutschande). II. B. M. 31, 14. III. B. M. 18, 7, 8, 15, 17, 20, 21, 22, 23, 29, 20, 1—5; oder 2. selbständig ohne Concurrenz der richterlichen Strafe (wie für Zauberei, Verletzung der Opfer- und Speisegesetze, unreinen Geschlechtsverkehr und andere Fälle) III. B. M. 20, 6. 17, 3—9. 18, 19—29. 20, 18. II. B. M. 30, 33. 38. IV. B. M. 19, 13—20 und a. m. Die richtige Ansicht vertheidigt neuerdings, in Uebereinstimmung mit den Talmudisten, Thonissen in seinen Études sur l'histoire du droit criminel des peuples anciens (1869 Bruxelles) II, 50. Kerith, die Strafe der Ausrottung durch unmittelbares Eingreifen des göttlichen Zornes gegen den Schuldigen, soll die Hoffnung auf richterliche Milde und Volksgunst ausschließen; ist daher die denkbar stärkste Potenz alles Strafrechts, der Analogie zu dem Römischen sacratio capitis cum familin pecuniaque; der Ueberlieferung an die göttliche Rache. Das Verhältniß des hebräischen zu dem Römischen Strafrechte ist also wie die Androhung göttlicher Ausrottung aus dem Volke zur Ausstoßung durch das Volk. Wer die im Mosaischen Recht verzeichneten Fälle des Kerith aufmerksam betrachtet, wird finden, daß dieser Fluch wesentlich auf zwei Klassen von Fällen sich bezieht. Erstens solche, welche nicht leicht öffentlich entdeckt werden konnten, wie verbotener Geschlechtsverkehr und Verletzung der Speisegesetze; zweitens solche, in denen, ihrer Machtüberlegenheit vertrauend, und auf die Schwäche des Volkes zählend, Priester das Gesetz Mose verletzen würden.

12. (Zu S. 37.) Todtenbeschauer. Ueber die altengl. Einrichtung

welche einem Statut vom Jahre 1276 (4. Edw. I. s. 2.) entstammt, f. **Stephen,**
a General view of the criminal law of England S. 26. — Ausführlich:
Gneist, Selfgovernment (3. Aufl.) §. 10.

13. (Zu S. 41.) **Körperl. Untersuchung der Kindesmörderinnen.**
Diese Auffassung des englischen Strafprocesrechts erscheint aus dem Zusammenhang seiner Bestimmungen durchaus gerechtfertigt. Wer nicht gehalten ist, zur
Aufklärung eines zweifelhaften Verhältnisses beizutragen, wer davor gewarnt
wird, vor Gericht zu antworten (wie dies in England geschieht), weil daraus
Procesnachtheile für ihn gefolgert werden könnten, der kann auch nicht gezwungen
sein, seinen nackten Leib einer ärztlichen Untersuchung darzuleihen. Und ebenso
wenig wie er zu einer Aussage vor Gericht gezwungen werden kann, kann er
nach dem accusatorischen Princip gezwungen werden, sich körperlich untersuchen zu lassen. Die Untersuchung des nackten Leibes an einem Beschuldigten
ist daher unzweifelhaft inquisitorisch; es fällt auf, daß die deutschen Juristen,
welche die strengere accusatorische Maxime verfechten, die zwangsweise Untersuchung
des Leibes bisher nicht angefochten haben. Andrerseits erkläre ich mir die seltene
Erwähnung des gewiß in Wirklichkeit nicht so selten gewesenen Kindesmordes
bei den Schriftstellern des klassischen Alterthums und die juristische Nichtbeachtung
des Kindesmordes in den Römischen Rechtsquellen, mindestens zum Theil, aus
der streng accusatorischen Natur des Römischen Strafprocesses. Ohne leibliche
Untersuchung einer verdächtigen Person in Beziehung auf die Thatsache und die
Zeit einer stattgehabten Entbindung wird der im Falle des Kindesmordes ohnehin schwere Beweis den Gränzen der Unbeweisbarkeit nahe gebracht.

14. (Zu S. 23.) **Verhaftung von Mördern.** Mit Rücksicht auf die
besondere Wichtigkeit der Verhaftung wegen Mordverdachtes und andrerseits auf
die Thatsache, daß von den niederen Polizeibeamten, zumal in kleinen Städten
und auf dem flachen Lande, eine mittelmäßige Gabe psychologischer Beobachtung
nicht erwartet werden kann, wäre es der Ueberlegung werth, ob nicht für die
Vornahme der Verhaftung in Tödtungsprocessen überall, wo nicht Gefahr im
Verzuge d. h. der dringende Verdacht der Flucht vorhanden ist, eine richterliche
Person oder in deren Ermangelung ein Gemeindezeuge zuzuziehen wäre. Der
Staatsanwalt wäre deswegen ungeeignet, weil er in seiner Eigenschaft als Ankläger von der Ablegung eines Zeugnisses ausgeschlossen scheint. So lange die
Todesstrafe besteht, ist in Anbetracht des unwiderruflichen Resultats eine
Specialgarantie auch im Vorstadium wünschenswerth. Soviel ich mich erinnere,
wurde übrigens in Berlin die Verhaftung in besonders wichtigen Kapitalfällen
der Regel nach höher gebildeten und erfahrenen Polizeibeamten anvertraut, worin
mindestens das Anerkenntniß liegt, daß es sich um einen hochbedeutsamen Act
der Rechtspflege handelt.

15. (Zu S. 44.) **Anwendung täuschender Tödtungsmittel.** Ich
erinnere mich, in einer amerikanischen Zeitung die seltsame, aber freilich nicht
unmögliche Nachricht gefunden zu haben, daß Jemand beschuldigt würde, mehrere
besonders giftige Schlangen in das Bett seiner Frau gelegt zu haben, um sich
dieser unter dem Scheine eines unglücklichen Zufalles zu entledigen. — Kinder

werden in England öfters straflos getödtet, indem man absichtlich in ihrem Bereiche schädliche Flüssigkeiten stehen läßt und berechnet, daß sie aus Naschhaftigkeit davon in Abwesenheit der Eltern trinken werden.

16. (Zu S. 46) Freisprechungen. Die Durchschnittsziffer der Freisprechungen beträgt in Italien für alle Streitfälle ohne Unterschied ein Drittel der Anklagen vom Jahre 1870 d. h. von 348,948 wurden 234,869 verurtheilt. (Statistica giudiziaria penale per l'anno 1870. Roma 1873.)

In Frankreich betrugen die Freisprechungen 1871: 27% der Verbrechensanklagen; im Verhältniß von 8% der Anklagen nahm die Jury ein geringeres Verbrechen, in 10% derselben das Vorhandensein eines Vergehens an. Zu Gemäßheit der Anklage ergingen 56% der Verdikte (sachlich und persönlich in Beziehung auf sämmtliche in einer Sache Mitangeklagten). — In Preußen nach der neuesten Statistik (1874 für 1872 u. 1873) zwischen ¼ u. ⅙ der von den Geschwornen contradictorisch entschiedenen Anklagen (ausschließlich also der durch Geständniß erledigten Fälle).

17. (Zu S. 49.) Geschworene in Kapitalsachen. Eine besonders stark getadelte Hinrichtung hat beispielsweise bewirkt, daß in Maidstone unter der Bevölkerung die Abneigung gegen die Todesstrafe weit verbreitet ist. Dymond berichtet, daß aus diesem Grunde die vor den Assisen der Grafschaft Kent auftretenden Ankläger die aus Maidstone erscheinenden Geschworenen in Kapitalsachen zu recusiren pflegen (Law on its trial p. 308). — Ueber die Stellung der Engl. Geschwornen zu den Anklagen auf Kindermord s. Capital Punishment Commission Report, Summary XXIII. — Was Italien anbelangt s. Mangano, La giuria e la pena di morte. Catania 1874.

18. (Zu S. 50.) Rechtsmittel in Bayern. In Bayern wurden 1873 durch 14 Urtheile 16 Personen zum Tode verurtheilt. Eine Vernichtung des Todesurtheils wurde nur in einem Falle vom höchsten Gerichtshof ausgesprochen. Zwei durch ein Urtheil verurtheilte Delinquenten sind hingerichtet worden, 12 sind begnadigt, in Betreff der verbleibenden fehlte noch die königliche Entscheidung. S. Sammlungen der Entscheidungen des obersten Gerichtshofes für Bayern in Gegenständen des Strafrechts und Strafprocesses III, S. 618.

19. (Zu S. 58.) Begnadigungen im Verhältniß zum Abschreckungszweck und als Bedingung für die Verwirklichung der Strafdrohung. Die Reihe der Bedingungen kann übrigens noch vermehrt werden. Beim Morde nämlich noch dadurch, daß der ergriffene Mörder nicht noch hinterher auf dem Transport zur Gerichtsstelle oder aus der Untersuchungshaft entspringe: was zwar vorgekommen ist, aber doch so selten geschieht, daß darauf wenig Gewicht zu legen ist.

Anders verhält es sich bei nicht todeswürdigen Verbrechen, wenn die Bedingung eines Strafantrages von Seiten gewisser Personen durch das Gesetz als Erforderniß der Bestrafung vorgeschrieben ist (sog. Antragsverbrechen).

Die denkbar geringste Abschreckung ist endlich dann vorhanden, wenn außer dem Erforderniß des Strafantrages noch anderweitige Bedingungen hinzukommen. Dies ist beispielsweise nach § 172 des Reichsstrafgesetzbuchs der Fall:

„Der Ehebruch wird, wenn wegen desselben die Ehe geschieden ist, an dem schuldigen Ehegatten, sowie dessen Mitschuldigen mit Gefängniß bis zu sechs Monaten bestraft. Die Verfolgung tritt nur auf An- trag ein."

Bedenkt man hier die Reihe von Bedingungen und mithin die ungewöhn- liche Schwierigkeit der Entdeckung und des Beweises, so kann man sagen, daß die Bestrafung practisch denjenigen Grad der Unwahrscheinlichkeit erreicht hat, bei welcher die Abschreckung auf den Nullpunkt herabgesunken ist.

20. (Zu S. 59.) Panischer Schrecken in den Handelskrisen neuerdings anschaulich geschildert von Bagehot, Lombard Street. 1873. Deutsche Ueber- setzung von Beta (Leipzig 1874).

21. (Zu S. 60.) Terrorismus der Revolutionstribunale. Der reichen Literatur über die französischen Revolutionstribunale, welche von Sybel gewürdigt worden ist treten aus neuerer Zeit hinzu: Campardon, R. Tri- bunal Révolutionaire de Paris 1866. — Vermorel, Oeuvres de Ro- bespierre 1866. Fleury, Saint Juste et la Terreur (Bibliothèque aca- démique). — Horace de Viel-Castel, Marie Antoinette et la Révo- lution française. Paris 1859.

Ueber den Terrorismus des Herzogs von Alba in den Niederlanden (außer ben allgemeinen geschichtlichen Darstellungen von Juste und Gachard): Alt- meyer, une succursale du tribunal de sang. Bruxelles 1853. — Cam- pan, Mémoires de Francesco de Enzinas. Bruxelles 1862.

22. (Zu S. 62). Gespött über den Terrorismus. Ich selbst hörte von Augenzeugen erzählen, daß französische Soldaten nach der Schlacht von Jena das Fallbeil als Spielzeug in ihren Tornistern nach Berlin brachten und Kinder damit ergötzten, daß sie Käfer, Würmer und allerlei Insecten unter der Guillotine sterben ließen.

23. (Zu S. 62.) Mittel des Mordes. Der Mörder wird immer seine Mittel aus dem Gesichtspunkte wählen, sicher zu tödten und selbst ungefährdet zu bleiben. Die gesellschaftlichen Verhältnisse wirken auf die Tödtungsmittel ein. Nicht ohne Interesse für die Völkerpsychologie wäre die Berücksichtigung der Wirkungsinstrumente; es ist dankenswerth, daß die Franzosen auch in dieser Hinsicht einen Anfang gemacht haben: Wir geben die Zahlen der französischen Strafstatistik für 1871.

	Mord.	Todtschlag.	Summe.
1. Schußwaffen:			
a) Gewehre	83	94	179
b) Pistolen	51	47	98
2. Blanke Waffen.			
(Säbel, Degen, erlaubte Waffen)	12	10	22
3. Dolch, Stockdegen (verbotene Waffen)	1	6	7
4. Messer	32	78	110
5. Stöcke	4	11	15
6. Andere Instrumente	74	31	105
7. Gift	13	—	—

22*

In Italien zeigt sich andrerseits, daß die Schußwaffe hinter der kurzen Stoßwaffe der sicarii (Stilett, Messer, Dolch) noch immer zurücksteht. Nach der amtlichen Strafstatistik für 1870 wurde 707 mal die Schußwaffe, 784 mal Stilett und Dolch, 475 mal das zu häuslichen Zwecken bestimmte Messer zur Tödtung gebraucht.

24. (Zu S. 74.) Gesetzgebung gegen den Zweikampf. Eine übersichtliche Recapitulation siehe bei Teichmann in v. Holtzendorff's Handbuch des deutschen Strafrechts B. III, 382. — Für Frankreich vornehmlich die geschichtlichen Nachweisungen von Cauchy, du duel (1846). Bd. I, p. 107 ff. Für Italien: Clem. Pellegrini, considerazioni della razionalità e punibilità del duello. Venezia 1868 u. Ellero, Opuscoli criminali 1874.

25. (Zu S. 75.) Ueber die alte Blutrache siehe Nölbele in Schenkel's Bibellexicon. — Ueber Corsica, wo unter einer Bevölkerung von ungefähr 236,251 Einwohnern die Ziffer der vorsätzlichen Tödtungen eben so groß ist, wie in 30 anderen französischen Departements zusammengenommen, s. Bérenger, de la répression penale I, 9; II. 189. Der Corse achtet den, der aus pflichtmäßigem Rachegefühl töbtet: „Il y a encore cela de remarquable, que nonobstant cette égalité de la prison, qui place sous le même niveau ceux, que réunit une expiation commune, ces Corses conservent dans leurs rapports respectifs le respect des supériorités sociales.

Wichtiger, als die Strafdrohung wegen Mordes, ist ein Gesetz, welches die Gelegenheit zur Tödtung erschwert. Aus diesem Grunde erging das Gesetz, vom 15. Juni 1853, betreffend das Verbot des Waffentragens.

26. (Zu S. 75.) Oeffentliche Meinung über den Zweikampf. Vgl. auch die Ausführungen von Tommaseo (pena di morto S. 151) „l'infamia che dovrebbe serbarsi a chi lo provoca si riserva a chi lo ricusa."

27. (Zu S. 76.) Irische Mörder. Die Irische Statistik der Mordthaten zeigt besonders starke Schwankungen. S. appendix zum Report der Capital Punishment Commission 1866, p. 612. Daher folgender Jahresdurchschnitt der Todesurtheile auf Grund von Mord:

1. Periode von 1823—1832: 27,2 [Maximum 49, Minimum 17],
2. Periode „ 1833—1842: 24,2 [„ 49, „ 8],
3. Periode „ 1843—1852: 15,6 [„ 44, „ 9],
4. Periode „ 1853—1862: 5,1 [„ 13, „ 1].

28. (Zu S. 80.) Politische Prozesse in Frankreich. Der Prozeß Bazaine ist eine neue Warnungstafel in der Geschichte der politischen Tendenzprozesse. Daß der Marschall, nachdem er Jahre lang völlig unbehelligt geblieben war, wegen der Kapitulation von Metz als „Verräther" zum Tode verurtheilt werden konnte und man ihn unter den Augen eines Präsidenten der Republik, der selbst in Sedan „kapitulirt wurde", wegen Kapitulation im „offenen Felde" zur Rechenschaft zog, bedeutet in der Entstellung des Strafrechts und des allgemeinen Schicklichkeitsgefühls mindestens ebenso viel, wie die Reihe der Transportationsdecrete, welche die Gegner des Staatsstreichs nach

Cayenne befördert hatten. Jedenfalls zeigte der Prozeß Bazaine, daß auf die Bestimmungen der Militairstrafgesetzbücher, soweit diese sich auf die politischen Bergehungen der Militairbefehlshaber beziehen, um so größere Sorgfalt verwendet werden sollte, als militairische Besetzung der Urtheilsgerichte ohnehin die Garantien einer rechtlich zutreffenden Gesetzesauslegung vermindert.

Tommaseo della pena di morte (Firenze 1865, S. 94) sagt über die politischen Kapitalprocesse: La politica, sia colpa sua o colpa di chi non la insegna o di chi non la impara, rimane sovente più opinione che che coscienza; e gran mercè se non sia mestiere e mercato. Non è dunque giusto punire i fatti, che recansi a opinioni politiche come quelli che direttamente dipendono da principii morali. La questione tra il bene e il male politico non è spesso che questione di tempo e d'opportunità: e chi la sbaglia, potrebbe essere castigato come un individuo infelice o come un inesperto imprudente, piuttosto che come malfattore davvero.

29. (Zu S. 84.) Politische Attentate. Eine psychologisch lehrreiche Studie über den Character derjenigen, welche gegen Louis Philipp Mordversuche verübten, giebt Bérenger, de la répression pénale (1855) II, p. 117ff.

30. (Zu S. 88.) Charlotte Corday. Die amtlichen Protocolle stehe bei Ch. Vatel, Dossiers du procès de Charlotte Corday devant le Tribunal révolutionnaire. — Extraits des Archives Impériales. Paris 1861.

31. (Zu S. 91). Mord an dem Verführer. Als typisch gehört hier her der romantische Fall der Annette Myers, welchen Dymond (The law on its trial S. 148 ff.) berichtet. Die französischen Geschworenen sprechen, indem sie Ehrennothwehr annehmen, in solchen Fällen meistentheils frei. Das gleiche geschieht in Nord-Amerika. — Vergl. außerdem über den Character verführter Mädchen: Despine, Psychologie naturelle III, 11.

32. (Zu S. 92.) Ueberlegung im Kindesmord. Bemerkenswerth ist die Aussage des ehemaligen irischen Attorney General James Lawson vor der Capital Punishment Commission von 1865, welcher läugnet, daß das Specialverbrechen des Kindesmordes juristisch auf der Basis des Affektes construirt werden könne, it may be committed under circumstances of great deliberation. (Frage 3070 im Berichte.) — Despine (Psychologie naturelle III, 11ff., unterscheidet Infanticide des filles morales und Infanticide des filles immorales).

33. (Zu S. 92) Die Nationalität wird zum Theil durch das Vorwiegen und die größere Häufigkeit gewisser Verbrechensmotive characterisirt. Nach der italienischen Strafstatistik waren bei den von den Assisen und correctionellen Tribunalen abgeurtheilten Straffällen ermittelt worden: Zorn und Trunkenheit 6649mal, Noth und Gewinnsucht (indigenza) 4981mal, Haß und Rache 4076mal.

34. (Zu S. 93.) Statistik der Motive der Verbrechen: Mit Beziehung auf die Beweggründe zu Eigenthumsverletzungen stehe auch M. M. von Baumbauer, Crimes et delits contre et attentats à la propriété par cu-

pidité. Mémoire rédigé pour le neuvième Congrès International de statistique. La Haye 1874.

35. (Zu S. 94.) Unwirksamkeit der Abschreckung bei starken sexuellen Triebfedern. Entscheidend wirkt dabei meistens die Gelegenheit. Für solche Fälle gilt, was Lord Lytton sagt: „Circumstances make guilt. Let us endeavour to correct the circumstances before we rail against guilt.“

36. (Zu S. 95.) Mord aus Gewinnsucht. Eine kleine Sammlung von Fällen giebt Despine (Psychologie naturelle II, 390) unter der Ueber-schrift: Étude psychologique sur les voleurs assassins.

37. (Zu S. 97.) Mord aus Mordlust. Ein Individuum dieser Art beschreibt die französische Gerichtszeitung le Droit aus Veranlassung eines im November 1857 verhandelten Criminalprocesses, der eine Räuberbande betraf, in der einige Mitglieder Geschmack am Stehlen, andere an Brandstiftung und wiederum andere an Menschenschlächterei fanden: „Lemaire, une fois en train de tuer, était porté à exterminer par plaisir. Ainsi, après avoir tué Déchamp père, il voulait tuer le fils sans nécessité et même contre toute prudence, disant, — qu'il en tuerait mille comme ça. Il était paresseux, débauché, buveur et joueur. — Chez Prosper Viliet se trouvait aussi le penchant au meurtre. Il désirait le retour de 1793, pour tirer la ficelle à l'échafaud!

38. (Zu S. 101.) Motive des Mords. Die französ. Strafstatistik unterscheidet unter den Beweggründen von Vergiftung, Mord, Todtschlag und Brandstiftung folgende Gruppen. 1. Habsucht (cupidité). 2. Ehebruch. 3. Häusliche Zwistigkeiten. 4. Eifersucht und Ausschweifung. 5. Haß und Rache. 6. Verschiedene andere Motive. Unter letzterer Rubrik werden als Motive beispielsweise aufgeführt: um die Spuren eines an-deren Verbrechens zu zerstören, um verhaftet zu werden und nach Ca-yenne zu kommen, in einer Strafanstalt von Gefangenen verübt, aus Ver-druß darüber, daß ein nachgesuchtes Almosen verweigert worden war, aus Haß gegen die Reichen, aus keinem irgendwie erkennbaren Motive, bei Wirths-hausstreitigkeiten, aus zufälligen Zwisten gelegentlich von Wahlagitationen, aus Nationalhaß. Diese Aufzählung ergiebt, daß Beweggründe und Veran-lassungen zum Morde in Frankreich durcheinander gemischt wer-den. Die fünf Hauptrubriken zerfallen in der Statistik von 1871 (heraus-gegeben August 1873) beim Todtschlag (meurtre) in 30 Special-Abtheilungen. Die Uebersichtlichkeit für die Zwecke der Criminalpsychologie würde gewinnen, wenn man unterscheiden wollte I. Oeconomische Motive: a) Habsucht schlechthin, b) in Erbschaftsstreitigkeiten, c) in Nahrungssorgen, d) in Grenz-streitigkeiten. II. Geschlechtliche Motive: a) Ehebruch, b) Eifersucht c) verschmähte Liebe, d) Verführung, e) Verzweiflung Liebender, f) Liebesüberdruß, g) wollüstige Grausamkeit (Fälle in dem un-mittelbar auf die geschlechtliche Vereinigung Tödtung folgt). III. Zorn, Haß und Rache und zwar a) politischer Mord aus Veranlassung von Wahlen,

aus Nationalhaß, gegen Beamte, b) nicht politischer Mord, c) Blutrache. IV. Mord in Verbindung mit anderen Verbrechen, um deren
Entdeckung zu hindern, um sich der Bestrafung zu entziehen. V. Aus ver.
schiedenen seltenen und nicht zu verallgemeinernden, individuellen Motiven.
VI. Aus nicht zu ermittelnden Motiven. Auch bei der Aufstellung
dieser Kategorien giebt es Uebergänge, es kann z. B. vorkommen, daß Ehebrecher
sich heirathen und außerdem das Vermögen eines umzubringenden Ehegatten an
sich nehmen wollen. Eine gleichmäßig durchgeführte Mordstatistik mit Unterscheidung der Motive würde einen werthvollen Beitrag zur Psychologie liefern.

Wenn ich in Gemäßheit der von mir gegebenen Aufstellung die Ziffern der
französischen Strafstatistik umrechne, so gelange ich für den Mord (assassinat)
zu folgenden (ungefähr) zutreffenden Ergebnissen. I. Deconomische Motive: 70 Verbrechensfälle. Außer dem Raubmord ist von besonderer Wichtigkeit für die Gesellschaft die Zahl der aus Nahrungssorgen gegen eheliche oder
uneheliche Kinder begangenen Mordthaten. (Ganz sicher ist die ganze Rubrik
deswegen nicht festzustellen, weil sie in Frankreich die Ueberschrift führt: pour
commettre des vols ou en assurer l'impunité.) II. Geschlechtliche Motive: 35 (darunter 16 mal Ehebrecherische Verhältnisse, nächstdem am häufigsten
Ueberdruß d. h. Tödtung der Zuhälterin durch den Zuhälter). III. Haß und
Rache. a) politische Fälle 19; b) gemeine Verbrechen 113; eingeschlossen 53
unter Verwandten wegen zerrütteter Familienverhältnisse, zusammen 132. IV. Um
sich der Ergreifung oder Bestrafung zu entziehen: 14 Fälle. V. Ver.
schiedene andere Motive: 2. VI. Unbekannt: 4.

Als specifisch französisch dürfen davon die Fälle der Blutrache (Corsisch),
der in der Wahlaufregung gegen politische Gegner (17 Angeklagte) und der aus
Nationalhaß (gegen Deutsche) begangenen Missethaten betrachtet werden. Aehnlich sind die Erscheinungen beim Todtschlag (meurtre), nur daß hier die
öconomischen Motive zurücktreten müssen. Ich berechne auf Grund der franz.
Statistik wie folgt für Todtschlag:

I. Deconomische Motive (pour faciliter un vol und Nahrungssorgen): 22 Fälle.

II. Geschlechtliche Motive: 25 Fälle.

III. Haß und Rache. a) politische Motive des Hasses gegen die Obrigkeit, rechtswidrige Tödtung eines Widersetzlichen durch den Beamten, Partei-
und Nationalhaß: 44 Fälle. b) nicht politische Motive: 197 Fälle.

IV. Um sich der Bestrafung zu entziehen: 1.

V. Verschiedene (singuläre) Motive: 1.

VI. Unbekannt: 4.

Ich wiederhole, daß diese Zusammenstellung nicht genau sein kann, sondern
nur ein ungefähres Bild geben solle; ich habe manche Fälle unter verschiedenen
Rubriken mehrmals eingetragen, weil ich nicht erkennen konnte, ob in ihnen das
öconomische oder geschlechtliche Motiv, wo beide vorhanden sind, das stärkere
war. Daher stimmt die Zusammenzählung nicht mit der Zahl der französischen

Statistik, welche für 1871 nachweist: 259 Mordfälle und 277 Todtschlagsfälle. — Ueber die Motive der in Oesterreich vorgekommenen Mordthaten f. Wahlberg's Aufsatz „die gesetzliche Herrschaft der Todesstrafe". (Zu den Juristischen Blättern 1872, No. 16.)

39. (Zu S. 103.) Ueber Vollstreckung der Todesurtheile f. die ausführlichen und eingehenden Erörterungen vor der Capital Punishment Commission, Summary p. XXXVI.

40. (Zu S. 104, wo druckfehlerhaft Anm. 63 steht.) Heimlichkeit des Französ. Strafverfahrens. Gute Nachweisungen bei A. Allard, Histoire de la justice criminelle au XVI. siècle. Gand 1868.

41. (Zu S. 107.) Hinrichtung von Frauen. Es finden sich auch Beispiele großer Standhaftigkeit unter hinzurichtenden Frauen. Entgegen der neuern Praxis, ist vor Kurzem (am 29. Juni 1874) in London eine Frau Namens Frances Stewart im Alter von 42 Jahren wegen Ermordung ihres einjährigen Enkelkindes hingerichtet worden. The Weeks News vom 4. Juli schreibt darüber: The learned judge who tried her, Mr. Justice Blackburn, appears to have considered that there were no substantial grounds for his recommandation, and the Home Secretary, acting upon this view of the case, decided that the law must have its course. During the last few days, when she had no longer any hope that her life would be spared, the prisoner is stated to have behaved in a becoming manner. She also wrote a very penitent letter to her daughter, the mother of the child, entreating her to forgive her. The office of executioner has been resigned by Calcraft for some weeks, and the person who is now performing the duty is a man named Merwood, who has for some time been engaged in a similar manner in the Midland Counties. The prisoner exhibited extraordinary firmness when brought from her cell, and she walked up the steps leading to the scaffold without the least assistance. There seems to have been some difficulty with the rope, and the woman struggled for two or three minutes before she died.

42. (Zu S. 108.) Betheuerung der Unschuld auf dem Schaffot. Ein junger Beamter, J. Williams, betheuerte 1861 bei seiner Hinrichtung in Leakesville (Nord-Carolina), daß er an der ihm Schuld gegebenen Ermordung seiner Geliebten völlig unschuldig sei, sich aber dennoch nicht beschweren könne, weil der Schein so stark gegen ihn sei, daß er selbst, wenn er Geschworner gewesen wäre, in einem gleichen Proceß das Schuldig über den Angeklagten ausgesprochen haben würde, und hinterließ durch diese Wendung der Rede den peinlichsten Eindruck.

43. (Zu S. 109.) Der Geistliche auf dem Schaffot. Werthvolle Aufschlüsse über die Thätigkeit der englischen Strafanstaltsgeistlichen giebt das Buch von Dymond, The Law on its trial or personal recollections of the death penalty and its opponents. London 1865. Bei Troppmann's Hinrichtung spielte auch der Scharfrichter ein wenig den Frommen. Er rief

unmittelbar vor dem Niederfallen des Beils dem Delinquenten einen Gruß zu: Adieu! mon ami, à revoir! s. den Hinrichtungsbericht bei Pierantoni in dessen Bericht an den italiän. Juristentag S. 45. Mehr als 20,000 Personen waren zugegen gewesen.

44. (Zu S. 113.) Hinrichtungseindrücke. Despine (Psychologie naturelle III, 258) citirt einen schönen Satz von Leonce Dupont: De quelque manière, que le condamné affronte le dernier supplice, en chantant ou palissant, il n'y a rien de moral, dans le spectacle d'une tête, qui tombe. Si l'homme pâlit, le peuple dit, c'est un lâche; s'il est ferme et calme, il dit: c'est un brave; s'il chante et s'il ricane comme J. Latour, le peuple ne comprend plus rien: tout dans son esprit se mêle et se confond, et la seule impression qu'il puisse ressentir, c'est l'impression immorale de la double outrage à la vie humaine, qui éclate dans le crime et le chatiment! —

Nicht blos der großstädtische Pöbel lieferte in England bei Hinrichtungen Proben seiner Leistungsfähigkeit. Eine sonst ruhige und anständige Landbevölkerung zeigte sich bei kleinstädtischen Hinrichtungen von der schlimmsten Seite, so daß man behaupten dürfte, die Vollstreckung von Todesurtheilen bezeuge nicht nur die bereits vorhandene Ausartung verdorbener Menschen, sondern verderbe auch bessere Elemente. Dymond bezeugt von einer in der kleinen Stadt Chelmsford vollzogenen Hinrichtung, daß unter der herbeigeströmten Landbevölkerung „ein wahrer Carneval" der Ausschweifung geherrscht habe. Dem Henker war in der Nacht vor der Hinrichtung ein Festessen in einem Wirthshaus gegeben worden, um ihn dabei seine Hinrichtungsgeschichten erzählen zu lassen. Aus dem Umkreise von zwanzig englischen Meilen kamen die Landleute herbei. Junge Männer und Mädchen vereinigten sich dabei zu „Picnics". Aehnliche Scenen kamen bei einer Hinrichtung zu Lausanne vor, so daß man nicht einmal in der verhältnißmäßig besser erzogenen Bevölkerung der Schweiz ein Anderes erwarten darf. Desgl. in Italien s. Domenico Giuriati, sui caratteri della pena di morte (in den Verh. des Ital. Juristentags S. 223).

45. (Zu S. 115.) Intramuranhinrichtung. Manche Gegner der Todesstrafe sind Anhänger der öffentlichen Hinrichtung, deren Uebelstände, ihrer Ansicht nach, die Abschaffung der Todesstrafe schneller begründen würden, z. B. Dymond, The law on its trial (1865). — Ausführliche Erörterungen darüber in der Capital Punishment Commission.

46. (Zu S. 116.) Verheimlichung der Hinrichtung in Frankreich. Als die Hinrichtung von Lapommerais erwartet wurde, fanden sich Tausende allabendlich auf dem Richtplatz ein, um dort bis zur Morgenstunde zu übernachten. Man war in Paris darauf gespannt, wie sich ein gebildeter Mann, und zwar ein Arzt, benehmen würde. — Auch in England hatte man versucht, in halb schamhafter Weise das traurige Schauspiel zu verhüllen und dem anwesenden Publikum gleichsam die Augen zu verbinden. In Newgate bediente man sich eines Vorhanges, der den gehängten Delinquenten den Blicken der Menge entzog.

47. (Zu S. 116.) **Einflußlosigkeit der Intramuranhinrichtung auf die Todesurtheile.** Vergleicht man die fünf Jahre vor Einführung der Intramuranhinrichtung (1868) mit den fünf Jahren nachher, so erlangt man für England folgende Ziffern für die Todesurtheile:

1863: 29,
1864: 32,
1865: 20,
1866: 26,
1867: 27,
1868: 21.
1869: 18,
1870: 15,
1871: 13,
1872: 30.

48. (Zu S. 123.) **Imitativer Selbstmord.** Dr. Winslow gedenkt eines Falles, in welchem ein Mensch sich an einer Thür auf dem Corridor des Invalidenhotels zu Paris aufhängte. In den darauf folgenden Wochen hängten sich genau an derselben Stelle fünf Invaliden auf, in Folge dessen der Gouverneur den Gang längere Zeit hindurch absperren ließ. Siehe William Tallack, Humanity and Humanitarianism. London 1871 p. 28.

49. (Zu S. 124.) **Verger f.** Étude psychologique sur Verger in Prosp. Despine, Psychologie naturelle II, p. 550.

50. (Zu S. 126.) **Mord zum Zwecke, hingerichtet zu werden.** Despine (Psychologie naturelle II. p. 579 berichtet vier Fälle von homicides pour encourir la peine de mort, par suite d'un profond dégoût de la vie, qui n'ont pas la force de se suicider. —

51. (Zu S. 128) **Nachwirkungen der Hexenprocesse.** Auch in Deutschland fordert der Hexenglaube in der Landbevölkerung noch vereinzelte Opfer. Man kann sich darüber nicht wundern, wenn man erwägt, daß mit Wundererscheinungen aller Orten Unfug getrieben wird. Der Hexenglaube ist ebenso berechtigt, wie jede andre Art des Wunderglaubens und hängt mit ihm zusammen. Den Fall einer modernen Hexentödtung in Schottland berichtet Dymond, the law on its trial 1865.

52. (Zu S. 132.) **Einflußlosigkeit gesteigerter Abschreckung.** Als Verstärkung der durch eine öffentliche Hinrichtungsceremonie hervorzubringenden Eindrücke sollte ehemals auch die öffentliche Ausstellung der Cadaver dienen. Die Gehängten blieben häufig in Ketten am Galgen, eine Mahlzeit der Raben hängen. Cantù (Cesare Beccaria 1862 p. 13) berichtet, daß in der Türkei die Köpfe hingerichteter Beamten drei Tage lang ausgestellt blieben und ein Zettel den Grund der Hinrichtung den an der Unglücksstelle Vorübergehenden meldete, außerdem auch die Köpfe der in den Provinzen Hingerichteten

eingesalzen nach Konstantinopel gesendet worden seien. — Diese Steigerung der Abschreckung blieb völlig wirkungslos. Die Gleichgültigkeit, welche Türken bei den Hinrichtungen bezeigen, wird von vielen Berichterstattern erwähnt.

53. (Zu S. 135.) **Allmählige Abschaffung der Todesstrafe.** Wenn man die Worte, welche der Preußische Justizminister Dr. Leonhardt bei Berathung des Reichsstrafgesetzbuchs im Reichstag sprach, nach ihrem Gesammtinhalt würdigt, so scheint es als ob der Justizminister des größten Deutschen Staates zu den grundsätzlichen Anhängern der Todesstrafe nicht gezählt werden kann. Er sagte: „Gesetze, welche in heutiger Zeit erlassen werden, sind nicht bestimmt für Jahrhunderte zu gelten. Man mag deshalb, wenn die Zeit gekommen ist, die Resultate der Gesetzgebung und der Jurisprudenz zusammenfassen und dann nach einiger Zeit, vielleicht nach Ablauf von fünf Jahren, eine Revision des Gesetzbuchs eintreten lassen; damit kommt man weiter.

54. (Zu S. 136.) **Todesstrafe für Fälschungen.** Henry Sparkes, Theilhaber an einem Handlungsgeschäft in Exeter, lieferte ein merkwürdiges Beispiel für die damalige Abneigung gegen die Verurtheilung eines Fälschers zum Tode. Als Zeuge geladen, um die allerdings vorhandene Fälschung anzuerkennen, drückte er die ihm eingehändigte Banknote zu einer Papierpille zusammen und verschluckte sie Angesichts des versammelten Gerichts, wodurch die Freisprechung herbeigeführt wurde. — S. auch M. D. Hill, Suggestions for the suppression of crime 1857 S. 42: Convictions and executions for forgery. —

55. (Zu S. 137.) **Kapitalfälle in England.** Das schottische und irische Strafrecht stimmt nicht ganz mit dem englischen überein. In Schottland besteht auf Grund sehr alter Gesetze noch eine größere Reihe von Kapitalfällen, z. B. Einschleppung von Giften in das Land (auf Grund eines Gesetzes von 1450), Angriff auf Geistliche, in der Absicht diese zu tödten oder ihr Haus zu plündern; Mißhandlung oder Fluchworte mit Beziehung auf die Eltern — Mißhandlung von Richtern während der Gerichtssitzung (1593); Bestechung eines Richters, der von Dieben Geschenke nimmt (s. g. Theftbote); rechtswidrige Tödtung von fremden Kindern, Pferden u. s. w.; Abhauen von Bäumen oder von Feldfrüchten, Blutschande und Sodomie, Aufruhr; Einreißung von Kirchen, welche gesetzlich geduldet sind, wenn in ihnen für den König und den Prinzen von Wales gebetet wird (aus der Regierungszeit Georg's I.) — Anhören der Messe (!) und Messelesen der Jesuiten, katholischer Priester, Zweikampf ohne Erlaubniß der Regierung, Einbruch in ein Haus mit der Absicht, wollene Waaren auf dem Webstuhl zu zerstören (Georg II.). Die Mehrzahl dieser Gesetze wird trotz ihres nominellen Fortbestandes als obsolet anzusehen sein.

56. (Zu S. 138.) **Einflußlosigkeit der Todesstrafe auf die Verbrecherzahl.** Mancini (Discorsi pronunziati nella camera dei deputati nelle tornate del 24. e 25. febbrajo e 13. marzo 1865 S. 25) sagt darüber:

Lo stato intellectuale, morale, economico o politico di una nazione, le maggiore o minore imperfezioni della legislazione in

quanto può accrescere la probabilità e quindi le speranza dell' impunità
gli esempi di moralità o di abusi, che scendendo dall' alto vengano
offerti al popolo dal proprio governo, l'ordinamento ed il grado d'intel-
ligenza ed operosità degli istituti preventivi di vigilanza e di sicurezza
publica, sono i veri ed eminenti fattori della criminalità di un paese e
spiegano il numero esteso o ristretto de' grandi malfattori assai più che
la minaccia della pena di morte in pochi o molti articoli di un Codice
penale.

Wichtig ist unter den besonderen, auf die Verbrechenszisser einwirkenden
Verhältnissen der Krieg. Meistentheils wird die Ziffer der Bestrafungen
kleiner, diejenige der wirklichen Verbrechen größer sein, als in Friedenszeiten,
und zwar deswegen, weil 1. Weniger Verbrechen entdeckt werden, da Polizei,
Gensdarmerie und Sicherheitsbeamte einen Theil der wehrhaften Mannschaft an
das Heer abgeben und 2. Weil die männliche Bevölkerung in derjenigen Altersklasse, in welcher Verbrechen am häufigsten vorkommen, zum großen Theil zur
Fahne einberufen wird und dann Angriffe gegen fremdes Eigenthum entweder
unter dem Mantel der Requisition straflos bleiben oder von Militärgerichten
abgeurtheilt werden. Alle diese Verhältnisse sind z. B. für die französische Kri-
minalstatistik von 1870 und 1871 wohl zu beachten. Der Justizminister Ernoul
hebt in seinem Bericht für 1871 diese Umstände hervor und erinnert auch daran,
daß nicht wenige Vergehen, die sonst in den Tabellen der civilen Strafrechtspflege erscheinen würden, auch durch Verhängung des Belagerungszustandes in
mehreren Departements den Militärbehörden zufielen. In Paris beispielsweise
konnten die Assisenhöfe im Juni längere Perioden nicht fungiren; vom 16. Sept.
1870 bis zum 18. Febr. 1871 und nochmals vom 18. März bis 1. Juli 1871
waren sie außer Wirksamkeit.

Die Einwirkungen des Kriegsjahres treten vornehmlich darin hervor:
verhältnißmäßige Verminderung der Verbrechen des männlichen Geschlechts
für die Altersklasse von 20—41 Jahren, sowie der Unverheiratheten, welche durch
das Mobilisations-Dekret vom 2. Nov. 1870 betroffen waren. Verminderung
der Fälle des betrüglichen Bankerutts im Zusammenhann mit gesetzl. Moratorien.
Zunahme der relativen Ziffer der von ortsangehörigen Personen verübten
Verbrechen (weil die nicht ortsangehörigen durch Einberufung entfernt waren).
Relative Zunahme der Verbrechen der ländlichen Bevölkerung im Verhältniß
zur städtischen (in Folge verminderter Aufsicht).

57. (Zu S. 139.) Abschaffung der Todesstrafe in Toscana.
Das Historische darüber s. im Report of liv Capital-Punishment-Commission
Appendix S. 510. Nach einer Berechnung des ehemal. Justizministers Bacca
wurden vom 16. April 1852 (Wiedereinführung der Todesstrafe in Toscana)
bis 30. April 1859 (Abschaffung der Todesstrafe) 27 vorsätzliche Tödtungen be-
gangen, d. h. also während eines Zeitraums von 2310 Tagen (eine vorsätzliche
Tödtung auf 86 Tage), vom 1. Mai 1859 bis 31. Nov. 1864, während eines
Zeitraums von 2040 Tagen im Ganzen 22 Tödtungen (eine Tödtung auf

90 Tage). Der Unterschied ist hier völlig verschwindend; Bacca freilich meint, um die Todesstrafe zu rechtfertigen, es seien während der zweiten Periode manche schwere Verbrechen unentdeckt geblieben. — Nach Mancini (Primo Congresso Giuridico Italiano, Relazione sulla tesi: Abolizioni della pena di morte, Roma 1872, p. XVIII) hat sich auch in neuester Zeit eine Veränderung nicht gezeigt, obwohl die zeitweise geschehene Verlegung der Regierung nach Florenz, zahlreiche frembartige Elemente aus anderen Theilen Italiens nach Toscana hingezogen hatte.

Auch in der kleinen Republik San Marino war 1848 die Todesstrafe abgeschafft worden. (Das Nähere bei Pierantoni S. 7 seines Berichtes in den Verh. des italienischen Juristentages.)

Die auch im neuesten Strafgesetzentwurfe des Ministers Vigliani beibehaltene Todesstrafe und deren seit längerer Zeit drohende Wiedereinführung in Toscana bewirkte, daß der angesehenste unter den italienischen Criminalisten, Carrara, sogar die Strafrechtseinheit selbst angreift. S. Carrara, lineamenti di pratica legislazione penale, esposti mediante svariate esemplificazioni (Torino 1874). — Baldassare Paoli, Sul progetto del·nuovo codice penale pel regno d'Italia. (Estratto dagli Annali della Guirisprudenza Italiana 1874.) Die Leidenschaften der durch den Streitpunkt in Toscona erbitterten Kämpfer gehen so weit, daß die Anhänger der Todesstrafe als Freunde des Schinders, die Gegner als Freunde der Mörder titulirt werden. — Der Minister Vigliani selbst, der lange Zeit eine höhere Amtsstellung in Toscana bekleidete, nennt das Land: la piu mite e gentile provinzia d'Italia.

Ferner: Lucas, La peine de mort et l'unification pénale à l'occasion du projet de code pénal italien. Lettre à Mr. Mancini 1874.

58. (Zu S. 139) Abschaffung der Todesstrafe im Kanton Zürich seit dem Jahre 1869.

Todesurtheile 1864: 1.
1865: 1.
1866: —
1867: —
1868: 2.
Lebenslängliches Zuchthaus 1869: 1.
1870: —
1871: —
1872: 2.

59. (Zu S. 139.) Abschaffung der Todesstrafe in Holland. Durch die besondere Güte des im königl. Justizministerium zu Haag vortragenden Rathes Herrn de Pinto erhielt ich nachfolgende zwei Tabellen:

I.

Apperçu Statistique des accusés, condamnés et acquittés pour crimes entraînant la peine de mort pendant l'époque triennale 1868—1870.

Qualifications des Crimes.	1868.			1869.			1870.		
	Accusés.	Condamnés à mort.	Acquittés.	Accusés.	Condamnés à mort.	Acquittés.	Accusés.	Condamnés à mort.	Accusés.
Violences contre fonctionnaires ou agents de la force publique, ayant occasionné leur mort . . . . Art. 221. Code Pénal.	—	—	—	—	—	—	1	1¹)	—
Assassinats . . . . Art. 296. 302. Code Pénal.	5	4	1	3	2²)	—	1	—³)	—
Parricides . . . . Art. 299. 302. Code Pénal.	1	1	—	—	—	—	—	—	—
Empoissonnements . . . . . Art. 301. 302. Code Pénal.	1*)	2*)	—	—	—	—	—	—	—
Incendies volontaires . . . Art. 434. Code Pénal. Art. 13. 2b. 5 de la Loi du 29. Juin 1854.	16	1⁴)	5⁵)	22	8⁶)	4	14	4⁷)	2
Vols qualifiés commis avec la réunion de cinq circonstances aggravantes . . . . Art. 381. Code Pénal.	—	—	—	—	1	1	—	—	—
Total	22	8	6	25	11	5	16	5	2

¹) L'arrêt fût annulé par la cour de cassation et l'affaire renvoyée a une au're cour, qui prononça la peine de réclusion.

²) Le troisième accusé fut condamné pour blessures graves (à 309 C. P.).

³) L'accusé fut condamné pour meurtre (à 295 C. P.).

*) Un accusé de tentative d'empoisonnement fut condamné pour le fait consommé.

⁴) A l'égard de neuf des dix autres accusés l'art. 13 No. 5 de la Loi du 29 Juin 1854 fut appliqué. Le dixième fut condamné à une peine de police (à 479 No. 1 C. P.).

⁵) Un des acquittés avait été condamné en l'année 1867 à la peine de mort par une autre cour, dont l'arrêt fut annulé.

⁶) A l'égard des dix autres accusés l'art. 13 No. 5 de la Loi du 29 Juin 1854 fut appliqué.

⁷) A l'égard des huit autres accusés l'art. 13 No. 5 de la Loi du 29 Juin 1854 fut appliqué.

II.

Apperçu Statistique des accusés, condamnés et acquittés pour crimes qui furent passibles de la peine de mort avant l'année 1870 pendant l'époque triennale 1871—1873.

Qualifications des Crimes.	1871.			1872.			1873.		
	Accusés.	Condamnés.	Acquittés.	Accusés.	Condamnés.	Acquittés.	Accusés.	Condamnés.	Acquittés.
Violences contre fonctionnaires ou agents de la force publique, ayant occasionné leur mort . . . Art. 231. Code Pénal.	1	1[1])	—	—	—	—	—	—	—
Assassinats . . . . Art. 296. 302. Code Pénal.	11	5[2])	3	5	4[3])	—	7[4])	1[5])	1
Incendies volontaires . . . . Art. 434. Code Pénal. Art. 132 b. 5. de la Loi du 29 Juin 1854.	8	7[6])	—	16	11[7])	5	12[8])	9[9])	2
Total	20	13	3	21	15	5	19	10	3

Observations.

[1]) L'art. 3 al. 3 de la Loi du 17 Sept. 1870 fut appliqué.

[2]) Condamnés à la réclusion à vie pour le fait d'assassinat avec application de l'art. 3 al. 1 de la Loi du 17 Sept. 1870. Un cinquième accusé fut condamné pour meurtre (à 295 C. P.), un sixième pour violences graves (à 309 C. P.), un septième pour coups et blessures (à 311 C. P.).

[3]) Trois furent condamnés à la réclusion à vie pour le fait d'assassinat, avec application de l'art. 3 al. 1 de la Loi du 17 Sept. 1870. A l'égard d'un quatrième l'art. 4 de la même loi fut appliqué. Un cinquième accusé fut condamné pour meurtre.

[4]) Deux accusés ne furent jugés qu'après l'année 1873.

[5]) L'art. 3 al. 3 de la Loi du 17 Sept. 1870 fut appliqué pour le fait d'assassinat. Deux accusés furent condamnés pour meurtre, un troisième pour coups et blessures (à 311 C. P.).

[6]) L'art. 13 No. 5 de la Loi du 29 Juin 1854 fut appliqué à l'égard de six des condamnés. Un septième accusé fut condamné pour dommage volontaire aux propriétés mobilières d'autrui. Un huitième fut condamné avec application de l'art. 4 de la Loi du Sept. 1870.

[7]) L'art. 13 No. 5 de la Loi du 29 Juin 1854 fut appliqué à l'égard de sept des condamnés.

[8]) Un des accusés ne fut jugé qu'après l'année 1873.

[9]) L'art. 13 No 5 de la Loi du 29 Juin 1854 fut appliqué à l'égard de tous les condamnés.

60. (Zu S. 143.) Statistik der Todesurtheile und Hinrichtungen in England und Wales von 1833—1872 (aus dem Appendix to Report of Directors of Convict Prisons).

| Year. | Sentenced to Death. | | Total sentenced to Death. | Total executed. | Sentenced to | | Total Life Sentences. |
	Murder.	Other Crimes.			Transportation for Life.	Penal Servitude for Life.	
1833	9	922	931	33	783	—	783
1834	13	467	480	34	864	—	864
1835	24	499	523	31	746	—	746
1836	20	474	494	17	740	—	740
1837	11	427	438	8	636	—	636
1838	25	91	116	6	266	—	266
1839	12	44	56	11	205	—	205
1840	18	59	77	9	238	—	138
1841	20	60	80	10	156	—	256
1842	16	41	57	9	191	—	191
1843	22	75	97	13	225	—	225
1844	21	36	57	16	180	—	180
1845	19	30	49	12	79	—	79
1846	13	43	56	6	101	—	101
1847	19	32	51	8	46	—	46
1848	23	37	60	12	67	—	67
1849	19	47	66	15	60	—	60
1850	11	38	49	6	84	—	84
1851	16	54	70	10	124	—	124
1852	16	45	61	9	43	—	43
1853	17	38	55	8	38	10	48
1854	11	38	49	5	29	2	31
1855	11	39	50	17	48	—	48
1856	31	38	69	16	57	2	59
1857	20	34	54	13	19	16	35
1858	16	37	53	1	—	17	17
1859	18	34	52	19	—	17	17
1860	16	32	48	12	—	21	21
1861	26	24	50	15	—	16	16
1862 *)	28	1	29	15	—	25	25
1863	29	—	29	22	—	20	20
1864	32	—	32	19	—	12	12
1865	20	—	20	7	—	4	4
1866	26	—	26	12	—	2	2
1867	27	—	27	10	—	3	3
1868 **)	21	—	21	12	—	18	18
1869	18	—	18	10	—	12	12
1870	15	—	15	6	—	6	6
1871	13	—	13	4	—	4	4
1872	30	—	30	15	—	14	14

*) Seit 1862 ist nur vollendeter Mord todeswürdig, nicht mehr Mordversuch wie vorher.

**) Einführung der nicht öffentlichen Hinrichtung.

61. (Zu S. 146.) Sicherungszweck. Die neueste Untersuchung ist von Consiglio, Il sistema preventivo come fattore di sicurezza e di ordinamento sociale, Palermo 1874.

62. (Zu S. 147.) Gewohnheitsverbrecher sind Gegenstand besonderer gesetzgeberischer Behandlung in England seit der Habitual-Criminals-Act von 1868. — Für Frankreich s. Yvernès, la Recidive 1874.

63. (Zu S. 149.) Galgenprocessionen s. darüber: Ch. F. G. Meister's Vollständige Einleitung zur Peinlichen Rechtsgelehrsamkeit in Deutschland (1776). I. S. 119, 114.

64. (Zu S. 150.) Verhältniß der Todesurtheile zur Bevölkerung. In Norwegen, wo das Strafgesetzbuch vom 20. August 1842 auf 27 Verbrechensfälle den Tod androht, sind in den Zeitraum von 1859—1868 24 Personen zum Tode verurtheilt worden. (Hingerichtet wurden davon 7.) Es kommt somit im Durchschnitt jährlich ein Todesurtheil auf 708,902 Seelen. — In Irland verhalten sich die wegen Mord ergangenen Todesurtheile in dem vierzigjährigen Zeitraume von 1823—1862 sehr ungleich. Erste Dekade (1823 bis 1862): 1 : 267,816. Zweite Dekade: 1 : 329,390. Dritte Dekade: 1 : 472,035. Vierte Dekade: 1 : 1,210,916, was einen ganz ungewöhnlichen Fortschritt in der Cultur bezeichnet. Merkwürdig ist das Zusammentreffen einer Verminderung der Todesurtheile mit der Einführung des Irischen Gefängnißsystems. 1853 dem letzten Jahre der alten schlechten Gefängnißverwaltung wurden noch 13 Todesurtheile wegen Mord gefällt; im folgenden Jahre nur 4; in den bis 1863 folgenden Jahren niemals wieder über 6. — In Schottland kam während des gleichen vierzigjährigen Zeitraums 1 Todesurtheil wegen Mord während der ersten Dekade auf 518,128 Seelen; in der zweiten auf 655,864; in der dritten auf 1,311,650; in der vierten auf 1,062,685. Im Jahre 1864 waren noch 27 Verbrechen in Schottland mit dem Tode bedroht.

65. (Zu S. 152.) Rückfälligkeit. Die neuesten Arbeiten über den Rückfall sind: G. Friedländer, der Rückfall im gemeinen Deutschen Strafrecht. I. Die Entwickelung der Lehre mit Einschluß der Carolina. 1872. — K. Olivecrona, Om orsakerna till återfall till Brott och om medlen att minska dessa orsakers skadliga verkningar. Stockholm 1872. (Auch ins Französische übersetzt: Des causes de la ricidive etc.) Eine kriminalpolitisch höchst werthvolle Untersuchung — Yvernès, De la recidive et du régime pénitentiaire en Europe, Paris 1874.

66. (Zu S. 153.) Persönliche Beziehung des Mörders zum Ermordeten. Die Thorheit einiger Schriftsteller und Parlamentsredner geht soweit, zu glauben, daß dasjenige Land, in dem die Todesstrafe abgeschafft würde, der Sammelplatz ausländischer Mörder werden würde, die gleichsam durch die Sehnsucht nach lebenslänglichem Zuchthaus herbeigezogen werden würden! S. darüber auch Weber, Ueber die Todesstrafe (1872, S. 28).

67. (Zu S. 158.) Beccaria. Außer der bekannten, auch ins Deutsche übersetzten, 1862 erschienenen Biographie von Cantù, s. Amato Amati, la

vita e le opere di Cesare Beccaria (in dem Rendiconto des Mailänder Denkmalcomitees).

68. (Zu S. 158.) Howard, außer den zahlreichen älteren Schriften über Howard die neueste Abhandlung von Dr. Bellows, John Howard, his life, character and services. London 1872 (In den Verhandl. des Internat. Gefängniß-Congresses.)

69. (Zu S. 160.) Todesstrafe in Rußland. Ueber das Russische Strafr. f. Engelmann in meinem Handb. des deutschen Strafrechts, I. Band. Nachweise über die Todesstrafe im Appendix zu dem Capital-Punishment-Commission-Report. 537. — Nach einer darin enthaltenen Notiz wird dem Delinquenten, nachdem ihm die Bestätigung des rechtskräftigen Todesurtheils verkündet worden ist, eine Woche Zeit gelassen, um zu beichten und das heilige Abendmahl zu empfangen. Ist dies geschehen, so darf ihn der Priester nicht mehr allein lassen, damit der Delinquent von dem Wege des Heils nicht wiederum abgehe! — Ein ausführliches zweibändiges Werk über die Töbtungsverbrechen verfaßte Herr Taganscheff zu Petersburg 1871 (in russischer Sprache).

70. (Zu S. 160.) Deportationsprojecte in Italien. Auf dem internationalen Gefängnißcongreß zu London brachte der italienische Delegirte, Graf de Foresta die Deportationsfrage zur Besprechung (f. Prisons and Reformatories at home and abroad. Being the transactions of the Internat. Prison Congress. Lond. 1872; p. 401). Die neueste, sehr gründliche Arbeit über die Deportationsstrafe lieferte der Generalinspector der ital. Gefängnisse Herr Beltrani-Scaliá: La deportazione. Roma 1874.

71. (Zu S. 160.) Specialstrafanstalten für Mörder. Die englischen Gegner der Todesstrafe dringen nachdrücklich anf Herstellung besonders sicherer Strafanstalten zur Detention von Mördern, f. darüber Report of the Capital-Punishment-Commission, Summary p. 39 ff.

72. (Zu S. 164.) Die Rechte der Invasionsarmee in Feindesland erörtert ausführlich: Platon de Waxel: L'armée d'invasion. Leurs rapports pendant la guerre. Leipzig 1874.

73. (Zu S. 170.) Ausnahmerecht der Todesstrafe. In der Aufzählung der Fälle, scheint das Einführungsgesetz im deutschen Strafgesetzbuch einen wichtigen Thatbestand vergessen zu haben: denjenigen des § 251 bezüglich der Räuber, welche einen Menschen martern oder eine schwere Körperverletzung oder den Tod zuziehen. Gegen bewaffnete Banden erscheint hier ein stärkeres Eingreifen ebenso geboten, wie in den übrigen durch das Einführungsgesetz im § 4 erwähnten Fällen. — Nach Art. 441 des Bayrischen Strafgesetzbuches von 1813, Th. II, gehört Raub zu denjenigen Verbrechen, gegen welche im Falle des Ueberhandnehmens das Standrecht verkündet werden kann.

74. (Zu S. 170.) Analogie des Krieges für den Belagerungszustand. Wie Cantu berichtet, sprach sich sogar Beccaria 1792 in einem Gutachten dahin aus, daß für gefährliche Conspirationen die Todesstrafe beibehalten werden dürfe. Aehnlich in der französischen Revolution Condorcet. Ein

Theil der die Todesstrafe anfechtenden Gegner geht so weit, auch den Krieg (schlechthin auf beiden Seiten) Barbarei zu nennen. Diese „Schwarmgeister" können selbstverständlich keine Ausnahmen für den Kriegszustand bewilligen.

75. (Zu S. 171.) **Moderne Sicherungsanstalten.** Ueberall galten bisher die italien. Gefängnisse als besonders unsicher. Die Entweichungen aus den italienischen Gefängnissen haben sich aber neuerdings sehr vermindert. Ausweislich der vortrefflichen Statistica delle carceri per l'anno 1872 (Roma 1874) betrug sie aus den bagni und case di pena während des Jahres 1872: 36. Von diesen wurden 29 wieder ergriffen. Bemerkenswerth sind außerdem folgende Thatsachen:

1. Von lebenslänglich Verurtheilten sind nur 5 entsprungen.
2. Nur bei 2 Entweichungen ward Gewalt gegen Gefängnißwärter angewendet.
3. Von den in offener Luft arbeitenden entsprangen: 19; aus geschlossenen Räumen: 17.

Die Zahl der Lebenslänglich Verurtheilten betrug 327.

76. (Zu S. 171.) **Angriffe auf Gefängnißwärter.** Die Gefahr, der sich ein Wärter in Irrenanstalten gegenüber einzelnen Tobsüchtigen aussetzt, ist jedenfalls größer, als die Gefahr des Gefangenwärters. Dennoch giebt es ausreichende Sicherungsmittel. Mr. Beggs führte vor der Capital-Punishment-Commission an, daß in der Anstalt von Broadmoor 450 „irrsinnige Mörder" (insane murderers) gefahrlos detinirt werden. Die beiden Autoritäten des englischen Gefängnißwesens Oberst Henderson und Capitain Cartwright bemerken, daß die zum Tode verurtheilten oder lebenslänglich inhaftirten Delinquenten den Wärter weniger gefährlich sind, als andere. Morrish Gouverneur der größten englischen Strafanstalt' sagt: As a general rule the life men, do not give so much trouble as the habitual criminals.

77. (Zu S. 171.) **Todesstrafe und Besserungszweck.** Tommaseo (della pena di morte p. 118) begründet das Strafrecht in folgender Reihe von Schlüssen: La società ha diritto di punire it colpevole in quanto il colpevole ha dovere di punire si stesso, e questi ha dovere di punire se stesso in quanto ha dovere di correggersi! Darnach würde also doch die Todesstrafe gerechtfertigt werden können, wenn (wie von einigen Moralisten gar behauptet wird) jemand unter Umständen das Recht hätte, Selbstmord an sich zu vollstrecken. — Den Besserungszweck auf religiöser Basis vertheidigt auch: A. Steffanucci-Ala, La pena di morte e la societa odierna Roma 1874.

78. (Zu S. 172.) **Berner:** Abschaffung der Todesstrafe. Dresden 1861. Recensirt von Glaser 1862. (Siehe dessen kleine Schriften I, 180.)

79. (Zu S. 177.) **Kindesmord.** Ausführliche Erörterungen über die criminalpol. Seite des Kindesmordes in der Capital-Punishment-Commission 1865. S. Summary, p. XIII.

80. (Zu S. 178.) **Fälle der Besserung bei Mördern** haben

Mittermaier und Hetzel gesammelt. Wegen Annette Myers s. Dymond The law ou its trial p. 148

81. (Zu S. 184.) Bußfertigkeit und Reue auf dem Schaffot. Ein guter französischer Beobachter, Despine (Psychologie naturelle II, S. 585 ff.) nennt die Reue des Delinquenten sehr treffend regrets de convenances, mais non ressentis dans le but d'être pardonnés dans l'autre vie.

82. (Zu S. 189.) Die Todesstrafe vom religiösen Standpunkte aus: Neueste Literatur (außer den bereits bei Hetzel für den Zeitraum von 1848—1869 auf S. 505 ff. seines Buchs verzeichneten Autoren): Petit de Latour, Abolition de la peine de mort (Paris 1869). Der Verfasser ist ein reformirter Geistlicher der streng orthodoxen Richtung. Sein Buch ist (auf Vorschlag von Victor Hugo) dem Herrn Jesu Christo gewidmet!

83. (Zu S. 189.) Mosaisches Strafrecht. Nördlinger übersetzt die Stelle 1. Mof. 9, 6: Wer Menschenblut vergießt vor Menschen, dessen Blut wird wieder vergossen werden und meint, es handle sich um öffentliche Tödtungen im Gegensatz zu geheimen. Ob diese Uebersetzung sprachlich zulässig ist, vermag ich nicht zu beurtheilen; aber sie hat einige innerliche Wahrscheinlichkeit für sich, da sich die Unterscheidungen zwischen öffentlichen und geheimen Missethaten häufiger im mosaischen Recht vorfinden. Diese Unterscheidung entspricht dem inneren Wesen der Blutrache, da bei geheimen Tödtungen in altersgrauen Zeiten die Blutrache auf Verdacht eintreten mußte und endlich würde auch erklärt sein, warum der Todtschlag, den Moses selbst beging, ohne eine göttliche Strafe blieb. S. Weiteres bei Hetzel, Todesstrafe S. 43, der Nördlinger's Uebersetzung verwirft.

Unter den neuesten jüdischen Gelehrten vertheidigt Duschak (Das Mosaisch-Talmudische Strafrecht S. 87) die Todesstrafe mit Gründen, die durchaus modern-philosophisch genannt werden können. Er schwankt zwischen neueren Doctrinen der Vergeltung und altrabbinischer Casuistik. S. 88 sagt er: „Es ist daher weder gerecht, noch zweckmäßig, die Todesstrafe ganz abzuschaffen, nur diene uns (!) der Talmud als Leitstern. Man beschränke die Todesstrafe, reducire sie auf ein Minimum, man erwäge und ermesse genau, ob das Leben des Ermordeten nicht ohnedies bald aufgehört hätte (!), man prüfe genau die Umstände und Verhältnisse".

Das nennt Duschak Gerechtigkeit!

Ueber die Grundsätze des Talmud und seiner Ausleger und die processualischen Beschränkungen der Todesstrafe s. Leven in seiner Vorrede zur (französischen) Uebersetzung des Mittemaier'schen Buches S. XVII.

84. (Zu S. 190.) Härte der mosaischen Gesetzgebung. In neuerer Zeit ist bei vielen jüdischen Gelehrten Sitte geworden, den culturgeschichtlichen Werth der mosaischen Strafgesetzgebung bedeutend zu übertreiben. Auch Duschak („Das Mosaisch-Talmudische Strafrecht" S. 3) versichert: sie habe sich vor anderen Strafgesetzgebungen des Alterthums durch große Milde vortheilhaft ausgezeichnet und begründet dies unter anderm auch durch die curiose Behauptung,

daß sie keine „niederdrückende Isolirung" gekannt habe, als ob Einzelhaft irgend wo im Alterthum vorgekommen wäre. Im Vergleich zu den übrigen orientalischen Gesetzgebungen mag die Milde der jüdischen Vollstreckungsweise in der Ausführung der Todesstrafe anerkannt werden. Jedenfalls war die Zahl der todeswürdigen Verbrechensfälle eine sehr hohe und unbedingt muß anerkannt werden, daß das altrömische Strafrecht der XII Tafel-Gesetzgebung weitaus milder war, als das jüdische. Ob die altherkömmliche Steinigung als einfache oder qualvolle Todesart gelten soll, ist ohnehin nicht auszumachen. Je nach den dabei obwaltenden Zufällen mag sie bald das eine, bald das andere gewesen sein. Das „Verbrennen", welches für gewisse Unzuchtsfälle vorgeschrieben war, gehört sicherlich zu den qualvollsten Todesarten. Duschak selbst erkennt an: die Mischna statuirt: daß man den zu Verbrennenden bis zum Knie in Mist einsetze, sodann ihm ein Tuch um den Hals lege, und damit würge, bis der Delinquent den Mund öffnet, in welchen geschmolzenes Blei gegossen wird. Es ist nicht unwahrscheinlich, daß aus der Mischna dieses Eingießen von Blei in die Gesetzgebung christlicher Kaiser als „göttliche Strafe" übergegangen ist. Man findet sie im Codex Theodosianus wieder.

85. (Zu S. 191.) Die Rache im mosaischen Recht kann übrigens im Verhältniß zu einer vorangegangenen Zeit größerer Verwilderung insofern als ein Fortschritt angesehen werden, als ihr in den göttlichen Vorschriften eine Grenze gesetzt ist. Auge um Auge, Zahn um Zahn heißt zweierlei: einmal eine Drohung an den Uebelthäter und dann eine Schranke für den Rachsüchtigen: Nicht mehr als das Auge, nicht mehr als den Zahn für das Auge und den Zahn! — Andererseits trägt die Pflicht der Talion dazu bei, die sittlichen Grundbegriffe dadurch zu klären, daß für schwerste Verbrechen keine gewinnsüchtige Geldabfindung zugelassen wird.

86. (Zu S. 195.) Erlaubte Tödtungen bei den Juden. Wenn ich Duschak (Mos.-Talm. Strafrecht S. 21) richtig verstehe, wäre es auch gestattet gewesen, außerhalb der gegenwärtig geltenden Begriffsbestimmung der Nothwehr denjenigen umzubringen, der (nach der Meinung des Tödtenden!) den Mord eines andren Menschen beabsichtigt.

87. (Zu S. 198) Die Bibel und katholische Laien. Auch italiänische Juristen beginnen gegenwärtig, unbeirrt durch die katholische Tradition, die Quellen des neuen Testaments selbständig zu untersuchen und den geschichtlichen Charakter Christi zu würdigen. Eine interessante Untersuchung über den politischen Charakter der christlichen Lehre giebt neuerdings Ellero in Bologna: La questione sociale (1874, Florenz) S. 176—222. S. 196: Rammento, che bisogna immedesimarsi con le aspettazioni, i timori, le speranze, le idee, le credenze di que' tempi e luoghi e figurarsi di essere con quella gente, per trovare tutti ciò naturalissimo.

88. (Zu S. 212.) Die Todesstrafe und die Reformatoren. S. Hetzel, Die Todesstrafe S. 111 ff. — Hengstenberg sagt in der Evangelischen Kirchenzeitung (1869, S. 83): Das Gebiet des feinen Mordes ist ein

unendlich weites; die große Mehrzahl der Menschen stirbt keines natürlichen Todes; sie wird ein Opfer des seinen Mordes, fährt dahin durch Kummer und Aerger, die ihnen durch ihre Nächsten bereitet werden und durch Entziehung der zum Leben nothwendigen Liebe. — Es ist nicht ganz klar, wen Hengstenberg mit dieser Anschuldigung des seinen Mordes treffen wollte; sich selbst, seine nächsten Parteigenossen oder seine kirchlichen Gegner. Schwerlich wird sich leugnen lassen, daß er unter den protestantischen Großinquisitoren ein Höchstcommandirender und in seinem Verfolgungseifer unübertrefflich war, seinerseits auch häufiger Activum als Passivum des Aergernis war. — Auch Dettingen (Socialethik S. 891) nimmt außer dem „akuten Mord" noch einen „chronischen Mord" an. Uebrigens dissentirt dieser Schriftsteller von Hengstenberg und seiner Aeuße- rung: Blut müsse durch Blut gesühnt werden (Socialethik S. 895.) — Hetzel (Todesstrafe S. 474) berichtet, daß auf einer (protestantischen) Pastoral- conferenz der Prediger Engel in seiner Begeisterung für die Todesstrafe ausgerufen habe: „Wenn ich nicht Prediger Engel wäre, so möchte ich wohl Scharfrichter sein". (Uebrigens wäre in Preußen das Nebengeschäft des Köpfens, soweit die dazu nöthige Zeit in Betracht käme, mit den geistlichen Amtsverrichtungen vereinbar, so daß der Pastor E. von dieser Seite kein Hinderniß für die Erfüllung seines Wunsches zu besorgen hatte.) — Uebrigens stimmen auch die Reformirten der streng lutherischen Auffassung bei. S. van Bemmelen, doodstraf-polemik (Alkmaar 1866 S. 66—108). — Von hervorragender Wichtigkeit sind auch: Die Schrift von Mehring (württemb. Prälaten), Die Frage von der Todes- strafe 1867 und Kohler, die Bibel und die Todesstrafe 1868 und Bitius, welcher die gekrönte Preisschrift: „Die Todesstrafe vom Standpunkt der Religion und der theologischen Wissenschaft" 1870 in Berlin erscheinen ließ, eine Arbeit, die Niemand ungelesen lassen sollte.

89. (Zu S. 212.) Altkatholisches Strafrecht. S. darüber die sehr gehaltvolle Erläuterung von Buccellati: Cesare Beccaria e l'abolizione della pena di morte S. 273 („evoluzione storica delle espiazione cristiana".) Wenn er dagegen sagt: Mancano prove, che il diritto canonico abbia giu- stificata espressamente la pena di morte, so wird dem nicht völlig beigestimmt werden können, wenn er nicht den Begriff „canonisches Recht" lediglich auf die alten canones der vorgratianischen Kirche beziehen sollte. Denn Gratian sagt in der (auch von Buccellati angeführten) Stelle des Decretum caus. XXIII. can. 41 potest tamen occidi aliquando sine peccato. Non et miles hostem et judex vel minister ejus nocentem — non mihi videntur peccare, cum hominem occidant. Cum juste homo occiditur lex enim occidit, non tu! —

90. (Zu S. 217.) Gerechtigkeit und Ungerechtigkeit der Todes- strafe. Unter den kürzeren Arbeiten der neuesten Zeit ist hervorzuheben: Geyer, Ueber die Todesstrafe 1869 (auf Carrara's Veranlassung in's Italienische übersetzt).

91. (Zu S. 224.) Schwankender Werth des Lebens. Einige Völker fürchten noch heute Freiheitsstrafen mehr als den Tod. Dymond berichtet,

unter Berufung auf Dr. Elliot, in seinem Buch The law on its trial, daß die Bewohner der Insel Ceylon den Tod der Einsperrung vorziehen. Es ist dies deswegen nicht ganz unglaubwürdig, weil auch andere Beobachter aus Ostindien berichten, daß Verbrecher dem Tode mit großer Gleichgültigkeit und Seelenruhe entgegengehen. — Da viele Indier gegen den Tod gleichgültig sind, hat die Deportation nach den Adamanen-Inseln an Bedeutung für die indische Strafrechtspflege gewonnen. Vergl. die Aussagen des Verfassers des neuen indischen Strafgesetzbuchs Fitzjames Stephen vor der Capital Punishment Commission qu. 2111—2191; und einen von demselben Juristen verfaßten Aufsatz in Fraser's Magazine, Juni 1864.

92. (Zu S. 226.) Zehnjähriges Maximum der Zuchthausstrafe. S. die als Anlage zu den Motiven des Strafgesetzentwurfes für den Norddeutschen Bund 1869 über die höchste Dauer zeitiger Zuchthausstrafe veröffentlichte Denkschrift S. 6—63. —

93. (Zu S. 228.) Selbstmord: S. die bemerkenswerthen an Ad. Wagner anknüpfenden Studien von Oettinger, Socialethik (I. Aufl.) S. 943 ff. — Ferner Despine, Psychologie naturelle III, pag. 74 ff.

94. (Zu S. 240.) Selbstmordversuche vor der Hinrichtung. Ein solcher Fall trat bei dem Berliner Mörder Grothe ein. Er verletzte sich in der Untersuchungshaft lebensgefährlich am Halse, um sein Leben zu beendigen, ward mit großer Mühe wiederhergestellt und dann hingerichtet. Dieser Contrast der Humanität, welche rettet mit der berechnenden Ueberlegung, welche das Opfer pflegt, um es bequem tödten zu können, ist fürchterlich! — Despine (psychologie naturelle III, 113) macht darauf aufmerksam, daß während der franz. Revolution viele von den Revolutionstribunalen Verurtheilten sich den Tod gaben. Sie zogen den schmerzhaften Tod durch Selbstmord dem weniger schmerzhaften durch die Guillotine vor: ils préfèrent une mort douloureuse à celle, qu'ils recevraient publiquement par une main maudite, les membres attachés, comme un animal, que l'on immole. Il y a dans une telle mort quelque chose, qui blesse profondément la dignité humaine et que certaines personnes ne peuvent supporter.

Ebenso verletzt es jedes menschliche Gefühl, wenn man die Hinrichtung einer Schwangeren aufschiebt, sie kunstgerecht in der Entbindung behandelt, sorgsam pflegt und nach überstandener Todesgefahr im Wochenbette von ihrem Kinde wegschleppt, um ihr den Kopf abzuschlagen: eine Bluttaufe des Kindes durch den Henker!

95. (Zu S. 241.) Die Ueberlegung des Henkers und des die Hinrichtung anordnenden Richters geht immer weiter, als diejenige des Mörders. Dies fühlt man unwillkürlich, und es entsteht die Frage: würde der Mörder, wenn er eine so völlig schrankenloseste Gewalt über sein Opfer gehabt hätte, wie der Henker auch dann noch getödtet haben? Wenn der Mörder von dem Lebenlassen des völlig willenlos gewordenen Opfers ebenso wenig Nachtheil zu besorgen gehabt hätte, wie der Henker von der Tödtung — hätte der Mörder

auch dann getödtet? Die ungeheure Mehrzahl der Mörder unterliegt der Leidenschaft des nächtlich dahinschleichenden Hasses gegen das Opfer ihrer That. Dem
Henker, der im Strahl der aufgehenden Morgensonne pünktlich den Arm zum
tödtenden Streich erhebt, ist Leben und Tod des vor ihm knieenden Menschen
ganz gleichgültig. Aus dieser Verschiedenheit erkläre ich mir die völkerpsycholo-
gische Abneigung der Italiener gegen den Scharfrichter. Die italienische Strafstatistik verzeichnet für 1869 3000 Tödtungsverbrechen einschließlich der
Körperverletzungen, welche den Tod zur Folge hatten (darunter 22 mal Elternmörder, 16 Gattenmörder, 18 Verwandtenmörder, 52 Kindesmörderinnen). Die
Zahl der als Mord qualificirten Tödtungen betrug 442. Die Tabellen für
1870 ergaben 2700 Tödtungsverbrechen (32 Elternmörder, 41 Gattenmörder,
31 Brudermörder, 59 Kindesmörderinnen) mit 377 Mordthaten. Trotz dieser
ungeheuer hohen Ziffer herrscht bei den besten Männern und Rechtsgelehrten unbezwinglich Abscheu gegen den Henker. Die Italiener scheinen, bei
ihrer lebhaften Empfindung stärker als andere zu fühlen, daß zwischen amtlichem
und verbrecherischem Blutvergießen nach Seite der Ueberlegung ein bedeutender Unterschied besteht.

96. (Zu S. 247.) Mord nach englischem Recht vergl. meine Nachweisungen im Handbuch des Deutschen Strafrechts III, S. 431. Ferner: Report of the Capital-Punishment-Commission: Summary of the Evidence
upon the Expediency of altering the present definition and of Classifying
the crime of murder pag. XIX. Die Stimmen der ersten Juristen gingen
völlig auseinander. Hier einige Proben:

1. Lord Cranworth: gegen jede Unterscheidung von Mord und Todtschlag.
2. Baron Bramwell: Affect und Leidenschaft erfordern zu ihrer Hemmung bei Tödtungen die Todesstrafe ebenso sehr, wie Ueberlegung!
3. Baron Martin: Indirecter Mord (Constructive murder) sollte weg-
   fallen.
4. Lord Wensleydale: Wegen Mordversuch sollte unter Umständen mit
   dem Tode bestraft werden, leichtere Mordfälle mit Transportation.
5. Spencer Walpole gegen jede Aenderung mit Ausnahme der Bestimmungen über Kindesmord.
6. G. Denman: Todtschlag kann von Mord nicht getrennt werden, muß
   also capital bleiben.
7. Sir George Grey: Für die amerikanische Unterscheidung in Mord
   ersten und zweiten Grades.
8. Fitzjames Stephen: Für die Annahme des von ihm in das indische
   Strafgesetzbuch gebrachten Definitum.

Die Aussage von Stephen, die sich auf eine Reihe von Mordfällen aus
der engl. Praxis stützt, ist sehr beachtenswerth. Trotz der ungeheuren Ausdehnung, den der Begriff des Mordes in England erlangt hat, spricht er doch von
cases, hovering between murder and manslaughter. Eine von Stephen
verfaßte Homicide Law Amendment Bill wurde 1874 ins Parlament gebracht

und ist Gegenstand eines besonderen Berichtes geworden. (Ordered by The House of Commons to be printed 21. July 1874.) Gleichzeitig damit wurde eine Infanticide Bill eingebracht. Aus Angst vor den Consequenzen partieller Modificationsversuche hat das Committee gegen die Bill berichtet. Merkwürdig ist aber das Anerkenntniß, daß gegenwärtig in England eigentlich Niemand genau weiß, was Mord ist: Your committee earnestly recommend, that the attention of the Government and of Parliament should be directed to the present imperfect state of the definition of the law of Murder — they are convinced, that such a definition is urgently needed, not only to rescue the law from its present discretitable state, but to give clear notions to the public at large of the real nature and extent of this crime — it is on this very occasion, that the law is most evasive and most sophistical.

97. (Zu S. 247.) Tödtung im gerechten Zorn. Das englische Recht ist auch hier strenger, als das deutsche, in sofern jenes Provocation des Todtschlägers durch Thätlichkeiten verlangt, wörtliche Beleidigung also nicht genügt. — Eine neue Monographie liefert D. Feroci, Dell' omicidio scusato per giusto dolore. Pisa 1872.

98. (Zu S. 253.) Mildernde Umstände. Außerordentlich getheilt ist selbst unter solchen, welche die absolute Androhung der Todesstrafe verwerfen, die Würdigung der den Geschworenen zustehenden Befugniß, mildernde Umstände bei todeswürdigen Verbrechen zu erklären. Wie John in Deutschland, so ist Carrara in Italien besonders nachdrücklich gegen das den Geschworenen zustehende Milderungsrecht aufgetreten. (S. dessen Abhandl. in den Schriften des italienischen Juristentages, S. 105 ff.): „ll più irragionevole che potessi idearsi perche impediace sempre al popolo la conoscenza del gran dilemma se siasi amministrata od usata pietà. — Auch die große Mehrzahl der von der Engl. Capital-Punishment-Commission 1865 vernommenen Zeugen war dagegen, obgleich sie theilweise für ein richterliches Milderungsrecht stimmten. (S. Summary of the Evidence p. XXX ff.)

99. (Zu S. 261.) Ueberlegung, wissenschaftlich unhaltbar. In meiner Abhandlung über die Tödtungsverbrechen (Handbuch des Strafrechts III, S. 431) habe ich versucht, die verschiedenen Kriterien, die in der Wissenschaft und Praxis der Ueberlegung beigelegt worden sind, zusammenzustellen. Es sind:

1. Das Kriterium der vorhandenen Motive (Raubmord, Banditenmord).
2. Das Kriterium der angewendeten Mittel (Hinterhalt, Meuchelmord, Vergiftung).
3. Das Kriterium der Zeit in der relativen langsamen Ausführung.
4. Das physiologische Kriterium: Blutwärme.
5. Das ethische Kriterium: Verstocktheit nach der That.
6. Psychologische Kriterium im e. S.: Vorherrschaft der intellectuellen Kräfte über Gemüth und Willensvermögen.

Ein namhafter holländischer Jurist van Bemmelen, bekannt durch zahlreiche Schriften gegen die Todesstrafe und als Herausgeber der Zeitschrift Metis sagt: (La peine et la peine de mort 1870) l'assassinat et au contraire un crime vague aux contours indécis. Ce n'est qu'un meurtre grave et le meurtre n'est point punissable de mort. La préméditation, qui élève le meurtre à la qualité d'assassinat est une notice juridique et psychologique difficile et contestée, incertaine.

100. (Zu S. 262.) Absolute Androhung der Todesstrafe. S. darüber den Bericht des Norwegischen Odelthings 1872, No. 10, S. 2: „Staar Balg saalades haves mellem Livstraf og Strafarbeide, vil der tilföer Komiteen, forsaavidt Anskuelserne under tiltagende Mildhed; Sanderne komm til at forme sig derhen, at Livsstraf ansees mere og mere uformöden, for en saaban fremadstribende Anskuelserne vaere Anlebning till at laegge sin Opinion ind i Anwendelsen af de tilsigtede Bestemmelser, saalebes at alternativet Livsstraf under de forudsatte Omstaendigheder vil blive mer og mer forsvindende og Strafseloven blive tilfredsstillende so rethvert Humanitätshensyn naar samme ille gaar saavidt som at bestribe Retmaessigheden af selve Livsstraffens Tilvaarelse."

Gegen die absolute Androhung s. auch Wahlberg, in dem Handbuch des deutschen Strafrechts II, 467 ff.

101. (Zu S. 273.) John, vergl. dessen, eine Reform anbahnenden Aufsatz: Die Bestimmungen der deutschen Strafgesetzgebungen über Mord und Todtschlag in der allgemeinen deutschen Strafrechtszeitung 1866. S. 321. — Ferner desselben Entwurf mit Motiven zu einem Norddeutschen Strafgesetzbuch. S. 43 ff.

102. (Zu S. 274.) Berner, s. Lehrbuch S. 481, Note 1. (7. Auflage. Was die dem deutschen Strafgesetzbuch widersprechende Erfahrung anbelangt, so ist ihm beizustimmen. Was die Wissenschaft anbelangt, so ist zwar richtig, daß sie, von Ausnahmen abgesehen, die Todesstrafe verwirft; allein sie hat keine klare Durchbildung in dem Unterschied von Mord und Todtschlag. Irrig ist, wenn Berner in derselben Note annimmt, daß der deutsche Mordbegriff mit dem englischen übereinstimme; letzterer ist vielmehr, wie im Text bereits ausgeführt wurde, ein viel weiterer und nimmt sogar affectvolle Tödtungen als Mord mit Ausnahme des Falles schwerer thatsächlichen Reizung des Tödtenden, welcher Fall manslaughter ist. Im übrigen bedeutet manslaughter als Regel nicht affectvolle, sondern fahrlässige Tödtung. Viele nicht englische Schriftsteller nehmen irriger Weise an, daß manslaughter bei den Engländern mit unserm Todtschlag zusammenfalle, was dann bei statistischen Vergleichungen zu großen Fehlern führen muß. — Nicht in Uebereinstimmung mit dem englischen common Law ist das ältere schwedische Recht. Jede vorsetzliche Tödtung ohne Unterschied heißt drap, wohingegen Mord nur die mit Hinterlist und Auflauern bewerkstelligte Tödtung heißt. S. Olivecrona, peine de mort (1868) S. 26.

Ueber Nordamerika s. neuerdings: The Law of Homicide in The Law American Law Review. October 1873, p. 42.

103. (Zu S. 282.) Die Volksmeinung über die Todesstrafe. Die Urtheile darüber, was das „Volk" meint, sind meistentheils generalisirende Wahrnehmungen solcher, welche darüber berichten. Als das italienische Parlament (2. Kammer) vornehmlich in Folge von Mancinis Rede am 13. März 1865 die Todesstrafe mit 127 gegen 96 Stimmen abzuschaffen beschlossen hatte, befragte die Regierung die Präfecten: welche Eindrücke das Votum der Kammer in der Bevölkerung hervorgebracht habe. Die Antwort der Präfecten meldete: in 20 Provinzen einen günstigen, in 25 Provinzen einen ungünstigen, und endlich in 4 Provinzen gar keinen. — S. Progetto del Codice penale del Regno d'Italia (Vigliani) 1874. S. 25.

104. (Zu S. 283.) Zeichen des Zornes gegen ergriffene Verbrecher. Sogar in hochgebildeter Gesellschaft kommen Ausschreitungen vor. Schwerlich wird irgendwo ein gebildeteres Publikum auf der Straße versammelt sein, als am 13. Juli zu Kissingen vor dem Hause des Reichskanzlers. In der ersten Aufwallung des Zornes ward der Mörder Kullmann nach seiner Ergreifung gemißhandelt. Man dachte nicht daran, daß er möglicherweise irrsinnig sein konnte. Ebenso war der wegen Verdachtes der Theilnahme verhaftete Pfarrer Hauthaler Gegenstand unbesonnener und ungerechter Kundgebungen. Wenn solche Ausschreitungen unter solchen vorkommen, die auf höhere Bildung Anspruch machen, wird man die Wuth des Straßenpöbels begreifen, die sich gelegentlich in Aufständen gegen ergriffene Volksfeinde austobt. — Völkerpsychologisch betrachtet, war es ganz natürlich und nothwendig, daß das mosaische Strafrecht sich auf den Zorn Gottes gründete, indem der Volkszorn sich selbst in die Region religiöser Empfindungsweise erhob. Das Strafrecht der ältesten Zeiten entstammt niemals der klaren Einsicht in das Wesen des Rechts, sondern der Aufregung des Zornes. Sein culturgeschichtlicher Entwickelungsgang führt vom Affekte im Volksgemüth zur allmählig obsiegenden „Ueberlegung" des Gesetzgebers.

105. (Zu S. 283.) Psychologie des Fanatismus. S. Prosper Despines (Psychol. natur. II, 585), Analyse psychologique de fanatisme.

106. (Zu S. 284.) Populäre Polemik gegen die Todesstrafe. Da die Todesstrafe gegenwärtig viel weniger durch klare Einsicht, als durch direkte Empfindungen der Furcht gestützt wird, haben diejenigen Vereinigungen eine große Aufgabe, welche in gemeinverständlicher Form die Todesstrafe bekämpfen, das Volk zum Nachdenken anregen und zu edleren Empfindungen anleiten. In diesem Sinne ist der Kampf gegen die Todesstrafe zu einer Aufgabe christlicher Volkserziehung geworden. Es giebt kein Problem, in welchem sich die christliche Gesinnung der Gegenwart so sehr bethätigen könnte, wie in der gesellschaftlichen Antheilnahme an der Unterdrückung des Verbrechens vermittelst der Emporrichtung des Verbrechers; denn, was die Freiheitsstrafe anbelangt, so überdauert die von der Gesellschaft beschlossene Verstoßung des Bestraften immer noch die Zeitgrenze des vom Staate in der Dauer der Freiheitsstraf normirten Genugthuungszweckes.

107. (Zu S. 286.) Die Staatsanwaltschaft u. die Todesstrafe. Die Stellung der Staatsanwaltschaft wird, was Italien anbelangt, in erkennbarer Weise von der Meinung der Justizministerien beeinflußt. Wie sehr hintereinander die italienischen Justizminister in ihrer Stellung zur Todesstrafe abwechseln, zeigte Pierantoni in seinem Bericht an den italienischen Juristentag S. 83 ff.

108. (Zu S. 286.) Die Verhandlungen des italienischen Juristentages gegen die Todesstrafe sind in Rom unter folgendem Titel erschienen: Primo Congresso Giuridico in Roma. Relazione sulla pena di morte. Der einleitende Bericht ist von Mancini. Der sehr stattliche Band enthält Abhandlungen und Gutachten von Pierantoni (Geschichte der Todesstrafe seit 1867), Carrara (dogmatisch-juristisch), Giuriati (über den Character der Todesstrafe), Nocito (über das Begnadigungsrecht), Tancredi Canonico (über den Ersatz der Todesstrafe durch lebenslängliches Zuchthaus), Paoli (gegen die von italienischen Gerichten über die Todesstrafe erstatteten Gutachten), G. Curcio (italienische Strafstatistik), außerdem Mancini's in der Deputirtenkammer 1865 zu Turin gehaltene Reden.

109. (Zu S. 290.) Petition an den Norddeutschen Reichstag wegen Abschaffung der Todesstrafe. Die von mir eingereichte Petition war von Hunderten der angesehensten Männer, zuerst von B. Auerbach unterzeichnet. Die große Mehrzahl der an den deutschen Universitäten lehrenden Criminalisten, viele Richter, Advokaten, Schriftsteller hatten sich daran betheiligt. Jeder Name war nach seiner socialen Bedeutung von Gewicht. — Uebrigens hat man keinen Grund, diejenigen mit Schmähungen zu überhäufen, welche, obwohl Gegner der Todesstrafe, in der Schlußabstimmung dennoch von ihrem verneinenden Votum abgingen. Selbst Carrara, der entschiedenste Gegner der Todesstrafe erkennt an, daß der Werth der Strafgesetzbücher nicht lediglich von dem Vorhandensein der Todesstrafe abhängt. „Mit der Todesstrafe kann ein Gesetzbuch doch gut, ohne dieselbe dennoch schlecht sein". Es handelte sich damals darum, ein einheitliches, sonst im Großen vortreffliches Gesetzbuch an die Stelle zahlreicher schlechterer Gesetzbücher zu setzen und durchgängig Strafmilderungen für alle Verbrechen durchzuführen. Es war daher durchaus charactervoll und ehrenwerth gehandelt, wenn manche mit schwerem Herzen für das Strafgesetzbuch in seiner Totalität, trotz ihrer Bedenken in Beziehung auf zwei Paragraphen stimmten. Was die Ansicht der Italiener über die Deutschen Reichstagsverhandlungen anbelangt s. Pierantoni in seinen Berichten an den italien. Juristentag S. 74 ff. Ferner Ellero in seinen Opuscoli criminali (Bologna 1874) S. 441.

110. (Zu S. 294.) Henkerwesen. Interessante Mittheilungen über das Henkeramt im Mittelalter giebt Kriegk: „Deutsches Bürgerthum im Mittelalter". Bis zum Jahre 1446 wurde der Henker für jede einzelne Verrichtung bezahlt. Später erhielt er ein Firum von 1 Gulden wöchentlich, weil der Rath durch die Besoldung für einzelne Handlungen eine Mitschuld auf sich zu laden fürchtete. Das Amt galt als entehrend; die Berührung der Gegenstände, mit denen der Henker handtirte, machte unrein. Am häufigsten waren die Hinrichtungen

zu Frankfurt a. M. im XV. Jahrhundert: von 1401 bis 1500: 317. — Merkwürdig ist auch die von Kriegk verzeichnete Thatsache, daß Henker mehrmals wegen Mordes selbst hingerichtet wurden: was gleichfalls zu weiterem Nachdenken über den Abschreckungszweck anregt.

111. (Zu S. 294.) Hinrichtungskosten. Eine interessante Berechnung enthält der französ. Justizministerialbericht vom 7. October 1832. Es bestanden damals in Frankreich 86 Scharfrichter und 146 Gehülfen. Die letzteren kosteten jährlich 107,600 Francs, die ersteren 224,000 Fr. Damals sollten die Gesammt-kosten auf 155,600 Fr. reducirt werden. Nach Petit de Latour (Abolition de la peine de mort (Paris 1869) p. 174) würde eine Hinrichtung im Jahre 1866 dem Staat 17,288 Fr. 88 C. gekostet haben. — Das Gewerbe des englischen Henkers ist gleichfalls einträglich. Der oft genannte Calcraft hatte sein „Amt" in diesem Jahre niedergelegt. Die öffentlich ausgeschriebene Bewerbung (des Mindestfordernden?) soll eine große Anzahl von Meldungen hervorgerufen haben.

112. (Zu S. 297.) Irrige Todesurtheile und richterliche Irr-thümer. Die bemerkenswerthesten Fälle aus der neueren Geschichte bei Man-cini in seiner 1865 gehaltenen Parlamentsrede (Verhandlungen des italienischen Juristentages über die Todesstrafe S. 161). Besonders gereicht es Carl Albert zu hoher Ehre, daß er in dem offenen Briefe vom 18. Juli 1845 in königlichem Freimuth seinen Schmerz darüber ausspricht, daß zwei Unschuldige, die Gebrü-der Tola hingerichtet worden waren.

Lucas berichtet, daß im Jahre 1836 Frankreich 8 anerkannt irrige Todesfälle zu verzeichnen hatte.

Als ein wahrscheinlicher Justizmord ist die zu Rom am 21. Septem-ber 1861 erfolgte Hinrichtung Locatellis anzusehen. Selbiger war wegen eines völlig unzureichenden Verdachtes schuldig befunden worden, den päpstlichen Gensdarm Belluti in Mitten eines aufrührerischen Getümmels in dunkler Nachtzeit durch einen Messerstich getödtet zu haben. Obwohl von der Sacra Consulta der päpstlichen Gnade empfohlen, ließ ihn der Stellvertreter Christi hinrichten. Später meldete sich ein gewisser Castrucci zu Protocoll als Thäter in Florenz. Vergl. Allgemeine Strafrechtszeitung 1861. S. 687.

Ebenso die Hinrichtung zweier Verbrecher in Belgien zu Charleroi, s. Allgem. deutsche Strafrechtszeitung 1862. S. 63.

113. (Zu S. 303.) Franz Müller's Verurtheilung. Selbst in Eng-land sind vielfach Zweifel an der Schuld Müller's geäußert worden. Stadt-gerichtsrath Loos in Berlin versuchte sie in ausführlicher Weise zu begründen. (S. Strafrechtszeitung 1872.)

114. (Zu S. 305.) Irrige Todesurtheile in England. Für die neueste Zeit f. Report of the Howard Association September 1873. Der unermüdliche, für alle Strafreformen thätige Secretär Tallat berichtet für 1873 fünf höchst zweifelhafte Verurtheilungen in einer einzigen Grafschaft Durham: fives cases of reasonably doubtful capital conviction. Three of these have been commuted to penal servitude. Of the two hanged, one died

protesting his innocence to the last. His solicitor informed Mr. Tallack, that te was really innocent and has been mistaken for an another man, who is now at large. — Der Bericht erinnert auch an den wegen Mord verhafteten Geistlichen Hessel, den mehrere vereidigte Zeugen als Mörder irrthümlich recognoscirt hatten. Ein Alibibeweis rettete ihn.

115. (Zu S. 305.) Irrthümer der deutschen Gerichte verzeichnet Geyer. (Ueber die Todesstrafe S. 18.) Wenn oft behauptet wird, es könne nicht vorkommen, daß Unschuldige wirklich zum Tode gebracht würden, so ist daran zu erinnern, daß ein unschuldig zum Tode Verurtheilter sich 1856 in Hannover das Leben aus Verzweiflung nahm (s. Neuer Pitaval 27. Th. „Der Stillwächter von Elbagsen"). — Es fehlt in Deutschland leider an einer geeigneten Stelle, welche sich die planmäßige Sammlung richterlicher Irrthümer zur Aufgabe machte; meistentheils gerathen die einzelnen Fälle in zu frühe Vergessenheit! Man kann der Justiz nicht oft genug sagen, wie sehr sie der Gefahr des Irrens ausgesetzt ist.

116. (Zu S. 310.) Hinrichtung und Berurtheilung Irrfinniger. In allen Kapitalsachen spielt die Zurechnungsfähigkeit eine hervorragende Frage. Häufiger, als in anderen Criminalsachen wird sie bestritten. Aus der von Grey veröffentlichten, auf einen dreißigjährigen Zeitraum gehenden Bearbeitung der Englischen Criminalstatistik ergiebt sich, daß von 1811 in England und Wales des Mordes Angeklagten 263 oder 14½ Procent wahnsinnig befunden wurden (insane). Dagegen wurden von allen andern im gleichen Zeitraume criminell Angeklagten, deren Ziffer 637,801 betrug, nur 1 auf 1000 wahnsinnig befunden (im Ganzen 864). Erwägt man nun, daß sich fehlerhafte Weise das Merkmal der Geisteskrankheit nach der juristischen Praxis der Engländer lediglich darauf gründet: ob jemand Recht von Unrecht unterscheiden konnte, so wird anzunehmen sein, daß unter Zugrundelegung des richtigen, von der neueren Psychiatrie festgehaltenen Begriffs des Irrseins, mindestens die vierfache Anzahl Unzurechnungsfähiger sich ergeben haben würde.

Ueber eine Reihe zweifelhafter Fälle s. Piednoir, in den Annales médicopsychologiques Mai 1871. — Journal of mental Science Octob. 1871.

Unter den neuesten deutschen Arbeiten über Zurechnungsfähigkeit ist für Juristen durch Kürze und Klarheit besonders beachtungswürdig: v. Krafft-Ebing, Grundzüge der Criminalpsychologie, Erlangen 1872.

Neueste englische Arbeiten: Gorton, An essay on the principles of Mental Hygiene 1873. — Henry Maudsley, Responsality in Mental Disease, New-York 1874. — Wm. B. Carpenter, Principles of Mental Physiology 1874.

117. (Zu S. 312.) Sachverständigenbeweis. Für England: Belfour Brown, Medical Experts, in The Law Magazine and Review vol. II, no. V (May 1874)·

118. (Zu S. 314.) Die Todesstrafe und das Begnadigungsrecht ist zuerst in ausführlicher und (damals) erschöpfender Weise von Mittermaier

in seiner Hauptschrift erörtert worden. — Höchst wichtig sind die Materialien der Capital Punishment Commission von 1865: Summary of the Evidence as to the Home Office p. XVII. Eine interessante Liste der Hinrichtungen und Begnadigungen giebt Appendix p 644. Man ersieht daraus mit einiger Sicherheit, daß die in England wegen Mordes verurtheilten Ausländer besonders geringe Aussicht auf Gnade haben. — Vgl. ferner: Wahlberg's höchst interessante Nachweisungen über Oesterreich in dem Aufsatze: „Die gesetzliche Herrschaft der Todesstrafe und die Begnadigungspraxis" in den Burian's und Johanny's Jurist. Blättern 1872 Nr. 16.

119. (Zu S. 315.) Ursprung des Begnadigungsrechtes. Es ist nahezu als gewiß anzunehmen, daß die Begnadigung von Todesurtheilen daraus entsprang, daß nach geschehener Fällung des Urtheils der Ankläger einen Antrag auf Nichtvollstreckung stellte, weil in der Zwischenzeit die Verwandten des Delinquenten oder dieser selbst Lösegeld geboten hatten. Begnadigung war daher ursprünglich nichts anderes als eine obrigkeitliche Zulassung des Loskaufs. Eine interessante Mittheilung berichtet Olivecrona (peine de mort, 29), wonach unter König Gustav I. (Wasa) Todesurtheile dem Könige dann zur Bestätigung unterbreitet wurden, wenn der Ankläger die Nichtvollstreckung des Urtheils beantragte. In solchen Fällen wurde feierlich und förmlich die Abfindungssumme festgesetzt.

Todesstrafe und Geldbuße vicariiren lange Zeit hindurch. Daher auch die Thatsache, daß nach mittelalterlichen Statuten italienischer Städte, z. B. von San Giminiano bei Florenz die Nichtzahlung einer Geldbuße Todesstrafe nach sich ziehen konnte. Im Jahre 1258 wurden dort zwei Personen aufgehängt, welche 30 Lire als Geldbuße zu erlegen außer Stande waren. Pecori, Storia della terra di San Giminiano 1853 (citirt bei Cantù, C. Beccaria p. 15).

120. (Zu S. 321.) Verweigerte Gnade im Toryministerium Disraeli's. Es ist dies der oben bei Note 41 erwähnte Fall. —

121. (Zu S. 323.) Begnadigung und mildernde Umstände. Das Milderungsrecht der französischen Geschwornen — meistentheils nichts anderes, als eine anticipirte Begnadigung — erklärt, daß in Frankreich die Zahl der vollzogenen Todesurtheile relativ größer ist, als anderwärts. — Uebrigens können bei der Zulassung mildernder Umstände auch äußerliche Zufälligkeiten mitspielen. Von der Staatsanwaltschaft werden zuweilen Geschworne lediglich aus dem Grunde recusirt, weil man sie als besonders milde gesinnt kennen lernte.

122. (Zu S. 324.) Einfluß der fürstlichen Umgebung auf die Bestätigung und Nichtbestätigung der Todesurtheile. — In Italien werden solche Einflüsse ohne jede Zurückhaltung erörtert. — Die als Raubmörder fürchterlichen Gebrüder La Gala wurden auf Grund einer von Frankreich ausgegangenen diplomatischen Vorstellung begnadigt und waren wahrscheinlich gegen die im voraus zugesicherte Begnadigung ausgeliefert worden. — Manch' Einer dürfte es eben nicht tactvoll finden, daß sogar Lamarmora als Ministerpräsident dies Thema öffentlich in der Kammer besprach. Er sagt (nach Nocito, S. ·

245 der Italien. Juristentagsverhandlungen von 1871): Die Begnadigungen sollten möglichst selten vorkommen; Thatsache ist, daß davon abwechselnd ein nützlicher und schädlicher Gebrauch gemacht wird, wobei die Minister, die oftmals getäuscht werden, unschuldig sind. Dies zu bemerken hatte ich in Neapel Gelegenheit. Dort besteht, wie Sie wissen, die Camorra. — Außer der Camorra der Straße giebt es noch eine andere wohl organisirte Camorra. Man deponirt an einem bestimmten Platze eine Summe Geldes, zuweilen bis zu 20,000 oder 30,000 Francs. Wenn der Camorrist die Begnadigung dessen, um den es sich handelt, durchsetzt, nimmt er die deponirte Summe in Empfang; wenn er die Begnadigung nicht erlangt, zieht der Deponent die Summe zurück.

    123. (Zu S. 328.) Vollstreckung der Todesstrafe als seltene Ausnahme, Begnadigung als Regel findet sich in der Mehrzahl der Europäischen Staaten, soweit diese die Todesstrafe beibehalten haben. Eine seltenste, an grundsätzliche Nichtvollstreckung heranstreifende Ausnahme liegt vor: in Rußland, Schweden, Dänemark, Belgien, Oesterreich und Italien. — Ueber Oesterreich s. Wahlberg in den Jurist. Blättern vom 16. Juni 1872. In dem Zeitraum von 1866—1871 wurden von 282 Todesurtheilen 33 vollstreckt. Sieht man von dem Kriegsjahre 1866 ab, so wurden von 201 Todesurtheilen nur 6 vollstreckt.

    124. (Zu S. 332.) Preußische Todesurtheile von 1838—1862.

Jahr.	Todesurth.	Hinrichtungen.
1838	17	7
1839	24	8
1840	23	5
1841	14	2
1842	39	8
1843	29	5
1844	25	10
1845	27	7
1846	23	6
1847	28	7
1848	26	1
1849	26	7
1850	41	15
1851	60	20
1852	40	19
1853	40	31
1854	37	28
1855	45	28
1856	36	26
1857	42	14
1858	38	4
1859	25	4
1860	24	2
1861	37	5

Druck von G. Bernstein in Berlin.